Schriftenreihe

SOCIALIA

Studienreihe Soziologische Forschungsergebnisse

Band 53

ISSN 1435-6651

In der Schriftenreihe **SOCIALIA** - *Studienreihe Soziologische Forschungsergebnisse* werden neue wissenschaftliche Erkenntnisse der Soziologie veröffentlicht.

Verlag Dr. Kovač

Ruth Mächler

Soziale Unterstützung nach Trennung und Scheidung

Eine Untersuchung zur Tragfähigkeit und Dynamik von Beziehungsnetzen

Verlag Dr. Kovač

VERLAG DR. KOVAČ

Arnoldstraße 49 · 22763 Hamburg · Tel. 040 - 39 88 80-0 · Fax 040 - 39 88 80-55

E-mail vdk@debitel.net · Internet www.verlagdrkovac.de

Bibliografische Information Der Deutschen Bibliothek
Die Deutsche Bibliothek verzeichnet diese Publikation
in der Deutschen Nationalbibliographie;
detaillierte bibliografische Daten sind im Internet
über http://dnb.ddb.de abrufbar.

ISSN 1435-6651
ISBN 3-8300-0808-2

Zugl.: Dissertation, Universität Bamberg, 2002

© VERLAG DR. KOVAČ in Hamburg 2002

Umschlaggestaltung: Tia Thomas

Printed in Germany
Alle Rechte vorbehalten. Nachdruck, fotomechanische Wiedergabe, Aufnahme in Online-Dienste
und Internet sowie Vervielfältigung auf Datenträgern wie CD-ROM etc. nur nach schriftlicher
Zustimmung des Verlages.

Gedruckt auf holz-, chlor- und säurefreiem Papier Alster Digital. Alster Digital ist
alterungsbeständig und erfüllt die Normen für Archivbeständigkeit ANSI 3948 und ISO 9706.

Danksagung

Zunächst möchte ich Prof. Dr. Dr. Vaskovics danken, der diese Arbeit mit Engagement und wertvollen Anregungen betreute. Weiterhin danke ich Dr. Bien und den Kolleginnen und Kollegen des DJI für ihre freundliche Unterstützung. Außerdem soll an dieser Stelle noch erwähnt werden, daß diese Arbeit durch ein Stipendium der Bayerischen Landesregierung gefördert wurde.

Inhaltsverzeichnis

0. Einleitung — S.11

Teil I: Hintergründe, Begriffe, theoretische Grundlagen, Forschungsstand — S.15

1. Scheidung und Trennung — S.15

1.1. Die Entwicklung des Scheidungsrechts und der Scheidungsziffern — S.15.
1.2. Ursachen von Trennungen und Scheidungen — S.20
1.3. Ergebnisse der Scheidungsfolgenforschung — S.28
1.4. Die spezielle Situation nichtehelicher Lebensgemeinschaften — S.36

2. Soziale Netzwerke — S.42
2.1. Entstehung und Entwicklung des Netzwerkkonzepts — S.42
2.2. Die Besonderheit des Netzwerkansatzes — S.46
2.3. Typen sozialer Netzwerke — S.48
2.4. Zentrale Begriffe und Konzepte zur Beschreibung sozialer Netzwerke — S.52

3. Soziale Unterstützung — S.57
3.1. Entstehung und Entwicklung des Konzeptes sozialer Unterstützung — S.57
3.2. Inhalte sozialer Unterstützung — S.59
3.3. Akteure im Prozeß sozialer Unterstützung — S.61
3.4. Bezugsbereiche sozialer Unterstützung — S.63
3.5. Wirkung sozialer Unterstützung — S.64
3.6. Angemessenheit sozialer Unterstützung — S.65
3.7. Unterscheidung zwischen Netzwerk und sozialer Unterstützung — S.67
3.8. Soziale Beziehungen in der Moderne — S.69

4. Soziale Unterstützung und Netzwerke im Lebensverlauf — S.78

5. Theoretisches Modell S.83
5.1. Relevante Faktoren bei der Bewältigung kritischer Lebensereignisse:
Beispielhafte Modelle und theoretische Überlegungen S.83
5.2. Entwicklung eines theoretischen Modells für soziale Unterstützung und
Veränderung sozialer Netzwerke nach Trennung oder Scheidung S.94

**6. Soziale Unterstützung und Veränderung von Netzwerken nach
Trennung oder Scheidung:
Zusammenfassung des gegenwärtigen Forschungsstandes** S.109

Teil II: Empirisches Modell, Daten, Analysen S.147

1. Reduzierung des theoretischen Modells auf ein empirisch überprüfbares Modell S.147

2. Beschreibung der verwendeten Daten S.153

3. Aufbereitung der Daten S.159

**4. Soziale Unterstützung und Veränderungen innerhalb spezieller
Beziehungen** S.165
4.1. Beziehungen zu den Eltern S.165
4.2. Beziehungen zu Geschwistern S.204
4.3. Beziehungen zu Verwandten S.219
4.4. Beziehungen zu Freunden und Freundinnen S.236
4.5. Weitere Nichtverwandte: Beziehungen zu Nachbarn, Kollegen und
 Vereinsmitgliedern S.267
4.6. Beziehungen zum ehemaligen Partner bzw. der ehemaligen Partnerin S.274

5. Soziale Unterstützung und Veränderungen der Netze allgemein S.277
5.1. Subjektiv wahrgenommene Familie S.277
5.2. Subjektive Bewertung der eigenen sozialen Einbindung S.285

5.3. Individualisierungsmerkmale bei sozialen Netzen nach Trennung oder
Scheidung S.296
5.4. Bildung von Typen für mehr oder weniger erfolgreiche Bewältigung
der Trennung S.314
5.5. Netze nach der Trennung in Abhängigkeit vom Netz vor der Trennung S.323

Teil III: Zusammenfassung und Ausblick S.333

Anhang:
Literaturverzeichnis S.350
Verzeichnis der Abbildungen S.371
Verzeichnis der Tabellen S.371

0. Einleitung

Scheidung ist in diesem Jahrhundert zu einem weit verbreiteten Phänomen geworden - eine Entwicklung, die in der sozialwissenschaftlichen Forschung viel Beachtung gefunden hat.

Der Großteil der hierzu vorhandenen Literatur bezieht sich auf Scheidungsursachen bzw. Risiken, und damit auf die Frage, welche Faktoren die Wahrscheinlichkeit einer Scheidung erhöhen. [1] Der zweite große Schwerpunkt der Scheidungsliteratur beleuchtet die Probleme von Kindern geschiedener Eltern (z. Bsp. Sun, 2000; Schmitz, 2000; Schmitz & Schmidt-Denter, 1999; Napp-Peters, 1995; Balloff & Walter, 1991; Oppawsky, 1987). Auch die Situation der getrennten Partner nach der Scheidung ist auf Aggregat- und Individualebene untersucht worden (z. B. Schmidt-Denter, Beelmann, Hauschild, 1997; Eckardt, 1993; Schneider, 1990; Kitson & Morgan, 1990; Wallerstein & Blakeslee, 1989).

Die Frage, welche Auswirkung eine Scheidung oder Trennung vom Lebenspartner auf das soziale Netzwerk der Betroffenen hat, ist bisher jedoch in nur sehr geringem Maße beachtet worden (als erste: Spicer & Hampe, 1975; siehe z. Bsp. auch Leslie & Grady, 1985; Milardo, 1987). White (1990) zitiert Price-Bonhamm & Balswick (1980): "Whereas there are substantial empirical bases for the relationship between demographic variables and divorce, the interpersonal literature is limited primarily to a theoretical and speculative format" und schreibt selbst weiter: "The same tendency exists today. Although we have made substantial progress in the last decade, we still know comparatively little about how divorce is related to relationship quality, family structure, or social-psychological factors" (White, 1990, p.907).

Gerade in den letzten Jahren hat jedoch das Interesse an sozialen Netzwerken allgemein und an ihren Veränderungen zugenommen. Zum einen hat man erkannt, daß dieser Bereich wesentlich für das Verständnis familialer Phänomene ist, zum anderen hat, wie Keupp hierzu argumentiert, "der Bereich der sozialen Beziehungen den Status selbstverständlicher Gegebenheit verloren" (Keupp, 1988). Durch das Auf-

---

[1] z. Bsp. Dolan & Hoffman, 1998; Kurdek, 1993; Nave-Herz, 1990; Hartmann, 1989; Diekmann, 1987; grundlegend: Goode, 1956; im Überblick: Scheller, 1991.

brechen traditionaler Familien- und Beziehungsmuster gewinnen soziale Netze, die über die Kernfamilie hinausgehen, an Bedeutung. Solche sozialen Bezüge müssen durch Eigeninitiative des Einzelnen hergestellt und aufrecht erhalten werden.

Eine Scheidung führt zu einer Situation, in der dies in ganz besonderer Weise der Fall ist. Das familiale und soziale Netz zerbricht, und ein neues, individuelles Netz muß aufgebaut werden. "The transition through separation and divorce has far-reaching consequences for spouses, their immediate family members, and other personal associates. Terminating a marriage requires both spouses to redefine personal biographies while simultaniously redefining relationships with network members." (Johnson, 1982)

Diese Situation kann, wenn auch in extremer Form, als typisch gelten für eine Gesellschaft, die von zunehmenden Individualisierungsprozessen gekennzeichnet ist. Die Mitglieder moderner Gesellschaften werden aus traditionalen Lebens- und Versorgungszusammenhängen herausgelöst und bisher gültige Selbstverständlichkeiten im Bereich des Zusammenlebens (wie die Auflösung der Ehe ausschließlich durch den Tod eines Partners) werden in Frage gestellt. Ebenso wie im Bereich der sozialen Beziehungen muß auch die eigene Biografie zunehmend selbst gestaltet und verantwortet werden. Ansprüche auf Selbstverwirklichung, Flexibilität und individuelle Entfaltung nehmen zu. Sie stehen im Widerspruch zu geschlossenen Normalbiografien und erhöhen die Wahrscheinlichkeit von Brüchen im Lebensverlauf.

Eine Scheidung bzw. Trennung vom Lebenspartner stellt einen solchen Bruch im Lebensverlauf dar; zumal einen besonders gravierenden, da er meist eine völlige Umorientierung und Neugestaltung des Lebens notwendig macht. Auch in dieser Hinsicht kann Scheidung als "typischer Sonderfall" einer allgemeineren Entwicklung gelten. Soziale Unterstützung ist bei der Bewältigung eines solchen Ereignisses zentral, wobei jedoch ganz unterschiedliche Strategien und Konstellationen hilfreich sein können.

In diesem Zusammenhang soll die soziale Unterstützung, die nach einer Scheidung oder nach Auflösung einer nichtehelichen Lebensgemeinschaft er-

halten wird, untersucht werden, sowie die Veränderung der sozialen Netzwerke nach diesem Ereignis.

Ich beschränke mich auf zwei Partnerschaftsformen: Die Ehe und die nichteheliche Lebensgemeinschaft (mit oder ohne Kinder) und somit auf die beiden Lebensormen, bei denen die Partner zusammen wohnen. Hierbei ist die Wahrscheinlichkeit besonders groß, daß das Auseinanderbrechen einer solchen Bindung wirklich ein einschneidendes Lebensereignis ist, Welches soziale Unterstützung notwendig macht und sich in den sozialen Beziehungen der Betroffenen niederschlägt. Die Auflösung einer Beziehung, bei der die Partner nicht zusammenleben, kann natürlich genauso einschneidend und traumatisch sein, wie die einer Ehe oder einer nichtehelichen Lebensgemeinschaft. Es ist hier aber eher denkbar, daß es sich möglicherweise nur um eine lockere unverbindliche Beziehung gehandelt hat, deren Ende kaum eine Veränderung des sonstigen Lebens bedeutet; daher wird ausschließlich auf diese beiden Lebensformen eingegangen.[2].

Aufgrund der äußerst umfassenden Forschungsliteratur zu diesem Thema klammere ich die Situation der Kinder der getrennten Paare bewußt aus. Es gibt eine große Anzahl von Untersuchungen, die ganz speziell der Frage nachgehen, wie Kinder die Trennung ihrer Eltern erleben und verarbeiten, und wie sich die Beziehungen zu den Eltern dadurch verändern. Solche Studien sind besser geeignet, diese Fragestellung zu bearbeiten, als die vorliegende Studie, in der das Thema wenn, dann nur am Rande behandelt werden könnte.

Als Datengrundlage dient der Familiensurvey des Deutschen Jugendinstituts (Erste und zweite Welle). Er eignet sich für die Themenstellung, da er sowohl die Partnerschaftssituation als auch die individuellen sozialen Netze zu zwei unterschiedlichen Zeitpunkten detailliert abbildet.

---

[2]."Trennung" ist an sich ein weiter Begriff, mit dem allgemein das Auseinandergehen einer Partnerschaft, welcher Form auch immer, bezeichnet wird. Der Einfachheit halber möchte ich für diese Arbeit folgendes festlegen: Hier meint "Trennung", wenn nicht explizit etwas anderes gesagt wird, immer die Auflösung einer nichtehelichen Lebensgemeinschaft oder einer Ehe, also einer Beziehung, bei der die Partner in einem gemeinsamen Haushalt leben. Mit "Scheidung" wird nur die Auflösung einer Ehe bezeichnet.

Es wurden nur Aussagen von Personen herangezogen, die 1988, zum Zeitpunkt der ersten Welle des Familiensurvey, mit einem Partner oder einer Partnerin zusammenlebten, sei es in einer Ehe oder einer nichtehelichen Lebensgemeinschaft. Anhand der Daten der zweiten Erhebung 1994 wurden die Netze der Personen, die sechs Jahre später noch in derselben Partnerschaft lebten (Kontrollkategorie) mit den sozialen Beziehungen derer verglichen, die in der Zwischenzeit eine Trennung vom Lebenspartner oder eine Scheidung erlebt hatten (Untersuchungskategorie). Außerdem wurde - innerhalb beider Kategorien - die Veränderung der Netze im Längsschnitt, das heißt zwischen den beiden Erhebungszeitpunkten, betrachtet.

Es wurden zum einen einzelne Beziehungsarten innerhalb der sozialen Netze und die Veränderungen dieser Beziehungen nach Trennung und Scheidung untersucht, zum anderen wurde die soziale Integration als Ganzes betrachtet, sowie die Aussagen der Befragten darüber, wie zufrieden sie mit ihren sozialen Beziehungen sind.
Die Situation nach der Trennung wurde nicht nur mit einer Vergleichsgruppe stabiler Partnerschaften in Beziehung gesetzt, sondern auch mit der Situation vor der Trennung verglichen, um echte Veränderungen erkennen zu können.

Dies scheint insbesondere deshalb sinnvoll zu sein, da gerade der dynamische Aspekt sozialer Beziehungsnetzwerke - die Tatsache, daß sie sich ständig wandeln und weiterentwickeln - generell vernachlässigt wird. So schreibt zum Beispiel Collani: "Versucht man sich einen Überblick über die Literatur zur Analyse sozialer Netzwerke zu verschaffen (...), dann fällt zweierlei auf: zum einen die unglaubliche Vielzahl von Veröffentlichungen auf diesem Gebiet, zum anderen die erstaunlich geringe Zahl von Arbeiten, die sich mit Fragen der Stabilität und Veränderung in sozialen Netzwerken beschäftigen." (G. v. Collani, 1987, S. I) Die Ursache für diesen Mangel an Längsschnittstudien ist vor allem in methodischen Schwierigkeiten, insbesondere bei der Erhebung der Daten, zu finden. Da der Familiensurvey Aussagen über soziale Beziehungen zu zwei Erhebungszeitpunkten abbildet, ist hier die seltene Möglichkeit gegeben, die Veränderung von Beziehungen nach Trennung und Scheidung zu untersuchen. Diese Chance soll nicht ungenützt bleiben.

Teil I: Hintergründe, Begriffe, theoretische Grundlagen, Forschungsstand

1. Scheidung und Trennung

1.1. Die Entwicklung des Scheidungsrechts und der Scheidungsziffern

Bis zur Reformation dominierte in Europa die katholischen Kirche das Eheverständnis und die Praxis des Eherechtes. Die Ehe ist nach Sichtweise der katholischen Kirche ein Sakrament und als solches ihrem Wesen nach unauflösbar. Aus dem sakramentalen Charakter der Ehe folgerte die Kirche ihre Alleinzuständigkeit für Fragen des Eherechtes einschließlich der Entscheidungsgewalt über die Trennung von Ehen. Das Jurisdiktionsmonopol der Kirche in ehelichen Fragen wurde erst durch die Reformation gebrochen. Luther hielt an den christlichen Grundlagen der Ehe fest, sprach der Ehe jedoch den sakramentalen Charakter ab und forderte, die Ehe unter weltliche Obrigkeit zu stellen. Nachdem die Ehe in dieser Sichtweise ein "weltlich Ding" und kein Sakrament mehr war, hatte auch der Anspruch ihrer Unauflöslichkeit seine Grundlage verloren.

Die von Luther geforderte Trennung zwischen kirchlichen Aufgaben im Bereich der Ehe, die sich auf Fragen des Gewissens und des Glaubens beziehen, und der Regelung der äußerlichen Ehefragen durch staatliches Recht, wurde erst im späten 19. Jahrhundert allgemein verwirklicht. Zunächst gab es große Unterschiede zwischen katholisch und protestantisch dominierten Gebieten ("Territorialisierung des Eherechts"), wobei in katholischen Landen noch lange Zeit die Ehe in jeder Hinsicht unter der Kontrolle der Kirche stand. Es gab allerdings auch Ausnahmen, zum Beispiel Österreich unter Joseph II. In protestantisch beherrschten Gebieten wurde bis ins späte 18. Jahrhundert hinein nur dem "schuldlosen" Partner gestattet, nach einer Scheidung erneut zu heiraten, doch gegen Ende des 18. Jahrhunderts wurde auch dieses Prinzip immer lockerer gehandhabt (so zum Beispiel im preußischen Eherecht oder im Code civil 1804). Dennoch waren auch nach diesen Reformen die Scheidungsraten im Vergleich zu heute verschwindend gering. Um nur einen Zeitpunkt herauszugreifen: 1871 lebten im Deutschen Reich 41 Millionen Menschen, unter ihnen gab es 70000 Geschiedene (Blasius, 1987, S.155). Bis in die 30er Jahre des 20. Jahrhunderts stiegen die Scheidungsziffern jedoch kontinuierlich an. Juristische und politische Versuche, diesem Trend entgegenzusteuern - zum Beispiel durch verschärfte Regelungen im BGB von 1900 - blieben erfolglos. So verdoppelten sich letztlich zwischen 1913 und 1933 die Scheidungsziffern, von 2,5 auf ungefähr 5 Scheidungen jährlich pro 10000 Einwohner (Blasius, 1987, S.190; Kopp, 1994, S. 19).

Unter nationalsozialistischer Herrschaft wurde 1938 ein neues Ehegesetz verabschiedet, in welchem neben diskriminierenden Rasseklauseln immer noch das Schuldprinzip als Scheidungsgrundlage im Vordergrund stand. Nach 1945 galt in beiden entstehenden deutschen Staaten zunächst ein vom Kontrollrat formuliertes Gesetz, in dem die Diskriminierungsbestände des nationalsozialistischen Ehegesetzes von 1938 aufgehoben wurden, darunter die rassenpolitisch motivierten Eheverbote und Scheidungserleichterungen. In diesem neuen Gesetz des Kontrollrates taucht erstmals das Zerrüttungsprinzip als mögliche Grundlage für eine Scheidung auf, allerdings in sehr eingeschränkter Form. Danach konnte keine Scheidung gegen den Widerstand des an der Zerrüttung "schuldlosen" Teiles durchgesetzt werden. Die Rechtspraxis der fünfziger Jahre legte diese Möglichkeit auch sehr eng aus und war insgesamt von dem Bemühen geprägt, die Institution Ehe durch juristische Ordnungspolitik zu festigen und Lockerungstendenzen entgegenzuwirken. Nach Einschätzung von Blasius (1987) hatte die intolerante Handhabung des Scheidungsrechtes eher eine destabilisierende Wirkung, als daß sie zu einer Aufwertung von Ehe und Familie beitrug: "Die schon früh an Boden gewinnende Akzeptanz außerehelicher Verbindungen in der Bevölkerung hing mit einer Scheidungsregelung zusammen, die das politisch Unerwünschte von Scheidungen klar zum Ausdruck brachte." (Blasius, 1987, S.14)

In den Scheidungsstatistiken sind die Jahre nach dem zweiten Weltkrieg auch durch ein besonderes "Scheidungshoch" gekennzeichnet. Dies hat seinen Grund sicherlich auch in den Verhältnissen während des Krieges: Ferntrauungen, lange Trennungen, Gefangenschaft und andere schwierige Umstände stehen im Zusammenhang mit den hohen Scheidungsraten.

Doch letztlich schlug sich der Wandel der gesellschaftlichen Einstellungen gegenüber Scheidungen und außerehelichen Beziehungen auch in Gesetzesreformen und einer veränderten Rechtspraxis nieder. Die Bundesrepublik folgte damit einem internationalen Trend, denn seit den sechziger Jahren gab es in Westeuropa und den USA eine Welle gleichgerichteter Reformen. In diesen Ländern hatte es ähnliche Entwicklungen in Richtung wachsender Liberalität und einem Abbau der staatlichen und rechtlichen Kontrolle auf die Ehe gegeben (Caesar-Wolf, 1983). In allen Ländern, die solche Reformen durchführten, wurde das Schuldprinzip als Bedingung für die Auflösung einer Ehe vom Zerrüttungsprinzip abgelöst. In der BRD fand diese einschneidende Gesetzesreform 1976/77 statt. Diese Reform führte zunächst zu einer kurzfristigen drastischen Abnahme der Scheidungsziffern. Dieser Einbruch ist jedoch nur auf die Neuregelung der Scheidungsverfahren zurückzuführen: Während es vor der Scheidungsrechtsreform möglich war, Unterhalts- und Versorgungsansprüche nach der Scheidung zu regeln, mußten nach 1977 diese oft sehr komplizierten Fragen schon vor der Scheidung geklärt sein. Dadurch ergaben sich Verzögerungen, die sich in den Scheidungsstatistiken als kurzfristiges Tief niederschlagen (Kopp, 1994, S.18; Höhn, 1980, S.347).

Insgesamt stiegen zwischen 1960 und 1980 die Scheidungszahlen stark und - abgesehen von dem beschriebenen Einbruch - relativ kontinuierlich an. Daß dieser Effekt auf einer tatsächlichen Veränderung der Scheidungsbereitschaft und nicht auf andere Strukturgrößen zurückzuführen ist, zeigt eine Studie von Höhn (1980): Sie prüfte unterschiedliche demographische Einflußfaktoren wie zum Beispiel das Heiratsalter oder die Entwicklung der Geburtenzahlen, und kam zu dem Schluß, daß die Zunahme der Scheidungen nicht auf solche Strukturgrößen zurückgeführt werden kann, sondern fast ausschließlich in einer gestiegenen Scheidungsbereitschaft ihre Ursache hat (Höhn, 1980, S.335). Beispielsweise gab es 1962 absolut gesehen mehr kinderlose Ehen als 1976, und damit eine höhere Anzahl besonders scheidungsgefährdeter Beziehungen. Dennoch wurden 1976 doppelt so viele Ehen geschieden wie 1962. Eine Differenzierung der Geschiedenen nach unterschiedlichen Kriterien wie Kinderzahl, Alter, Heiratsjahr oder Konfession führte zu dem Ergebnis, daß die Zunahme der Scheidungsbereitschaft für alle Ausgangssituationen zugenommen hatte und nicht auf bestimmte Kategorien begrenzt war (Höhn, 1980). Auch andere Autoren kamen zu dem Schluß, daß "die Zunahme der Scheidungen seit der Nachkriegszeit nicht mit demographischen Veränderungen zu erklären ist, sondern auf einem Wandel im Verhalten der Bevölkerung beruht" (Peuckert, 1991, S.19).

Die DDR schlug in bezug auf rechtliche Regelungen einen anderen Weg ein als die Bundesrepublik. In der DDR wurde das Familienrecht aus dem Zivilrecht herausgenommen und ein eigenständiges "Familiengesetzbuch" geschaffen. Dieses Gesetzbuch wies der Ehe einen "hohen juristischen Wert" zu (Blasius, 1987, S.12).

Abbildung I. 1.1.

Quelle: DJI-Regionaldatenbank auf der Basis der amtlichen Statistik

Die Grafik zeigt, daß - bei ähnlichem Verlaufsmuster - zwischen 1950 und 1990 die Scheidungsraten (bezogen auf die Anzahl bestehender Ehen) in der DDR stets höher waren als in der damaligen Bundesrepublik. 1990/1991 brachen aufgrund der Wirrungen und Unsicherheiten infolge des Zusammenbruches der DDR die Scheidungsziffern jedoch massiv ein. 1989 wurden in der DDR noch 50000 Ehen geschieden, 1990 waren es auf dem gleichen Gebiet 32000 und 1991 nur 9000. Danach stiegen die Zahlen in den neuen Bundesländern wieder an.

Schätzungen für unterschiedliche Heiratskohorten der Bundesrepublik prognostizieren, daß von den 1970 geschlossenen Ehen letztlich jede vierte in einer Scheidung enden wird, von den 1980 geschlossenen Ehen jede dritte. Von sämtlichen 1980 in Deutschland geschlossenen Ehen waren 1995 bereits 25 Prozent geschieden. Für in den neunziger Jahren geschlossene Ehen werden Scheidungswahrscheinlichkeiten zwischen 30 und 50 Prozent prognostiziert. Jährlich sind in Deutschland an die 130000 Kinder von einer Scheidung der Eltern betroffen.

Eine vergleichbare Entwicklung fand in fast allen europäischen Ländern und den USA statt. In Deutschland hat sich der Trend in den letzten Jahren abgeschwächt, und es ist eine gewisse Stabilisierung der Scheidungszahlen zu erkennen.

1.2. Ursachen von Trennungen und Scheidungen

Als das Phänomen "Scheidung" noch neu war, weckte es zunächst kaum generelles wissenschaftliches Interesse. Man erkannte nicht, daß sich hier ein Trend anbahnte, der letztlich alle Gesellschaftsschichten erreichen würde. Erste Erklärungsansätze stützten sich darauf, daß es sich bei den gescheiterten Ehen vor allem um solche Ehen handelte, die in irgendeinem Punkt von vornherein nicht der "Norm" entsprachen. So waren unter den geschiedenen Ehen überproportional viele Frühehen, "Mußehen", Ehen zwischen Personen mit stark unterschiedlicher sozialer Herkunft oder mit großem Altersunterschied zwischen den Partnern (Scheller, 1991, S.323). White (1990) greift auf Durkheim und With zurück, um den negativen Zusammenhang zwischen Scheidung und sozialer Integration theoretisch zu belegen: Soziale Integration erhöht die Wahrscheinlichkeit, daß bei der Partnerwahl und im Eheleben selbst soziale Normen befolgt werden, und daß versucht wird, das Stigma einer Scheidung zu vermeiden. So zeigt sich auch in neueren Studien beispielsweise ein Zusammenhang zwischen sozialer Mobilität in einer Region und der dortigen Scheidungsrate (Glenn & Shelton, 1985).

Später, als Scheidungen zu einem Massenphänomen wurden, entwickelten sich viele unterschiedliche Ansätze zur Erklärung und Bewertung. Das Spektrum reicht im empirischen Bereich von der Betrachtung langfristiger und sich in vielen westlichen Industrienationen vollziehender Wandlungsprozesse über die Erhebung demografischer Merkmale bis hin zu Erklärungen, die sich auf die subjektive Einschätzung der betroffenen Individuen konzentrieren. Außerdem wurden Ansätze entwickelt, die versuchen, theoretische Modelle zur Erklärung von Scheidungen zu finden, vor allem ausgehend von Gesetzen der Ökonomie.

Die Zunahme der Scheidungsrate in diesem Jahrhundert wird heute häufig als **Folgeerscheinung allgemeiner Wandlungsprozesse** in sich modernisierenden Gesellschaften thematisiert. Im Übergang von vorindustrieller zu industrieller Gesellschaft wurden immer mehr Funktionen aus der Familie ausgelagert (z. Bsp. durch außerhäusliche Erwerbsarbeit, Schulen, Sozialversicherung etc.), so daß familiale Stabilität immer weniger wichtig wurde. Gleichzeitig gewann das Wohlergehen des Einzelnen gegenüber dem der Familiengemeinschaft an Bedeutung. Das Individuum erhielt immer mehr Wahlmöglichkeiten und stellte sich selbst an Stelle der Gemeinschaft in den Mittelpunkt seiner Lebensplanung. Die Entscheidung für die Ehe wird nicht mehr nur einmal im Leben getroffen und dann nie wieder hinterfragt, die Ehe muß sich vielmehr immer wieder aufs neue gegen andere Lebensoptionen durchsetzen (Burkart & Kohli, 1992).

Ehe und Familie sind heute aufgrund des Verlustes anderer Aufgaben fast ausschließlich auf emotionale Funktionen beschränkt. Dies ist zum einen eine Chance, weil man nicht mehr durch äußerliche Faktoren gezwungen ist, eine schlechte Beziehung am Leben zu erhalten, zum anderen ist die Konzentration auf Emotionalität problematisch, weil sie zu überhöhten Erwartungen führen kann. Es wäre demnach falsch, die gestiegene Scheidungshäufigkeit als Indiz für einen Bedeutungsverlust der Institution Ehe zu interpretieren. Im Gegenteil kann gerade die gestiegene subjektive Bedeutung der Ehebeziehung als eine der Ursachen von Scheidungen gesehen werden, wenn die Ehe eben diese hohen Ansprüche nicht erfüllt (Beck & Beck-Gernsheim, 1991; Nave-Herz, 1990).

Ein weiterer Faktor ist die Aufweichung von Geschlechsstereotypen: Traditionelle Rollenvorstellungen über die Arbeitsteilung im Haushalt, haben an Verbindlichkeit verloren, so daß vieles, was früher selbstverständlich war, heute ausgehandelt werden muß (oder kann). Diese Offenheit birgt neben dem Vorteil der größeren Freiheit ein Konfliktpotential, das ohne Zweifel zur geringeren Stabilität von Ehen beiträgt (Nave-Herz, 1990). Weitere Stichworte zur Erklärung gewachsener Scheidungsraten durch Modernisierungsprozesse sind die Zunahme der räumlichen und beruflichen Mobilität, Wertewandel und Säkularisierung, gestiegene Frauenerwerbstätigkeit, Urbanisierung und die allgemeine Anhebung des Lebensstandards. Neuere Ergebnisse aus den USA zeigen, daß Frauen häufiger als früher mangelnde Unterstützung der eigenen Karriere durch den Partner als Scheidungsgrund angeben (Dolan & Hoffman,1998). Beck und Hartmann stellten im Rahmen einer Studie über den Zusammenhang zwischen Erwerbstätigkeit der Ehefrau und Ehestabilität einen Zusammenhang zwischen wahrgenommenem Scheidungsrisiko und Vollzeit-Erwerbstätigkeit der Frauen fest (Beck & Hartmann, 1999).

Als ein weiterer Grund für die Zunahme der Scheidungszahlen wird die Abnahme rechtlicher und vor allem normativer Barrieren thematisiert. Geschieden zu sein ist heutzutage kaum mehr ein Stigma, welches mit Diskriminierung verbunden ist. Es ist jedoch umstritten, ob die Liberalisierung der Scheidungsgesetze zu einer Zunahme der Scheidungszahlen beigetragen hat, oder ob sie selbst nur Ausdruck der gewandelten gesellschaftlichen Einstellung gegenüber Scheidung sind (Rottleuthner-Lutter, 1992; Scheller, 1991).

In vielen empirischen Studien zu Scheidungsursachen versucht man auf Aggregatebene **Zusammenhänge zwischen soziodemografischen Merkmalen und Scheidungshäufigkeit** aufzuzeigen. Meist wird in solchen Studien eher atheoretisch vorgegangen; die einzelnen Ergebnisse werden nicht in einen übergreifenden theoretischen Zusammenhang eingebunden (Hartmann, 1989). Da in solchen Studien normalerweise Daten der amtlichen Statistik verwendet werden, können sie sich nur auf das äußere Merkmal des Familienstandes stützen und daher nur juristisch vollzogene Scheidungen berücksichtigen. Diese Forschungsrichtung hat zu einer großen Vielfalt von Ergebnissen geführt:

Es zeigte sich beispielsweise, daß für berufstätige Frauen die Wahrscheinlichkeit einer Scheidung höher ist als für Hausfrauen, für Protestanten und Konfessionslose höher als für Katholiken, für Kinderlose höher als für Eltern, für sehr früh geschlossene Ehen höher als für Paare, die bei der Eheschließung etwas älter waren, für Arme und gering Gebildete höher als für Wohlhabende und für Personen mit guter Bildung (Ausnahme: Frauen mit hoher Bildung) (Braun, 1989; Davis & Greenstein, 2000; Kitson et al., 1985; Raschke, 1987; Carter & Glieck, 1976; Scheller, 1990). Ehen, die zwischen Personen mit gleichem Bildungsniveau geschlossen werden, sind stabiler als andere; dasselbe gilt für Ehen zwischen Personen aus dem gleichen Kulturkreis, die stabiler sind als gemischt-kulturelle Ehen. Voreheliche Schwangerschaften wirken sich negativ auf die Ehestabilität aus. Weiterhin gibt es das Phänomen der „sozialen Vererbung" des Scheidungsrisikos: Personen, die in ihrer Kindheit die Scheidung der Eltern erlebt haben, sind selbst später in ihrer eigenen Ehe einem höheren Scheidungsrisiko ausgesetzt (Diekmann & Engelhardt,1995; Diefenbach, 1997; Hullen, 1998; Rosenkranz & Rost, 1998; Heekerens, 1987). Dieser sogenannte „Transmissionseffekt" ist so deutlich, daß er sich allein durch ökonomische Benachteiligung in unvollständigen Familien nicht erklären läßt. Diekmann und Engelhardt zeigten anhand von Daten des Familiensurvey, daß bei Söhnen geschiedener Eltern das eigene Scheidunggsrisiko noch höher ist als bei Töchtern, daß sich aber in jedem Fall die Transmissionshypothese auch für Deutschland bestätigen läßt (Diekmann & Engelhardt, 1995). Wolfinger stellte allerdings gestützt auf Daten des General Social Survey für die USA fest, daß zwischen 1973 und 1996 die Scheidungstransmissionsrate um 50% zurückgegangen ist (Wolfinger, 1999).

Solche Ergebnisse können zwar Zusammenhänge aufzeigen, es muß aber offen bleiben, ob die mit einer hohen Scheidungshäufigkeit verbundenen Merkmale auch tatsächlich scheidungsfördernd wirken, oder ob sie aus anderen Gründen im Kontext von Scheidungen häufiger sind. Diese Frage kann nur geklärt werden, wenn die empirischen Ergebnisse in einen theoretischen Zusammenhang eingeordnet werden können, oder wenn über die amtliche Statistik hinaus vertieft weitergeforscht wird.

Ein anderer Zweig der empirischen Scheidungsursachenforschung beschäftigt sich mit **subjektiven Scheidungsursachen**, das heißt damit, welche Gründe die Betroffenen selbst für ihre Scheidung angeben. Bahnbrechend war hierfür eine Studie von Goode aus dem Jahre 1948, in der 425 geschiedene Frauen zu den Ursachen für ihre Scheidung befragt wurden (Goode, 1956). In Deutschland gibt es bislang verhältnismäßig wenige Studien, die diesen Weg eingeschlagen haben (Schneider, 1990). Die Ergebnisse zeigen folgende Tendenzen:

- Frauen können meist mehr Scheidungsgründe nennen als Männer und sie begründen die Trennung häufiger mit emotionalen und kommunikativen Schwierigkeiten in der Paarbeziehung. Männer werden viel häufiger als Frauen von der Trennung überrascht, und können rückblickend nicht sagen, woran die Beziehung gescheitert ist (Kitson & Sussman, 1982).
- Defizite in der individuellen Streßbewältigung sind ein weiterer Faktor, der das Scheitern von Partnerschaften wahrscheinlicher macht. Studien zeigen, daß individuelle Copingstrategien mit der Partnerschaftsqualität in Zusammenhang stehen, und

das persönliche Defizite in diesem Bereich zu einem höheren Scheidungsrisiko führen. (Bodenmann, 1999)

- Ehepaare mit Kindern nennen mehr und tiefgreifendere Probleme als kinderlose Paare, die sich offensichtlich bei einer geringeren Problembelastung trennen. Dies gilt auch für den Vergleich zwischen verheirateten und unverheirateten Paaren: Letztere geben schneller auf und trennen sich schon bei vergleichsweise geringen Unstimmigkeiten (Schneider, 1991).

- Vergleiche zwischen älteren und neueren Studien zeigen, daß Gründe, die außerhalb der Paarbeziehung selbst liegen, wie beispielsweise Alkoholismus oder finanzielle Schwierigkeiten, an Bedeutung verloren haben. Gleichzeitig haben die Ansprüche an Harmonie und gegenseitiges Verstehen in einer Partnerschaft zugenommen. Häufiger als früher werden Beziehungsprobleme wie fehlende Übereinstimmung zwischen den Partnern oder die Unfähigkeit, Probleme zu besprechen, als Trennungsgründe genannt. Dies zeigte sich sowohl in einem Vergleich neuerer Ergebnisse mit der Studie von Goode (Kitson & Sussman, 1982), als auch in einer Untersuchung in der BRD, die Geschiedene aus unterschiedlichen Heiratskohorten miteinander verglich (Nave-Herz 1990a).

- Ähnliche Unterschiede bestehen zwischen "höheren" und "niedrigeren" Schichten (Burns, 1984; Kitson & Sussman, 1982). Während sich die gebildeteren Schichten eher auf subtilere emotionale Beziehungsprobleme konzentrieren, werden in niedriger gebildeten Schichten häufiger finanzielle Probleme, Alkoholmißbrauch, Untreue und physische Gewalt als Trennungsgründe genannt.

Die Tatsache, daß heute Ehen häufiger als früher aufgrund von Beziehungsproblemen getrennt werden, bestätigt die oben erläuterte These, daß die Bedeutung der Ehe heute vor allem in der Befriedigung emotionaler Bedürfnisse besteht (Nave-Herz, 1990a). Werden diese nicht mehr erfüllt, hat die Ehe ihren Sinn verloren und wird aufgegeben.

Hartmann (1989) kritisiert an den Studien, die sich mit subjektiv wahrgenommenen Scheidungsgründen beschäftigen, daß sie von der Annahme ausgingen, die Unzufriedenheit mit dem Partner sei ursächlich für eine Scheidung oder Trennung verantwortlich. Es gebe jedoch bekanntlich viele unbefriedigende Beziehungen, die trotzdem stabil seien, ebenso wie sich oft eigentlich befriedigende Beziehungen als instabil erweisen. Um dieses Paradox erklären zu können, müßten die Studien einen weiteren Kontext, der äußere Bedingungen einschließt, mit einbeziehen (Hartmann, 1989, S.28).

Studien, die sich speziell mit nichtehelichen Lebensgemeinschaften befassen, zeigen, daß in dieser gering institutionalisierten Lebensform Trennungen leichter und schneller vollzogen werden als in Ehen. Schneider (1990) befragte 130 geschiedene oder getrennt lebende Personen nach den Gründen für die Scheidung oder Trennung von ihrem Partner und bezog dabei neben Ehen auch nichteheliche Lebensgemeinschaften und Paare, die nicht zusammenlebten, mit ein. Im Vergleich der unterschiedlichen Partnerschaftsformen und der Gründe, die zur Trennung führten, zeigte sich ein Zusammenhang zwischen Problembelastung und Institutionalisierungsgrad der Partnerschaft: In hoch institutionalisierten Beziehungsformen gaben die Betroffenen mehr und gravierendere Probleme an, die zur Trennung geführt hatten, als Personen, deren Partnerschaften gering institutionalisiert waren. Auch Vaskovics und Rupp (1994) stellten in einer Längsschnittstudie mit unverheirateten Paaren fest, daß sich die Trennungen nichtehelicher Lebensgemeinschaften verhältnismäßig konfliktarm vollzogen. Hierbei ist sicherlich von großer Bedeutung, daß unverheiratete zusammenlebende Paare meist kinderlos sind und die gegenseitige finanzielle Abhängigkeit sehr gering ist (Vaskovics & Rupp, 1994). Da die meisten nichtehelichen Lebensgemeinschaften bei jungen Menschen in eine Ehe münden, und daher wohl auch diese Partnerschaftsform oft auf Dauer angelegt ist, ist allerdings denkbar, daß Trennungen zumindest seelisch eine ähnliche Belastung bedeuten wie Scheidungen (Vaskovics, 1996).

Zu ganz anderen Antworten auf die Frage nach den Gründen von Ehescheidungen gelangen Wissenschaftler, die nicht gesellschaftliche Veränderungen beobachten, sondern von theoretischen Grundannahmen ausgehen. Zum einen die **Austauschtheorie**: Hier wird Handeln als Austausch von materiellen und immateriellen Ressourcen definiert, das letztlich immer vom Streben nach persönlichen Vorteilen motiviert ist. So betrachtet ist die Ehe eine verfestigte Austauschbeziehung, die, um Bestand zu haben, von beiden beteiligten Partnern als belohnend empfunden werden muß. Die Wahrscheinlichkeit einer Scheidung ist dann von drei Faktoren abhängig: Von der Qualität der Ehebeziehung, von der zu erwartenden Qualität möglicher realisierbarer anderer Beziehungen und von den sozialen und materiellen Kosten, die eine Scheidung mit sich brächte (Lewis & Spanier, 1979). Der Vorteil dieses Modells ist es, daß es sowohl theoretisch fundiert als auch empirisch überprüfbar ist. Andererseits beschränkt es sich zu sehr auf rationale Überlegungen und vernachlässigt andere Einflußfaktoren menschlichen Verhaltens, denn es ist anzunehmen, daß Scheidung mehr ist als ein rationaler Wahlakt (Hill & Kopp, 1990).

Eine ähnliche Sichtweise findet sich in der **ökonomischen Theorie der Familie**. Diese neuere Richtung der Haushaltsökonomie versucht soziales Verhalten zu erklären, indem auf ökonomische Gesetzmäßigkeiten bezug genommen wird. Auch in der Haushaltsökonomie wird davon ausgegangen, daß es das Ziel handelnder Personen ist, individuellen Nutzen zu maximieren. Man strebt dabei sowohl nach Gütern (die auf dem Markt gehandelt werden), als auch nach "Commodities", das heißt Bedingungen, die außerhalb des Marktes stehen, wie beispielsweise Gesundheit, Spaß, Freundschaft, Kinder, Prestige etc. (Becker, 1976; Becker, 1981). Eine Scheidung tritt dann ein, wenn der nach der Ehe zu erwartende Nutzen den Nutzenstrom innerhalb der Ehe übertrifft. So senkt beispielsweise ein hohes persönliches Einkommen der Ehefrau aus ihrer Sicht den Ehenutzen (Kiekolt & Edwards, 2000) oder für einen Mann mit Kindern ist eine Scheidung weniger attraktiv, weil sie auf der Kostenseite die Beziehung zu den Kindern gefährdet. Auch Gelegenheitsstrukturen, zum Beispiel Nachfrage und Angebot auf dem Heiratsmarkt, spielen hierbei eine Rolle (South et al., 2000).

Ebenso wie in der Austauschtheorie wird auch in diesem Ansatz davon ausgegangen, daß Individuen rational handeln. Hier werden allerdings alle möglichen Lebensbedingungen in die Gewinn- und Verlustrechnung mit einbezogen, während in der Austauschtheorie die Betonung auf der Qualität der Ehebeziehung liegt. In beiden Ansätzen wird der gesamtgesellschaftliche Hintergrund vernachlässigt. Ebenso werden soziale Beziehungsnetzwerke und die Komplexität der menschlichen Psyche, die auf Entscheidungen Einfluß nimmt, nicht berücksichtigt.

Alle Ansätze beleuchten unterschiedliche Aspekte des Phänomens Scheidung. Letztlich ist jede Scheidung ein komplexer Vorgang, bei dem unendlich viele Einflußfaktoren - von der individuellen Vorgeschichte über Charakter, Lebenssituation bis hin zum gesamtgesellschaftlichen Kontext - zusammenkommen. Kein Ansatz erhebt für sich den Anspruch der Vollständigkeit, aber jeder kann mögliche Teilantworten bieten.

1.3. Ergebnisse der Scheidungsfolgenforschung

In diesem Abschnitt soll ein kurzer Überblick über den Stand der Scheidungsfolgenforschung gegeben werden. Weiter unten im Text wird in einem gesonderten Kapitel auf den Forschungsstand hinsichtlich der Frage eingegangen, welche Folgen eine Scheidung oder Trennung für die sozialen Beziehungen der Betroffenen hat. Der Bereich der sozialen Beziehungen wird daher hier zunächst ausgespart.

Es gibt kaum Studien, die sich mit den Folgen der Trennung von nichtehelichen Lebensgemeinschaften beschäftigen. Vieles mag von der Situation geschiedener Ehen auf nichteheliche Lebensgemeinschaften übertragbar sein, aber es ist anzunehmen, daß auch systematische Unterschiede bestehen, zum Beispiel durch die unterschiedliche Regelung von Sorgerecht und Unterhaltszahlungen. Auf die besondere Situation der nicht verheirateten Paare wird im Anschluß an diesen Abschnitt eingegangen.

Scheidung und Scheidungsfolgen werden in den USA weitgehend erst seit Ende der sechziger Jahre erforscht; in den deutschsprachigen Ländern fand die Scheidung als Forschungsthema etwa zehn bis zwanzig Jahre später Eingang in die Wissenschaft (Riehl-Emde, 1992). Heute umfaßt die Scheidungsfolgenforschung eine große Vielfalt von Themen und Ansätzen, ihre Ergebnisse sind oft widersprüchlich. Problematische Auswirkungen der Scheidung stehen im Vordergrund; insbesondere sind negative Folgen für Kinder aus Scheidungsfamilien ein wichtiges Thema.

Riehl-Emde (1992) weist darauf hin, daß die Ergebnisse der Scheidungsfolgenforschung zeitabhängig sind, was nicht nur daran liegt, daß die Geschiedenen in einem gewandelten gesellschaftlichen Kontext Scheidung anders erleben, sondern auch daran, daß die wissenschaftliche Sichtweise sich im Laufe der Zeit - abhängig von gesellschaftlichen Normen und Wertvorstellungen - geändert hat (Riehl-Emde, 1992, S.429). Während bis Mitte der achtziger Jahre fast ausschließlich negative Scheidungsfolgen thematisiert wurden, werden heute teilweise auch positive Auswirkungen von Scheidungen berücksichtigt (Textor, 1991), und Untersuchungen aus den achtziger Jahren ergaben geringere negative Effekte als Studien aus früheren Dekaden.

In den siebziger Jahren herrschte in Deutschland in der Scheidungsforschung das sogenannte „Desorganisationsmodell" vor. (Thery, 1988) Dieses fußt auf der Annahme, daß das familiale System durch die Scheidung zerstört wird. Von Interesse ist im Anschluß daran nur die Restfamilie, die sich neu organisieren muß. Dies bedeutete eine Beschränkung auf die Kernfamilie, das der empirischen Vielfalt von Familien immer weniger gerecht wurde, und begriff Scheidung als Scheitern und Versagen, was viele Facetten dieses Prozesses ausklammert (Fthenakis, 1994). Das Desorganisationsmodell wurde von neuen Ansätzen in der soziologischen und psychologischen Forschung ersetzt, wie beispielsweise der Systemtheorie, ökonomischen oder austauschtheoretischen Erklärungsansätzen. Diese Ansätze wurden jedoch vor allem für die Erforschung von Scheidungsrisiko und Scheidungsursachen angewandt. Und auch hier gilt, daß Scheidung und Trennung „nicht als Phasen des Familienzyklus sondern weitgehend als deviante Formen der Entwicklung bzw. als Abbruch des Familienzyklus (Scheidung) und als Beginn eines neuen Familienzyklus (Wiederheirat) interpretiert" werden (Fthenakis, 1994, S.37). Inzwischen hat sich die Scheidungsforschung immer weiter von dieser Sichtweise entfernt und betrachtet Scheidung zunehmend als Übergang im Rahmen langfristiger Prozesse, die mit der Entwicklung von Familienstrukturen in Zusammenhang stehen.

Die Ehe oder eheähnliche Lebensgemeinschaft ist immer auch ein sinnstiftender Lebenszusammenhang (Berger & Kellner, 1965) und Teil der eigenen Identität und der Selbstdefinition (Weiss, 1984). Eine Trennung verlangt daher in der Regel eine Veränderung des Selbstbildes und der Identität und ruft so oft Identitätsprobleme hervor. Besonders intensiv sind Frauen von solchen Problemen betroffen, die vor der Trennung nicht berufstätig waren, sondern ihr Tätigkeitsfeld im (gemeinsamen) Haushalt hatten. Für sie bedeutet die Trennung gleichzeitig auch einen Verlust des Berufes. "Mit dem Ende ihrer Ehe verlieren die meisten einen großen Teil des sozialen Halts, auf dem ihre Selbstdefinition gründet. Sie verlieren den Ehegatten als Partner, und sie verlieren außerdem die sozialen Definitionen, die im allgemeinen aus der Ehe abgeleitet werden. (...) Infolgedessen können sowohl die Frau als auch der Mann nach der Trennung das Gefühl haben, nicht mehr dieselbe Person zu sein, wie zuvor" (Weiss, 1984, S.122).

Auch Dyer (1986) stellt in seinem Literaturüberblick zu Scheidungsfolgen fest, daß eine Scheidung, trotz eventueller anfänglicher Erleichterung "bei den meisten auch eine ziemlich komplexe psychische, soziale und wirtschaftliche Belastung " bedeutet. "Wallers Ansicht, daß eine Scheidung eine traumatische Erfahrung sei, ist durch spätere Studien voll bestätigt worden" (Dyer, 1986, S.585; siehe auch: Krantzler, 1973; Weiss, 1984; Spanier & Casto, 1976). Waller (1930) hatte festgestellt, „daß eine Scheidung normalerweise eine grundlegende Veränderung im Leben des einzelnen bewirkt; Gefühlsleben und Sexualität, Selbsteinschätzung, Lebensgewohnheiten wie Lebensstandard, Freundeskreis, Freizeitverhalten und nicht zuletzt die finanziellen Möglichkeiten sind davon betroffen" (Dyer, 1986, S. 585).

Wie traumatisch die eigene Scheidung letztlich erlebt wird, hängt von mehreren Faktoren ab wie Alter, Geschlecht, Ehedauer, Vorhandensein von Kindern, durch wen die Scheidung initiiert wurde, Beziehungsgeschichte, Wohnsituation, neue Partnerschaften, soziales Netzwerk und eigene Persönlichkeit.

Gesundheitliche Folgen

Geschiedene und Getrennte leiden häufiger unter Problemen, die einer psychiatrischen oder psychotherapeutischen Behandlung bedürfen, als Verheiratete. Auch ihre körperliche Verfassung ist statistisch schlechter als die von Verheirateten und sie weisen eine höhere Sterbe- und Unfallrate auf (Goetting, 1981; Melichar & Chiriboga 1988).
Insbesondere haben sie häufiger mit Depressionen zu kämpfen, leiden unter Schlaf- und Konzentrationsstörungen und stehen in der Gefahr des Alkohol- und Arzneimittelmißbrauches. Sie leiden häufiger als Verheiratete unter psychischer Erschöpfung, klagen über Antriebslosigkeit oder haben Nervenzusammenbrüche und leiden auch subjektiv stärker als Verheiratete unter diesen Symptomen.

Um die schlechtere physische Gesundheit von Geschiedenen besser zu verstehen, gibt es seit einiger Zeit Forschungsansätze, in denen psychisches und physisches Wohlbefinden miteinander in Beziehung gesetzt werden. Hier wird angenommen, daß Ereignisse, die mit Streß verbunden sind - wie auch eine Scheidung oder Trennung - die Wirksamkeit des Immunsystems schwächen und damit das Risiko einer Erkrankung erhöhen (z. B. Ader, Cohen & Felten, 1990).

Duss-von-Werdt & Fuchs (1980) konnten zeigen, daß Männer und Frauen hinsichtlich ihrer Gesundheit zu unterschiedlichen Zeitpunkten nach der Scheidung besonders geschwächt sind: Frauen sind in der ersten Zeit nach der Trennung krankheitsanfälliger und leiden häufiger unter Depressionen, stabilisieren sich aber dann wieder und sind nach einigen Jahren weniger häufig krank als ihre damaligen Ehepartner. Männer haben kurz nach der Trennung offensichtlich weniger gesundheitliche Probleme, aber bei ihnen nimmt die Krankheitsanfälligkeit langfristig zu. Außerdem ist der Unterschied in der Lebenserwartung zwischen Geschiedenen und Verheirateten bei Männern deutlicher als bei Frauen.

In den USA müssen sich geschiedene Männer häufiger in psychiatrischen Kliniken behandeln lassen als Frauen. Bloom et al. (1978) stellten in den siebziger Jahren fest, daß, obwohl Frauen häufig mehr mit äußeren Schwierigkeiten zu kämpfen haben, Männer anscheinend stärker mit gesundheitlichen Problemen auf eine Scheidung reagieren als Frauen.

Finanzielle Folgen

Es ist immer teurer, zwei Haushalte finanziell zu unterhalten, als einen. Wenn vorher wie nachher nur einer der beiden Partner erwerbstätig war und ist, so bedeutet eine Scheidung fast zwangsläufig eine finanzielle Verschlechterung und eine Reduzierung des Lebensstandards für beide Teile. Frauen, die vor der Trennung als Hausfrauen gearbeitet haben und deren berufliche Qualifikation gering ist, sowie alleinerziehende Mütter sind insgesamt am stärksten von finanziellen Einbußen infolge einer Scheidung betroffen. Geschiedene Frauen sind "ärmer" als geschiedene Männer und sie sind ärmer als ledige und verheiratete Frauen (Duss von Werdt & Fuchs, 1980, Weiss, 1984). Ökonomische Deprivation schlägt sich auch in anderen Lebensbereichen nieder, und so ist insgesamt die Trennung für Frauen in einer solchen Lebenssituation schwerer zu bewältigen, besonders wenn sie arbeitslos sind. Berufstätigkeit verbessert nicht nur die ökonomische Lage, sondern stärkt auch das Selbstwertge-

fühl und kann in schwierigen privaten Lebensabschnitten Halt und Kontinuität bieten (Textor, 1991).
Nach Burkhauser et al. (1991) ist für Frauen mit Kindern in der BRD die Zeit, die zwischen Trennung und offizieller Scheidung vergeht, besonders kritisch. In diesen - in der Regel zwei bis drei - Jahren, die vergehen, bis die Unterhaltszahlungen geregelt sind, müssen sie oft mit besonders starken finanziellen Einschränkungen zurechtkommen.

Chancen von Trennung und Scheidung

Doch Scheidung und Trennung sollte nicht nur als problematisch für die Betroffenen angesehen werden. In einer Studie von Albrecht (1980), in der 500 jemals geschiedene Personen befragt wurden, gaben fast alle Befragten an, daß es ihnen heute besser geht als vor der Trennung von ihrem Ehepartner, auch wenn die Scheidung selbst und die Zeit danach für die meisten schwierig war. Eine Trennung enthält zum einen immer die Chance, eine neue, bessere Partnerschaft zu finden, zum anderen genießen viele Geschiedene auch ihre neue Unabhängigkeit und die Freiräume, die das Alleinleben bietet. Manche gewinnen durch die Ablösung vom Partner neues Selbstvertrauen, wenn sie sehen, daß es ihnen gelingt, ihr Leben alleine zu meistern, einen eigenen Freundeskreis aufzubauen und ihre Freizeit zu gestalten (weitere Literatur siehe McKenry und Price, 1991).

Folgen einer elterlichen Scheidung oder Trennung für Kinder

Die Literatur, die sich mit den Auswirkungen befaßt, die eine Scheidung der Eltern auf die Entwicklung der betroffenen Kinder hat, ist sehr umfangreich und soll hier nur ganz knapp dargestellt werden.

Insgesamt zeichnet diese Forschungsrichtung ein eher negatives Bild. Riehl-Emde (1992) schreibt in ihrem Bericht über Forschungsliteratur zu den Folgen von Ehescheidungen: "Aufgrund der vorliegenden Ergebnisse besteht allgemeine Übereinstimmung darüber, daß Kinder geschiedener Eltern durchschnittlich mehr emotionale und verhaltensmäßige Probleme haben und schlechter in der Schule zurechtkommen als Kinder, die mit beiden biologischen Eltern aufwachsen. Ganz allgemein läßt sich darüber hinaus aber auch feststellen, daß Ehescheidung nicht automatisch zu massiven Verhaltensstörungen führt, und daß bei Kindern verschiedener Altersstufen die mit einer Scheidung verbundenen Erfahrungen qualitativ unterschiedliche Auswirkungen haben; nicht in allen Fällen kann von einem Trauma gesprochen werden" (Riehl-Emde, 1992, S.416).

Zu den Problemen, die Scheidungskinder häufiger als andere aufweisen, zählen emotionale Schwierigkeiten (Aggressionen, Ängste, Schuldgefühle, Depressionen), Schlaf- und Eßstörungen, Leistungsabfall in der Schule, kriminelles Verhalten und gestörte Beziehungen zu den Eltern. Im späteren Leben besteht für Scheidungskinder ein größeres Risiko, daß ihre eigene Ehe zerbricht, als für Personen, die in intakten Familien aufgewachsen sind. Bestimmte Problemlagen unterscheiden sich typisch nach Geschlecht der Kinder und ihrem Alter zum Zeitpunkt der Trennung oder Scheidung.

Manchmal wird aus den negativen Befunden der Scheidungsforschung die Schlußfolgerung gezogen, es sei in Hinblick auf die Kinder besser, eine schlechte Ehe aufrechtzuerhalten bis die Kinder groß sind, als sich zu trennen. Um eine solche Behauptung aufzustellen, darf man aber Kinder aus getrennten Familien nicht mit Kindern aus glücklichen Familien vergleichen, sondern muß den Vergleich zwischen Scheidungskindern und Kindern aus krisenhaften, unglücklichen Familien ziehen. Eine frühe Studie von Nye (1957) beispielsweise stellte in den USA einen solchen Vergleich an und kam zu dem Ergebnis, daß Kinder aus Familien, die durch eine Scheidung oder den Tod eines Elternteils zerbrochen waren, weniger Probleme hatten als Kinder aus bestehenden, aber unglücklichen Ehen. Letztlich ist es wohl so, wie auch Dyer (1986) betont, "daß Zerrüttung der Ehen das eigentliche Übel ist, das Auswirkungen und Ergebnis der in Frage stehenden Probleme bestimmt, nicht aber die Scheidung als solche" (Dyer, 1986, S. 597).

Folgt man neueren Meta-Analysen so scheint es, daß die negativen Auswirkungen von Scheidungen auf Kinder überschätzt werden (Amato & Keith, 1991a, 1991b; Kurdek, 1989). Dies wird deutlich beim Vergleich von Studien mit unterschiedlicher methodischer Qualität. Die Meta-Analysen konnten zeigen, daß die Stärke der negativen Effekte geringer war, wenn eine Studie - beispielsweise im Hinblick auf Repräsentativität der Stichproben oder Berücksichtigung von Vergleichsgruppen - hohe methodologische Standards erfüllte, während die Effekte bei Studien mit methodologischen Mängeln in der Regel stärker waren (Riehl-Emde, 1992).

Kitson und Morgan (1990) stellen am Ende ihres "decade rewiew" über die Konsequenzen von Ehescheidungen die Frage "why is there such continuing societal concern about divorce and its consequences?" (Kitson & Morgan, 1990, S.919). Sie kommen - für die USA - zu dem Schluß, daß dies zum einen am jüdisch-christlichen Kulturerbe liege, in dem Scheidung schon immer negativ bewertet worden sei. Heute konzentriere man sich auf die Probleme Alleinerziehender und ihrer Kinder und betone insbesondere deren finanzielle Probleme. Damit setze man die sozialpathologische Sichtweise von Scheidung fort. Diese Perspektive werde aber der Komplexität des Problems nicht gerecht.

Zum anderen bestehe Interesse an den Auswirkungen von Scheidung, weil diese ökonomische, soziale und psychologische Folgen für den Einzelnen habe und korrespondierend damit auch für die Gesellschaft. Durch Scheidungen entstünden finanzielle und institutionelle Anforderungen an das Rechtssystem und an die öffentliche Wohlfahrt.
Und drittens, so Kitson und Morgan, sei man besorgt um die langfristigen Auswirkungen von Scheidungen auf die Gesellschaft und auf die Zukunft der (amerikanischen) Familie. Die Gesellschaft könne nur fortbestehen, wenn jede Generation neue Mitglieder hervorbringe und gesellschaftstauglich sozialisiere: die Aufgabe der Familien. Scheidung führe nun oft zu einer Situation, in der Frauen, die meist das Sorgerecht haben, mit geringem Einkommen und genereller Überbelastung zu kämpfen hätten. Dadurch seien sie weniger gut in der Lage, die Bedürfnisse ihrer Kinder zu erfüllen und es entstünden Probleme für die Kinder bis dahin, daß diese wiederum selbst im späteren Leben eher scheidungsgefährdet sind als Personen, die in intakten Familien aufwuchsen.

Wenn es das Ziel der Gesellschaft sei - so resümieren Kitson und Morgan - gut sozialisierte und funktionierende Gesellschaftsmitglieder hervorzubringen, die selbst wiederum heiraten und sich reproduzieren, dann sei die Scheidungsfolgenforschung ein wichtiges Thema für die Zukunft.

1.4. Die spezielle Situation nichtehelicher Lebensgemeinschaften

Zu den Folgen von Ehescheidungen existiert eine reiche Forschungsliteratur. Im Vergleich hierzu hat die Auflösung anderer Partnerschaftsformen bisher sehr wenig Aufmerksamkeit gefunden. Manches kann wohl übertragen werden, während in anderen Bereichen nicht von Ehen auf nichteheliche Partnerschaften geschlossen werden kann.
Generell ist es so, daß mit ansteigendem Institutionalisierungsgrad und zunehmender Verbindlichkeit einer Beziehung (Getrennt wohnen, gemeinsame Wohnung, Ehe, Kinder) immer gravierendere Ursachen auftreten müssen, bis die Partnerschaft letztlich zerbricht. Eine unverbindliche Beziehung wird oft schon wegen kleiner Unstimmigkeiten gelöst, während ein Ehepaar mit kleinen Kindern meist schwerwiegende Gründe angeben kann, die zur Trennung geführt haben (Schneider, 1990). Somit kann der Schluß gewagt werden, daß nicht nur die Ursachen, sondern auch die Folgen der Trennung von nicht-institutionalisierten Partnerschaften in der Regel weniger gravierend sind als die Auflösung einer Ehe.

Da nichteheliche Lebensgemeinschaften insgesamt wesentlich weniger intensiv erforscht sind als Ehen, soll die spezielle Situation dieser "unbekannteren" Lebensform im Folgenden etwas ausführlicher beschrieben werden:

Nichteheliche Lebensgemeinschaften werden für gewöhnlich definiert als Haushaltsgemeinschaften von zwei zusammenlebenden, aber nicht miteinander verwandten oder verheirateten Personen verschiedenen Geschlechts mit einem Mindestalter von 18 Jahren. Von der Lebenssituation her kann (nicht ganz trennscharf) unterschieden werden zwischen der nichtehelichen Lebensgemeinschaft als "Ehe auf Probe", die letztlich mit einer Heirat der beiden Partner endet, zwischen einer nachehelichen Form, bei der mindestens einer der Partner schon eine Ehe hinter sich hat, und solchen Paaren, die weder eine Ehe hinter sich haben, noch in Zukunft heiraten wollen.

Das Statistische Bundesamt schätzt nach den Ergebnissen des Mikrozensus 1992 die Anzahl nichtehelicher Lebensgemeinschaften in der Bundesrepublik auf 1,485 Millionen, wobei 1,147 Millionen Paare im alten Bundesgebiet leben und 338000 in den neuen Bundesländern (Statistisches Bundesamt, 1995). 1972 waren es in der alten BRD noch 137000 und 1982 516000 Paare - das zeigt, wie stark diese Lebensform in den letzten 20 Jahren an Bedeutung gewonnen hat.[3] Insgesamt sind 72 Prozent der nichtehelichen Lebensgemeinschaften kinderlos. Hier bestehen große Unterschiede zwischen Ost und West: In den alten Bundesländern haben nur 19,3 Prozent der unverheiratet zusammenlebenden Paare Kinder, während in den neuen Ländern und Ostberlin über die Hälfte dieser Paare - 55,4 Prozent - Kinder haben. Dies liegt an den allgemeinen Unterschieden im Heiratsverhalten und der Familiengründung zwischen West und Ost, wie auch daran, daß die erwähnte "nacheheliche" Form der nichtehelichen Lebensgemeinschaft im Osten häufiger ist als im Westen (Statistisches Bundesamt, 1995).

Warum entscheiden sich immer mehr Menschen für diese Lebensform? Wird sie die Ehe ablösen? Für Herrad Schenk ist die nichteheliche Lebensgemeinschaft "nichts anderes als eine weitere Etappe in dem sich bereits seit Jahrhunderten vollziehenden Individualisierungsprozeß, also eine notwendige Konsequenz der Liebesehe" (Schenk, 1987, S.233), denn Liebe und statischer Institutionencharakter der Ehe stünden in Widerspruch zueinander. Nach dieser Sichtweise würde die Ehe als Lebensform eines Tages schließlich nicht mehr existieren, so wie beispielsweise heute in unserer Gesellschaft die Entscheidung der Sippe über den Ehepartner keine Bedeutung mehr hat, weil sie im Laufe der Individualisierung von der freien Partnerwahl abgelöst worden ist. Diese Sichtweise verkürzt nach Stich (1985, S.156) jedoch "die moderne Ehe auf die Gattenliebe" und "übersieht die Familie als Lebensgemeinschaft von Eltern und Kindern und die Wechselwirkung zwischen Paar- und Familienbeziehung" (Stich, 1985, S.156). Es handelt sich bei der gegenwärtigen Entwicklung nicht um eine wachsende Konkurrenz zwischen Ehe und nichtehelicher Partnerschaft, sondern - so Stich - "um eine Ausdifferenzierung von zwei unterschiedlichen Lebensformen," (Stich, 1985, S.157) der paarbezogenen kinderlosen nichtehelichen Lebensgemeinschaft und der Familie mit Kindern, deren Eltern verheiratet sind.

---

[3] Eine Repräsentativerhebung von EMNID schätzte 1983 die Zahl der nichtehelichen Lebensgemeinschaften auf 1,3 Millionen. Diese Zahl ist deutlich höher, was damit begründet werden kann, daß in der amtlichen Statistik wohl viele unverheiratet zusammenlebende Paare eine getrennte Haushaltsführung angeben.

Das Motiv für eine Ehe ist heute also meist auf Familiengründung bezogen, während der Wunsch zweier Partner, zusammen zu leben, als Motiv zur Eheschließung oft nicht ausreicht (Siehe auch Nave-Herz, 1989, S.216).

Wichtig ist die Frage, wie verbindlich eine solche Lebensgemeinschaft eingegangen wird. Ist sie auf Dauer angelegt wie die Ehe, oder soll sie nach Absicht der Beteiligten nur eine vorübergehende Phase sein? Erst von dieser Frage her kann das Ende einer solchen Beziehung richtig verstanden und eingeschätzt werden.

In einer Repräsentativerhebung von EMNID (1983, BRD) hatten 33 Prozent der Befragten, die in einer nichtehelichen Lebensgemeinschaft lebten, die konkrete Absicht ihren gegenwärtigen Partner zu heiraten, 38 Prozent waren sich darüber noch unklar und 28 Prozent gaben an, diesen Partner nicht heiraten zu wollen. 57 Prozent der unverheiratet Zusammenlebenden begrüßt ein Partnerschaftsverhältnis, bei dem die grundsätzliche Möglichkeit besteht, sich jederzeit trennen zu können; An anderer Stelle der Studie heißt es jedoch, daß nur 50 Prozent der Befragten sich überhaupt vorstellen können, sich vom gegenwärtigen Partner irgendwann einmal zu trennen (Bundesminister für Jugend, Familie und Gesundheit, 1985).

Die Rechtsstreitigkeiten nach Auflösungen von nichtehelichen Lebensgemeinschaften mehren sich (Stich, 1985, S.161). Zum einen handelt es sich um Auseinandersetzungen um das gemeinsam erwirtschaftete Eigentum, zum andern um Streit um das Sorgerecht, wobei meist Väter um Sorge- oder Umgangsrecht für gemeinsame Kinder kämpfen. Dies stellt insofern ein besonderes Problem dar, als nichteheliche Lebensgemeinschaften sich ja unter anderem gerade dadurch auszeichnen, daß die Beteiligten es ablehnen, ihre Beziehung rechtlich zu regeln. Es kann also nicht immer davon ausgegangen werden, daß die Trennung einer nichtehelichen Lebensgemeinschaft generell mit weniger rechtlichen Problemen belastet ist als eine Scheidung.

Die im vorigen Abschnitt referierten Ergebnisse der Scheidungsfolgen- und der Scheidungsursachenforschung konzentrieren sich - wie ja schon durch den Begriff ausgedrückt wird - auf das Scheitern von Ehen. Die Auflösung anderer Formen von Liebesbeziehungen wird in der Forschungsliteratur nur selten thematisiert (Ausnahme z. B. Schneider, 1990, Vaskovics & Rupp, 1994, Vaskovics, Rupp & Hofmann,

1997). Die Ergebnisse, die in bezug auf Ehen erbracht wurden, können aber nicht ohne weiteres auf unverheiratete Paare übertragen werden, da es systematische Unterschiede zwischen Ehen und nichtehelichen Lebensgemeinschaften gibt, beispielsweise in Hinblick auf Verbindlichkeit oder Werteinstellungen.

Die Auflösung nichtehelicher Lebensgemeinschaften

Schneider (1990) befragte 130 geschiedene oder getrennt lebende Personen nach den Gründen für die Scheidung oder Trennung von ihrem Partner und bezog dabei neben Ehen auch nichteheliche Lebensgemeinschaften sowie Paare, die nicht zusammenlebten, mit ein. Im Vergleich der unterschiedlichen Partnerschaftsformen und der Gründe, die zur Trennung führten, zeigte sich ein Zusammenhang zwischen Problembelastung und Institutionalisierungsgrad der Partnerschaft: In hoch institutionalisierten Beziehungsformen gaben die Betroffenen mehr und gravierendere Probleme an, die zur Trennung geführt hatten, als Personen, deren Partnerschaften gering institutionalisiert waren. Da nichteheliche Lebensgemeinschaften nur gering institutionalisiert sind, kann angenommen werden, daß sie "leichter" getrennt werden als Ehen. Hierbei spielen allerdings auch andere Faktoren eine Rolle: gemeinsame Kinder, Alter und Dauer der Beziehung.

Vaskovics und Rupp (1994) befragten 896 (ursprünglich) in nichtehelicher Lebensgemeinschaft lebende kinderlose Paare zu drei verschiedenen Zeitpunkten. Bei der zweiten Erhebung lebten noch 55 Prozent der Paare unverheiratet zusammen, 30 Prozent hatten geheiratet und 15 Prozent hatten sich getrennt. Zum Zeitpunkt der dritten Erhebung bestand noch bei 30 Prozent der Paare die nichteheliche Lebensgemeinschaft, insgesamt 45 Prozent hatten geheiratet, 2 Prozent waren schon wieder geschieden und 23 Prozent hatten sich seit der ersten Befragung getrennt, ohne vorher zu heiraten (Vaskovics & Rupp, 1994, S.12). In bezug auf Unterstützungsbedarf im Zusammenhang mit der Trennung stellten sie fest, daß Frauen deutlich häufiger die Vermittlung Dritter suchten als Männer. Beide Geschlechter wandten sich vor allem an Freunde und Bekannte, seltener an die Eltern (Vaskovics & Rupp, 1994, S.140). Erstaunlicherweise schien die Bewältigung der Trennung einfacher zu sein, wenn die Betroffenen lange zusammengelebt hatten. Auch ein höheres Lebensalter hatte positiven Einfluß, denn die Trennung erfolgte dann in der Regel weniger emotional und wurde mit mehr Gelassenheit bewältigt.

Die Auflösung nichtehelicher Lebensgemeinschaften hat für die Beteiligten „kaum direkte Auswirkungen auf die berufliche und/oder materielle Situation." (...) „Gemeinsame Kassen waren eher die Ausnahme und die vollständige ökonomische Abhängigkeit eines Partners vom anderen kam praktisch nicht vor" (Vaskovics & Rupp, 1994, S.141). Dies ist als wesentlicher Unterschied zu den Auswirkungen von Scheidungen festzuhalten. Frauen ziehen häufiger aus der gemeinsamen Wohnung aus als Männer, dabei oft in kleinere Wohnungen, so daß sie nach der Trennung in deutlich beengteren Wohnverhältnissen leben als ihre Expartner. Vaskovics und Rupp stellten fest, daß nach der Trennung selten gemeinsame Bekanntschaften weiter gepflegt werden, daß aber das größere soziale Umfeld häufig zu großen Teilen erhalten bleibt (Vaskovics & Rupp, 1994, S.143). Frauen scheinen hierbei aktiver auf der Suche nach neuen Außenkontakten zu sein als Männer.

Insgesamt stellen die Autoren fest, daß Trennungen nichtehelicher Lebensgemeinschaften in der Regel zwar meist langwierig aber relativ konfliktarm verlaufen, wozu vor allem die finanzielle Eigenständigkeit der Partner beiträgt. [4] Aus der Beobachtung, daß ein großer Teil der unverheiratet Zusammenlebenden schließlich heiratet, geht jedoch hervor, daß die Beziehungen in der Regel mit einer langfristigen Perspektive gelebt werden. Dies läßt vermuten, daß Trennungen nicht unbedingt weniger schwerwiegend für die Betroffenen sind als Scheidungen. „Nachdem Partnerschaften auch in der Phase des unverheirateten Zusammenlebens der Intention der Partner nach auf Dauerhaftigkeit ausgelegt sind, ist die Trennung für die Beteiligten ein fast ähnlich schmerzhafter Vorgang wie die Ehescheidung bei Verheirateten" (Vaskovics, 1996, S.56).

Meist geht der Trennung eine längere Zeit der Unzufriedenheit voraus, so daß die Auflösung nicht unerwartet eintritt. Es ist nach den Ergebnissen der Studie von

---

[4] Bei den vorgestellten Ergebnissen muß jedoch immer im Auge behalten werden, daß es sich um kinderlose Paare handelt, bei denen Trennungen wesentlich unproblematischer sind als bei Eltern. Im Befragungszeitraum hatten 28 Prozent der Paare mindestens ein Kind bekommen, neun von zehn Elternpaaren hatten geheiratet und die Paare, die sich getrennt hatten, waren fast ausschließlich kinderlos (Vaskovics & Rupp, 1994, S.151).

Vaskovics und Rupp anzunehmen, daß nichteheliche Lebensgemeinschaften leichter und aus geringeren Anlässen als Ehen aufgelöst werden. Kinderlose unverheiratete Paare haben geringeren Unterstützungsbedarf als Ehepaare (mit Kindern), denn Trennungen werden von ihnen leichter vollzogen und in der Regel als weniger schmerzhaft und konfliktreich erlebt.

2. Soziale Netzwerke

2.1. Entstehung und Entwicklung des Netzwerkkonzeptes

Zur Entstehung des Netzwerkkonzeptes in den Sozialwissenschaften führten mehrere Entwicklungslinien. Hierbei sind Sozialanthropologie sowie Soziometrie und Graphentheorie zu nennen, ebenso die Arbeiten der Harvard-Strukturalisten, austauschtheoretische Ansätze und der symbolische Interaktionismus. Diese Entwicklungslinien sind keineswegs unabhängig voneinander, sondern auf vielfältige Weise miteinander verzahnt, und manchmal erinnert die Geschichte der Netzwerkforschung selbst "angesichts der vielfältigen Verflechtungen zwischen unterschiedlichsten Strömungen aus verschiedenen wissenschaftlichen Disziplinen (...) an die *Entwicklung eines Netzwerks* oder eines *Netzwerks in der Entwicklung*" (Neyer, 1994, S.6).

Die **Sozialanthropologie** (v. a. in Großbritannien) suchte in der Zeit während und nach dem zweiten Weltkrieg nach neuen Methoden und Konzepten zur Untersuchung von Kulturen, insbesondere komplexen urbanen Gesellschaften. Erheblicher gesellschaftlicher Wandel in dieser Zeit ließ alte Erklärungsmuster, vor allem den bis dahin dominierenden Struktur-funktionalismus, hinfällig werden und öffnete den Blick für die sozialen Felder zwischen den Institutionen. Der Begriff eines Netzwerkes sozialer Beziehungen wurde schon 1940 von Radcliffe-Brown verwendet . Zunächst nur als Metapher gebraucht, wurde das Netzwerk-Konzept später auch als analytisches Instrument genutzt. Den Hintergrund für diese Entwicklungsrichtung bildeten die Denkweisen von Levi-Strauss oder auch Piaget (Vgl. Röhrle, 1994, S. 11). Barnes (1954) untersuchte - wohl als erster auch unter Verwendung *netzwerkanalytischer Instrumente* - in diesem Sinne Beziehungsmuster in einer norwegischen Gemeinde. Bott (1955, 1957) arbeitete ebenfalls als "Netzwerkpionierin" über Rollenbeziehungen, über soziale Integration von Familien und über Zusammenhänge zwischen Verwandtschaftsnetzwerk und Partnerbeziehung. Ihre Thesen werden heute noch kritisch diskutiert und weiterverfolgt (Mayer-Kleffel, 1991, S. 42; Aldous & Strauss, 1966; Wellman &Wellman, 1992). An den Arbeiten von Barnes und Bott war für die Weiterentwicklung der Netzwerkanalyse wesentlich, daß den indirekten *Beziehungen* zwischen Personen, die alle eine andere Person kennen, mehr Beachtung zuteil wurde, als der Person selbst (Vgl. Barnes, 1972, S. 21, und Schenk, 1984, S.6).

Das Netzwerkkonzept wurde innerhalb der Sozialanthropologie noch in einer Reihe von empirischen Studien angewandt, meist unter Verwendung egozentrierter Netzwerke. Young & Willmott (1962) untersuchten die Verbindung von Freundschafts- und Verwandtschaftsnetzen. Mitchell (1969) versuchte eine *methodische* Umsetzung der Netzwerkmetapher und definierte Netzwerke hierfür als spezifische Mengen von Verbindungen zwischen sozialen Akteuren.

Soziometrie und Graphentheorie bilden eine weitere Entwicklungslinie des Netzwerkkonzeptes. Ein Graph besteht ganz allgemein "aus einer Menge von Punkten/Knoten und aus Verbindungslinien, die gewisse Knotenpaare in einer vorgeschriebenen Weise miteinander verbinden." (...) Aus der Definition wird "deutlich, daß die Verwendung von Graphen besonders dort naheliegt, wo es gilt, Strukturen von Systemen zu untersuchen" (Schenk, 1984, S.18). In den 30er Jahren emigrierten die deutschen Forscher Jakob Moreno, Kurt Lewin und Fritz Heider in die USA und führten dort Gedanken weiter, die Köhler ebenfalls in den 30er Jahren in seiner Gestaltpsychologie entworfen hatte. Köhlers Arbeiten gehen von ihrem Grundgedanken her auf den Mathematiker Euler zurück, der im 18. Jahrhundert das "Königsberger Brückenproblem" zu lösen versucht hatte.

Der Sozialpsychologe Moreno (1934) erhob die Stellung einzelner Personen innerhalb einer Gruppe, indem er aufgrund von "Beliebtheitswahlen" Soziogramme erstellte. Er war damit einer der Pioniere der Soziometrie. Auch Lewins Feldtheorie und topologische Psychologie war ein wichtiger Grundstein im Bereich der Soziometrie. "The aim of `field theory´ is to explore, in mathematical terms, the interdependence between group and environment in a system of relations, a view wich brought Lewin close to subsequent developments in general system theory" (Scott, 1991, S.11). Heider (1958) entwickelte die "Theorie der Balance". Er untersuchte, wann gleichgewichtige Zustände zwischen Personen vorliegen. Wesentlich sind in diesem Modell die Einstellungen und Wahrnehmungen der Person, nicht äußere Gegebenheiten. Heiders These zur Balance in solchen kognitiven Strukturen ließ sich auf die Strukturen sozialer Netzwerke übertragen. Zum Beispiel untersuchte Newcomb (1961) den Zusammenhang zwischen dem Fortbestehen sozialer Beziehungen und der in ihnen bestehenden Ausgewogenheit. Je geringer das interpersonelle Gleichgewicht, desto wahrscheinlicher ist nach seiner Theorie ein Abbruch der Beziehungen. Cartwright & Harary (1956, 1979) führten diesen Gedanken mit Bezug auf komplexere soziale Beziehungsgeflechte weiter.

Auch die sogenannten **Harvard-Strukturalisten**, bekannt vor allem durch die Arbeiten von Elton Mayo und W. Lloyd Warner, wandten die Graphentheorie an und verwendeten in ihren Untersuchungen zum ersten Mal Soziogramme in größerem Stil.

Ebenso wurde die Auseinandersetzung um soziale Beziehungsgefüge durch **Austauschtheorien** bereichert, wie sie von Homans (1961), Blau (1964) oder Thibaut & Kelly (1959) erarbeitet wurden. Soziale Netzwerke werden hier als Märkte betrachtet, in denen Güter und Informationen ausgetauscht werden. Das heißt, die Struktur sozialer Netzwerke wird bestimmt durch Kosten und Nutzen von Interaktionen und Beziehungen. Für Thibaut und Kelly (1959) ist die *Erwartbarkeit* von Vor- und Nachteilen entscheidend, während bei Homans nur die konkreten Austauschprozesse berücksichtigt werden. Blau (1964) betonte die Bedeutung von - den Interaktionen zugrundeliegenden - Reziprozitätsregeln.

Im Theoriezusammenhang des **Symbolischen Interaktionismus** werden soziale Netzwerke als kollektiv hergestellte und sinnstiftende Form sozialer Realität betrachtet. Es wird die Notwendigkeit betont, stets den symbolischen, kollektiv zugeschriebenen Gehalt aller sozialen Strukturen bei der Untersuchung sozialer Netzwerke mit zu berücksichtigen.

Als in der soziologischen Theoriegeschichte grundlegend für den Gedanken, soziale Beziehungen eigenständig und in ihrem strukturellen Zusammenhang miteinander zu betrachten, können die formale Soziologie Simmels, Webers Handlungstheorie und Parsons Theorie sozialer Systeme angesehen werden. Denn, so Röhrle, "diese Theorien sprachen schon der Struktur und den relationalen Eigenschaften in Gesellschaften eine eigenständige, von Individuen unabhängige, sogenannte emergente Qualität zu" (Röhrle, 1994, S.11).

Weitere Entwicklung

Die Arbeiten von Mitchell, Barnes und Bott hatten großen Einfluß in England, waren aber auf anthropologische Fragestellungen beschränkt . "As a result, the crucial breakthrough to the study of the global properties of social networks in all fields of social life was not made in Britain" (Scott, 1991, S.33), so Scott in vielleicht etwas amerikozentrischer Sichtweise. Der Durchbruch fand nach dieser Sicht in Harvard statt, wo eine Gruppe von Wissenschaftlern um Harrison White neue mathematische Analysemethoden zur Evaluierung des Netzwerkkonzeptes entwickelte. Auf diese Forscher ist die Blockmodellanalyse zurückzuführen, ebenso wie multidimensional scaling.

In den 70er Jahren begann das Netzwerkkonzept populär zu werden. Ein Markstein ist hier der Artikel "The Strength of Weak Ties" (1973) von Granovetter (der angeblich zu den meistzitierten wissenschaftlichen Artikeln überhaupt gehört) und die Gründung des "International Network of Social Network Analysis (INSNA)", ebenfalls in den 70er Jahren. Es existiert inzwischen eine Vielfalt mathematischer Methoden zur Analyse von Netzwerken und eine große Menge empirischer Arbeiten (vgl. Röhrle, 1994). Noch heute wird ein Mangel an theoretischen Grundlagen für die Untersuchung sozialer Netzwerke beklagt, der im Gegensatz zu der Vielfalt ausgeklügelter Methoden stehe (Vgl. z. B. Keul, 1993). Noch gibt es keinen theoretischen Überbau, und in vielen empirischen Arbeiten in diesem Bereich mangelt es an theoretischen Grundlagen (siehe auch Neyer, 1994, S.5).

Der Netzwerkbegriff ist heute geradezu inflationär verbreitet; er hat in die verschiedensten Wissenschaftsdisziplinen ebenso Eingang gefunden wie in die Alltagskultur. So werden Netzwerke nicht nur in Soziologie und Psychologie thematisiert, sondern beispielsweise auch in Politikwissenschaft, Kommunikationswissenschaft und Sozialmedizin. Keupp bezeichnet das Netzwerkkonzept als "dürres Konzept mit der Last der großen Hoffnungen" (Keupp, 1988, S. 97). Er erklärt das steigende Interesse an sozialen Netzwerken dadurch, daß diese im Laufe des "Projekts der Moderne" immer brüchiger wurden und werden und zunehmend die Initiative des Einzelnen fordern. "Sozialwissenschaften beschäftigen sich mit dem, was aus dem Zustand quasinatürlicher Gegebenheiten herausfällt , und sie beschäftigen sich deshalb zunehmend mit dem Bereich der sozialen Beziehungen, weil er den Status selbstverständlicher Gegebenheit verloren hat" (Keupp, 1988, S.122).

Wellman sieht die Netzwerkanalyse als Vorreiterin des Diskurses der Postmoderne: "It´s basically my belief, that network analysis was ahead of the current pomo fad in it´s insistence that the world is not composed of bounded groups and organized in neat hierarchies. (...) our approach fits with the tentative, eclectic nature of pomo, where things are defined through shifting centreless networks of relationships and experiences" (Wellman, 1993, S.8).

2.2. Die Besonderheit des Netzwerkansatzes

Die „Entdeckung" der Netzwerkanalyse ist Teil eines allgemeineren Paradigmenwechsels von aristotelischer, kategorialer Analyse zu relationaler, struktureller Analyse, der sich sowohl in den physikalischen wie auch in den sozialen Wissenschaften vollzog (Wellman, 1981, S.179). Erstere bezieht sich auf Eigenschaften von Untersuchungseinheiten, nach denen Kategorien gebildet werden und deren Verteilung betrachtet wird, letztere untersucht Verbindungen und Systeme von Verbindungen.
So kann sich auch die Sozialforschung auf zwei Arten der sozialen Welt nähern: Über Attribute oder über Relationen, wobei letztere Perspektive genuin die der Netzwerkforschung ist. (Scott, 1991; Wellman & Berkowitz, 1988, Knoke & Kuklinsky, 1982). Beide Perspektiven sind notwendig; keine kann für sich alleine soziale Phänomene umfassend erklären. Attribute sind - nach einer Definition von Knoke und Kuklinsky - intrinsische Charakteristika von Personen, Objekten oder Ereignissen. Attribute werden in der empirischen Sozialforschung gemessen als Werte von Variablen (Einkommen, berufliche Stellung, Schulabschluß etc.). Beziehungen sind Handlungen oder Qualitäten, die nur existieren, wenn zwei oder mehr Einheiten in Verbindung miteinander betrachtet werden (Knoke & Kuklinsky, 1982). Beziehungen verschwinden, wenn eine Seite nur für sich allein betrachtet wird, denn sie sind emergenter Teil der Verbindung zwischen den untersuchten Einheiten.

Der Großteil der soziologischen Forschungsarbeiten bezieht sich auf Attribute. Die sozialwissenschaftlichen Standardinstrumente erlauben für gewöhnlich nicht mehr als eine Aggregation von Daten, die sich auf Eigenschaften von Personen oder anderen Einheiten und ihre Verteilung beziehen. Aber hierbei wird nicht beachtet, daß oft relationale Faktoren bedeutenden Einfluß auf die beobachteten Attribute ausüben können. Zum Beispiel können im Arbeitsbereich unterstützende oder feindselige Beziehungen der Kollegen untereinander gravierende Auswirkungen auf die Produktivität der Einzelnen und der Arbeitsgruppe haben. Wird die relationale Perspektive ausgeblendet, wird viel an möglicher Erklärungskraft verschenkt. Optimal ist daher eine Forschung, die beide Blickwinkel miteinander verbindet.

Zahlreiche theoretische Konzepte in Soziologie, Psychologie und Ökonomie versuchen, Handlungen von Individuen aus einer atomistischen Perspektive zu erklären; das heißt, sie betrachten das Verhalten der Individuen, als entschieden und handelten diese, ohne sich auf andere Akteure zu beziehen. Somit ignorieren sie den sozialen Kontext, in den jede Handlung eingebettet ist. Die Netzwerkanalyse unterscheidet sich von einer solchen Herangehensweise in zweierlei Hinsicht: Zum einen ist eine ihrer zentralen Grundannahmen, daß jeder Akteur immer Teil eines sozialen Umfeldes ist, das viele andere Personen einschließt, und daß er bei jeder seiner Handlungen von diesem Umfeld in irgendeiner Form beeinflußt ist. Seine Beziehungen zu anderen Menschen prägen seine Wahrnehmungen, Ansichten und Handlungen. Zum anderen unterscheidet die Netzwerkforschung sich von den meisten anderen Ansätzen dadurch, daß sie die Strukturen sozialer Systeme betrachtet. Sie beschäftigt sich mit den Beziehungen, die zwischen den Mitgliedern sozialer Einheiten bestehen, und mit den Strukturen, die diese Beziehungen miteinander bilden.

Netzwerkforschung beinhaltet die Untersuchung und Erklärung von Verhalten, das auf bestimmten Mustern von Beziehungen beruht. Sie interessiert sich kaum für einzelne dyadische Beziehungen oder die Auswirkungen individueller persönlicher Eigenschaften. In dieser Forschungsrichtung wird es bewußt vermieden, zur Erklärung auf kategoriale Begriffe wie Klasse, Nationalität, Rasse oder Schicht zurückzugreifen, weil diese Begriffe Strukturen ausblenden. Das Zusammenfassen von Menschen zu großen Gruppen auf der Basis einzelner ihnen zugeschriebener Eigenschaften zerstört die für die Netzwerkforschung entscheidende strukturelle Information (Milardo, 1988).

Wellman hat ein solches Vorgehen mit dem Zentrifugieren von Genen verglichen: Es verschafft Informationen über die Zusammensetzung des Erbmaterials, zerstört aber dabei seine Struktur (Wellman, 1983, S.166). Strukturelle Analysen sozialer Netzwerke sind auf die Prämisse gegründet, daß Netzwerke eine emergente Eigenrealität haben, ebenso wie Individuen und Beziehungen. Daher können Eigenschaften von Netzwerkstrukturen nicht weiter reduziert werden, das heißt sie können nicht zurückgeführt werden auf Eigenschaften von Personen, auf normative Bestimmungen oder auf einen kumulativen Effekt einzelner dyadischer Beziehungen (Milardo, 1988). Daher können mit Hilfe der Netzwerkanalyse soziale Phänomene aufgespürt und erklärt werden, die auf der Ebene der Individuen nicht existieren oder nicht erkennbar sind.

Es existiert eine Vielzahl unterschiedlicher Definitionen des Begriffes "soziales Netzwerk". Als gemeinsamen Nenner lassen sich soziale Netzwerke beschreiben als Systeme von Beziehungen zwischen Personen. Die Beziehungen sind die Verbindungslinien des Netzes, die Personen sind die Kreuzungspunkte. Gegenstände der Netzwerkforschung sind weniger formelle als vor allem informelle Beziehungen. Die Art, Anzahl und Zusammensetzung der Verbindungen, die unter den Netzwerkmitgliedern bestehen, bilden die Struktur des Netzwerkes. Innerhalb des Netzes werden Informationen, Emotionen und Ressourcen ausgetauscht. Netzwerke sind immer in Bewegung: Neue Verbindungen werden geknüpft, alte Beziehungen intensiviert, auf Eis gelegt oder gekappt - Netzwerke "leben" und sind daher immer im Wandel.

2.3. Typen sozialer Netzwerke

Die umfassendste Variante eines sozialen Netzwerkes ist das totale Netzwerk. Ein totales Netzwerk umfaßt "alle denkbaren sozialen Beziehungen verschiedener Art, die zwischen Personen einer gegebenen Untersuchungseinheit (z. Bsp. Gemeinde/ Gesellschaft) bestehen können" (Schenk, 1984, S.31). Bei der Erhebung eines totalen Netzwerkes muß jede Person über ihre Beziehungen zu sämtlichen anderen Netzwerkpersonen befragt werden. Da dies empirisch sehr aufwendig ist, werden totale Netzwerke in der empirischen Forschung nur äußerst selten verwendet.

Weitaus häufiger als auf totale Netzwerke bezieht man sich auf partiale Netze. Ein partiales Netzwerk stellt einen Ausschnitt aus dem totalen Netzwerk dar, der nach bestimmten Kriterien gewählt werden muß. Diese Kriterien, nach denen eine Auswahl getroffen wird, bestimmen, welche Personen erfaßt werden können. Daher ergeben sich je nach Wahl der Kriterien, das heißt nach der Definition des Netzes, das erhoben werden soll, und nach der Operationalisierung, mit der diese Definition umgesetzt wird, sehr unterschiedliche Ergebnisse in bezug auf Umfang und Zusammensetzung der Netzwerke (Campbell & Lee, 1991). Dies ist auch der Grund, warum es sehr schwierig ist, die Ergebnisse verschiedener empirischer Netzwerkstudien, die mit unterschiedlichen Definitionen arbeiteten, zu vergleichen (Milardo, 1989).

Eine Variante partialer Netzwerke ist das egozentrierte oder persönliche Netzwerk. Es kann definiert werden als "a collection of individuals who know and interact with a particular target individual" (Milardo, 1988, S.20). Das egozentrierte soziale Netzwerk umfaßt also ausschließlich diejenigen Personen, die mit einer bestimmten "Fokusperson" in Beziehung stehen. Die Beziehungen der so erfaßten Netzwerkpersonen untereinander müssen nicht mit erhoben werden. Egozentrierte Netzwerke haben den Vorteil, daß sie einfach zu erheben sind und daher auch in großen empirischen Studien verwendet werden können. So wurden egozentrierte Netzwerke beispielsweise in der "East York Survey" von Wellman, in der "Northern California Community Study" (NCCS) von Fischer oder im General Social Survey der USA eingesetzt. Auch im Familiensurvey des Deutschen Jugendinstituts werden egozentrierte Netzwerke verwendet.

Die größtmögliche Variante egozentrierter Netzwerke sind "globale Netzwerke", die alle Personen umfassen, die "Ego" kennt. Amerikanische Untersuchungen haben gezeigt, daß dies für den Großteil der Menschen in den USA bis zu 1500 Personen sind (Campbell & Lee, 1991), das globale Netzwerk einer Person kann aber auch mehrere tausend Personen umfassen. Killworth et al. (1984) errechneten durch Extrapolation eine durchschnittliche Netzwerkgröße von 250 Personen. Globale Netzwerke können eigentlich nur mit Hilfe von Schätzmethoden erhoben werden, daher gibt es große Abweichungen zwischen den Ergebnissen unterschiedlicher Studien. Der allergrößte Teil dieser "Bekannten" erfüllt keine bestimmte Funktion für die Befragten, sondern ist allenfalls als Informationsquelle von Bedeutung. Weniger als zehn Prozent der Netzwerkmitglieder in globalen Netzwerken sind mit den befragten Personen verwandt.

Normalerweise wird die Erhebung egozentrierter Netze auf die bedeutenderen Bezugspersonen einer zentralen Person begrenzt. Fast immer ist es notwendig, wichtige Beziehungen von unwichtigen zu trennen, um nur Erstere aufzunehmen. Dies kann auf mehrere Arten geschehen, von denen vor allem drei Verwendung finden, die wiederum unterschiedliche Typen sozialer Netzwerke generieren. (Ausführlichere Beschreibungen und Bewertungen der hier vorgestellten Methoden und Typen finden sich zum Beispiel bei Antonucci & Knipscheer, 1990; Reisenzein, Baumann & Reisenzein, 1993; und Milardo, 1992).

Zum einen können egozentrierte Netzwerke erhoben werden, indem die Befragten selbst auswählen sollen, welche Personen ihres Umfeldes für sie wichtige Bezugspersonen sind. Mit Hilfe einer solchen free-recall-technique erstellte Netzwerke werden als "psychologische Netzwerke" bezeichnet. Sie werden meist mit Hilfe nur eines einzigen Namensgenerators erhoben. Normalerweise dominieren in psychologischen Netzwerken Verwandtschaftsbeziehungen (Surra & Milardo, 1991). Problematisch ist bei der Verwendung nur eines Namensgenerators, daß häufig wichtige Personen einfach vergessen werden, insbesondere solche, zu denen die Befragten nicht besonders häufig Kontakt haben (Hammer, 1984).

Eine weitere Möglichkeit ist es, nach verschiedenen Inhalten sozialer Unterstützung zu fragen (zum Beispiel: "Wem vertrauen Sie sich an, wenn Sie Sorgen haben?" oder "Von wem erhalten Sie finanzielle Unterstützung?") und die Personen in die Erhebung aufzunehmen, die diese Unterstützungsfunktionen innehaben. Diese sogenannten "Tauschnetzwerke" sind meist deutlich größer als die psychologischen Netze - wobei jedoch große individuelle Unterschiede bestehen - und enthalten neben Verwandtschaftsbeziehungen zu einem großen Teil auch Freundschafts- und Nachbarschaftsbeziehungen. Sie erlauben differenziertere Aussagen über die soziale Integration der Befragten als psychologische Netzwerke, beinhalten aber einen erheblich größeren Erhebungsaufwand.

Eine dritte Option besteht darin, Personen aufzunehmen, die zu den befragten Fokuspersonen in einer bestimmten (Rollen-)Beziehung (zum Beispiel Nachbarn, Freunde, Verwandte, Partner, Kollegen etc.) stehen, und so Rollennetzwerke zu generieren (Reisenzein, Baumann & Reisenzein, 1993). Dieser Zugang wurde wegen seiner Unschärfe kritisiert. Problematisch ist er vor allem bei Personen, die mehrere Rollen erfüllen (z. B. gleichzeitig Nachbar und Freund sind). Ein Vorteil der Erhebung egozentrierter Netze über Rollenbeziehungen liegt jedoch darin, daß auch problematische oder ambivalente Beziehungen Eingang finden (z. B. der Vorgesetzte oder die Schwiegermutter). Außerdem erwies sich der Rollenansatz in einer vergleichenden Studie verschiedener Erhebungsmethoden für soziale Netzwerke als von besonders hoher Reliabilität (Antonucci & Knipscheer, 1990).

Häufig werden verschiedene Netzwerktypen miteinander kombiniert, zum Beispiel indem sowohl nach Unterstützungsfunktionen als auch nach bestimmten Beziehungen gefragt wird, oder wenn am Ende einer Liste von Rollenbeziehungen noch weitere, subjektiv für wichtig erachtete Bezugspersonen dem erhobenen Netzwerk hinzugefügt werden. Oder es können die Netze noch durch einschränkende Kriterien zusätzlich konzentriert werden, beispielsweise indem nur Personen aufgenommen werden, zu denen mindestens einmal im Monat Kontakt besteht. Auch im Familiensurvey des Deutschen Jugendinstituts wurden verschiedene Ansätze zur Erhebung sozialer Netzwerke verwendet.
Reisenzein et al. empfehlen als optimale Methode der Erhebung sozialer Netzwerke eine Kombination von Namensgeneratoren, die sich auf bestimmte Rollen beziehen (Rollennetzwerk), mit der Frage nach wichtigen bzw. bedeutsamen Personen des eigenen Umfeldes (psychologisches Netzwerk) (Reisenzein, Baumann & Reisenzein, 1993, S. 77).

2.4. Zentrale Begriffe und Konzepte zur Beschreibung sozialer Netzwerke

Es gibt eine Reihe von Begriffen, die in der Netzwerkforschung sehr wichtig sind, da durch sie Beziehungen und Netzwerkstrukturen beschrieben werden. Im Folgenden werden die wichtigsten Begriffe kurz benannt und mit Anmerkungen zu ihrer Interpretation versehen. Im empirischen Abschnitt der Arbeit werden diese Termini zur Anwendung kommen.

Eigenschaften einzelner Beziehungen

- Kontakthäufigkeit

Die Kontakthäufigkeit hängt stark mit der Wohnentfernung zusammen (insbesondere, wenn telefonische und briefliche Kontakte nicht mit erhoben werden), ist aber ein wichtiges Kriterium dafür, wie intensiv eine Beziehung gelebt wird und welche Bedeutung sie im Netz der Befragten einnimmt.

- Räumliche Entfernung

Eine geringe räumliche Entfernung und damit einfache Erreichbarkeit eines Netzwerkmitgliedes geht meist mit einer hohen Kontakthäufigkeit einher und wird gewöhnlich eher positiv bewertet. Mit abnehmender räumlicher Distanz wächst aber auch die Möglichkeit sozialer Kontrolle in einer Beziehung. Soziale Unterstützung ist nicht unbedingt von räumlicher Nähe abhängig; insbesondere emotionale und finanzielle Unterstützung können auch über weite Entfernungen hinweg geleistet werden.

- Stärke bzw. Intensität

Die bekannteste Unterteilung von Beziehungen in starke und schwache Verbindungen geht auf Granovetter (1973) zurück. In seiner Arbeit setzt sich die Stärke einer Beziehung aus dem Ausmaß an ausgetauschten Leistungen, der gemeinsam verbrachten Zeit und der emotionalen Intensität der Beziehung zusammen. Schwache Verbindungen befinden sich eher am Rande des persönlichen Netzwerkes und können als Brücke zu anderen Netzwerken wichtige Funktionen erfüllen, indem sie zum

Beispiel Zugang zu Informationen eröffnen. Starke Verbindungen bieten emotionalen Rückhalt und soziale Unterstützung.

Die Stärke bzw. Intensität einer Beziehung kann zum Beispiel über die Kontakthäufigkeit, über subjektiv empfundene Bedeutung der Beziehung, über Vertrautheit oder Menge der ausgetauschten Ressourcen operationalisiert werden.

- Dauer

Starke und multiplexe Beziehungen sind meist dauerhafter als schwache und uniplexe Beziehungen. Gerade verwandtschaftliche Bindungen (z. Bsp. zu Geschwistern) bleiben oft über den gesamten Lebenszyklus hinweg erhalten.

- Inhalte der Interaktion

Schenk (1984) unterteilt in Anlehnung an Barnes (1972) und Mitchell (1973) die möglichen Inhalte sozialer Interaktionen in Informationen und Kommunikation, Austausch und Transaktion (zum Beispiel von Gütern oder Hilfeleistungen) sowie Normen, Werte und Einstellungen (Schenk, 1984, S74ff). Letzteres bezieht sich auf Erwartungen, die von den in die Beziehung involvierten Personen mit der Relation verbunden werden, zum Beispiel der Vorstellung davon, was eine Freundschaft bedeutet und was wir von einem Freund zu erwarten haben. Inhalte sozialer Beziehungen können in Dichotomien operationalisiert werden (finanzielle Unterstützung wird gegeben/ nicht gegeben o. ä.).

- Multiplexität

Die einzelnen Beziehungen zwischen Netzwerkpersonen (Dyaden) können unterschiedlich viele Inhalte und Funktionen einschließen. Wenn mehrere unterschiedliche Inhalte in einer Beziehung gegeben sind, so nennt man diese Beziehung "multiplex", wenn nur ein einziger Typ von Inhalt gegeben ist, so nennt man eine solche Beziehung "uniplex". Man nimmt an, daß traditionelle Netzwerke eine größere Multiplexität aufweisen als moderne Netzwerke, in denen mehr Beziehungen unterhalten werden, die nur einem einzigen Inhalt dienen (Fischer, 1982; Schenk, 1984). Multiplexe Beziehungen sind durch ein stärkeres Ausmaß an gegenseitiger Verpflichtung und Verbundenheit gekennzeichnet.

- Reziprozität

Als reziprok werden Beziehungen bezeichnet, in denen gegebene und erhaltene Leistungen einander ausgleichen. Reziprozität läßt sich nur sehr schwer operationalisieren, da unterschiedliche Leistungen (z. B. Hilfe, Trost, Zeit etc.) oft nicht miteinander vergleichbar sind. Außerdem wird Reziprozität in sozialen Beziehungen oft über längere Zeiträume hinweg hergestellt und kann daher in Querschnittstudien nicht erfaßt werden. Die Zeitspannen, über die eine "Bringschuld" bestehen kann, ohne daß die Beziehung als unsymmetrisch empfunden und dadurch gestört wird, sind in verschiedenen Beziehungsarten unterschiedlich groß. In Verwandtschaftsbeziehungen, insbesondere Eltern-Kind-Beziehungen, sind sie beispielsweise meist größer als in Freundschaftsbeziehungen.

Struktureigenschaften sozialer Netzwerke

- Durchschnittsberechnungen der einzelnen Beziehungen

Hat man eine Reihe von Aussagen über einzelne Beziehungen innerhalb eines Netzwerkes, so kann die Struktur des Netzes anhand von Durchschnitts- oder Summenberechnungen beschrieben werden (Diewald, 1991). Beispielsweise, indem man untersucht, wie groß die Anteile verschiedener Herkunftskontexte sind (verwandtschafts- versus freundschaftszentrierte Netze), durch die Berechnung der mittleren Kontakthäufigkeit oder der durchschnittlichen Entfernung.

- Größe

Die Größe eines sozialen Netzwerkes entspricht der Anzahl der Personen im Netz. In egozentrierten Netzwerken sind dies alle Personen, mit denen die Fokusperson in Beziehung steht. Die Gesamtheit aller potentiell verfügbaren Beziehungen wird als Gelegenheitsstruktur bezeichnet, die tatsächlich gelebten Beziehungen bilden die Wahlstruktur. Die Größe des Netzwerkes variiert je nach den zugrunde gelegten Kriterien für Mitgliedschaft. Netzwerkgrößen verschiedener Untersuchungen sind nur bei identischen Befragungsinstrumenten vergleichbar, da sie stark durch die Art der Erhebung determiniert werden.

- Dichte

Die Dichte bringt zum Ausdruck, wie stark die Personen innerhalb eines Netzwerkes miteinander in Verbindung stehen. Sie berechnet sich normalerweise aus der Anzahl aller möglichen Verbindungen geteilt durch die Anzahl tatsächlich vorhandener Verbindungen zwischen den Netzwerkpersonen (Diewald, 1991, S.69). Netzwerke mit gleicher Dichte können dennoch unterschiedliche Beziehungsmuster aufweisen (Schenk, 1984, S. 59). Teilgruppen von Netzwerken mit maximaler Dichte (das heißt, alle Personen stehen miteinander in direkter Verbindung) werden als Cliquen bezeichnet, Teilgruppen mit hoher Dichte als Cluster.

- Zentralität

Dieses Maß beschreibt die Position einer Person im Netzwerk. Es bemißt sich nach der Anzahl der direkten Verbindungen, die eine Person zu den anderen Mitgliedern des Netzwerkes hat. Zentralität kann als Indikator für Macht und soziale Kontrolle verwendet werden. Ebenso wie bei der Dichte ist es hierbei notwendig, vollständige Netzwerke zu erheben, das heißt, alle Netzwerkpersonen zu befragen.

- Homogenität

Die Homogenität bzw. Heterogenität eines Netzwerkes bestimmt sich aus der Anzahl der verschiedenen Herkunftskontexte der Beziehungen. Rekrutiert eine Person alle ihre Netzwerkmitglieder aus ein und demselben Herkunftskontext (z. Bsp. Verwandtschaft), so wird ihr Netzwerk als homogen bezeichnet. Homogenität bedeutet meist gleichzeitig eine hohe Netzwerkdichte.

- Stabilität

Die Stabilität sozialer Netzwerke ist empirisch nur schwer faßbar und ist bisher kaum untersucht worden (Neyer, 1994). Netzwerke mit einem hohen Anteil an starken Beziehungen (z. Bsp. Familiennetzwerke) sind stabiler als solche, die von schwachen Verbindungen dominiert werden.

Eine Anmerkung zur Verbindung sozialwissenschaftlicher Theorien mit dem Netzwerkkonzept:

Auf der Suche nach theoretischen Fundamenten für die Netzwerkanalyse fällt zunächst auf, daß der allergrößte Teil empirischer Netzwerkforschung ohne theoretische Bezüge auskommt. Schon Anfang der siebziger Jahre schrieb Barnes: "Es gibt keine Theorie sozialer Netzwerke; vielleicht wird es sie nie geben." (1972, nach Schenk, 1984 S. 109). Die Metapher des sozialen Netzwerkes eignet sich offensichtlich als Grundlage für empirische Forschung, ohne dadurch einen weiterführenden theoretischen Hintergrund zu erschliessen. "Die Basisidee hinter der metaphorischen und analytischen Verwendung von sozialen Netzwerken ist, daß "kreuzende" interpersonale Bande in einer relativ unspezifischen Art kausal mit den Handlungsweisen der Personen und den sozialen Institutionen ihrer Gesellschaft verbunden sind - dies bleibt eine Basisidee und nicht mehr"(Barnes, 1972, a.a.O.).

Es lassen sich jedoch von einer ganzen Reihe soziologischer Theorieansätze aus Bezüge zum Netzwerkkonzept herstellen. Zu diesen zählen beispielsweise die Systemtheorie, die Rollentheorie, Rational Choice - Ansatz, soziales Kapital, Austauschtheorie und handlungstheoretische Ansätze. Keine dieser Theorien beinhaltet explizit das Netzwerkkonzept, aber sie alle können Erklärungen für Teilaspekte geben.

3. Soziale Unterstützung

"Soziale Unterstützung" ist ebenso wie der Netzwerkbegriff in der psychologischen und soziologischen Forschung zu einem "In"- Thema geworden. Beide Konzepte versprechen, Klärung im Bereich der sozialen Beziehungen zu schaffen, deren Wandel beziehungsweise "Verlust" gegenwärtig nicht nur im wissenschaftlichen Bereich vielfach Gegenstand der Diskussion ist. Im Rahmen von zunehmenden Freisetzungsprozessen wird von vielen befürchtet, daß durch abbröckelnde traditionale Verbindlichkeiten soziale Sicherungsnetze für individuelle Notlagen verloren gehen und der oder die Einzelne verstärkt dem Risiko der Vereinsamung ausgesetzt ist.
Die Frage nach sozialer Unterstützung wird angesichts solcher Befürchtungen zu einem zentralen Punkt in der Diskussion um den gegenwärtigen und zukünftigen Zustand unserer Gesellschaft.

3.1. Entstehung und Entwicklung des Konzeptes sozialer Unterstützung

In der psychologischen und sozialepidemologischen Forschung stand zunächst der Zusammenhang zwischen sozialer Unterstützung, Streß und Gesundheit im Vordergrund. Soziale Unterstützung sollte - so eine Grundannahme - als eine Art "soziales Immunsystem" die Abwehrkräfte stärken und negative Folgen von Streß mildern (z. B. Caplan, 1974; Cassel, 1974; Cobb, 1976; Allg: Röhrle, 1991, S. 73ff).

Nach Veiel und Bauman (1992) führte die anfängliche begeisterte Übernahme des Konzeptes sozialer Unterstützung aus der Streß- und Gesundheitsforschung der 70er Jahre dazu, daß die oben erwähnte einfache Grundannahme ohne weitere Überprüfung zu einem wissenschaftlichen Paradigma erhoben wurde. Somit fand sie im folgenden oft unhinterfragt Verwendung, ohne daß es für notwendig erachtet wurde, die Richtigkeit dieser Annahme für den jeweiligen Verwendungszusammenhang zu überprüfen.
In späteren Arbeiten wurde dann jedoch die allgemeine Annahme einer grundsätzlichen salutogenen Wirkung sozialer Unterstützung zunehmend differenziert, indem untersucht wurde, welche (sozialen) Bedürfnisse es sind, die durch Unterstützung befriedigt werden können. Nachdem die Effekte sozialer Unterstützung komplexer

waren, als man zunächst angenommen hatte, schien es sinnvoll, zu prüfen, auf welche Weise welchen Bedürfnissen durch Unterstützung begegnet werden kann und in welcher Situation Hilfe positive oder auch negative Auswirkungen haben kann.

Röhrle konstatiert, daß diese Frage "in verschiedenen Studien ganz unterschiedlich beantwortet" worden ist (Röhrle, 1994, S.112). Einige Studien versuchten zu erheben, wie stark das Bedürfnis nach sozialer Unterstützung insgesamt ist; meist dadurch, daß einzelne Teilbedürfnisse zu einem Gesamtmaß addiert wurden. Hierbei zeigte sich, daß das Ausmaß an erhaltener Hilfe oft mit der Stärke des Bedürfnisses nach Hilfe in positivem Zusammenhang steht (z. B. Hill, 1987 a, b; Lefcourt, Martin & Saleh, 1984). Untersuchungen zur Frage der *Wirkung* sozialer Unterstützung erbrachten, daß soziale Unterstützung affiliative Bedürfnisse befriedigt; sie ist hilfreich zur Stabilisierung der eigenen Identität und eines positiven Selbstwertgefühls. Die Gesundheitsforschung zeigte, daß soziale Unterstützung sich auf das körperliche Immunsystem auswirkt: geringe Krankheitsanfälligkeit und Stabilisierung bei positiver sozialer Unterstützung, stärkere Anfälligkeit für Infektionen bei Mangel an oder Verlust von unterstützenden Beziehungen. (z. B. Karmarck et al., (1990)). Es gibt jedoch auch Befunde, die einen solchen Zusammenhang negieren (Schlesinger & Yodfat, 1991).

Die Wirkung sozialer Unterstützung variiert gravierend nach den Lebenssituationen, in denen sich die Person, die die Unterstützung empfängt, jeweils befindet. Ebenso hat das Anspruchsniveau des Empfängers einen starken Einfluß auf die Wirksamkeit der Unterstützungsleistungen.

Nachdem soziale Unterstützung zunächst als konkrete Situation oder Beziehung verstanden wurde, wandelte sich diese Vorstellung später zu einem abstrakteren Bild von Unterstützung als Funktion sozialer Beziehungen. In jüngerer Zeit wurde von einem "Metakonzept" gesprochen (Vaux, Phillips u. a., 1986; Barrera, 1986), weil soziale Unterstützung nach wie vor unklar definiert ist und unspezifisch in der Forschungspraxis verwendet wird. Gegenwärtig wird Unterstützung nach Veiel und Bauman (a.a.O.) meist als abstrakte Eigenschaft von Personen, Beziehungen, Verhalten oder sozialen Systemen verstanden. Die Autoren betonen den immer noch bestehenden Bedarf an "conceptual clarification" (S.3), um der Vielzahl nebeneinander bestehender Definitionen entgegenzuwirken und ein allgemeines Verständnis davon zu erarbeiten, was soziale Unterstützung eigentlich ist.

Seit Beginn der Unterstützungsforschung besteht eine Vielzahl von Definitionen nebeneinander. Manche betonen den kognitiven Aspekt sozialer Unterstützung, also das Wissen des Individuums um seine Position im sozialen Umfeld (z. B. Cobb, 1976), andere lenken die Aufmerksamkeit auf emotionale Zustände (z. B. Kaplan, Cassel & Gore, 1977), auf unterstützendes Verhalten (House, 1981) oder auf Strukturen, insbesondere das Vorhandensein bestimmter Beziehungen (Pearlin, 1985). Bis heute ist es nicht gelungen, verschiedene Aspekte und Erkenntnisse zu einem gemeinsamen Konzept zusammenzuführen, und so muß jeder Forscher nach wie vor seine eigene Definition finden und darlegen. Dementsprechend ist auch ein Zusammenführen und Vergleichen verschiedener Ansätze schwierig.

3.2. Inhalte sozialer Unterstützung

Diewald (1991) stellt unter Einbeziehung der wesentlichen Dimensionen des Unterstützungskonzeptes eine inhaltliche Typologie sozialer Unterstützung vor, die sich folgendermaßen gliedert: Zum einen ereignet sich soziale Unterstützung in konkreten Interaktionen, zum anderen wirkt sie durch Vermittlung von Bewußtseinszuständen und drittens bedeutet sie die Vermittlung bestimmter Emotionen. Solche konkreten Interaktionen sind beispielsweise Arbeitshilfen, Pflege, materielle Unterstützung durch Sachleistungen oder Geld, sachbezogene oder persönliche Beratung, Intervention, Information, Geselligkeit und Alltags-Interaktionen. Es handelt sich dabei um "objektive" Unterstützung, um beobachtbares, äußerliches Verhalten.

Der an zweiter Stelle genannte Aspekt der Kognitionen bezieht sich auf die Vermittlung persönlicher Wertschätzung, auf Status-Vermittlung (beides durch Anerkennung, Achtung oder Bewunderung), auf das Bewußtsein, dazuzugehören, gebraucht zu werden oder selbst auf Hilfe zählen zu können. Durch die Vermittlung umfassender Verhaltensmodelle und sozialer Normen wird Orientierung geboten. Der Gefühlsaspekt sozialer Unterstützung beinhaltet die Vermittlung von Geborgenheit,

Liebe und Zuneigung sowie motivationale Unterstützung durch Ermutigung oder Anteilnahme.

Sowohl die emotionale als auch die kognitive Komponente sozialer Unterstützung haben weitreichende Folgen und dürfen nicht unterschätzt werden. Beziehungserfahrungen prägen die Persönlichkeit und schaffen Einstellungen und Erwartungshaltungen. Soziale Unterstützung hat in diesem Sinne auch sehr langfristige Auswirkungen. Sie verändert das Selbstbild und die eigenen Vorstellungen von der sozialen Umwelt. So hat vormals empfangene Unterstützung auch wieder Auswirkungen darauf, wie leicht oder schwer es fällt, in neuen Krisensituationen um Hilfe zu bitten, und darauf, wie diese Hilfe wahrgenommen und bewertet wird. Positive, sinnvolle emotionale Unterstützung zeichnet sich außerdem dadurch aus, daß sie die Entwicklung von sozialen und praktischen Kompetenzen fördert, indem sie ermutigt und den Glauben an die eigenen Fähigkeiten und Entwicklungsmöglichkeiten stärkt. So ist sie langfristig auch für den Umgang mit später auftretenden Problemen hilfreich (Sarason, Sarason & Pierce, 1990).

Empirisch lassen sich unterschiedliche Dimensionen sozialer Unterstützung kaum voneinander unterscheiden. Im Bewußtsein der Befragten sind Verhaltens- und Wahrnehmungsaspekte von Beziehungen miteinander verbunden. Dies entspricht weitgehend auch der Realität sozialer Beziehungen, die nach Diewald in der Regel multifunktional, das heißt nicht auf eine einzige Art der Hilfeleistung spezialisiert sind. Auch Interaktionen erfüllen oft mehrere Aufgaben gleichzeitig. So kann beispielsweise durch materielle Unterstützung in informellen Beziehungen gleichzeitig ein Geborgenheits- oder Zugehörigkeitsgefühl vermittelt werden, manchmal macht dies sogar den entscheidenden Wert einer zunächst äußerlichen Hilfeleistung aus.

Es gibt eine ganze Reihe solcher Typologisierungsversuche der Inhalte sozialer Unterstützung. Die meisten nennen in irgendeiner Form affektive Unterstützung und instrumentelle Unterstützung (Schubert, 1990 ; Schenk, 1984), einige fügen ihren Taxonomien Unterstützung durch Weitergabe von Informationen und Rat hinzu (z. B. Gerris et al., 1991; House, 1981, Cobb, 1976).

3.3. Akteure im Prozeß sozialer Unterstützung

Bei Diewald (1991) wird soziale Unterstützung "nicht als einzelne Leistung, Wahrnehmung oder Wirkung verstanden, sondern als sozialer Austauschprozeß, in dem verschiedene Akteure und Beziehungskomponenten situationsspezifisch zusammenwirken" (Diewald, 1991, S.77 ; siehe auch Shumaker & Brownell, 1984, S. 13). Das heißt, daß sowohl Geber als auch Empfänger der sozialen Unterstützung sowie deren soziale Umwelt als aktive Komponenten in diesem Prozeß wirksam sind.
In der Forschungslandschaft existieren jedoch unterschiedliche Auffassungen hinsichtlich der Frage, wo bei der Untersuchung sozialer Unterstützung der Schwerpunkt liegen sollte : Ist soziale Unterstützung eher individuell zu sehen, eher als Eigenschaft der sozialen Umwelt oder als Eigenschaft des Interaktionskontextes, der beide, das Individuum und seine Umwelt, einschließt, (Veiel & Baumann, 1992)? Alle drei Sichtweisen haben ihre Berechtigung:

Unterstützung kann als relativ stabile Eigenart des Empfängers gesehen werden, denn es ist das Individuum, das die Unterstützung sucht, annimmt und als solche wahrnimmt bzw. bewertet (z. B. Wethington & Kessler, 1986). Soziale Unterstützung liegt so gesehen immer dann vor, wenn ein Individuum sich unterstützt fühlt . Andererseits kann soziale Unterstützung beschrieben werden als bestimmtes Verhalten oder eine bestimmte Einstellung von Personen eines sozialen Netzwerkes. Dies war vor allem in früheren Arbeiten auf diesem Gebiet die vorherrschende Sichtweise. Entscheidend dafür, ob Unterstützung vorliegt, ist dann die Einstellung und das Verhalten der unterstützenden Person, nicht des Empfängers (Hobfoll, 1988). Die dritte Möglichkeit umfaßt das soziale System, das Individuum und soziale Umwelt beinhaltet. Der gesamte Situationszusammenhang hat Einfluß darauf, ob Unterstützung gegeben und ob sie als solche wahrgenommen wird (Jacobson, 1986). Soziale Unterstützung gesehen als Charakteristikum des gesamten sozialen Systems, in das jemand eingebunden ist, ist ein Aspekt sozialer Integration und als solcher eine Funktion beider, des Individuums und des Netzwerkes (Veiel & Baumann, 1992; Shinn et al., 1984). Auch die Rollenbeziehung zwischen Empfänger und Geber hat Auswirkungen auf Ausmaß, Qualität und Wahrnehmung der Unterstützung, denn das gleiche Verhalten ist in verschiedenen Beziehungskontexten von unterschiedlicher Bedeutung. Hierbei müssen auch Normen und Erwartungen berücksichtigt werden, die durch den kulturellen Kontext vorgegeben sind. Diese Sichtweise ist die umfassendste, ist jedoch in der empirischen Forschung am schwersten zu realisieren, da meist nur eine Person einer Unterstützungsbeziehung befragt wird.

Obwohl dies das übliche Vorgehen ist, ist es nicht unproblematisch: Shulman (1976) konnte anhand einer Studie, in der beide Partner von Unterstützungsbeziehungen befragt wurden, zeigen, daß deren Sichtweisen der Beziehung oftmals nicht übereinstimmen. Ein Verhalten, durch das einer anderen Person in irgendeiner Weise geholfen werden soll, das heißt, das vom Geber bewußt als Unterstützung intendiert ist, wird dennoch von der empfangenden Person nicht unbedingt als solches empfunden oder gewertet. Genauso kann ein Akteur das Verhalten eines anderen als sehr hilfreich empfinden, obwohl dieser dies nicht beabsichtigt oder sogar nicht einmal bemerkt. So ist es immer wichtig zu beachten, unter wessen Perspektive eine Beziehung betrachtet wird.

Wird nur die subjektive Einschätzung einer Person beachtet, was im Großteil der Studien der Fall ist, so sollte von "wahrgenommener Unterstützung" im Gegensatz zur objektiv beobachtbar stattfindenden "real ausgetauschten Unterstützung" die Rede sein (Laireiter, 1993). Die Erforschung der letzteren ist methodisch sehr schwierig umzusetzen und steckt noch in den Anfängen (Vaux, 1992). Meist beschränkt man sich deshalb auf die wahrgenommene Unterstützung und hierbei fast immer auf die Perspektive des Empfängers. Es ist auch die wahrgenommene Unterstützung, die im Vergleich zur real ausgetauschten den größeren Einfluß auf das Wohlbefinden des Empfängers und auf seinen Erfolg bei der Bewältigung von Krisensituationen ausübt (Sarason et al. 1991; Pierce et al. 1992). Wesentlich ist hierbei die Grundeinstellung der befragten Person, die wiederum mit ihrer Persönlichkeit zusammenhängt und die Wahrnehmung sozialer Unterstützung beeinflußt. Nach Sarason & Sarason wird die Wahrnehmung von und Zufriedenheit mit sozialer Unterstützung weitgehend von intrapersonalen kognitiven Prozessen bestimmt (Sarason & Sarason, 1982; Sarason, Sarason & Shearin, 1986). Es wird daher gefordert, bei Befragungen zum Thema soziale Unterstützung Persönlichkeitsvariablen mit zu messen oder zumindest die Interaktionseffekte zwischen Persönlichkeit und wahrgenommener Unterstützung mitzubedenken (Hobfoll & Stokes, 1988).

3.4. Bezugsbereiche sozialer Unterstützung

Es kann zwischen alltäglicher Unterstützung und Unterstützung in Krisensituationen unterschieden werden. (Nach Laireiter (1993, S. 27) wurde diese Differenzierung bisher jedoch kaum realisiert.) Alltägliche Unterstützung tritt oftmals gar nicht ins Bewußtsein der Betroffenen. Sie ist schon allein dadurch gegeben, daß eine Person ihren Platz in einem sozialen Umfeld einnimmt, in dem sie sich zugehörig und geborgen fühlt. Solche latente Unterstützung, die als selbstverständlich hingenommen wird, wird meist erst dann thematisiert, wenn sie fehlt.
Die Not- oder Krisensituation ist der "klassische" Bezugsbereich sozialer Unterstützung. Hilfe in Krisensituationen ist im Gegensatz zur alltäglichen Unterstützung eine direkte Reaktion auf eine konkrete aktuelle Notsituation. Sie wirkt gezielt und ist Geber wie Empfänger bewußt.

Diese zwei möglichen Bezugsbereiche sozialer Unterstützung werfen für die Forschungspraxis das Problem auf, ob allein das Vorhandensein einer Beziehung schon als soziale Unterstützung gewertet werden kann oder ob hierfür bewußtes, unterstützendes Verhalten vorliegen muß. Das an zweiter Stelle genannte Vorgehen, das bewußte soziale Unterstützung zur Bedingung macht, ist auf der theoretischen Ebene das korrektere. Denn ein Vernachlässigen dieses Prinzips würde bedeuten, daß man soziales Netzwerk und Unterstützung gleichsetzt und damit die Grenze zwischen zwei Konstrukten mit unterschiedlichen Inhalten verwischt. Außerdem können Beziehungen jeglicher Art durchaus auch nur belastend sein und keinerlei unterstützende Bedeutung für die jeweilige Person haben.

Andererseits genügt es für eine solche Gleichsetzung anzunehmen, daß soziale Beziehungen immer zumindest die Möglichkeit sozialer Unterstützung in sich tragen, also eine aktivierbare Ressource darstellen. Und wie oben erwähnt, ist soziale Unterstützung oft nicht bewußt, sondern nur latent vorhanden und kann dennoch auch in dieser Form, zum Beispiel als bloße Zugehörigkeit zu einem sozialen Umfeld, wichtig und nützlich sein. Auch wenn ein solches Vorgehen Konzepte vermischt, die eigentlich für verschiedene Phänomene stehen und damit theoretisch unsauber ist, so kann es in der empirischen Forschungspraxis doch sinnvoll sein, dem Vorhandensein von Beziehungen eine unterstützende Bedeutung beizumessen. Diese Bedeutung muß dann in der Interpretation der Daten eingegrenzt werden, zum Beispiel als "soziale Integration" oder - unter Einbeziehung der Kontakthäufigkeit - als "Alltagsinteraktion".

Diewald (1991) schreibt hierzu: "Auch wenn mehrheitlich die Auffassung vertreten wird, soziale Beziehungen (und Netzwerke) einerseits und soziale Unterstützung andererseits als zwei strikt voneinander getrennte Konzepte zu behandeln, kann schon die bloße Existenz sozialer Beziehungen und alltäglicher Interaktionen als soziale Unterstützung angesehen werden (...), wenn es um Unterstützungsdimensionen wie die Status-Vermittlung, Geselligkeit oder das Eingebundensein in alltägliche Interaktionszusammenhänge geht. Hier können formal-quantitative Beschreibungsdimensionen wie das bloße Vorhandensein bestimmter Beziehungen oder Kontakthäufigkeiten durchaus als Näherungswerte für vorhandene soziale Unterstützung angesehen werden" (Diewald, 1991, S.79).

3.5. Wirkung sozialer Unterstützung

Der hier angesprochene Dualismus von bewußter aktiver Unterstützung in einer Krisensituation einerseits und unbewußter alltäglicher latenter Unterstützung andererseits zeigt sich auch in der Diskussion um die Wirkung sozialer Unterstützung. Denn hinsichtlich der Wirkung sozialer Unterstützung gibt es auf die Frage, ob soziale Unterstützung immer an bestimmte (Not-)Situationen gebunden ist oder ob sie stets auch im Alltag wirksam ist, zwei konkurrierende Antwortversuche:

Nach der Puffereffekt-These wirkt soziale Unterstützung nur in Situationen, in denen akut ein Bedarf nach Unterstützung besteht. In diesen kann Unterstützung als "Puffer" zwischen den Problemen und der betroffenen Person wirken und so die möglichen negativen Folgen eines Ereignisses oder einer Situation mildern. Ein Puffereffekt zeigt sich in einem statistischen Zusammenhang zwischen Stressor (unabhängige Variable), sozialer Unterstützung (als "moderating variable") und der aufgrund des Stressors auftretenden gesundheitlichen oder seelischen Störungen als abhängiger Variable (Wheaton, 1985; Literaturübersicht hierzu in Alloway & Bebbington, 1986). Nachdem sie zunächst kontrovers diskutiert wurde, ist die Puffereffekt-These inzwischen allgemein akzeptiert und wird in der Mehrzahl der empirischen Studien zu Unterstützung und Gesundheit angewandt (Veiel, 1992, S.273).

Die Haupt- oder Direkteffekt-These besagt, daß soziale Unterstützung soziale Bedürfnisse erfüllt, unabhängig vom Auftreten einer belastenden Situation, und damit immer wirksam sein kann. Menschen haben grundsätzlich ein Bedürfnis nach sozialer Einbindung, nach Geselligkeit, Geborgenheit und Zuwendung, das durch soziale Integration und durch Unterstützung erfüllt wird. Oft tritt diese Wirkung sozialer Unterstützung nicht ins Bewußtsein. Eine Vielzahl empirischer Studien konnte belegen, daß stabile soziale Beziehungen und das Wissen um Erreichbarkeit sozialer Unterstützung eine hohe Bedeutung für das Wohlbefinden haben (Übersicht siehe Röhrle, 1994, S.125).

3.6. Angemessenheit sozialer Unterstützung

Nachdem die Puffereffekt-These postuliert, daß soziale Unterstützung nicht ganz allgemein wirksam ist, sondern auf spezifische Stressoren zielen muß, ist die Angemessenheit der Unterstützung für den jeweiligen Stressor ein wichtiger Faktor. Denn nur wenn die Unterstützung der Problemlage angemessen ist, kann ihre "abpuffernde" Wirkung eintreten (Cohen, 1992). Wenn jemand zum Beispiel unter Einsamkeit leidet, so kann ihm mit materieller Unterstützung kaum geholfen werden. Andererseits gibt es einige Formen sozialer Unterstützung, die fast in jeder Situation hilfreich sind. Hierzu zählt alles, was der Stärkung des Selbstbewußtseins und der Ermutigung dient, denn solche Unterstützung mobilisiert die Fähigkeit zur Selbsthilfe. Auch die Möglichkeit, mit anderen über die eigenen Sorgen zu sprechen, ist fast immer hilfreich, auch wenn dadurch das Problem selbst meist noch nicht gelöst ist.
Nach Cutrona (1990) gibt es zwei Arten von Problemlagen, für die jeweils unterschiedliche Unterstützungsmuster angemessen sind: Probleme, die kontrolliert werden können beziehungsweise die theoretisch lösbar sind, und solche, denen die Be-

troffenen hilflos gegenüberstehen. Personen, die mit kontrollierbaren Problemen zu kämpfen haben, benötigen Unterstützung, die ihre Problemlösungsfähigkeit stärkt, beispielsweise durch Weitergabe von Informationen oder praktische Hilfeleistungen. Bei unkontrollierbaren Problemlagen ist nach Cutrona emotionale Unterstützung angemessen, denn wenn äußerlich nichts verändert werden kann, müssen sich die Betroffenen emotional damit zurechtfinden und bedürfen auch dabei der Hilfe anderer.

Um die Angemessenheit sozialer Unterstützung beurteilen zu können, bedarf es nach Hobfoll und Stokes (1992; 1988) eines komplexen Modells, das soziale Unterstützung und Streß operationalisierbar macht. Ihr "Model of conservation of resources" differenziert zwischen verschiedenen Verhaltensweisen in unterschiedlichen Situationen (unter Streß, in Erwartung von Streß, lange nach einem traumatischen Ereignis und in Alltagssituationen) und läßt eine Bewertung der Angemessenheit sozialer Unterstützung für die verschiedenen Lebenslagen zu. Im Zentrum des Modells steht die Annahme, daß Individuen handeln, um Ressourcen zu erlangen und den Verlust von Ressourcen auszugleichen. Streß wird hier definiert als die Wahrnehmung, Ressourcen verloren zu haben oder daß ein solcher Verlust droht, sowie die Wahrnehmung, daß es nicht gelingt, weitere Ressourcen zu erlangen, auch wenn eigene Ressourcen investiert werden. Ressourcen selbst werden definiert als solche Objekte, Bedingungen, Gefühle und Energien, die wir wertschätzen oder die uns ermöglichen, Objekte, Bedingungen, Gefühle und Energien, die wir wertschätzen, zu erlangen (Hobfoll & Stokes 1988). Da Menschen immer danach streben, möglichst wenige Ressourcen zu verlieren und möglichst viele zu gewinnen, werden sie bei drohenden Verlusten immer andere Ressourcen investieren, um die Verluste auszugleichen. Während "streßfreier" Zeiten werden sie Versuchen, die Gefahr möglicher zukünftiger Verluste zu minimieren und zukünftige Gewinne zu maximieren.

So wird in jeder Situation eine andere Art sozialer Unterstützung angemessen sein. Soziale Unterstützung ermöglicht, erleichtert und verstärkt die Versorgung des Individuums mit Ressourcen. Dies kann durch konkrete Hilfeleistungen geschehen sowie durch die Vermittlung von Gefühlen. Für die Angemessenheit der Unterstützung und damit für ihre Effektivität ist entscheidend, daß die Ressourcen, die durch die Unterstützung angeboten oder vermittelt werden, den Bedürfnissen des Individuums entsprechen. Es muß geprüft werden, welche Ressourcen dem Betroffenen fehlen, beziehungsweise welche er gewinnen möchte. Weiterhin muß eine Überprüfung der Angemessenheit sozialer Unterstützung die Umgebung der Betroffenen berücksichtigen, die Bedürfnisse des Individuums, wie es auf Streß reagiert, zu welchem Zeitpunkt im Leben die Hilfe benötigt wird, die Werte der Person und der Umgebung und die Bewertung der Situation. Die Angemessenheit hängt außerdem ab von den anderen Ressourcen, über die die Person verfügt (Hobfoll, 1986).

3.7. Unterscheidung zwischen Netzwerk und sozialer Unterstützung

Es ist wichtig, konzeptionell zwischen sozialen Netzwerken, sozialer Unterstützung und der subjektiven Wahrnehmung von sozialer Unterstützung zu differenzieren. Als die Erforschung sozialer Beziehungen in den siebziger Jahren zu boomen begann, wurden die Unterschiede zwischen den verschiedenen Konzepten meist nicht berücksichtigt. Erst später wurde erkannt, daß eine klare Abgrenzung - zumindest im theoretischen Bereich - zu besseren und zu exakter interpretierbaren Ergebnissen führt (zum Beispiel Laireiter &.Baumann, 1992, Vaux, 1992, Hall & Wellman, 1985). Inzwischen existiert eine Vielzahl von Definitionen und Abgrenzungsversuchen, die hier nicht alle erörtert werden sollen. Im folgenden Abschnitt wird versucht, eine Art Schnittmenge aus den unterschiedlichen Konzepten herauszufiltern und die wesentlichen Merkmale der einzelnen Konzepte in Abgrenzung voneinander zu benennen (Röhrle, 1994; Antonucci & Akiyama, 1994; Sarason & Sarason, 1985; Veiel &.Baumann, 1992).

Soziale Netze oder Netzwerke werden aus Beziehungen gebildet. Die Anzahl der Personen, die miteinander Beziehungen unterhalten, bestimmt die Größe des Netzes. Ihre Verknüpfung untereinander bildet eine bestimmte Struktur, die in verschiedenen Dimensionen beschrieben werden kann (Dichte, Zentralität etc.). Die Netzwerkpersonen stehen durch unterschiedliche Arten von Beziehungen miteinander in Verbindung (Freundschaft, Ehe, Verwandtschaft, Nachbarschaft etc.), wobei diese Verbindungen unterschiedlich stark sind. Egozentrierte Netze setzen sich aus den Beziehungen zusammen, die eine (Fokus-) Person zu anderen Personen unterhält.

Soziale Unterstützung hingegen bezeichnet die konkreten Interaktionen, die sich innerhalb dieser Beziehungen vollziehen, sofern sie unterstützender Art sind. Das heißt, sie bezieht sich auf den Austausch von Hilfeleistungen, Emotionen und Informationen. Das, was hierbei ausgetauscht wird, ist der Inhalt der sozialen Unterstützung.

Die Wahrnehmung sozialer Unterstützung bezieht sich allein darauf, wie sie vom Subjekt erlebt und bewertet wird. Sie ist individuell und gründet sich mehr auf Gefühle und auf die Persönlichkeit der Person, als auf Tatsachen. Wie stark sie den objektiven Gegebenheiten entspricht, ist kaum festzumachen. Das Vorhandensein einer Beziehung ist demnach zunächst eine Netzwerkkomponente und sagt nichts über soziale Unterstützung aus.[5] Die Tatsache, daß jemand Eltern hat, ist eine Information, die sich auf das Netzwerk der Person bezieht. Will man etwas über soziale Unterstützung wissen, muß man nach den Interaktionen zwischen Kind und Eltern fragen, beispielsweise danach, ob die Eltern dem Sohn oder der Tochter emotionalen Rückhalt geben oder ihr Kind finanziell unterstützen. Eine andere Sache ist wiederum, ob und wie diese Unterstützung von den beteiligten Personen wahrgenommen und bewertet wird. So kann der erwachsene Sohn oder die erwachsene Tochter ein Verhalten als Einmischung empfinden, welches von seinen Eltern als fürsorgliche Anteilnahme intendiert und interpretiert wird.

Sowohl die Netzwerkanalyse als auch die Unterstützungsforschung beziehen sich auf relationale Daten und sind damit Teil eines allgemeinen Paradigmenwechsels von kategorialer zu relationaler Analyse (Wellman, 1981). Für die Unterstützungsforschung gilt dies dann, wenn sie Probleme nicht mehr nur als individuelles Versagen betrachtet, sondern individuelle Schwierigkeiten mit Charakteristika des sozialen Systems in Zusammenhang bringt (Bloom, 1979, S.184, Wellman, 1981, S.179). Der Paradigmenwechsel bleibt in der Unterstützungsforschung jedoch unvollständig, wenn sie nur unterstützende positive Bindungen berücksichtigt und problematische oder ambivalente Beziehungen außer acht läßt. Die Netzwerkanalyse betont schon von ihrem Grundansatz her die Tatsache, daß Bindungen asymmetrisch und kom-

---

[5] Auf die Frage, inwieweit das Vorhandensein einer Beziehung innerhalb der empirischen Forschung in Zusammenhang mit Unterstützung gebracht werden kann, wird an anderer Stelle eingegangen.

plex sind, und berücksichtigt die Bedeutung struktureller Zusammenhänge. So wird in beiden Forschungsgebieten der Rahmen der kategorialen Analyse gesprengt.

Nach Wellman (1981) bereichern Netzwerkansatz und Unterstützungsforschung einander gegenseitig. Der Netzwerkansatz schärft den Blick für Beziehungen und die Zusammenhänge der Bindungen untereinander. "By treating the content of these ties as flows of resources, it transforms the study of support into the study of supportive resources, and it links the allocation of these resources to large-scale social phenomena. Several analyses of support have already used such a network approach profitably" (Wellman, 1981, S.179).
So ist es wichtig, Netzwerk und Unterstützung definitorisch zu trennen, aber bei der Analyse beide Ansätze zu verbinden, indem die Inhalte sozialer Netzwerkbeziehungen als Ressourcenflüsse behandelt werden und man die unterstützende Wirkung dieser Ressourcenflüsse untersucht.

3.8. Soziale Beziehungen in der Moderne

Seit den Anfängen der Soziologie war die Frage nach der zukünftigen Entwicklung sozialer Beziehungen und gesellschaftlicher Solidarität und nach deren Auflösungserscheinungen durch fortschreitende Modernisierungsprozesse ein zentrales Thema.
Schon Simmel stellt sie in seiner Abhandlung über die "Kreuzung sozialer Kreise" (Simmel, 1908), in der er zwischen vorgegebenen Verkehrskreisen, zu denen Familie, Verwandte und Nachbarn gehören, und frei wählbaren Beziehungen, die auf gleichen Interessen und Fähigkeiten beruhen, unterschied. Modernisierungsprozesse schlagen sich nach Simmel im Bereich sozialer Beziehungen in einer Zunahme frei wählbarer Verkehrskreise nieder, was für den Einzelnen wachsende Spielräume für Individualität bedeutet. Denn je vielfältiger die sozialen Kreise sind, in denen der Einzelne sich aufhält, um so unwahrscheinlicher ist es, daß sich noch andere Personen im selben Schnittpunkt zwischen sozialen Kreise befinden.

Wie Simmel thematisierten auch alle anderen "Väter der Soziologie" die Entwicklung sozialer Beziehungen in der Moderne: Durkheim (1977) postulierte den Übergang von "mechanischer" zu "organischer" Solidarität, der mit dem Übergang von der traditionalen zur modernen Gesellschaft einher gehe. Traditionale Gesellschaften zeichnen sich durch geringe Arbeitsteilung aus, und in ihnen ergibt sich Solidarität durch die Gleichförmigkeit der menschlichen Aktivitäten. Die Beziehungen leiten sich "mechanisch" aus den wenig komplexen sozialen Strukturen ab und sind stark reglementiert. Durch wachsende Arbeitsteilung nehmen die Freiräume für Individualität zu, aber die Spezialisierung läßt auch die Abhängigkeit zwischen den Menschen größer werden. Diese gegenseitige Abhängigkeit führt zu einer neuen Form von Solidarität, die Durkheim in Anlehnung an biologische Organismen als "organische Solidarität" bezeichnete. Modernisierung geht nach Durkheim mit dem Verlust bindender Werte und Normen einher und mit gleichzeitig zunehmender Individualisierung. Wenn dieser Entwicklung nicht durch die Bildung intermediärer Strukturen Einhalt geboten wird, droht nach Durkheim die Gesellschaft in Chaos und Anomie zu versinken.

Tönnies (1887) beschrieb mit seiner Dichotomie von "Gemeinschaft und Gesellschaft" zwei Gesellschaftstypen, die durch unterschiedliche Arten zwischenmenschlicher Beziehungen gekennzeichnet sind. In dem traditionellen Typ der "Gemeinschaft" liegt die Grundlage für Beziehungen im Gefühl, in der "Gesellschaft" hingegen, dem in der Moderne an Bedeutung gewinnenden Gesellschaftstyp, gründen sich die Beziehungen auf rationale, sachliche Erwägungen. Gefühl und Spontaneität im Miteinander der Menschen werden im Verlauf von Modernisierungsprozessen ersetzt durch Rationalität und kühle Sachlichkeit.

Auch Weber sah für die Zukunft eine kühlere, von Zweckrationalität bestimmte Welt voraus, eine Welt von "Fachmenschen ohne Geist" und "Genußmenschen ohne Herz" (Weber, 1920). Die wachsende Zweckrationalität werde sich nicht auf Makrostrukturen beschränken, sondern tief in das persönliche Leben eingreifen, das ebenfalls immer mehr die systematische Verfolgung konkreter Ziele zum Inhalt haben und an Eigenwert verlieren werde.

Allen Klassikern ist gemeinsam, daß sie eine Abnahme vorgegebener selbstverständlicher traditionaler Beziehungen erwarten. Einerseits soll dies wachsende Freiräume für Individualität schaffen, andererseits wird an vielen Stellen betont, daß diese Entwicklung mit großen Gefahren und Verlusten einhergehen muß. Die sogenannte "community question", das heißt die Frage nach den Folgen der Modernisierungsprozesse für die Primärbeziehungen, ist bis heute eine der zentralen Fragen der Soziologie (siehe zu diesem Thema auch Mächler, 1993).

In den achtziger Jahren wurde für die Auswirkungen der mit der Moderne einhergehenden Freisetzungsprozesse der Begriff der "Individualisierung" populär (Beck, 1986; Beck & Beck-Gernsheim 1990; Elias, 1987; Luhmann, 1987; Zapf, 1991). Aus systemtheoretischer Sicht ergibt sich Individualisierung aus fortschreitender Systemdifferenzierung und den Ansprüchen, die sich dadurch an das Individuum stellen (Luhmann, 1987). Nurmehr teilweise in eine Vielzahl unterschiedlicher Funktionssysteme eingebunden, muß der einzelne mehrere Rollen gleichzeitig einnehmen und seine Individualität selbst erarbeiten. Er wird zu größerer Autonomie und Eigenverantwortung bei der Gestaltung seines Lebens gezwungen.

Beck definiert Individualisierung als "Herauslösung aus historisch vorgegebenen Sozialformen und -bindungen im Sinne traditionaler Herrschafts- und Versorgungszusammenhänge ("Freisetzungsdimension"), Verlust von traditionalen Sicherheiten im Hinblick auf Handlungswissen, Glaube und leitende Normen ("Entzauberungsdimension") und - womit die Bedeutung des Begriffes gleichsam in ihr Gegenteil verkehrt wird - eine neue Art der sozialen Einbindung ("Kontroll- bzw. Reintegrationsdimension")" (Beck, 1986, S. 206). Im Zuge der Individualisierung werden Menschen freigesetzt von traditionalen Vorgaben und damit auch von Sicherheiten. Als Folge müssen sie ihre Biografie immer mehr selber gestalten, wobei sie neuen Chancen, aber auch zunehmenden Risiken begegnen.

Ursächlich für diese Entwicklung ist eine ganze Reihe langfristiger gesellschaftlicher Prozesse: Die allgemeine Anhebung des Lebensstandards in der Nachkriegszeit befreite die unteren gesellschaftlichen Schichten vom Kampf ums tägliche Überleben und ermöglichte den meisten die Teilnahme am Massenkonsum. Schicht- und Klassengrenzen werden dadurch verwischt und durch unterschiedliche Konsum- und Freizeitstile ersetzt (Beck & Beck-Gernsheim, 1991; Lüdtke, 1991; Schulze, 1991; Beck, 1986). Außerdem entstehen größere Freiräume durch eine allgemeine Zunahme der Lebenszeit bei gleichzeitiger Abnahme der Erwerbsarbeitszeit. Durch den Ausbau sozialstaatlicher Sicherungssysteme verlieren traditionelle Formen sozialer Absicherung, vor allem die Familie, an Bedeutung für die Sicherheit des Einzelnen.

Traditionale Wohnverhältnisse nehmen ab, während städtische Siedlungsstrukturen zunehmen. Diese sind durch lockerere Nachbarschaftsverhältnisse gekennzeichnet und machen es für den Einzelnen notwendig, sich eigene multilokale Kontaktkreise zu suchen. Ebenso wie die räumliche Mobilität scheint auch die soziale Mobilität zuzunehmen. Beide Entwicklungen befördern die Freisetzung der Menschen aus ihren Bindungen an Herkunftsfamilie, Nachbarschaftsmilieu und Heimat und geben den "Lebenswegen der Menschen (...) eine Eigenrealität, die sie überhaupt erst als persönliches Schicksal erlebbar machen" (Beck, 1986, S.126).

Durch die Zunahme der Frauenerwerbstätigkeit, vor allem unter Ehefrauen und Müttern, wurden die Machtverhältnisse in Ehen und Familien erschüttert, und es entstanden neue Konfliktpotentiale (Beck-Gernsheim, 1983; Beck & Beck-Gernsheim, 1990; Diezinger, 1991, 1992). Die größere Unabhängigkeit der Frauen und ihre gewachsenen Ansprüche tragen auch zur Instabilität von Ehen und Familien bei. Eine weitere Ursache für den Individualisierungsschub der letzten Jahrzehnte ist die Bildungsexpansion der sechziger und siebziger Jahre, die erstmalig einen Massenkonsum höherer Bildung ermöglichte.

Diese und weitere gesellschaftliche Wandlungsprozesse - wie Industrialisierung, Bürokratisierung, zunehmende Arbeitsteilung und technischer Fortschritt - führen zu wachsender gesellschaftlicher Komplexität. Modernisierung schlägt sich in funktionaler Differenzierung nieder, die sich auf alle Lebensbereiche erstreckt. Es entsteht eine Vielfalt funktional spezialisierter Institutionen, in der Arbeitswelt differenzieren sich immer mehr Berufsrollen und einzelne Aufgabenbereiche, das Leben ist segmentiert in unterschiedliche Handlungssphären, die sich nur schwer zu einem kohärenten Ganzen zusammenfügen lassen.
Der Übergang von stratifikatorischer zu funktionaler Differenzierung führt dazu, daß die einzelnen Personen nicht mehr nur in ein System vollkommen integriert sein können. Es ergibt sich nur eine teilweise Inklusion in Funktionssysteme; die Gesellschaft "bietet (...) dem Einzelnen keinen Ort mehr, wo er als "gesellschaftliches Wesen" existieren kann" (Luhmann, 1989, S.158). Die fortschreitende Systemdifferenzierung bewirkt eine Zunahme der Rollendifferenzierung, und damit einher gehend wird Individualität verbunden mit der Erfüllung einer individuellen Kombination von Rollen: "Die Umsetzung der gesellschaftlichen Systemdifferenzierung in ein

sachlich und zeitlich je einmaliges Rollenmanagement - das ist der Mechanismus, der nach soziologischer Vorstellung die Individualisierung der Personen erzwingt" (Luhmann, 1987, S.126).

Die Einzelnen werden auf sich selbst verwiesen und sind gezwungen, eine individuelle Identität zu finden und ein Ich-zentriertes Weltbild zu entwickeln. Dies hat ambivalente Auswirkungen auf Identitätsbildungsprozesse (Rosenmayr, 1985): Zum einen wird die Wahl eigener Lebens- und Selbstbilder ermöglicht und ist die Chance zur Emanzipation gegeben, zum anderen hat sie "eine zunehmende Krisenhaftigkeit von Identitätsbildungsprozessen" (Keupp, 1988, S.58) zur Folge.

Die mit der Individualisierung verbundenen makrostrukturellen Veränderungen haben weiterhin Auswirkungen, die die einzelnen Menschen dazu zwingen, sich selbst zum Zentrum ihrer eigenen Lebensplanungen und Lebensführungen zu machen. Die Biographie muß stärker als früher von den einzelnen selbst gestaltet werden, denn immer weniger Weichenstellungen sind durch Normalitätsmuster als selbstverständlich vorgegeben und immer mehr biographische Entscheidungen müssen daher getroffen werden. Lebensläufe werden brüchiger, weil mit der Individualisierung die Ansprüche an Selbstverwirklichung, persönliches Wachstum und individuelle Entfaltung zunehmen, und weil die Gesellschaft, insbesondere der Arbeitsmarkt, Anforderungen an Flexibilität stellt, die im Widerspruch zu geschlossenen Normalbiographien stehen. Fuchs (1983) bezeichnet die dadurch hervorgerufene Tendenz, immer öfter auf das Leben zurückzublicken und Bilanz zu ziehen, sich umzuorientieren und Neuanfänge zu starten, als "Biographisierung der Lebensführung". Die Folge sind brüchige, diskontinuierliche Lebensverläufe.

Mayer (1991) verneint die Annahme einer größeren Offenheit und Deinstitutionalisierung von Lebensläufen. Nach seiner Meinung hat die gesellschaftliche Prägung und Steuerung zugenommen, und Lebensverläufe sind vorhersagbarer geworden (siehe auch Mayer & Müller, 1989). Anhand von Daten des Projekts "Lebensverläufe und gesellschaftlicher Wandel" zeigt er, daß ebenso der Statuszuweisungsprozeß rigider geworden ist. Bildungsniveau, beruflicher Karriereverlauf und Familienbildungsprozeß sind in jüngeren Kohorten stärker durch den Status der Eltern vorherbestimmt als in älteren. Schicht- und Klassenstrukturen reproduzieren sich seinen

Ergebnissen gemäß nach wie vor intergenerational und lassen die Optionsmöglichkeiten zur Gestaltung des eigenen Lebensverlaufes eher geringer werden.

Bertram (1991a; 1991b) diagnostiziert wie auch Mayer einen Fortbestand sozialer Schichten in bezug auf Bildung, Einkommen und Heiratsverhalten so wie die Fortexistenz von Statuszuweisungsprozessen. Die wachsende Pluralität von Lebenslagen interpretiert er als Folge unterschiedlicher Entwicklungen innerhalb verschiedener sozio-kultureller Räume. Innerhalb dieser Räume prägt sich soziale Ungleichheit unterschiedlich aus (siehe auch Bertram, 1988, S.16). Unabhängig von diesen räumlich segregierten Entwicklungen jedoch vollziehen sich epochale Wandlungen durch Individualisierungsprozesse, von denen insbesondere familiale Lebensformen betroffen sind. Eine Trennung der beiden Aspekte - Fortbestehen von sozialer Ungleichheit und von Schichtungsstrukturen einerseits und Individualisierung familialer Lebensformen andererseits - hält Bertram für eine fruchtbare Auflösung des Widerspruchs der allgemeinen Individualisierung bei fortbestehenden sozialen Ungleichheiten.

Die Individualisierung geht mit teilweise gravierenden Veränderungen im Bereich sozialer Beziehungen einher: Man ist nicht mehr in ganzheitliche, in sich geschlossene Beziehungsstrukturen eingebettet, die alle Lebensbereiche umfassen, sondern lebt in unterschiedlichen, räumlich und sozial dispersen Verkehrskreisen, die jeweils spezielle Funktionen erfüllen und - wenn überhaupt - nur lose miteinander verbunden sind. Traditionelle Beziehungsformen verlieren an Bedeutung. Gemeinschaftliche Bindungen, die nicht selbst erworben werden, sondern durch Geburt und Lebensraum vorgegeben sind - wie Herkunftsfamilie, Verwandtschaft, Nachbarschaft oder Gemeinde - gehen immer mehr verloren, während gleichzeitig die Möglichkeit, aber auch der Zwang, durch Eigeninitiative Beziehungen aufzubauen und sich ein individuelles Netzwerk zu knüpfen, wächst. Die soziale Integration muß in solchen Strukturen naturgemäß lockerer sein, was ambivalente Folgen hat. Zum einen bringt diese Art der sozialen Einbindung den Vorteil geringerer sozialer Kontrolle und größerer Wahlfreiheiten mit sich, zum anderen bietet sie aber geringere Sicherheit., (Dieses Thema wird in Kap. II.5.3. weiter ausgeführt.)

Welche Bedeutung haben Paarbeziehungen und Familien in einem „individualisierten" Umfeld, welche Aufgaben werden ihnen aufgebürdet und welchen Belastungen sind sie ausgesetzt?

Es gibt hier gegenläufige Tendenzen: Zum einen zeigt sich die „Individualisierung" auch im Bereich der Familie. Der Lebenspartner bzw. die Partnerin wird frei gewählt, Familien konzentrieren sich auf Kernbeziehungen, und auch Familien als Ganzes sind mobiler geworden. Für Frauen bedeutet Individualisierung neue Freiheiten aber auch neue Abhängigkeiten, denn die Familie als Versorgungszusammenhang verliert (durch Wertveränderungen, Verlängerung der Lebenserwartung, zunehmende Isolation der Hausarbeit, Unsicherheit der Ehen etc.) zunehmend an Bedeutung. Die Absicherung durch den Arbeitsmarkt wird daher für sie immer wichtiger. Für Frauen besteht gleichzeitig aber noch eine geschlechtsspezifische Anforderungsstruktur, die Frauen die Verantwortung für Familienaufgaben zuweist. Auf dem Arbeitsmarkt sind solche Bindungen hinderlich: "Das Bild von Autonomie und Eigenständigkeit, das dem Muster der Arbeitsmarkt-Individualisierung unterliegt, grenzt primäre soziale Bindungen, insbesondere die Verantwortung für andere, aus. Sie erscheinen als Hindernis im Zugriff auf neue Optionen, weil sie individuelle Entscheidungen einflechten in Handlungszusammenhänge mit anderen Menschen" (Diezinger, 1991, S.5).

Die Individualisierung von Frauen findet ihre Grenzen daher oft in der Notwendigkeit der Versorgung anderer. Die Arbeitsmarktindividualisierung verstärkt für Männer die ohnehin vorhandenen Lebensmuster; für Frauen bedeutet sie Widersprüche, das Auseinanderdriften von Ansprüchen und Realisierungsmöglichkeiten und daher zusätzliche Risiken.

Individualisierung führt für Frauen tendenziell zu einer Annäherung an das männliche, berufszentrierte Lebensmodell. Aber diese Anpassung bleibt in den meisten Fällen unvollständig, so wie insgesamt Familien nicht vollständig „moderne" Institutionen sind (siehe dazu auch Schöningh, 1996).

Denn zum anderen stellen Familien einen Gegenentwurf zu modernen Institutionen dar: Familien und feste Paarbeziehungen sind - zumindest den Idealvorstellungen nach - das letzte Refugium von Wärme und Geborgenheit in einer sich rasch wandelnden, auf Leistung und Konkurrenzkampf ausgerichteten Gesellschaft. Sie gründen sich - ebenfalls der Ideologie nach - ausschließlich auf Liebe. Liebe ist die einzige Grundlage für Paarbeziehungen, die gesellschaftlich akzeptiert ist. Rollen werden innerhalb der Familie noch größtenteils nach Geschlecht vergeben - einem Kriterium, das ab Geburt gegeben und damit eigentlich typisch für Ständegesellschaften ist. So sind in der Regel die Frauen für die Betreuung kleiner Kinder und für Hausarbeit zuständig, während Männer in den meisten Fällen die Rolle des „Haupternährers" übernehmen. Somit ist die Familie, wie Rerrich es ausdrückt, „unvollständig modernisiert" in dem Sinne, daß „in ihr die Verteilung von Chancen, Abhängigkeiten, Lebenslagen und Arbeitsaufgaben einer gänzlich anderen Logik gehorcht als andere zentrale Institutionen der Moderne" (Rerrich, 1988, S.42).

Diese Widersprüche wirken sich belastend auf die Paar- und Familienbeziehungen aus. Frauen wollen am Erwerbsleben teilnehmen und für ihre Leistungen die gebührende Anerkennung erhalten, gleichzeitig wollen sie in der Regel auch Familie. So werden sie zwischen den Anforderungen beider Lebensbereiche hin- und hergerissen und werden letztlich beiden nicht zu ihrer Zufriedenheit gerecht. Die Vereinbarkeit von Beruf und Familie ist für junge Mütter heute ein brennendes Thema, das aber in Politik und Wirtschaft kaum aufgegriffen wird. Die Männer wiederum wollen zumeist ihre Position in der Arbeitswelt nicht aufgeben, sind aber natürlich von der Situation ihrer Partnerinnen mitbetroffen und müssen mit den Frauen Arbeitsteilung und Freiräume aushandeln. Gleichzeitig soll aber die Familie der Ort sein, wo man nicht kämpfen muß, um die eigenen Interessen durchzusetzen, sondern wo man sich liebt und stützt, die Burg gegen die kalte Welt.

Die gegenläufigen Ansprüche, denen Paare und Familien in der Gesellschaft und im privaten Bereich ausgesetzt sind, stellen eine nicht zu unterschätzende Belastung dar und tragen letztlich zum Zerbrechen von Ehen und Familien bei. Denn wenn sie nicht erfüllt werden, wird der "Anspruch auf ein Stück eigenes Leben" (Beck-Gernsheim, 1983) oft wichtiger genommen als der Wunsch nach Bindung und Sicherheit.
Ehen werden allerdings auch im Zeitalter hoher Scheidungszahlen hoch bewertet. Dies bedeutet keinen Widerspruch, denn gerade weil die Ehe so viele Aufgaben erfüllen soll und zum Ort privater Erfüllung hochstilisiert wird, kann sie die in sie ge-

setzten Hoffnungen oft nicht erfüllen und ist zum Scheitern verurteilt (Nave-Herz, 1990a; Beck& Beck-Gernsheim, 1991). In Zusammenhang mit diesen Entwicklungen steht daher auch die Zunahme der Trennungen und Scheidungen.

4. Soziale Unterstützung und Netzwerke im Lebensverlauf

Soziale Netzwerke unterliegen über die Zeit hinweg Wandlungsprozessen. Entwicklungspsychologische Studien untersuchten die Zusammensetzung und die Bedeutung sozialer Netzwerke in unterschiedlichen Lebensaltern und versuchten Zusammenhänge aufzuzeigen zwischen der Entwicklung der Netzwerke und der Entwicklung von Personenmerkmalen. Nach Röhrle (1994) ist es in solchen Untersuchungen "gelungen, einen Prozeß der Differenzierung und Entdifferenzierung sozialer Netzwerke vorzuführen. Dieser liefert Hinweise auf den Bedeutungswandel von Sektoren und Funktionen sozialer Netzwerke für die individuelle Entwicklung und er spiegelt die Veränderung von sozialen Bedürfnissen und Kompetenzen wieder" (Röhrle, 1994, S. 42; Literatur siehe dort).

Die Befunde zeigen, daß im Kindesalter zunächst die primären Betreuungspersonen, normalerweise die Mitglieder der eigenen Kernfamilie, von Bedeutung sind. Mit zunehmendem Alter kommen Personen der weiteren Verwandtschaft und Freunde hinzu. In der Adoleszenz sind vor allem Freundschaftsbeziehungen wichtig, später treten Partnerschaft und Familie in den Vordergrund, während Freunde und entferntere Verwandte an Bedeutung verlieren. Bei Personen, die eine eigene Familie aufbauen, verkleinern sich tendenziell die Netze. Besonders einschneidend ist hierbei der Übergang zur Elternschaft. Im Alter, aber auch durch bestimmte Lebensereignisse, zu denen beispielsweise eine Scheidung gehört, können Freunde oder auch Geschwister wieder wichtiger werden. Die Frage, wie groß die Gefahr der Vereinsamung im höheren Alter ist, bleibt umstritten (z. Bsp. Dannenbeck, 1995; Elbing 1991; Morgan, 1988).

Die meisten Befunde der Untersuchungen zur Entwicklung sozialer Netzwerke sind jedoch nur deskriptiv. Es kann nur vermutet werden, warum sich soziale Beziehungen über den Lebenslauf so entwickeln, wie sie es tun. Einige Studien zeigen auf, daß frühe Bindungserfahrungen prägend sind für das weitere Verhalten in sozialen Beziehungen (Antonucci, 1985; Kahn, 1980; Murray, Parkes et al.,1991).

Das Konvoi-Modell

Ende der Siebziger Jahre wuchs das Interesse an sozialen Beziehungen und sozialer Unterstützung in großem Ausmaß, während gleichzeitig kaum theoretische Grundlagen für eine Bearbeitung dieser Themen gegeben waren. In dieser Zeit entwickelten Antonucci und Kahn (Kahn, 1979; Kahn & Antonucci, 1980) ein Modell, das als theoretischer Rahmen für die Untersuchung sozialer Unterstützung über den Lebensverlauf hinweg dienen kann.

Nach diesem Modell ist jeder Mensch von Geburt bis zum Tode umgeben von anderen Menschen, die mit ihm in (unterstützenden) Beziehungen verbunden sind. Den hierfür verwendeten Begriff "Konvoi" übernahmen die Autoren von dem Anthropologen Plath, der ihn gebrauchte, "to describe the group of people with whome one moves through life" (Plath, 1980). Ein Konvoi ist vorzustellen als eine schützende Schicht von Freunden und Familienmitgliedern, die das Individuum umgeben, durch sein Leben begleiten und ihm helfen, Probleme und Herausforderungen erfolgreich zu bewältigen, wobei immer wieder neue Personen hinzukommen, beziehungsweise andere ausscheiden. Die Grundidee des Konzeptes ist nach einer späteren Beschreibung von Antonucci und Akiyama: "To view social relations and social support as a life-time ongoing set of relations that develop and change over time" (Antonucci & Akiyama, 1991, S.106).

In Abgrenzung von den üblichen Netzwerkmodellen ist das Konvoi-Modell nicht statisch und ermöglicht eine Einbeziehung der Frage nach Wandel und Kontinuität sozialer Beziehungen im Lebensverlauf. Das Konzept berücksichtigt die lebenslange individuelle Erfahrung, die in alle Beziehungen eingeht, und betont den Entwicklungsaspekt sozialer Beziehungen. Beginnend mit der ersten Bindung im Säuglingsalter nehmen frühe Beziehungserfahrungen Einfluß auf das Verhalten in neuen Beziehungen, und so zeigt sich letztlich in vielen Studien eine Kontinuität im Beziehungsverhalten über den Lebenslauf (Literatur siehe z. Bsp. Antonucci, 1985; Murray Parkes , Stevenson-Hinde & Marris , 1991). Das Individuum wächst auf und wird erwachsen, umgeben von Menschen, die ihm oder ihr nahestehen. Dies sind zunächst wenige Personen - Mutter, Vater, evtl. Geschwister oder Großeltern - , später kommen weitere Familienmitglieder und Freunde dazu, die Gruppe wächst und wird komplexer. Diese Menschen repräsentieren einen Konvoi, eine schützende Umgebung, die das Individuum begleitet und durch die es hauptsächlich die Welt kennenlernt.

Alle Ereignisse, die in seinem Leben eintreten, werden so in einem bestimmten sozialen Kontext erlebt. Das Bewußtsein der Bedeutung eines stets vorhandenen, Interpretation und Erfahrung prägenden sozialen Umfeldes erweitert - so hofften Kahn und Antonucci - das Verständnis dafür, wie ein Ereignis von den beteiligten Personen erlebt wird. Jedoch nicht nur die in der Gegenwart gelebten Beziehungen beeinflussen die Wahrnehmung von und den Umgang mit eintretenden Lebensereignissen und Krisen, sondern auch vorangegangene Erfahrungen mit solchen Lebenssituationen und mit sozialen Beziehungen überhaupt.

Konvois sind lebenslang und müssen natürlich dynamisch sein, um den unterschiedlichen Lebensphasen gerecht zu werden. Die Zusammensetzung des Konvois wandelt sich, und selbst wenn eine Person über viele Jahre oder sogar das ganze Leben hinweg im Konvoi bleibt, so wandelt sich doch die Beziehung zu ihr. Der Konvoi hat sowohl positive als auch negative Auswirkungen auf die Person, die er umgibt. Er vermittelt Zugang zur Welt, begrenzt diesen aber auch, er schützt und macht gleichzeitig verletzlich, er fördert und behindert die persönliche Entwicklung (Antonucci & Akiyama, 1994).

Um das Modell zu operationalisieren, entwarfen Kahn und Antonucci (1980, 1981) eine Darstellung des Konvois in Form dreier konzentrischer Kreise um die Zielperson, die verschiedene Wichtigkeitsgrade der Konvoi-Mitglieder repräsentieren. Die von ihnen interviewten Personen wurden gebeten, dem innersten Kreis solche Menschen zuzuordnen, die ihnen besonders nahestehen und ohne die ihr Leben nur schwer vorstellbar sei. Solche Personen sind die Hauptgeber und -empfänger sozialer Unterstützung. Die Beziehungen zu ihnen bleiben über die Lebensspanne hinweg relativ stabil (Antonucci & Akiyama, 1987). Die anderen beiden Kreise waren für weitere enge und weniger enge Beziehungen reserviert, wobei die Beziehungen zu den Personen des zweiten Kreises mehr sind, als die einfache Erfüllung von Rollenerwartungen, während der dritte Kreis Beziehungen umfaßt, die sehr stark durch Rollen vorgegeben sind, wie zum Beispiel der Umgang mit Kollegen, wenn er nicht über den Arbeitsbereich hinaus geht. Es zeigte sich, daß es den Befragten leicht fiel, ihr Netzwerk in dieser Hierarchie abzubilden.

Von verschiedenen Faktoren wird angenommen, daß sie Einfluß auf den Konvoi nehmen; diese sind im wesentlichen die gleichen Faktoren, die auch sonst allgemein als Determinanten sozialer Netze beschrieben werden (siehe z. Bsp. Antonucci (1985), S. 25, 26).

Das Konvoi-Modell enthält die Annahme, daß strukturelle und funktionale Charakteristika der Konvoi-Mitglieder auf typische und vorhersagbare Weise nach Alter bzw. Lebenszyklus und nach Grad der Nähe (das heißt Kreisplazierung) variieren.

Die Annahmen des Konvoi-Modells stehen in Einklang mit den Ergebnissen der Lebensspannen-Entwicklungspsychologie ("life-span developmental psychology"), die betont, daß das Individuum nur in seiner Entwicklung zu verstehen ist. (So beispielsweise bei P. Baltes, G. Reinert oder K.Riegle.) Im Verlaufe seines Lebens sammelt der Mensch im sozialen, kognitiven, emotionalen und physischen Bereich einen Schatz an positiven und negativen Erfahrungen unterschiedlichster Art. Diese intra- und interindividuellen Erfahrungen der Vergangenheit prägen - ebenso wie ihre gegenwärtige Lebenssituation - die Person, wie sie heute existiert. Was für das Verständnis einer Persönlichkeit stimmt, gilt auch für ihre Beziehungen. Denn ebenso wie die Person selbst können auch ihre Beziehungen aus der Entwicklungsperspektive besser verstanden werden. Antonucci und Akiyama schreiben hierzu: "Although the life-span perspective is applicable to all aspects of individual development (...) it may be more important to understanding the complex phenomena of interpersonal relationships than to any other form of development" (Antonucci & Akiyama, 1994, S. 42).

Antonucci (1989) weist darauf hin, daß sich die individuelle Entwicklung mit der Entwicklung der Familie, in der die Person lebt, überschneidet. Der Mensch ist während seiner Entwicklung gleichzeitig immer auch Teil eines familialen und gesellschaftlichen Umfeldes. Das gesellschaftliche Umfeld schließt historische Bedingungen mit ein, deren Einfluß sich in unterschiedlichen Kohortenschicksalen niederschlägt (Baltes et al., 1980). Es ist also nicht nur wichtig, in welchem Alter jemand von einem Ereignis betroffen wird, sondern auch, welche Erfahrungen er bis dato gesammelt hat, in welchem Stadium er selbst und seine Familie sich befinden und welcher Kohorte er angehört.

Kritische Lebensereignisse können mit gravierenden Veränderungen des persönlichen Unterstützungskonvois einhergehen. Dies ist bei Scheidungen sicherlich der Fall. Das Konvoi-Konzept ist dynamisch und kann daher bei der Erklärung der Veränderungen, die eine Scheidung im Beziehungsgefüge bewirkt, hilfreich sein. Außerdem bezieht es langfristige Entwicklungen mit ein und schafft so einen größeren Rahmen um den begrenzten untersuchten Zeitabschnitt. Betrachtet man nur zwei Zeitpunkte - vor und nach einem bestimmten Ereignis - und die damit einher gehenden Veränderungen, so muß man sich bewußt sein, daß dies nur ein kleiner Ausschnitt aus einem lebenslangen, sich langfristig aufeinander aufbauend entwickelnden Verlauf ist.

5. Theoretisches Modell

5.1. Relevante Faktoren und Zusammenhänge bei der Bewältigung kritischer Lebensereignisse: beispielhafte Modelle und theoretische Überlegungen

Im folgenden Abschnitt sollen beispielhaft theoretische Modelle und Ansätze herangezogen werden, die auf die Frage Antwort geben können, welche Faktoren bei der Bewältigung kritischer Lebensereignisse eine Rolle spielen. Diese Faktoren und ihre Verknüpfung untereinander sollen dann einbezogen werden in die Konzeptualisierung eines Modells für soziale Unterstützung und soziale Netzwerke im spezifischen Fall einer Trennung oder Scheidung.

Hierfür wird zunächst auf Bronfenbrenners Theorie zur Ökologie menschlicher Sozialisation eingegangen. Dieser Ansatz ermöglicht es, die einzelnen Elemente der Fragestellung dieser Arbeit miteinander in Beziehung zu setzen und zeigt grundlegende Zusammenhänge auf.

Dann wird ein Modell von Cohen herangezogen, das ursprünglich zur Vorhersage negativer Auswirkungen kritischer Lebensereignisse dient, und in dem zu diesem Zweck die komplexen Einflußfaktoren und Zusammenhänge innerhalb des Prozesses der Bearbeitung solcher Ereignisse zusammengeführt wurden. Weiterhin wird das Konzept "ökologischer Kongruenz" von Hobfoll vorgestellt, das Hinweise darauf gibt, welche Faktoren auf den Prozeß sozialer Unterstützung in Streßituationen Einfluß nehmen und wie diese Faktoren miteinander verknüpft sind.

Bronfenbrenner entwickelte einen sozialisationstheoretischen Ansatz, der die Umwelt der Menschen und ihren Einfluß auf deren Entwicklung in den Vordergrund rückt. Die sozialen Netzwerke, in denen eine Person lebt, sind Teil dieser Umweltsysteme und nehmen Einfluß auf die Entwicklung der Person, wie auch diese wieder auf die Beziehungen zu anderen Personen zurückwirkt. Daher kann Bronfenbrenners Theorie zur Ökologie menschlicher Sozialisation in einigen Bereichen bei der Betrachtung sozialer Netzwerke hilfreich sein, denn dieser Ansatz weist den sozialen Beziehungen einen Platz zwischen anderen "Umweltbedingungen" zu, die Einfluß auf das Leben einer Person nehmen, und berücksichtigt sowohl die Bedeutung des sozialen Umfeldes für den Einzelnen, als auch die Veränderungen, die die Entwicklung des Einzelnen wiederum in seinem sozialen Umfeld auslöst. Zeit wird bei Bronfenbrenner nicht nur im Sinne gleichmäßigen Alterns verstanden, sondern sie strukturiert Veränderungen und Kontinuität. Von besonderem Interesse sind hierbei Lebensübergänge, die Entwicklungen anstoßen oder beschleunigen, wie dies auch bei einer Trennung vom Lebenspartner der Fall ist.

Da Bronfenbrenners Überlegungen demnach durchaus theoretische Beiträge zur Netzwerkforschung bieten können, und sie speziell auch zum Verständnis von Veränderungen in Netzwerken, die durch Scheidung oder Trennung ausgelöst werden, beitragen können, sollen hier kurz die wichtigsten Grundgedanken dieses Ansatzes skizziert werden.

Bronfenbrenner selbst definiert die Ökologie menschlicher Entwicklung folgendermaßen: "Definition1: "The ecology of human development involves the scientific study of the progressive, mutual accomodation between an active, growing human being and the changing properties of the immediate settings in wich the developing person lives, as this process is affected by relations between these settings, and by the larger contexts in wich the settings are embedded" (Bronfenbrenner, 1979, S.21). Im Zentrum des Ansatzes steht der fortschreitende Prozeß, in dem sich der einzelne Mensch und die Lebensbereiche, in denen er sich aufhält, wechselseitig beeinflussen. Diese Lebensbereiche stehen auch untereinander in Beziehung und sind wiederum in größere Kontexte eingebunden.[6]

Bronfernbrenner definiert unterschiedliche Lebensbereiche bzw. Umweltsysteme, in denen die Personen leben, und die ihre Entwicklung beeinflussen: Mikrosystem, Mesosystem, Exosystem, Makrosystem und Chronosystem.

Das Mikrosystem beinhaltet Aktivitäten, Rollen und persönliche Beziehungen, in denen eine Person lebt. Als Mesosystem werden andere Umwelten, in denen sich die Person aufhält, und deren Beziehungen untereinander bezeichnet. Exosysteme

---

[6] Der ökologische Ansatz bezieht sich nicht nur auf die Entwicklung von Kindern, sondern ist ebenso für Erwachsene gültig.

sind weitere Systeme, an denen die Person keinen aktiven Anteil hat, die aber die direkten Umwelten der Person beeinflussen und von ihnen beeinflußt werden. Das Makrosystem ist das umfassendste, hiermit ist die (Sub)-Kultur gemeint, in der die Person lebt, ebenso wie Glaubenssysteme oder Ideologien, die die Kultur prägen. Das Chronosystem lenkt den Blick auf Kontinuität und Veränderungen im Leben einer Person. Hierbei sind vor allem bedeutende Lebensübergänge von Interesse, die Einfluß auf die Entwicklung nehmen. Dies beinhaltet sowohl normative (Eintritt in die Schule, Arbeitsbeginn, Heirat, Pensionierung etc.) als auch nicht-normative Lebensübergänge (Umzug, Scheidung, Erkrankung etc.).
Das Ereignis tritt immer unter bestimmten Umweltbedingungen ein und wirkt auf diese zurück (so auch bei Scheidung und sozialem Netzwerk), und bedeutet einen Impuls für Veränderungen in der Entwicklung der betreffenden Person. Zeit wird nicht als "Alter" verstanden, sondern als Abfolge von Ereignissen in bestimmten Sequenzen und in bestimmten Kontexten.

Soziale Netzwerke sind wichtiger Bestandteil der für die Entwicklung einer Person relevanten Lebensumwelt. Nach Bronfenbrenners Definition sind soziale Netzwerke "informelle soziale Strukturen, wie sie von Leuten gebildet werden, die sich in gemeinsame Betätigungen teilen oder Kontakt untereinander halten" (Bronfenbrenner, 1976, S. 242). Über soziale Beziehungen werden Werte und Weltbilder vermittelt, Rollen vorgegeben, und Fertigkeiten und Kenntnisse weitergegeben. Durch andere Menschen, mit denen sie in Beziehungen stehen, vermittelt sich den Einzelnen die Gesellschaft. Dadurch werden sie stark beeinflußt. "Der Verlauf der menschlichen Entwicklung wird entscheidend bestimmt von der Beschaffenheit und Mannigfaltigkeit der Rollen, Tätigkeiten und Wertvorstellungen in den sozialen Netzwerken, in denen der Einzelne aufwächst" (Bronfenbrenner, 1976, S. 242).

Das formale Gegenstück zu sozialen Netzwerken bilden nach Bronfenbrenner Institutionen. Sie sind bestimmt durch klar festgelegte Ziele, Strukturen und Regeln. Manche greifen unmittelbar in die persönliche Entwicklung ein, wie beispielsweise Schulen oder öffentliche Fürsorge, andere schaffen die politischen und praktischen Rahmenbedingungen, die indirekt in die Lebensverhältnisse eingreifen, wie beispielsweise das Rechtssystem oder die staatliche Verwaltung. Der oder die Einzelne kann Institutionen in der Regel nur geringfügig beeinflussen. Soziale Beziehungen beruhen hingegen auf Gegenseitigkeit, und demnach wirkt die Entwicklung, die die Einzelnen durchmachen, auf ihre sozialen Netzwerke zurück und beeinflußt sowohl die einzelnen Personen, als auch die Struktur der sozialen Beziehungen als Ganzes.

Empirische Forschungsvorhaben sollten nach Bronfenbrenner entsprechend komplex konzeptioniert werden. Die Unterscheidung von Personen nach unterschiedlichen "sozialen Adressen" (z. B. Land/ Stadt etc.) wird als nicht ausreichend angesehen. Besser seien Prozeß-Kontext-Modelle, die Veränderungen im Längsschnitt und unter Berücksichtigung des Umfeldes betrachten. Einen weiteren Fortschritt stellen Person-Prozeß-Kontext- Modelle dar, die auch noch persönliche Eigenschaften der untersuchten Personen mit einbeziehen.

Für die Behandlung der Frage nach Trennung und Scheidung bedeutet dies, daß die Umweltbedingungen, unter denen das Ereignis eintritt, berücksichtigt werden müssen. Weiterhin ist zu beachten, daß die Entwicklung, die eine Person im Zuge dieses Lebensüberganges durchmacht, auch auf ihre Umwelt zurückwirkt. Die Fragestellung dieser Arbeit, die die Veränderung sozialer Netzwerke nach Trennung und Scheidung unter Berücksichtigung der Situation vor der Scheidung thematisiert, wird diesem Anspruch zumindest im Bereich sozialer Beziehungen gerecht. Mit den sozialen Netzwerken wird allerdings nur ein Teilausschnitt der gesamten Umwelt der betroffenen Personen genauer betrachtet. Die gesellschaftliche Einstellung zum Thema Scheidung und Trennung, Zusammenleben außerhalb der Ehe, Wiederverheiratung etc. wird beispielsweise nicht berücksichtigt, obwohl sie sicherlich einen wesentlichen Einflußfaktor für das Ereignis selbst darstellt, sowie dafür, wie sie von den Betroffenen bewältigt wird.
Die Einstellung des Umfeldes der Betroffenen und der Personen selbst kann auch nicht als konstant angesehen werden, da es hierbei gravierende Unterschiede zwischen den Konfessionen, Regionen, Schichten und Generationen gibt. Dennoch kann sie nicht detaillierter berücksichtigt werden - ebenso wie viele andere wesentliche Einflußfaktoren (wie räumliche Umgebung, berufliches Umfeld, Subkulturen...etc.), denn zum einen geben die durch standardisierte Erhebungsinstrumente gewonnenen Daten in vielen Bereichen keine detaillierten Einblicke in die Lebensverhältnisse der Befragten, zum andern würde deren Untersuchung den Rahmen dieser Untersuchung sprengen.

Die sozialen Netzwerke werden hier demnach als "Umweltbedingung" betrachtet, unter der das Ereignis Scheidung oder Trennung eintritt. Untersucht werden soll nun, inwieweit das Ereignis auf die sozialen Beziehungen Einfluß nimmt und sie verändert. Weitere "Nebenbedingungen" sollen hierbei mit einbezogen werden, wie beispielsweise das Geschlecht der Betroffenen und ihre Partnerschaftssituation nach der Trennung zum Zeitpunkt der zweiten Erhebung.

Ein weiterer Ansatz, der Zusammenhänge bei der Bewältigung eines kritischen Ereignisses aufzeigt, stammt von Cohen: Ein kritisches Lebensereignis - wie es im Normalfall auch eine Scheidung oder Trennung ist - bedeutet einen Einschnitt im Leben einer Person. Es bedeutet einen Verlust an Sicherheit und die Notwendigkeit, sich neu zu orientieren und sich in einem veränderten Leben zurechtzufinden. Die Ungewißheit, ob es gelingen wird, mit diesen Herausforderungen fertig zu werden, setzt die betroffenen Personen unter Streß. Nach dem "balance model" von Mc Grath (1970) kann Streß definiert werden als "the state of inbalance between percieved demand or threat and coping capacity in a situation with consequences that are important to the individual" (Mc Grath, 1970 zitiert nach Hobfoll & Stokes, 1988, S. 499). Streß kann nach dieser Definition reduziert werden, indem die Möglichkeiten, ihn zu bewältigen (coping capacity) verbessert werden, oder die Anforderungen und Bedrohungen (demand / threat) vermindert werden. Soziale Unterstützung kann an beiden Seiten ansetzen.
Wie erfolgreich sie ist, hängt von verschiedenen miteinander verknüpften Faktoren ab.
Welches sind diese Faktoren und wie wirken sie zusammen? Welche Mechanismen sind im sozialen Bereich bei der Bewältigung kritischer Lebensereignisse wirksam? Welche Faktoren mindern, welche verstärken das Risiko negativer Folgen eines kritischen Ereignisses?

Cohen (1992) stellt einen Versuch vor, diese Fragen innerhalb eines Modells zu beantworten und die komplexen Einflußfaktoren und Zusammenhänge innerhalb des Prozesses der Bearbeitung kritischer Lebensereignisse in einem Schaubild zusammenzuführen (Cohen, 1992). Sein Modell trägt der Tatsache Rechnung, daß soziale

Netzwerke und wahrgenommene und tatsächlich geleistete soziale Unterstützung die Perzeption kritischer Lebensereignisse und den Umgang mit ihnen entscheidend beeinflussen können. Ebenso berücksichtigt das Modell den Umstand, daß diese Faktoren in komplexer Weise miteinander verknüpft sind und einander in ihrer Wirkung verstärken oder abschwächen. Ziel des Modells ist die Vorhersage negativer Auswirkungen ("disorder") kritischer Lebensereignisse ("stressful events").

Abbildung I.5.1.: Major concepts and mechanisms involved in relations between stress and social support in the prediction of disorder

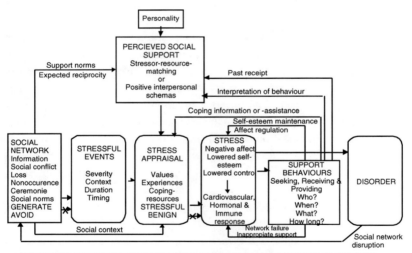

Major concepts and mechanisms involved in relations between stress and social support in the prediction of disorder. (Cohen, 1992, S.110)

Quelle: Cohen, 1992: "Stress, social support, and disorder". In: Veiel & Bauman, 1992, S.110

(Das Schaubild zeigt nicht alle möglichen Beziehungen zwischen den einzelnen Konzepten, sondern nur die, die im Zusammenhang mit der Fragestellung für wichtig erachtet wurden.)

Cohen geht aus vom "transactional model of stress and disorder" (Lazarus & Folkman, 1984). Nach diesem Modell werden möglicherweise kritische Ereignisse ("stressful events") vom Individuum in einer bestimmten Weise interpretiert, die durch Werte, Erfahrungen, Glaubensüberzeugungen und Bewältigungsfähigkeiten gesteuert wird. Wird das Ereignis als "stressful" erlebt, kann dies psychische und physische Veränderungen bewirken, die zu psychischen und physischen Problemen führen können.[7]

Verschiedene Eigenschaften der kritischen Ereignisse haben Einfluß darauf, wie sie sich auswirken: Stärke, der Kontext, in dem sie auftreten, Dauer und Zeitpunkt im Lebenslauf. Es muß auch beachtet werden, daß die Kombination verschiedener gleichzeitig auftretender Ereignisse verstärkend wirken kann. Die Bewertung des Ereignisses wird, wie schon erwähnt, durch Werte, Erfahrungen, Glaubensüberzeugungen und Bewältigungsfähigkeiten beeinflußt. Entscheidend ist, ob der Betroffene zu der Ansicht gelangt, daß die Anforderungen der Situation seine Möglichkeiten, sie zu bewältigen, übersteigen. Eine solche Wahrnehmung führt zu "Streß". Dieser äußert sich in negativen Gefühlen, sinkendem Selbstwertgefühl und Kontrollverlust. Cohen nennt auch körperliche Folgen von Streß, die das Herz- und Kreislaufsystem betreffen, hormonale Reaktionen und Reaktionen des Immunsystems (Cohen, 1992, S.111).

Das "transactional model of stress and disorder" erweitert Cohen um die Begriffe "social network", "percieved social support" und "support behaviours". Diese Konzepte stehen sowohl mit den Komponenten des transactional model als auch untereinander in Beziehung.

---

[7] Begriffe, die dem "transactional model of stress and disorder" entnommen sind, sind durch Felder mit abgerundeten Ecken gekennzeichnet.

Wie das Schaubild zeigt, beeinflussen soziale Netzwerke sowohl das Auftreten kritischer Ereignisse als auch deren Wahrnehmung und Bewertung. Durch ein Netzwerk vermittelte soziale Normen schaffen Rahmenbedingungen für die Wahrscheinlichkeit des Eintreffens eines Ereignisses. Beispielsweise kann eine Scheidung durch soziale Normen ermöglicht oder erschwert werden. Auch ob ein Netzwerk ausreichende Informationen vermittelt, spielt eine Rolle für die Wahrscheinlichkeit, mit der ein Problem entsteht. Ein Beispiel hierfür wären ungewollte Schwangerschaften. Das Netzwerk selbst stellt eine mögliche Quelle problematischer Lebensereignisse und -bedingungen dar. Hierzu zählen Verluste wichtiger Bezugspersonen oder das Auftreten zwischenmenschlicher Konflikte. Andererseits schafft das Netzwerk symbolische Ereignisse, so auch in Form religiöser Zeremonien, durch die das Leben strukturiert wird und durch die Übergänge im Lebenszyklus markiert werden (zum Beispiel Hochzeiten). Dies meint Cohen mit dem Begriff "Ceremonies" als Einflußmöglichkeit sozialer Netzwerke. Die Strukturierung des Lebenslaufs durch solche "Ceremonies" unterstützt die Entwicklung eines Selbstbildes und vermittelt Vorhersehbarkeit und ein Gefühl der Kontrolle. All dies ist eine wesentliche Vorraussetzung für psychisches Wohlbefinden. Das Fehlen solcher Ereignisse bei relativ isolierten Personen ("Nonoccurence") kann ebenfalls zu den kritischen Situationen gezählt werden (Schulz & Rau, 1985; Rabkin & Struening, 1976; zitiert nach Cohen, 1992).

Weiterhin beeinflussen die in einem Netzwerk herrschenden sozialen Normen nicht nur die Wahrscheinlichkeit, mit der ein Ereignis auftritt, sondern auch seine Bewertung (Siehe Pfeil "social context"). Je nachdem welche Normen und Wertvorstellung beispielsweise im Netzwerk einer geschiedenen Person Gültigkeit haben, wird die Scheidung von den Netzwerkmitgliedern entweder als Katastrophe empfunden oder als keineswegs ungewöhnlich. Entsprechend mehr oder weniger "kritisch" wird dieses Ereignis dann auch für die betroffene Person sein.

Cohen sieht auch eine Verbindung zwischen sozialem Netzwerk und der Wahrnehmung sozialer Unterstützung (siehe Pfeil links oben). Soziale Normen geben vor, wann gegenüber anderen Netzwerkmitgliedern Unterstützung geleistet werden sollte ("support norms"). Und das Postulat der Reziprozität fordert, andere zu unterstützen, von denen man zu früheren Zeitpunkten Unterstützung erhalten hat ("expected reciprocity").

Sowohl die Wahrnehmung sozialer Unterstützung ("Percieved social support") als auch tatsächlich geleistete Unterstützung ("support behaviours") beeinflussen die Bewertung des kritischen Ereignisses und damit den Streß, den es bei der betroffenen Person hervorruft (Pfeil von percieved social support und von support behaviours zu stress appraisal). Dies entspricht der Puffereffekt-These sozialer Unterstützung, die oben (siehe S. 49) beschrieben wurde. Nach dieser These werden kritische Ereignisse und belastende Lebensumstände durch soziale Unterstützung in ihrer Wirkung abgemildert.

Dies gilt jedoch nur dann, wenn die Art der Unterstützung auch dem jeweiligen Problem angemessen ist ("Stressor-ressource matching"). Weiterhin ist wahrgenommene Unterstützung stark von der Persönlichkeit des Empfängers und von seiner Grundeinstellung gegenüber zwischenmenschlichen Beziehungen abhängig ("Positive interpersonal schemas").

Zum Unterstützungs-Verhalten ("support behaviours") zählt hier das Suchen, Erhalten und Geben sozialer Unterstützung. Um die Wirkung des Verhaltens einschätzen zu können, ist es wichtig zu wissen, wer Unterstützung sucht, empfängt oder gibt, wann bzw. unter welchen Bedingungen dies geschieht, um welche Art unterstützenden Verhaltens es sich handelt und welchen Zeitraum es einschließt. Hiernach entscheidet sich auch, ob es sich um "passendes" Verhalten handelt oder ob das Netzwerk in diesem Fall versagt, was wiederum Auswirkungen darauf hat, ob Streß reduziert oder verstärkt wird (siehe Pfeil "Network failure / Inappropriate support"). Ist die Unterstützung positiv wirksam, so vermindert sie Streß durch Stärkung des Selbstwertgefühls und durch "Affektregulierung" (siehe Pfeil "Self-esteem maintenance / Affect regulation"), oder sie verändert die Bedeutung des kritischen Ereignisses durch Vermittlung von Informationen und konkrete problembezogene Hilfe (siehe Pfeil "Coping information or coping assistance").

Auch das Netzwerk selbst, das die Unterstützung leistet, wird dadurch verändert. Es kann sogar zerbrechen, wenn zu hohe Ansprüche an Intensität und Dauer der Unterstützungsleistungen gestellt werden (siehe Pfeil "Social network disruption"). Weiterhin besteht auch eine Verbindung zwischen unterstützendem Verhalten und Wahrnehmung sozialer Unterstützung. In der Vergangenheit erhaltene Unterstützung schafft Erwartungen an zukünftige Unterstützung (siehe Pfeil "Past receipt" von "Support behaviours" zu "Percieved social support").

Das vorgestellte Modell von Cohen ist hilfreich bei der Überlegung, welche Faktoren bei der Bewältigung kritischer Lebensereignisse Bedeutung haben und wie sie miteinander verflochten sind. Sein Ziel ist allerdings die Vorhersage negativer Folgen von Streß in Abhängigkeit von der Unterstützung, die zu dessen Minderung geleistet wird. Das bedeutet, daß es sich nicht einfach auf die Frage nach Veränderung sozialer Netzwerke nach einer Scheidung übertragen läßt. Aber es weist auf Zusammenhänge hin, die beachtet werden müssen, will man diese Frage beantworten.

Das Konzept "ökologischer Kongruenz" von Hobfoll (1986, 1988) gibt ebenfalls Hinweise darauf, welche Faktoren auf den Prozeß sozialer Unterstützung in Streßsituationen Einfluß nehmen und in welcher Weise diese Faktoren miteinander verknüpft sind. Hobfoll betrachtet die Situation der Betroffenen in einem erweiterten Kontext und berücksichtigt neben der Verfügbarkeit sozialer Unterstützung und anderer Coping-Ressourcen noch eine Anzahl weiterer Rahmenbedingungen wie beispielsweise die Persönlichkeit der unterstützten Person, ihre Werte oder das Wertesystem ihres Umfeldes. Ziel des Modells ist die Beschreibung des möglichen Beitrages verschiedener Ressourcen, vor allem sozialer Unterstützung, bei der Bewältigung kritischer Lebensereignisse. Anstatt jeder Ressource ohne weitere Überprüfung salutogene Qualität zuzusprechen, wird hier jede mögliche Ressource in Beziehung gesetzt zu verschiedenen ökologischen Bedingungen und demgemäß bewertet. Dies trägt in bezug auf soziale Unterstützung der Tatsache Rechnung, daß diese sowohl positive als auch negative Auswirkungen haben kann.

Die wesentlichen Dimensionen des Modells sind Ressourcen, Belastungen, die sich in psychischen und physischen Folgen zeigen, emotionale und praktische Bedürfnisse, Zeit, kulturelle, familiale und persönliche Wertvorstellungen und die Bewertung der Belastung, der Bedürfnisse und der Verfügbarkeit und Angemessenheit der Unterstützung durch die betroffene Person. Diese Dimensionen bilden zusammen eine ganz bestimmte individuelle Konstellation, die dann die Bedeutung des Effektes der Ressourcen und damit auch der sozialen Unterstützung, determiniert.

Zu den Ressourcen zählen neben sozialer Unterstützung persönliche und finanzielle Ressourcen sowie Coping-Strategien. Umfang und Zusammensetzung dieser Ressourcen haben eine bestimmte reduzierende oder verstärkende Wirkung auf die Belastungen, denen ein Individuum ausgesetzt ist. Das Ausmaß der Wirkung der Ressourcen ist abhängig davon, ob und wie exakt sie den Bedürfnissen des Individuums entsprechen, beziehungsweise zuwiderlaufen. Weiterhin ist die Wirkung der Ressourcen abhängig davon, wann sie zum Tragen kommen, wobei hier zwei Faktoren wichtig sind: zum einen der zeitliche Abstand zu dem kritischen Ereignis, zum anderen der Zeitpunkt im Lebenslauf der Betroffenen, zu dem ein kritisches Ereignis eintritt (Alter, Stellung im Lebenszyklus).

Der Einfluß von Wertvorstellungen vermittelt sich sowohl über die persönlichen Wertvorstellungen des Individuums als auch über die Werte seiner Familie und des allgemeinen kulturellen Umfeldes. Die in der Gesellschaft vorherrschenden Werte schlagen sich auch in Umweltbedingungen nieder, zum Beispiel in Form von Scheidungsgesetzen. Schließlich ist nach Hobfoll noch die Bewertung all dieser Dinge durch die Betroffenen von Wichtigkeit; die Bedeutung des Problems, das Ausmaß der eigenen (Hilfe-) Bedürfnisse, Verfügbarkeit potentieller und Angemessenheit geleisteter Unterstützung. Alle genannten Dimensionen bestimmen in ihrer Zusammensetzung die Wirkung, die Ressourcen, welche zur Reduzierung von Belastungen eingesetzt werden, entfalten können.

5.2. Entwicklung eines theoretischen Modells für soziale Unterstützung und Entwicklung von Beziehungsnetzwerken nach Trennung und Scheidung

Wenn man die Art und Weise und das Ausmaß sozialer Unterstützung nach einer Trennung oder Scheidung verstehen will, muß man eine Vielzahl unterschiedlicher Einflußfaktoren mit einbeziehen. Die Einflußfaktoren sind nicht nur als einzelne wichtig, es muß auch ihre Verknüpfung untereinander und mit dem Komplex der sozialen Unterstützung beachtet werden. Um dies zu ermöglichen, soll im Folgenden - aufbauend auf Aussagen der vorherigen Kapitel - der Versuch unternommen werden, ein Modell für soziale Unterstützung bei Trennung und Scheidung zu entwickeln, das alle wesentlichen Einflußgrößen berücksichtigt.

Dies ist zunächst nur als Versuch zu verstehen, das Zusammenwirken verschiedener Einflüsse in einen theoretischen Zusammenhang zu bringen, um sich über die möglichen Verknüpfungen klar zu werden. Für eine empirische Überprüfung ist das Modell zu komplex; es ist nicht sinnvoll, allzuviele Faktoren in ein empirisches Modell einzubeziehen. Daher soll im Anschluß auf der Basis des theoretischen Modells ein empirisches Modell entwickelt werden, welches im zweiten Teil der Arbeit anhand der Daten des Familiensurvey geprüft werden kann. Es ist dann für den Leser klar erkennbar, welche theoretischen Annahmen hinter den geprüften Zusammenhängen stehen.

Abb.I.5.2.

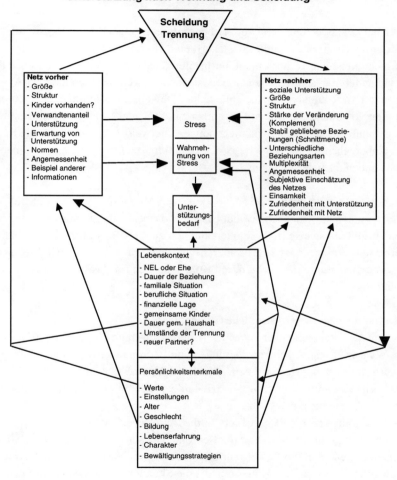

Zunächst ist die Frage zu beantworten, ob eine Person nach einer Trennung vom Lebenspartner überhaupt Unterstützung braucht und wenn ja, in welchem Ausmaß und in welcher Form. Dies ist davon abhängig, inwieweit die Trennung bei der Person Streß und damit Unterstützungsbedarf erzeugt.

Eine Scheidung oder Trennung vom Lebenspartner ist eigentlich immer ein tiefgreifender biografischer Einschnitt. Sie schafft eine Umbruchsituation, nach der vieles nicht mehr so ist wie vorher - nicht nur insofern, als nun der Partner im Leben fehlt oder ein anderer an seine Stelle getreten ist, sondern weil die Trennung hat Auswirkungen auf viele andere Lebensbereiche hat. Obwohl der Umbruch, der mit einer Trennung von einem Partner, mit dem man zusammenlebt, einher geht, meist recht stark ist, muß die Trennung noch nicht notwendigerweise mit "Streß" für die Betroffenen einhergehen. Diese Frage ist jedoch zentral für die Einschätzung der Unterstützungssituation nach der Trennung.

Nach dem schon zitierten "balance modell" von Mc Grath (1970) ist "Streß" ein Zustand, in dem ein Ungleichgewicht besteht zwischen wahrgenommenen Anforderungen beziehungsweise Bedrohungen und den zu ihrer Bewältigung vorhandenen Kapazitäten. Weiterhin ist Streß dadurch gekennzeichnet, daß dieses Ungleichgewicht in einer Situation besteht, deren Konsequenzen für das Individuum von Bedeutung sind.

Die Definition nennt vier wesentliche Größen:
1. Die mit der Situation einher gehenden Anforderungen und Bedrohungen,
2. die Wahrnehmung dieser Anforderungen und Bedrohungen, die ja nur bedingt in Zusammenhang steht mit dem objektiven Ausmaß derselben,
3. die vorhandenen Bewältigungskapazitäten, vor allem im Verhältnis zu den gestellten Anforderungen und
4. die Konsequenzen, die die Situation für die Betroffenen hat.
Sind die Anforderungen hoch und die Bedrohungen schwer und werden sie auch so wahrgenommen, sind die Bewältigungskapazitäten im Verhältnis zu den Anforderungen gering. Sind die Konsequenzen, die die Situation nach sich zieht, schwerwiegend, dann ist das Individuum Streß ausgesetzt.

Lebenskontext

Die Schwere der Anforderungen und Bedrohungen, die die Trennungssituation für das Individuum beinhaltet, sind zunächst abhängig von ihrem allgemeinen Lebenskontext. So kann eine problematische finanzielle Lage, die sich durch eine Trennung möglicherweise ergibt oder durch sie verschärft wird, weil nun zwei Haushalte statt einem finanziert werden müssen, durchaus bedrohlich sein. Ähnliches gilt für die berufliche Situation, wenn beispielsweise eine Frau, die bisher den Haushalt geführt hat, nach einer Scheidung dazu gezwungen ist, eine Erwerbsarbeit aufzunehmen.

Weitere mögliche Faktoren, die im Zusammenhang mit dem allgemeinen Lebenskontext darauf Einfluß nehmen, wie bedrohlich eine Trennung ist und welche Anforderungen sie stellt, sind neben der finanziellen und der beruflichen auch die familiale Situation, vor allem ob gemeinsame Kinder mit im Haushalt leben und versorgt werden. Sowohl für den Teil des Paares, der nach der Trennung hauptsächlich mit den Kindern lebt und sie versorgt und dies nun allein tun muß, als auch für die Person, die nach der Trennung die Kinder nicht mehr so oft sehen kann, bedeutet dies meist eine starke Belastung. Außerdem sind die Eltern natürlich von den Problemen betroffen, die sich durch die Trennung und den Auszug eines Elternteils für die Kinder ergeben.

Weiterhin haben ebenfalls als Teil des Lebenskontextes die Geschichte der Beziehung und ihre Umstände Einfluß darauf, wie problematisch die Trennung erlebt wird. Hierzu gehört auch die Frage, ob es sich um eine Scheidung oder um die Trennung einer nichtehelichen Lebensgemeinschaft handelt, wie lange die Beziehung vorher bestand und wie lange schon vor der Trennung ein gemeinsamer Haushalt existiert hat. Zu den Umständen der Trennung gehören auch neue Partnerschaften. Führt die Trennung zunächst zum Verlust von Partnerschaft überhaupt oder bedeutet sie für die Person nur die Aufgabe der alten Partnerschaft zugunsten einer schon bestehenden neuen Partnerbeziehung? Wesentlich ist in diesem Zusammenhang auch, wie "erwünscht" die Trennung aus Sicht der einzelnen war: ob sie gegen ihren Willen vom Partner "verlassen" wurden, ob man sich im gegenseitigen Einvernehmen getrennt hat oder ob sie selbst die Trennung gewünscht haben.

Die jeweilige spezifische Stellung des Einzelnen in der Beziehung und im Trennungsprozeß ist ausschlaggebend dafür, was die Trennung überhaupt für ihn oder sie bedeutet und welche Folgen sich aus der Trennung ergeben.

Individuelle Persönlichkeitsmerkmale

Ebenso wie der Lebenskontext sind auch individuelle Persönlichkeitsmerkmale der betroffenen Personen wichtig für das Verständnis der Trennungssituation und den Unterstützungsbedarf, der sich durch die Trennung ergibt. Sie haben Bedeutung für Punkt 1 der Streßdefinition von Mc Grath, das heißt für die mit der Situation einhergehenden Anforderungen und Bedrohungen. Vor allem aber sind Persönlichkeitsmerkmale ausschlaggebend für den zweiten Punkt, nämlich die subjektive Wahrnehmung dieser Anforderungen und Bedrohungen. Außerdem zählen die individuellen Bewältigungskapazitäten (Punkt 3) zu den Persönlichkeitsmerkmalen. Sie beeinflussen also die Situation selbst, wie die Individuen sie wahrnehmen und einschätzen und wie gut es den Betroffenen gelingt, damit umzugehen. Alle drei Aspekte haben Auswirkungen darauf, in welchem Ausmaß die Person im Trennungsfalle sozialer Unterstützung bedarf und von welcher Art die benötigte Unterstützung ist.

Das Ausmaß der Anforderungen, die durch die Trennung gestellt werden, steht in Zusammenhang mit äußerlichen Merkmalen, wie Alter, Geschlecht oder Bildung. Mit zunehmendem Alter wird der Neuanfang schwerer und die Wahrscheinlichkeit einer neuen Partnerschaft sinkt. Auch zwischen den Geschlechtern gibt es bei dieser Frage im übrigen Unterschiede: Männer finden nach einer Scheidung leichter wieder eine neue Partnerin als Frauen einen neuen Partner (Hetherington et al., 1978).

In bezug auf die Wahrnehmung und Bewertung der Trennungssituation soll zunächst an das oben im Text erwähnte "transactional model of stress and disorder" von Lazarus und Folkmann (1984) erinnert werden, das auch Cohen (1992) seinem Modell zur Vorhersage negativer Folgen kritischer Lebensereignisse zugrunde legt. Nach diesem Modell wird das Individuum in der Wahrnehmung und Interpretation eines kritischen Lebensereignisses durch bestimmte Persönlichkeitsattribute gelenkt.

Hierzu zählen insbesondere Werte und Einstellungen, die bisherige Lebenserfahrung, Glaubensüberzeugungen und Eigenschaften, die die Bewältigungsfähigkeit der Person bestimmen. Diese Persönlichkeitsmerkmale sind also wesentlich für die Wahrnehmung und Bewertung der Trennungssituation und damit auch für den Streß, den diese für den Einzelnen bedeutet. Ausschlaggebend ist hierbei nach der Definition von Mc Grath, wie auch Cohen betont, ob die Person die Situation und ihre Ressourcen und Fähigkeiten so einschätzt, daß diese den Anforderungen, die die Situation stellt, genügen, oder ob sie glaubt, die Situation nicht bewältigen zu können. Wie schon erwähnt, sind Persönlichkeitsmerkmale auch direkt bei der Bewältigung kritischer Ereignisse von Bedeutung, einfach weil zu ihnen auch die Bewältigungsfähigkeiten und coping-Strategien des Individuums gehören.

Diese sind allerdings recht weit zu fassen, denn fast alle Charakterzüge der Person spielen bei der Frage, wie gut eine Trennung bewältigt werden kann, mit hinein. Hierzu gehören Persönlichkeitseigenschaften wie emotionale Stabilität, Fähigkeit, sich mit etwas auseinanderzusetzen, oder die Neigung, Probleme zu verdrängen, Optimismus versus Pessimismus, Interesse an Neuem und an anderen Menschen oder Selbstbewußtsein, um nur beispielhaft einige zu nennen. Ein wichtiger Charakterzug im Zusammenhang mit sozialer Unterstützung ist Offenheit für Hilfe. Es ist noch nichts gewonnen, wenn Unterstützung nur theoretisch erreichbar ist; erst wenn eine Person in der Lage ist, Hilfsbedürftigkeit zu signalisieren und angebotene Unterstützung anzunehmen, können die Potentiale des sozialen Netzes ausgeschöpft werden.

Persönlichkeitsmerkmale und Lebenskontext sind eng miteinander verwoben und beeinflussen sich stark gegenseitig. Beide Bereiche sind bedeutsam für den Unterstützungsbedarf der jeweiligen betroffenen Personen und dafür, welche Art der Unterstützung bei ihnen angemessen ist.

Beide Bereiche nehmen auch Einfluß darauf, mit welcher Wahrscheinlichkeit es überhaupt zu einer Trennung oder Scheidung kommt. In bezug auf den Lebenskontext kann angenommen werden, daß ein solcher Schritt um so unwahrscheinlicher ist, je schwerwiegender und problematischer die damit verbundenen zu erwartenden Konsequenzen sind. Zum Beispiel können minderjährige Kinder ein Grund sein, eine Beziehung aufrecht zu erhalten. Auch drohende finanzielle oder berufliche Probleme erschweren die Entscheidung für eine Trennung. Ehen und langjährige Beziehungen werden schwerer getrennt als nicht-institutionalisierte oder erst seit kurzem bestehende Beziehungen. Werteinstellungen, Alter, Lebenserfahrungen und Charaktereigenschaften nehmen ebenfalls Einfluß auf die Trennungswahrscheinlichkeit. Verschiedene Personen entscheiden sich in ähnlichen Situationen - abhängig von den genannten Persönlichkeitsmerkmalen - für unterschiedliche Alternativen.

Umgekehrt wird durch die Scheidung oder Trennung selbst der Lebenskontext der betroffenen Partner oft stark verändert. Ihre familiale Situation ändert sich, sie sind nun Singles, alleinerziehend oder leben in einem anderen neuen familialen Kontext. Auch im beruflichen Bereich stehen durch eine Trennung oft Veränderungen an, insbesondere für Frauen, die vorher im Haus waren. Für mindestens einen der beiden Partner ist sie normalerweise mit einem Wohnungswechsel verbunden. Außerdem bleibt eine Trennung in vielen Fällen nicht ohne finanzielle Konsequenzen.

Eine Scheidung oder Trennung verändert nicht nur äußerlich das Leben, sie schlägt sich auch in den Persönlichkeitsmerkmalen nieder. Sie bedeutet einen Zuwachs an Lebenserfahrung, aus dem für zukünftige Lebensentscheidungen Schlüsse gezogen werden. Durch die Erfahrung der Trennung verändern sich Werte und Einstellungen, festgefahrene Denkschemata werden erschüttert, das ganze Weltbild kann ins Wanken geraten und muß neu "gezimmert" werden. Auch hierbei kann soziale Unterstützung durch Personen, die ähnliches erlebt haben, hilfreich sein (Weiss, 1984).

Das soziale Netzwerk vor der Trennung oder Scheidung

Es ist schwierig, zwischen Netzwerk vor, während und nach der Trennung zu unterscheiden, denn die Veränderungen in einer Paarbeziehung, die zu einer Scheidung oder Trennung führen, haben Auswirkungen auf die Außenbeziehungen der Partner schon lange bevor es tatsächlich zur Trennung kommt. Es ist daher kaum möglich, einen Zeitpunkt festzulegen, zu dem die Veränderungen begonnen haben (Sun, 2000; Weiss, 1984, S. 57/58). Dennoch soll hier zumindest konzeptuell zwischen dem sozialen Netzwerk vor und nach der Trennung differenziert werden.

Das soziale Netzwerk, das vor der Trennung bestand, ist natürlich grundlegende Basis für die Unterstützung, die während und nach der Trennung den Betroffenen zuteil wird, wobei sich das Netz jedoch infolge der Trennung mehr oder weniger stark verändert. Auf diesen Punkt soll später ausführlicher eingegangen werden; hier interessiert zunächst der Zusammenhang zwischen Netzwerk vor der Scheidung oder Trennung und Trennungsstreß beziehungsweise Unterstützungsbedarf.

Das Netzwerk beeinflußt nicht nur die Wahrnehmung des Ereignisses als mehr oder weniger bedrohlich, es kann auch schon im Vorfeld die Probleme, die durch eine Trennung entstehen, konkret vermindern oder verstärken. Durch das Netz werden soziale Normen vermittelt, die auf die Bewertung der eigenen Scheidung oder Trennung durch die Betroffenen Einfluß nehmen. So kann es sein, daß die Betroffenen Mitglieder eines Netzwerkes sind, in dem Scheidung absolut verdammt wird, und das geschiedene Personen aus ihrer Mitte verstößt. Scheidung wird als "sündig" stigmatisiert, schreckliche Folgen werden prophezeit. Solche sozialen Normen verstärken sicherlich den Streß, den eine Scheidung mit sich bringen kann, indem sie die Erwartungen von Problemen durch die Trennung selbst wecken und Furcht vor Sanktionen durch das soziale Umfeld entstehen lassen.

Genauso ist es möglich, daß das soziale Netz zu einer Scheidung oder Trennung ermutigt und diese Entscheidung positiv bewertet: als mutig und konsequent, als Fortschritt auf dem Wege zu individueller Persönlichkeitsentfaltung und Selbstverwirklichung. Diese etwas überzeichneten Alternativen zeigen die Bandbreite des möglichen Spektrums sozialer Normen in bezug auf Trennung. In der Realität wird man sich meist irgendwo dazwischen bewegen, und es wird auch Unterschiede zwischen den Ansichten und Normen verschiedener Netzwerkmitglieder und Untergruppen von Netzwerkmitgliedern geben. Zumindest enge "face-to-face-Netze" entwickeln jedoch nach Bott (1971) oft einen Konsens über Werte und Normen und üben auf die Netzwerkmitglieder durch Sanktionen Druck aus, damit diese die Normen einhalten (auch Kitson, Moir & Mason, 1982).

Eine Trennung oder Scheidung wird als mehr oder weniger bedrohlich wahrgenommen werden, je nach dem, ob die Betroffenen auf Unterstützung hoffen können oder ob sie damit rechnen müssen, daß ihnen niemand helfen wird. Die Erwartung sozialer Unterstützung ist ein ganz wesentlicher Faktor für die Einschätzung von Ressourcen und Bewältigungskapazitäten und damit auch für den Streß, den die Trennung selbst auslöst.

Das soziale Netzwerk vor der Trennung nimmt ohne Zweifel auch Einfluß darauf, ob die Scheidung oder Trennung überhaupt vollzogen wird (Cohen, 1992). Zum einen durch soziale Normen, die - wie beschrieben - vorgeben, wie eine solche Entscheidung zu bewerten ist, ja ob sie überhaupt "zulässig" ist und welche Folgen eine solche Entscheidung nach sich ziehen wird. Zum anderen dadurch, ob der einzelne erwarten kann, daß er im Falle einer Trennung Unterstützung von anderen Personen erhalten wird oder ob er damit rechnen muß, dann ganz alleine dazustehen. Zum dritten wird die Trennungswahrscheinlichkeit durch das Beispiel beeinflußt, das die Personen des sozialen Netzwerkes einander geben. Es ist leichter, sich für eine Trennung zu entscheiden, wenn andere, die man kennt, diesen Schritt schon getan haben, und man gesehen hat, wie sie damit zurechtgekommen sind. Außerdem stellt das soziale Netz Informationen zur Verfügung, die ebenfalls auf die Entscheidung Einfluß nehmen.

Das soziale Netzwerk und der allgemeine Lebenskontext hängen in vielerlei Weise miteinander zusammen. Unterschiedliche Typen sozialer Netzwerke entsprechen unterschiedlichen Lebenssituationen. Je nach familialer und beruflicher Situation ergeben sich Anknüpfungspunkte für Beziehungen und die Möglichkeit, diese zu pflegen. Außerdem entsteht in unterschiedlichen Lebenskontexten Interesse an unterschiedlichen Personenkreisen, häufig an Menschen, die sich in einer ähnlichen Lebenslage befinden. Weiterhin bestimmt der Lebenskontext, der sich durch eine Scheidung oder Trennung meistens stark verändert, zusammen mit anderen Faktoren den Unterstützungsbedarf der Person und welche Unterstützung für sie in ihrer Situation angemessen ist. Umgekehrt wird auch der Lebenskontext durch das Netzwerk beeinflußt. Das Netzwerk vermittelt Werte und Verhaltensnormen, die Lebensentscheidungen mit steuern.

Diese Vermittlung von Werten und Verhaltensnormen zeigt, daß auch Persönlichkeitsmerkmale und soziales Netzwerk nicht unabhängig voneinander sind. Werte,

Normen und Einstellungen werden durch das soziale Netzwerk geprägt, während im Gegenzug die Person sich bei der Wahl ihrer Beziehungen von ihren Werten und Einstellungen leiten läßt. Unterschiedliche Charaktere leben ihre Beziehungen in unterschiedlicher Weise. Im sozialen Netzwerk werden Kompetenzen erworben und Lebenserfahrung gewonnen - beides verändert und prägt die Persönlichkeit. Außerdem gilt nicht nur in Krisensituationen, daß das soziale Netzwerk starken Einfluß auf das Selbstbild und das Selbstwertgefühl seiner Mitglieder ausübt. So ist ja auch die Stärkung des Selbstwertgefühls eine ganz wichtige Funktion sozialer Unterstützung.

Das soziale Netzwerk während und nach der Trennung (Zielvariable)

Nach der Puffereffekt-These sozialer Unterstützung (siehe S. 49) können Netzwerke durch soziale Unterstützung in kritischen Lebenssituationen die damit einher gehenden Probleme lindern. Dies gilt auch für den Fall einer Scheidung oder Trennung vom Lebenspartner (Spanier und Casto, 1979; Pett, 1982). Soziale Unterstützung verringert Streß (Raschke, 1977) und verhilft zu besserer Rollen- und Identitätsanpassung in Krisensituationen (Kohen, 1981). Es ist fraglich, inwieweit von der Struktur eines Netzwerkes beziehungsweise vom bloßen Vorhandensein sozialer Beziehungen auf einen Austausch sozialer Unterstützung geschlossen werden kann. Weiter oben im Text wurde dies schon thematisiert (siehe S.47).

Soziale Unterstützung kann Unterschiedliches beinhalten (Diewald, 1990; Schenk, 1984):
- Wie bereits im Text erläutert ereignet sie sich zum einen in konkreten Interaktionen, in denen praktische Hilfe und Beistand geleistet werden. Im Falle einer Trennung kann dies beispielsweise finanzielle Unterstützung sein, gute Ratschläge, Babysitting, Hilfe bei der Wohnungs- oder Jobsuche oder das Einbeziehen der Person in gesellige Aktivitäten.
- Zum anderen beinhaltet soziale Unterstützung die Vermittlung von Bewußtseinszuständen. Das soziale Netz kann Halt und Orientierung geben, indem es soziale Normen und "angebrachtes" Verhalten für den Fall einer Trennung oder Scheidung vorgibt. Wesentlich ist nach einer Trennung, die mit starken Erschütterungen des Selbstbildes und des Selbstwertgefühls einhergehen kann, auch soziale Unter-

stützung durch Vermittlung von Anerkennung, Achtung und persönlicher Wertschätzung. Wenn es dem sozialen Umfeld gelingt, einer Person die Gewißheit zu geben, daß sie "dazu gehört", dann ist dies eine große Hilfe im Kampf gegen die Einsamkeit.

- Zum dritten kann soziale Unterstützung hilfreich sein, indem sie Emotionen vermittelt. Wenn eine Partnerschaft zerbricht und nicht sofort eine neue begonnen wird, entsteht oft ein "emotionales Vakuum". Eine Partnerschaft, die normalerweise auf Liebe gegründet ist, kann kaum durch andere Netzwerkbeziehungen ersetzt werden. Dennoch ist es möglich, daß im sozialen Netzwerk - inbesondere in engen Beziehungen wie denen zwischen Eltern und Kindern oder auch Geschwistern oder sogar guten Freunden - Liebe, Zuneigung und Geborgenheit geschenkt wird. Gerade für "verlassene" oder emotional verletzte Menschen kann dies extrem wichtig sein. Wer Anteilnahme und Verständnis für seine Probleme findet, kann darin Trost und Stärkung erfahren.

In allen drei genannten Bereichen, in denen soziale Unterstützung ansetzt, kann sie aber auch negativ wirken und eher störend als hilfreich sein. In bezug auf soziale Normen wurde dies schon angesprochen: Wenn Scheidung oder Trennung im sozialen Netzwerk der Betroffenen negativ bewertet werden, dann wächst die Belastung, die dieser Schritt ohnehin bedeutet. Auch praktische Hilfe ist manchmal kontraproduktiv, wenn sich der Unterstützte dadurch entmündigt fühlt oder das Gefühl verstärkt wird, daß man allein nicht zurechtkommt. Die (bei Helfern) so beliebten "guten" Ratschläge sind manchmal eher lästig als nützlich, und gutgemeinte aber ungeschickte oder unnötige Hilfsaktivitäten sind störend. Außerdem kann die Belastung der Trennung noch verstärkt werden, wenn nun noch das Bewußtsein hinzukommt, anderen zu Dank verpflichtet zu sein und sich bei ihnen revanchieren zu müssen (Daniels-Mohring & Berger, 1984).

Dies gilt für Freundschaften noch mehr als für Verwandtschaftsbeziehungen: Studien haben gezeigt, daß in Freundschaften die Norm der Reziprozität recht stark ist, während bei Eltern-Kind- und bei Geschwisterbeziehungen Hilfe nicht zum baldigen Ausgleich verpflichtet, sondern Reziprozität hier in besonders langen Zeiträumen gedacht wird (Antonucci, 1986). Auch im emotionalen Bereich kann gutgemeinte Hilfe negative Folgen haben. So zum Beispiel, wenn durch zu viel Anteilnahme

Selbstmitleid verstärkt wird und ein Übermaß an Verständnis eine selbstkritische Auseinandersetzung mit den Problemen verhindert. Mitleid kann das Selbstwertgefühl noch zusätzlich schwächen und wird außerdem oft als demütigend empfunden.

Letztlich bleibt die entscheidende Frage, ob die geleistete Unterstützung den Problemen, die durch Trennung und Scheidung entstehen, angemessen ist (Cohen, 1992; Hobfoll, 1986). Dies hängt einerseits vom Unterstützungsbedarf ab, der von den äußeren Umständen und den Persönlichkeitsmerkmalen gesteuert wird, andererseits von der Struktur des Netzwerkes und der Art der geleisteten Unterstützung. Die angebotenen Leistungen und Ressourcen sollten den Bedürfnissen des Empfängers entsprechen (Hobfoll & Stokes, 1988, 1992).

Auf diese Weise hat das soziale Netzwerk durch die Unterstützung, die in diesem Netz geleistet wird, Einfluß darauf, wie eine Trennung wahrgenommen und bewertet wird und inwieweit sie Streß und Unterstützungsbedarf auslöst. Gleichzeitig wird durch das Netz Unterstützung geleistet, die Streß lindert und Bewältigungskapazitäten für den Umgang mit der Situation bietet.

Wodurch wird bestimmt, welche Unterstützung nach einer Trennung oder Scheidung geleistet werden kann? Welche Faktoren beeinflussen das soziale Netz nach einer Trennung oder Scheidung?

Das soziale Netzwerk nach der Trennung wird ebenso wie das vorherige Beziehungsnetz vom Lebenskontext der Person beeinflußt. Unterschiedliche Typen sozialer Netzwerke entsprechen unterschiedlichen Lebenssituationen. Ehepaare und nichteheliche Lebensgemeinschaften leben tendenziell in anderen Beziehungsgefügen als Singles. Familien pflegen andere Kontakte und haben andere Unterstützungsbedürfnisse als Alleinerziehende. Beispielsweise wird eine Person, die nach der Trennung alleinerziehend ist, den Kontakt zu anderen Alleinerziehenden suchen oder sich besonders auf Verwandte stützen, die bei der Betreuung der Kinder helfen. Wer eine Berufstätigkeit aufnimmt oder den Arbeitsplatz wechselt, wird neue Kontakte zu Kollegen knüpfen. So spiegeln sich die berufliche, familiale und finanzielle Situation nach einer Trennung in den sozialen Netzen der Personen. Der Lebenskontext bestimmt unter anderem auch den Bedarf an Unterstützung, der für die jeweilige Person besteht, und lenkt auch dadurch ihr Beziehungsverhalten.

Persönlichkeitsmerkmale sind ein weiterer Einflußfaktor für soziale Unterstützung und soziale Netzwerke nach einer Trennung. Da Menschen, abhängig von ihrer Persönlichkeit, ihren Einstellungen und ihren Lebenserfahrungen, unterschiedlich mit einer kritischen Situation umgehen, ist auch die Art der Unterstützung, die sie benötigen, abhängig von diesen Persönlichkeitsmerkmalen. Auch werden sie, je nach Persönlichkeit, in unterschiedlicher Weise auf andere zugehen oder sich abschotten, um Hilfe bitten oder Unterstützung ablehnen.

Das Netzwerk, das vor der Trennung bestand, ist die Ausgangsbasis für das "Nachtrennungs-Netzwerk". Eine der Ausgangsthesen dieser Arbeit ist, daß sich soziale Netzwerke durch eine Trennung oder Scheidung verändern. Empirische Studien haben gezeigt, daß Scheidungen meist mit nachhaltigen Veränderungen der persönlichen sozialen Beziehungsnetze verbunden sind (Hughes, Good & Candell, 1993; Aslanidis et al., 1989; Rands, 1980). Demnach ist davon auszugehen, daß das Netzwerk nach der Trennung nicht identisch ist mit dem vorherigen, sondern sich in Zusammensetzung, Struktur und Größe verändert: Manche Beziehungen gewinnen an Bedeutung, während andere weniger wichtig werden. Manche werden stabil bleiben, andere gehen durch das Ereignis verloren, und neue Beziehungen werden hinzugewonnen. Die erhalten gebliebenen Beziehungen sind an der Schnittmenge der Personen im alten und neuen Netz abzulesen, das Ausmaß der Veränderung am Komplement.

Der Partner ist für Menschen, die verheiratet sind oder in einer nichtehelichen Lebensgemeinschaft leben, meistens die wichtigste Bezugsperson. Seine Aufgaben müssen nach einer Trennung auf andere Personen verteilt werden oder auf einen neuen Partner übergehen.

Die Veränderung im sozialen Netzwerk geht langsam und allmählich vor sich, es muß also auch beachtet werden, wie lange die Trennung zum Zeitpunkt der Befragung zurückliegt. Es ist anzunehmen, daß der Wandel kurz nach der Scheidung oder Trennung am stärksten ist und sich dann verlangsamt (Rands, 1980). Jedoch schon lange bevor eine Trennung endgültig vollzogen wird, haben die ihr vorausgehenden Beziehungsprobleme Auswirkungen auf das Netzwerk des Paares. Noch lange nach der Trennung kann es sein, daß Beziehungen äußerlich aufrecht erhalten werden, die eigentlich ihre Grundlage verloren haben und allmählich einschlafen werden.

Die Veränderungen, die sich im Netzwerk vollziehen, stehen in Zusammenhang mit den Veränderungen des äußerlichen Lebenskontextes, die die Trennung mit sich bringt. Ist beispielsweise mit der Trennung ein Umzug verbunden, bedeutet dies auch einen gravierenderen Umbruch im Bereich der sozialen Beziehungen. Umgekehrt kann ein soziales Umfeld, in dem die Trennung verurteilt wird, Ursache dafür sein, daß die betroffenen Personen wegziehen, um woanders ganz neu anzufangen. Auch sonst beeinflußt der Lebenskontext die Veränderung, die sich im Netz vollzieht: Alleinerziehende sind über die Kinder mit den Eltern und anderen Verwandten des Expartners bzw. der Expartnerin verbunden und erhalten entweder von ihnen Unterstützung oder ziehen sich vielleicht aus Pflichtgefühl nicht so weitgehend zurück, wie sie es sonst tun würden. Ein anderes Beispiel: Wenn eine Berufstätigkeit aufgenommen wird, bedeutet das, daß der Kreis der Freunde und Bekannten um Kollegen erweitert werden kann. So müssen Veränderungen des sozialen Netzwerkes in Zusammenhang mit Veränderungen des Lebenskontextes gesehen werden.

Auch mit Persönlichkeitsmerkmalen stehen die Veränderungen des sozialen Netzes nach einer Trennung in Zusammenhang. Je nach Charakter kann es sein, daß Personen an Beziehungen festhalten oder dazu tendieren, bei Umbrüchen in ihrem Leben alte Beziehungen abzubrechen und neue zu knüpfen. Männer leben ihre Beziehungen anders als Frauen, junge Menschen anders als alte. So kann zum Beispiel vermutet werden, daß die Netzwerke älterer Menschen nach einer Trennung weniger neue Beziehungen aufweisen als die jüngerer Menschen, weil ältere Menschen generell weniger flexibel sind und es ihnen schwerer fällt, sich auf Neues einzustellen.

Die Veränderungen und Erschütterungen im sozialen Netzwerk können auch dahin führen, daß die Person letztlich sozial isoliert wird oder sich zumindest einsam fühlt. Normalerweise wird dies jedoch nur phasenweise der Fall sein und die Trennung nicht endgültig zu einem einsamen Leben führen (Albrecht, 1980). Dennoch bestehen sicherlich Unterschiede hinsichtlich dessen, wie zufrieden die geschiedenen oder getrennten Personen mit den Veränderungen des Netzwerkes und mit der Unterstützung, die sie nach der Trennung erhalten, sind.

Es sind viele Faktoren, die für die Veränderungen des sozialen Netzes durch eine Trennung eine Rolle spielen, und sie sind in komplexer Weise miteinander verknüpft. Hier konnten nur ansatzweise einige wichtige Einflußfaktoren genannt werden. Dies gilt für das gesamte hier entworfene theoretische Modell: Soziale Unterstützung nach einer Trennung oder Scheidung und damit verbundene Veränderungen des sozialen Netzwerkes sind höchst komplexe Vorgänge, die in allen Fällen unterschiedlich verlaufen. Dennoch können einige grundlegende Einflußfaktoren ausgemacht und miteinander in Beziehung gesetzt werden. Dies wurde mit vorliegendem theoretischen Modell versucht.

6. Soziale Unterstützung und Entwicklung von Beziehungsnetzwerken nach Trennung und Scheidung: Zusammenfassung des gegenwärtigen Forschungsstandes

Inhaltsverzeichnis des Kapitels:

6.1. Allgemeines zum Forschungsstand

6.2. Bedeutung des persönlichen Netzwerkes und seiner Eigenschaften
    6.2.1. Bedeutung
    6.2.2. Eigenschaften

6.3. Veränderungen des sozialen Netzes

6.4. Spezielle Beziehungen
    6.4.1. Verwandte
    6.4.2. Eltern
    6.4.3. Erwachsene Kinder
    6.4.4. Geschwister
    6.4.5. Freunde
    6.4.6. Verwandte des ehemaligen Partners/ der ehemaligen Partnerin
    6.4.7. Beziehung zum ehemaligen Partner/ der ehemaligen Partnerin
    6.4.8. Nachbarn
    6.4.9. Kollegen

6.5. Neue Partnerschaften

6.6. Unterschiede zwischen Frauen und Männern

6.7. Einfluß des Lebensalters

6.8. Soziale Partizipation

6.9. Unterschiede zwischen Ehen und nichtehelichen Lebensgemeinschaften

6.10. Schlußbemerkung

6.1. Allgemeines zum Forschungsstand

In der Literatur zur Scheidungsfolgenforschung wird allgemein ein Mangel an Arbeiten zur sozialen Unterstützung festgestellt. Bisher gibt es, so scheint es zumindest auf den ersten Blick, sehr wenige Studien, die explizit die Frage nach sozialer Unterstützung nach Scheidung oder Trennung stellen.

Sucht man jedoch auch in unbekannteren Zeitschriften und nach kleinen Studien, läßt sich eine Vielzahl von Untersuchungen, meist aus den USA, aber auch im deutschsprachigen Raum, zu dieser Fragestellung finden. Die Studien berücksichtigen allerdings zum Großteil nur einzelne Aspekte sozialer Unterstützung, wie zum Beispiel die Veränderung der Beziehungen zu den Verwandten des Partners oder Hilfeleistungen durch Eltern und Geschwister. Sehr ausführlich erforscht ist die Situation der von einer Scheidung der Eltern betroffenen Kinder. Dieses Thema ist hier aber bewußt ausgeklammert worden, da in dieser Arbeit nur die - von der Forschung wesentlich seltener berücksichtigten - ehemaligen Partner und ihre sozialen Netze thematisiert werden.

Der Frage nach sozialer Unterstützung gingen Untersuchungen zu psychischen Folgen von Scheidungen voraus, wobei man sich vor allem für Probleme, die im Zusammenhang mit Scheidungen auftreten, interessierte und Risiken für die psychische Gesundheit der Betroffenen aufzeigte. Scheidung wurde vor allem in Verbindung von "personal and social pathology" gesehen (Pett, 1982, S.2). In weiterführenden Studien suchte man dann nach Faktoren, die solche psychischen Probleme, die in Folge von Scheidungen auftreten, reduzieren. Es wurde - im Einklang mit einer zunehmenden gesellschaftlichen Akzeptanz der Scheidung - immer weniger nach Pathologien gefragt, sondern eher danach, was einer gelingenden Anpassung an die veränderte Lebenssituation förderlich ist. Es wurde gezeigt, daß soziale Unterstützung und das Aufgehobensein in sozialen Netzwerken ein wesentlicher Faktor hierfür ist.

Frühe Studien zeigten vor allem den positiven Einfluß sozialer Unterstützung (z. B. Chiriboga, Coho, Stein, Roberts, 1979; Raschke, 1977), während etwas spätere Studien auch die problematische Seite ,vor allem von informellen Hilfeleistungen, auf-

zeigten (z. B. Cochran, Campbell, Henderson, 1982; Spanier, Hanson, 1982) beziehungsweise materielle Unterstützungsleistungen in Frage stellten (Coyne & Downey, 1991; Miller, 1998; Barrera, 1986; DeGarmo & Forgatch, 1997).
Die meisten Untersuchungen beschränken sich auf soziale Unterstützung nach der Scheidung, ohne auf die Situation der Betroffenen vor der Scheidung einzugehen. Dies ist zum einen problematisch, weil angenommen werden muß, daß die Ausgangssituation starken Einfluß auf die nach der Scheidung oder Trennung verfügbaren (Beziehungs-)Ressourcen hat, zum anderen bleibt so der Wandel der Netzwerke im Zeitverlauf unbeachtet.

Dies hat seinen Grund weniger in mangelndem Interesse an diesen Fragen als vielmehr in methodischen Beschränkungen. Fast alle Untersuchungen zu vorliegendem Thema basieren auf Querschnittsdaten. Eine Ausnahme stellen in Deutschland neben dem Dji- Familiensurvey die Kölner Längsschnittstudie (allerdings nur nach der Trennung) dar, sowie das Bamberger Ehepaarpanel (siehe unten). Über die Lage der Betroffenen zum Zeitpunkt vor der Trennung sind daher - wenn überhaupt erhoben - nur retrospektive Aussagen verfügbar, die, wenn sie sich auf subjektive Fragestellungen beziehen, bekanntlich von geringer Verläßlichkeit sind (z. Schmidt-Denter, 2000; Schmitz & Schmidt-Denter, 1999; Daniels-Mohring & Berger, 1984)

Weiterhin sind die Samples vieler Untersuchungen sehr heterogen in bezug darauf, wie lange die Scheidung zurückliegt. Es muß aber angenommen werden, daß das Ausmaß sozialer Unterstützung und die Beziehungsnetze allgemein nach einer Scheidung einem systematischen Wandel unterliegen. In den wenigen Studien, die die soziale Situation Geschiedener zu mehreren Zeitpunkten erhoben, oder zumindest retrospektiv nach Veränderungen im sozialen Netz fragten, zeigten sich typische Verläufe, nach denen Unterstützungsleistungen von Freunden und Verwandten kurz nach der Scheidung zunächst stark zunahmen und dann im Laufe der Zeit allmählich abbröckelten. Gleichzeitig entstanden neue Beziehungen, oft zu Personen in einer ähnlichen Lebenslage (z. Bsp. DeGarmo & Forgatch, 1997a; Saunders 1983; Hughes, Good, Candell, 1993; Kohen, Brown, Feldberg, 1979). So sind wohl im Verlauf des Prozesses der Bewältigung einer Scheidung zu verschiedenen Zeitpunkten ganz unterschiedliche Unterstützungsleistungen und Beziehungskonstellationen hilfreich bzw. ungünstig, je nachdem, in welcher Phase sich die Betroffenen befinden.

Die Studien, die sich tatsächlich auf Längsschnittdaten beziehen (Sun, 2000 (bisher sind noch keine ausführlicheren Ergebnisse veröffentlicht); Schmitz & Schmidt-Denter, 1999 („Kölner Längsschnittstudie"); Vaskovics & Rupp, 1994; Schneewind &Vaskovics et al. 1992 und 1997 („Bamberger Ehepaarpanel"); Hanson et. al., 1998 (bezieht sich aber fast ausschließlich auf ökonomische Veränderungen); Hughes, Good & Candell, 1993; Leslie & Grady, 1985; Wilcox, 1986; Rands, 1987) beschränken sich fast alle auf Zeitpunkte nach der Scheidung oder erheben die Situation vor der Scheidung retrospektiv. Es ist ungleich aufwendiger, eine erste Erhebung schon vor Eintritt des Ereignisses durchzuführen, weil ja unklar ist, wer von den Befragten sich in (näherer) Zukunft scheiden lassen wird, und weil daher zunächst ein Vielfaches der später angestrebten Samplegröße erfaßt werden muß. Demzufolge konnten echte Veränderungen des sozialen Netzwerkes durch die Scheidung bisher kaum untersucht werden.

Eine Ausnahme bildet für Deutschland neben dem Familiensurvey die Bamberger Studie „Optionen der Lebensgestaltung junger Ehen und Kinderwunsch", bei der 1500 Paare seit 1988 im Abstand von ungefähr zwei Jahren mehrmals befragt wurden. Diese Befragung ist zwar nicht mit dem Ziel der Erforschung von Scheidung und Trennung angelegt worden, aber natürlich hat sich auch ein Teil der befragten Paare während des Untersuchungszeitraumes getrennt. Somit können mit diesen Daten auch Aussagen über Veränderungen, die sich in Zusammenhang mit Trennung und Scheidung vollziehen, gemacht, sowie die Vorgeschichte der Trennung berücksichtigt werden (Rosenkranz & Rost, 1998). Das gleiche gilt für das Bamberger Nichtehelichen-Panel, bei dem 900 (ursprünglich) unverheiratet zusammenlebende Paare mehrmals befragt wurden (Vaskovics & Rupp, 1994).

Die Daten des Familiensurvey sind in diesem Bereich wohl deshalb besonders interessant, weil durch die Größe der Stichprobe der ersten Untersuchung (n=10043) und eine erneute Befragung (möglichst) aller Personen nach fünf Jahren ein relativ großes Sample von Geschiedenen erreicht wird, die vor und nach der Scheidung zu ihren sozialen Beziehungen etc. befragt wurden. Daher wird es mit diesen Daten auch möglich sein, die Ausgangssituation - das heißt die sozialen und familialen Netzwerke vor der Scheidung - zu berücksichtigen und zur Lage der Befragten nach der Scheidung in Beziehung zu setzen.

Die bisher gefundenen Studien zu diesem Thema sind deskriptiv; sie beschränken sich auf die Beschreibung jeweils einiger empirisch untersuchter Aspekte der sozialen Unterstützung nach der Scheidung. Die Suche nach *theoretisch* fundierten Fragestellungen blieb bei allen Aufsätzen erfolglos. Sehr oft wird eine weitergehende - dann das Bisherige theoretisch vertiefende - Forschung am Ende der Beiträge gefordert.

6.2. Bedeutung des persönlichen Netzwerkes und seiner Eigenschaften

6.2.1. Bedeutung

Das persönliche Unterstützungsnetzwerk ist nur einer von vielen Faktoren, die bei der Bewältigung einer Scheidung von Bedeutung sind. Ökonomische Faktoren (Berufstätigkeit, Einkommen, Status, Wohnsituation), persönliche Merkmale der Betroffenen (wie Alter, Geschlecht, Charakter etc.), die Umstände der Scheidung (z. B. die Anzahl der Ehejahre, Scheidungsgründe, von wem die Scheidung ausging und wie lange sie zurückliegt) und das Vorhandensein von Kindern, um nur einige zu nennen, beeinflussen ebenfalls das Wohlbefinden nach der Scheidung und sind in diesem Zusammenhang zu berücksichtigen.

Pett (1982) testete ein ganzes Set solcher Faktoren zusammen mit dem Einfluß, den soziale Unterstützung auf die Anpassung an die Nachscheidungssituation ausübt. Die Stichprobe erfaßte 206 geschiedene Alleinerziehende. Die Qualität der Beziehung mit der eigenen Herkunftsfamilie und der Familie des Expartners hatte signifikante Bedeutung für das "social adjustment" der Geschiedenen. Diese Faktoren erklärten 7Prozent der gesamten Varianz (Pett, 1982, S.8). Ebenfalls signifikant war der Einfluß der Qualität der Beziehung zu den eigenen Kindern sowie die Größe des Netzwerkes und die Zufriedenheit mit der Netzwerkgröße. Die Zusammensetzung des Netzes - beispielsweise ob es sich mehr aus Freunden zusammensetzte oder eher aus Verwandten - war kein signifikanter Faktor, sie hatte demnach keinen deutlichen

Einfluß darauf, wie gut die Scheidung bewältigt wurde. Ebenfalls als nicht signifikant erwies sich, wie oft Hilfe in Anspruch genommen wurde.

Eine Vielzahl weiterer Studien belegt, daß die Erreichbarkeit sozialer Unterstützung ein wesentlicher Faktor dafür ist, wie gut Familien in Krisen zurechtkommen. In einer Untersuchung von Thabes (1997), die 272 geschiedene Frauen einbezog, litten 26 Prozent der befragten Frauen unter Depressionen, die ärztlicher Behandlung bedurften. Neben einigen anderen Faktoren trugen mangelnde familiale Unterstützung, Mangel an Freundschaften und geringe soziale Partizipation zur Wahrscheinlichkeit des Auftretens von Depressionen bei (Thabes, 1997). In einer älteren Studie von Spanier und Casto (1979) wurden von 50 seit kurzem geschiedenen Personen 84 Prozent von Freunden und Verwandten unterstützt. Wo diese Unterstützung allerdings fehlte, gab es deutlich mehr und gravierendere Probleme, vor allem im emotionalen Bereich (Spanier & Casto, 1979, S.249).
Soziale Unterstützung verringert Streß (McKenry & Price, 1991; Raschke, 1977) und verhilft zu besserer Rollen- und Identitätsanpassung in Krisensituationen (Kohen, 1981). "For the recently separated or divorced, networks are expected to provide emotional and instrumental support, to alleviate the stress of single life, to provide integration into social groups and the wider community, and to ease the transition to a new close relationship" (Rands, 1987, S.137). Weitere Studien, die die Wichtigkeit sozialer Unterstützung für Geschiedene bestätigen: Duran-Aydintug, 1998; Kunz & Kunz, 1995; Van Tilburg, 1989; Speck & Atneave, 1973; Hetherington et al.,1975; Mendes, 1976; Brown et al., 1976.

Die große Bedeutung, die soziale Unterstützung für die Bewältigung einer Trennung oder Scheidung hat, ist nicht verwunderlich, bedenkt man all die Schwierigkeiten, mit denen solche Ereignisse verbunden sind. Es kann in vielerlei Hinsicht Unterstützungsbedarf entstehen: Die Betroffenen müssen ihren Alltag neu organisieren, vielleicht umziehen, vielleicht eine neue Arbeit finden. Die Betreuung der Kinder muß neu arrangiert werden, wobei meist mehr Bedarf an externer Betreuung besteht als vorher. Finanzielle Probleme können auftreten, da der Unterhalt für zwei Haushalte teurer ist als für einen, oder weil ein Partner die Zahlungen, zu denen er verpflichtet ist, verweigert. Meist gehen mit einer Trennung auch tiefe emotionale Erschütterungen einher. Die Partner verlieren an Selbstvertrauen, ihre Identität und ihr Weltbild können ins Wanken geraten. Sie haben mit Einsamkeit und Angst vor der Zukunft, die nun alleine zu bewältigen ist, zu kämpfen. All diese Probleme können durch praktische und emotionale Unterstützung von anderen Personen gemildert werden.

6.2.2. Eigenschaften

Soziale Unterstützung ist nicht in jeder Form und zu jedem Zeitpunkt ohne Einschränkungen hilfreich. Verschiedene Eigenschaften solcher Unterstützungsnetze müssen berücksichtigt werden, ebenso das Ausmaß an geleisteter Hilfe, durch wen sie erfolgt und ob sie zu einem Abhängigkeitsverhältnis führt etc..

Smerglia et al. (1999) kamen nach einer ausführlichen Literaturanalyse zum Thema Scheidung und soziale Unterstützung bei Frauen zu dem Schluß, daß sozioemotionale Unterstützung in der Situation nach einer Scheidung mit signifikant höherer Wahrscheinlichkeit hilfreich ist als instrumentelle Unterstützung. Weiterhin stellten sie fest, daß es keinen Unterschied macht, ob die Unterstützung nur von den Befragten erwartet wird oder ob sie tatsächlich geleistet wurde.

Nach Bott (1971) tendieren enge "face-to-face-Netze" dazu, zu einem Konsens über Werte und Normen zu finden und auf ihre Mitglieder Druck zur Einhaltung dieser Normen auszuüben. Wird in einem solchen Netz die Norm ehelicher Stabilität vertreten, führt die Scheidung eines Mitgliedes zu Sanktionen, welche die Unterstützung, die es aus dem Netz erhält, zumindest schmälern (siehe auch Kitson, Moir, Mason, 1982).

Nach McLanahan et al. (1981) sind enge Netze dann besser, wenn eine bestehende Identität stabilisiert und gestützt werden soll. Für die Entwicklung einer neuen Identität sind eher lockere Netze von Vorteil.

Miller et al. (1998) untersuchten die Auswirkungen sozialer Unterstützung auf das Wohlbefinden von 389 verwitweten und geschiedenen Frauen und konnten zeigen, daß die Wirksamkeit sozialer Unterstützung abhängig war von der Art der Unterstützung und der Situation der Befragten. So war praktische Hilfe vor allem für verwitwete Frauen hilfreich, während geschiedene Frauen vor allem davon profitierten, daß ihnen jemand zuhörte. Ratschläge hatten keinen Einfluß auf das Wohlbefinden beider Kategorien, während materielle Unterstützung sogar sowohl von Witwen als auch von Geschiedene als belastend empfunden wurde (Miller et al., 1998).

In einer Untersuchung von Daniels-Mohring und Berger (1984) mit 42 seit weniger als einem Jahr geschiedenen Personen wurden Eigenschaften der Unterstützungsnetzwerke mit dem gegenwärtigen Wohlbefinden der Befragten in Beziehung gesetzt. Es schien von Vorteil, wenn viele Personen im Netzwerk verheiratet waren, dasselbe Geschlecht hatten wie die Befragten und keine Kollegen waren. Ebenfalls positiv wirkte es sich aus, wenn das Netzwerk stabil war und nur geringe Fluktuation aufwies. Netze, in denen viel emotionale Unterstützung gegeben wurde, wurden als wirkungsvoller beschrieben als solche, in denen praktische Hilfeleistungen vorherrschten. Konkrete Hilfe führte offensichtlich
zu dem Gefühl, nun den anderen etwas schuldig zu sein (Daniels-Mohring & Berger, 1984).

Zu etwas anderen Ergebnissen kam Rands (1980) in einer Befragung von 40 kürzlich geschiedenen Personen. Starke Veränderungen im Netzwerk hatten hier einen positiven Einfluß auf das Wohlbefinden von Männern, insbesondere wenn sie viele neue unverheiratete Freunde gewannen. Auf das Wohlbefinden von Frauen hatte die Stärke des Netzwerkwandels in dieser Studie keinen Einfluß. Für Frauen wirkte sich positiv aus, wenn sie schon vor der Trennung viele Freunde hatten (die Anzahl der Freunde nach der Trennung war bedeutungslos), für Männer war nur die Anzahl der Freunde nach der Trennung von Bedeutung. Freunde waren dennoch für beide Geschlechter wichtig, aber offensichtlich zu unterschiedlichen Zeitpunkten.

6.3. Veränderungen des sozialen Netzes

Eine Scheidung ist ein Ereignis, das normalerweise eine lange Vorgeschichte hat. Die Veränderungen in einer Paarbeziehung, die zu einer Scheidung führen, haben auch Auswirkungen auf die Außenbeziehungen der Partner - oft schon lange bevor es tatsächlich zur Trennung und schließlich zur Scheidung kommt. Zerstrittene und unglückliche Paare können in Isolation geraten: Man lädt sie nicht mehr gerne ein, fühlt sich in ihrer Gegenwart unwohl und weiß nicht, wie man auf ihr Verhalten reagieren soll. "Noch bevor die Trennung tatsächlich vollzogen ist, fühlen sich die beiden Ehepartner oft bereits isoliert; sie sind nicht mehr Teil ihrer sozialen Welt" (Weiss, 1984, S. 57/58). Dies ist zu bedenken, wenn der Wandel des Netzwerkes durch eine Scheidung untersucht wird. Scheidung ist ein langwieriger Prozeß, dessen Anfangs- und Endpunkte weit außerhalb des Ereignisses liegen.

Rands (1980) befragte 40 Frauen und Männer und ließ sie retrospektiv zwei Zeitpunkte vergleichen: ihre Situation, als sie noch verheiratet waren und eine Trennung noch nicht absehbar war, und den Zeitpunkt nach der Scheidung, zu dem sie begannen, sich wieder als alleinstehende Person zu fühlen. Ein Vergleich der Netzwerke zu beiden Zeitpunkten zeigte gravierende Veränderungen: Nur 60 Prozent der ursprünglichen Netzwerkmitglieder waren auch zum zweiten Zeitpunkt noch Teil der Netze der Befragten. Der Wandel war am stärksten kurz nach der Scheidung und verlangsamte sich dann. 92 Prozent der Verwandten des Partners fielen aus dem ursprünglichen Kreis heraus. Am stabilsten waren die Beziehungen zu den eigenen Verwandten. Relativ stabil waren auch Beziehungen zu Personen des eigenen Geschlechts und zu unverheirateten Personen.

Auch die Netzwerkstruktur änderte sich: Die Netze der Geschiedenen waren stärker segmentiert und von geringerer Dichte. Sie verkleinerten sich von einer Durchschnittsgröße von 20,75 Personen auf eine Größe von 17,95 Personen nach der Scheidung. Die wichtigsten acht Netzwerkmitglieder wurden aus einer größeren Vielfalt von Kontexten rekrutiert als zum Zeitpunkt der Ehe. In bezug auf die Zusammensetzung der Netzwerke zeigten sich die nachehelichen Netze weniger verwandtenorientiert, was allerdings hauptsächlich am Wegfall der angeheirateten Verwandtschaft lag. Verwandte hatten zu beiden Zeitpunkten den größten Anteil am Netzwerk. Die absolute Zahl der Freunde blieb gleich, obwohl hier viel Fluktuation stattfand. Die neuen Netze enthielten mehr Freunde, die das gleiche Geschlecht hatten wie die Befragten, und mehr unverheiratete Freunde als zuvor.

Das durchschnittliche Gefühl der Nähe zu Netzwerkmitgliedern blieb gleich, ebenso die durchschnittliche Kontakthäufigkeit und -dauer. Die Interaktion mit Verwandten nahm allerdings signifikant ab, während die mit Freunden entsprechend zunahm.

Vor der Scheidung waren die Partner die wichtigsten Personen im Netz. Sie werden im neuen Netzwerk durch einen intensiveren Kontakt mit den vier wichtigsten Netzwerkpersonen "ersetzt".

Hughes, Good und Candell (1993) untersuchten die sozialen Netze von 29 geschiedenen Müttern zu zwei Zeitpunkten, drei und sechs Monate nach der Scheidung. Durch die Trennung verloren die Befragten im Schnitt 4,8 Netzwerkmitglieder, vor allem Freunde. Zwischen dem ersten und dem zweiten Interview gewannen sie durchschnittlich 5,4 neue Mitglieder. Im ganzen hatten sie sechs Monate nach der Scheidung ein größeres Netzwerk als vor Eintritt des Ereignisses. Die Multiplexität im Netz nahm zu, einzelne Personen waren demzufolge im Schnitt in mehr Lebensbereichen von Bedeutung als zuvor, und die Kontakthäufigkeit stieg. Die Prozentanteile geschiedener und verheirateter Personen in den Netzen der geschiedenen Mütter änderten sich zwischen den beiden Erhebungszeitpunkten nicht, aber der Anteil an Verwandten war nach sechs Monaten geringer als zum Zeitpunkt der ersten Befragung.

Auch Aslanidis et al. (1989) stellten in ihrer Studie fest, daß eine Scheidung oder Trennung im Normalfall nicht nur den Verlust des Lebenspartners, sondern zunächst auch den Verlust von einigen weiteren Beziehungen bedeutet. Dies geschieht zu einem Zeitpunkt, in dem der Bedarf an Unterstützung besonders hoch ist, und kann die Probleme, die durch eine Scheidung entstehen, noch verschärfen. Dies gilt insbesondere für Personen, denen es schwer fällt, neue Beziehungen zu knüpfen. Scheidung und Trennung stellen somit in viel umfassenderer Hinsicht einen sozialen und biografischen Bruch dar, als nur in bezug auf den Verlust des Partners.

Die Veränderungen, die sich in sozialen Netzwerken nach einer Scheidung vollziehen, können, so eine These von Rands (1987), in mancherlei Hinsicht als Umkehrung des Prozesses gesehen werden, der nach einer Heirat abläuft. Zunächst hat jeder nur Verbindungen zu den eigenen Verwandten und Freunden. Nach der Eheschließung entwickeln die Partner ein gemeinsames Netzwerk mit gemeinsamen Freunden und Beziehungen zu beiden Herkunftsfamilien und Verwandtschaftskreisen. Verheiratete, vor allem mit Kindern, pflegen in der Regel mehr Verwandtschaftskontakte - und hier wiederum bevorzugt mit verwandten Paaren - als Ledige. Nach einer Scheidung vollzieht sich dann wieder eine Umkehrung dieses Prozesses: Der gemeinsame Kreis wird aufgelöst und zwei eigenständige soziale Netzwerke müssen gebildet werden. Diese neuen Netzwerke zeigen in ihrer Zusammensetzung wieder Ähnlichkeit mit dem Netzwerk der Ledigen (Zu dieser These siehe v. a. Rands, 1987; auch Eckardt, 1993).

6.4. Spezielle Beziehungen

6.4.1. Verwandte

Verwandtschaftliche Beziehungen sind durch "vorsichtige Nähe" gekennzeichnet. Man hält zusammen und nimmt Anteil am Schicksal der anderen, ist aber gleichzeitig bemüht, die Intimsphäre zu wahren und Verwandte bei Problemen nicht allzusehr ins Vertrauen zu ziehen. Man informiert einander über wichtige Veränderungen im Leben, wünscht aber nicht, daß Verwandte sich in Lebensentscheidungen einmischen. Auch auf unerbetene Ratschläge von Seiten der "lieben Verwandtschaft" folgen oft empfindliche Reaktionen. Man versucht, Verwandte nicht unnötig mit den eigenen Sorgen zu belasten und verschweigt eigene gravierende Probleme meist über längere Zeit. So erfahren Verwandte oft spät, wenn in einer Ehe Schwierigkeiten auftreten, meist erst dann, wenn eine Trennung ernsthaft erwogen wird oder schon beschlossen ist. Oft kostet es die Betroffenen einige Überwindung, dies den Verwandten mitzuteilen. Weiss (1984) berichtet aus Seminaren für Geschiedene, daß die meisten seiner Klienten vor der endgültigen Trennung ihren Eltern keinerlei Andeutungen darüber gemacht hatten, daß ihre Ehe in Gefahr war (Weiss, 1984, S.213).

Die Reaktionen auf eine derartige Nachricht können sehr unterschiedlich ausfallen. Im Gegensatz zu Todesfällen oder Hochzeiten gibt es keine kulturellen Vorgaben, wie auf die Nachricht einer Scheidung zu reagieren sei. Manche ältere Verwandte, die zunächst kein Verständnis für eine Scheidung haben, ändern bei Bewertung aller Umstände, die zu dieser Entscheidung geführt haben, ihre Haltung und versuchen den Beteiligten zu helfen. Grundsätzlich besteht die Tendenz, das Verhalten von Verwandten kritischer zu bewerten, als das von Freunden.

Nach Kitson, Moir und Mason (1982) ist die Frage, wie stark die Scheidung der betroffenen Person von Seiten der Familie und der Verwandtschaft abgelehnt bzw. akzeptiert wird, ausschlaggebend für das Ausmaß der Hilfe, die dann von dieser Seite geleistet wird. In einer Studie von Albrecht (1980) mit 500 geschiedenen Männern und Frauen wurde bei 37 Prozent der Frauen und bei 25 Prozent der Männer der Kontakt zur Verwandtschaft durch die Scheidung intensiver, bei 10 Prozent der Frauen und 15 Prozent der Männer wurde er schwächer, und für den Rest änderte sich diesbezüglich durch die Scheidung nichts. Insgesamt nimmt nach Albrecht die Bedeutung der Verwandtschaft durch eine Scheidung zu (Albrecht, 1980, S. 64).

Kunz und Kunz (1995) weisen in ihrer Untersuchung mit 500 geschiedenen Männern und Frauen auf die hohe Bedeutung verwandtschaftlicher Unterstützung bei Trennung und Scheidung hin: Noch lange nach der Scheidung sind die betroffenen Personen mit ihrer jetzigen Lebenssituation und auch ihrer eventuellen neuen Ehe zufriedener, wenn sie seit der Scheidung gute Beziehungen mit ihren Verwandten unterhielten (Kunz & Kunz, 1995). In einer älteren Studie von Chiriboga et al. (1979) über Variationen der Inanspruchnahme sozialer Unterstützung unter Personen, die einen Scheidungsprozeß durchmachten, zeigte sich, daß Personen mit hoher Bildung seltener Gespräche mit Verwandten führten als geringer Gebildete. Eine Vielzahl von Studien zeigt, daß der Kontakt zur Verwandtschaft von Frauen meist intensiver gepflegt wird als von Männern. Dies gilt auch für die Situation nach einer Scheidung: Frauen greifen im Scheidungsfall stärker auf die Hilfe von Verwandten zurück als Männer.

Verwandtschaftsbeziehungen sind stabiler als Freundschaftsbeziehungen und können deshalb eine zuverlässigere Hilfequelle darstellen. Hilfe von Verwandten verpflichtet nicht zu baldiger Gegenleistung, wie dies bei Freundschaftsbeziehungen tendenziell der Fall ist, und deshalb ist es manchmal leichter, sie in Anspruch zu nehmen. Ein stabiles familiales Netzwerk kann viele der Probleme, die eine Scheidung aufwirft, mildern und in dieser Situation eine große Hilfe sein.

6.4.2. Eltern

In bezug auf die Auswirkungen der Scheidung erwachsener Kinder auf die Beziehung zu ihren Eltern gibt es mehrere konkurrierende Thesen: Die sogenannte "Ressourcen-Perspektive" geht von der Annahme aus, daß geschiedene Kinder vor allem dann, wenn sie das Sorgerecht für ihre eigenen Kinder erhalten, mehr Hilfe und Ressourcen von ihren eigenen Eltern benötigen als Verheiratete. Die Beziehungen werden damit intensiver aber möglicherweise auch einseitiger, denn in der Regel wird befürchtet, daß damit die Unterstützung der Eltern durch die Kinder im Alter oder Notfall in Frage gestellt ist. Zunehmende Scheidungsraten würden dann auch Probleme für die Versorgung der älteren Generation signalisieren. Unterstützt wird diese Befürchtung beispielsweise unter anderem durch Ergebnisse von Cicirelli (1983 a, b), die zu dem Ergebnis kam, daß geschiedene Kinder ihre Eltern in deutlich geringerem Ausmaß unterstützten als andere. Ebenfalls bestätigt wird diese Annahme von einer niederländischen Studie von Dykstra (1997), nach deren Ergebnissen erwachsene Kinder, die geschieden sind, ihre Eltern im Bedarfsfall weniger intensiv unterstützen als andere. Diese Studie bestätigt außerdem, daß Eltern ihre geschiedenen Kinder intensiver unterstützen als ihre nicht-geschiedenen erwachsenen Kinder.

Eine andere These besagt, daß sich Eltern-Kind-Beziehungen durch eine Scheidung kaum verändern. Die "Kontinuitätsperspektive" setzt auf die hohe Stabilität von intergenerationalen Beziehungen im Lebensverlauf (Siehe z. B. Rossi & Rossi, 1990). Manche Studien zeigen, daß eine Scheidung auf Eltern-Kind-Beziehungen belastend wirkt; durch Unverständnis, Kritik oder Enttäuschung von seiten der Eltern oder durch Spannungen, die aus der zunehmenden Abhängigkeit der erwachsenen Kinder von der Unterstützung der Eltern entstehen (Cooney & Uhlenberg, 1990; Cicirelli, 1983b; Umberson, 1992).
Andere Studien kommen wiederum zu dem Ergebnis, daß die Beziehungen in dieser Situation generell intensiver und enger werden. So zeigten Cherlin und Furstenberg (1986), daß durch Scheidungen die intergenerationalen Bande entlang der mütterlichen Linien gestärkt werden. Auch Ahrons und Bowman (1982) weisen darauf hin, daß zwischen Söhnen und Töchtern unterschieden werden muß. Nach ihren Ergebnissen nimmt die Intensität der Eltern-Kind-Beziehungen nach einer Scheidung zunächst allgemein zu, sinkt dann bei Söhnen aber nach ungefähr einem Jahr wieder

ab, während sie sich bei Töchtern auf hohem Niveau stabilisiert. Als Gründe hierfür geben sie die tendenziell problematischere finanzielle Situation geschiedener Frauen, deren geringere Wiederverheiratungsquote und die höhere Wahrscheinlichkeit, daß Töchter das Sorgerecht für ihre Kinder bekommen, an. Umberson (1992) fand keinen signifikanten Einfluß einer Scheidung auf die Intensität des Kontaktes zu Vater oder Mutter, während die geschiedenen Kinder selbst angaben, weniger emotionale Unterstützung von ihren Eltern zu erhalten, und die Beziehungen oft als angespannt empfanden.

Die Diskussion um Ressourcen- kontra Kontinuitätsperspektive wird dort brisant, wo es um die langfristigen Folgen von zunehmenden Trennungen und Scheidungen für die Beziehungen zwischen Eltern und erwachsenen Kindern geht. Denn erst wenn die Eltern hochbetagt sind, und ihrerseits auf Unterstützung durch die Kinder angewiesen sind, zeigt sich, ob die steigenden Scheidungsziffern zu Problemen im Zusammenhang mit der Versorgung der Alten führen werden. Die schon erwähnte Studie von Dykstra (1997) ist in den Niederlanden dieser Frage nachgegangen. Sie stützt sich auf den „NESTOR_LSN Dutch Survey" von 1992 mit 4500 Befragten im Alter zwischen 55 und 89 Jahren. Bei denjenigen, die geschieden waren, lag die Scheidung zum Großteil 20 bis 50 Jahre zurück; Es handelt sich hier also um die Untersuchung von Langzeitfolgen. Die Untersuchung ging aus von der Beobachtung, daß durch die gestiegene Lebenserwartung, die sinkende Geburtenrate und Veränderungen im Heirats- Scheidungs- und Wiederheiratsverhalten auch Verwandtschaftssysteme insgesamt Veränderungen unterworfen sind. Es gibt mehr alte und weniger junge Familienmitglieder, das Verhältnis von Beziehungen zwischen den Generationen zu Beziehungen innerhalb der Generationen verschiebt sich und Verwandtschaftsstrukturen werden insgesamt komplexer.
Damit stellt sich die Frage nach den Folgen, die dies für die Beziehungen innerhalb der Familien hat. Eine der Ausgangsthesen lautet: „Divorce not only disrupts horizontal ties, for example between marital partners, it can also be a threat to vertical ties" (Dykstra, 1997, S.77). Untersucht wurden sowohl Auswirkungen einer Scheidung in der Elterngeneration, als auch in der Generation der erwachsenen Kinder. Es zeigte sich, daß eine Scheidung der Eltern einen signifikanten negativen Einfluß auf Unterstützungsbeziehungen zwischen Eltern und Kindern hat. (Genaueres siehe unten im Abschnitt „erwachsene Kinder" /S.103ff.) Eine Scheidung in der jüngeren

Generation hatte ambivalente Auswirkungen: Die Unterstützungsleistungen der Eltern für die Kinder nahmen zu, insbesondere die der Mütter, während umgekehrt die geschiedenen Kinder ihre Eltern nach einer Scheidung in geringerem Maße unterstützten. Väter waren hiervon stärker betroffen als Mütter. Dieses Ergebnis zeigt im übrigen, daß es wichtig ist, bei der Erhebung von Netzwerkdaten zu differenzieren, wer wen unterstützt, und nicht einfach von „Austauschbeziehungen" zu sprechen. Die Gründe für die geringere Hilfe, die Eltern von ihren geschiedenen Kindern erhalten, liegen für die Autorin darin, daß die erwachsenen Kinder selbst so stark damit beschäftigt sind, ihr eigenes Leben neu zu organisieren, daß sie weniger Zeit und Kraft für ihre Eltern erübrigen können. Der negative Effekt verstärkt sich, wenn in beiden Generationen Scheidungen auftreten.

Fthenakis (1998) zeigte in einer Studie über die intergenerativen familialen Beziehungen nach Scheidung und Wiederheirat aus Sicht der Eltern von Geschiedenen mit Kindern, daß Großeltern sich eher um die Kinder ihrer Töchter kümmern als um die ihrer Söhne. Großeltern mütterlicherseits erhalten die Beziehung zu ihren Enkeln häufiger aufrecht als Großeltern väterlicherseits. Die Intensität der Großeltern-Enkel-Beziehungen ist aber nicht nur vom Geschlecht des erwachsenen Kindes abhängig. Auch andere Faktoren wie die Sorgerechtsregelung, Alter und Geschlecht des Enkelkindes und der Zeitpunkt der Trennung oder Scheidung nehmen Einfluß darauf, wie sehr Großeltern ihre erwachsenen Kinder nach deren Scheidung bei der Betreuung und Versorgung der Enkelkinder unterstützen.

Spitze et al. befragten 1200 Personen, deren Kinder sich hatten scheiden lassen, nach den Auswirkungen, die dies auf die Beziehung zu ihren Kindern hatte (Spitze & Logan 1994). Sie stellten generell keine signifikanten Unterschiede in bezug auf die emotionale Nähe in der Eltern-Kind-Beziehung zwischen geschiedenen und anderen erwachsenen Kindern fest. Die Kontakthäufigkeit war jedoch für geschiedene Töchter, die selbst Kinder zu versorgen hatten, deutlich höher als bei allen anderen, und diese erhielten auch wesentlich mehr Hilfe von den Eltern als Kinder in anderen Lebenssituationen (wie auch bei Fthenakis, 1998, s. o.). Söhne erhielten generell weniger Hilfe als Töchter. Geschiedene Söhne erhielten nicht mehr Unterstützung als verheiratete.

In bezug auf Hilfe *von* Kindern *an* ihre Eltern gab es keinerlei Unterschiede zwischen verheirateten und geschiedenen Töchtern; geschiedene Söhne halfen ihren Eltern jedoch weniger als verheiratete. So bringt nach Spitze et al. eine Scheidung Töchter nicht nur in stärkere Abhängigkeit von ihren Eltern, sondern führt allgemein zu einer intensiveren Beziehung, die auch Reziprozität aufweist. Befürchtungen, durch Scheidungen würden Eltern weniger Hilfe von (den meist für Pflege etc. zuständigen) Töchtern erhalten, sind nach diesen Autoren unbegründet (S. 291). Wie lange die Scheidung zum Zeitpunkt der Befragung zurücklag, hatte auf die vorgestellten Ergebnisse keinen Einfluß. Allerdings war das Sample zu klein, um diejenigen Personen, die erst seit weniger als einem Jahr geschieden waren, getrennt zu untersuchen. Ebenfalls problematisch ist, daß es sich nicht um Längsschnittdaten handelte.

Von den Ergebnissen dieser Untersuchung wird vor allem die „Kontinuitätsperspektive" gestützt. Die Autoren kommen zu dem Schluß: "An adult child´s divorce has a selective and small impact on relations with parents" (Spitze & Logan, 1994, S.291).

In bezug auf die Frage der Auswirkungen einer Scheidung erwachsener Kinder auf die Beziehungen zu ihren Eltern zeigt die bisherige Forschung sehr widersprüchliche Ergebnisse. Hierbei muß jedoch nach Spitze und Logan (1994)) die geringe methodische Qualität vieler Studien (kleine, heterogene Samples, keine Vergleichsgruppen) berücksichtigt werden.

Bedeutung und Ausmaß der Unterstützung durch die Eltern

Übereinstimmung besteht hinsichtlich der großen Bedeutung, die die emotionale und praktische Unterstützung durch die Eltern für Geschiedene hat, insbesondere wenn diese selbst Kinder versorgen. Übereinstimmung besteht auch hinsichtlich der Tatsache, daß die Bereitschaft zur Unterstützung der erwachsenen Kinder durch die Eltern groß ist und durch die Scheidung eines Kindes im Normalfall nicht geringer wird (siehe z. Bsp. Johnson, 1988; Ahrons und Bowman, 1982; Anspach, 1976).

Nach Ergebnissen von Aslanidis et al. (1989) steht die Herkunftsfamilie, und darin vor allem die Eltern, an erster Stelle bei Hilfeleistungen an getrennte und geschiedene Mütter. Dies gilt auch dann, wenn die Beziehung der erwachsenen Kinder zu den Eltern vorher nicht besonders intensiv war. In dieser Studie leisteten Eltern vor allem finanzielle und praktische Hilfe. Nach Pett (1982) fördert elterliche Unterstützung auch direkt die Anpassung der Kinder der Geschiedenen an die neue Situation. Die Großeltern übernehmen oftmals einen großen Anteil der Kinderbetreuung, und eine gute Beziehung zu ihnen entlastet die Person, die sonst hauptsächlich die Kinder versorgt.

In einer Arbeit von Isaacs und Leon (1986b) werden vier verschiedene Muster elterlicher Unterstützung und ihre Auswirkung auf die Geschiedenen beschrieben: "nahe wohnend", "hilfreich", "im selben Haushalt wohnend" und "nur Babysitter". Signifikant positiver als die anderen drei Muster wirkte sich das als "hilfreich" klassifizierte Muster aus. Es zeichnete sich aus durch Akzeptanz von seiten der Eltern und emotionale und finanzielle Unterstützung, die gegeben wurde, ohne daß die Eltern sich in die Alltagsorganisation einmischten. Besonders hilfreich für die Kinder der Geschiedenen war eine geringe Wohnentfernung der Eltern. Die hohe Bedeutung der Unterstützung von Geschiedenen durch ihre Eltern wird noch in einer Vielzahl anderer Studien bestätigt (siehe z. Bsp. Leslie & Grady, 1985; Napp-Peters, 1985; McLanahan et al., 1981).

Das Ausmaß an Unterstützung, die Geschiedene von ihren Eltern erhalten, ist - nach den bisherigen Forschungsergebnissen zu urteilen - von einer Vielzahl von Faktoren abhängig. Wesentlich ist wohl, ob die Scheidung von den Eltern akzeptiert wird und wie die Beziehung sich vor der Scheidung gestaltete. Obwohl empirisch nur schwach belegt, wird doch von vielen Forschern angenommen, daß die Beziehungssituation nach der Scheidung letztlich eine Fortführung der vorher gelebten Beziehungsmuster darstellt (Isaacs & Leon, 1986b S. 8). Lüscher und Pajung-Bilger betonen, daß Beziehungen zwischen erwachsenen Töchtern und Söhnen und ihren Eltern generell ambivalent sind und somit zwischen Nähe und Ferne, Freiheit und Verbindlichkeit schwanken. Durch eine Scheidung der erwachsenen Kinder werden diese Ambivalenzen zusätzlich forciert (Lüscher & Pajung-Bilger, 1998; siehe auch Moch, 1996).

Nach einer Untersuchung von Isaacs und Leon (1986a) wird die Hilfe, die geschiedene Mütter von ihren Eltern erhalten, nicht nur durch die Qualität der Beziehung zu den Eltern bestimmt, sondern ist auch abhängig von sozialstrukturellen Faktoren wie Erwerbstätigkeit, Einkommen und Stellung im Lebens- bzw. Familienzyklus und auch von Aspekten der Trennung. In ihrer Studie war zum Beispiel die Wahrscheinlichkeit, daß die geschiedene Tochter zu den Eltern zog, für arbeitslose, junge, schwarze Mütter am größten.

Töchtern wird eine Rückkehr in ihr Elternhaus öfter angeboten als Söhnen (und häufiger nach einer Scheidung als nach einer Verwitwung). Für Frauen bedeutet dies insbesondere Hilfe bei der Betreuung der Kinder und dadurch eine große Entlastung. Gleichzeitig müssen sie aber selbst wieder in die Tochterrolle schlüpfen, einen Teil ihrer Unabhängigkeit aufgeben und eventuell Einmischung von seiten der Eltern in ihr Privatleben und in die Erziehung der Kinder hinnehmen. Eine Wohnung in der Nähe der Eltern ist eine Lösung, die von den meisten Frauen bevorzugt wird. Männern fällt eine zeitweilige Rückkehr ins Elternhaus nach Weiss (1984) leichter als Frauen, weil sie auch im Elternhaus mehr Unabhängigkeit genießen als Töchter. Sie empfinden eine Rückkehr zu den Eltern auch nicht so stark als Statusverlust, wie dies Frauen offenbar tun.

Insgesamt scheint die Herkunftsfamilie immer noch ein "stabiles Gerüst in Notzeiten" zu sein (Aslanidis et al, 1989, S.203). Entlastend wirkt in Familienbeziehungen im Gegensatz zu Freundschafts- und Bekanntschaftsbeziehungen, daß hier Hilfe nicht zum baldigen Ausgleich verpflichtet. Reziprozität verläuft insbesondere in Eltern-Kind-Beziehungen über sehr lange Zeiträume (Antonucci, 1986).

Die Bedeutung der Herkunftsfamilie ist nach der Trennung sehr groß. Im Laufe der Zeit nimmt sie jedoch für viele Geschiedene wieder ab, und der Aufbau eines neuen Freundeskreises rückt stärker in den Mittelpunkt. Auch wenn eine neue Partnerbeziehung eingegangen wird, sind Eltern nicht mehr so unmittelbar wichtig. Sie haben jedoch auch dann noch eine hohe Bedeutung als stabiler Rückhalt im Hintergrund, und sei es nur durch das Wissen darum, daß sie in Notzeiten wieder zur Verfügung stehen würden.

6.4.3. Erwachsene Kinder

Für ältere Geschiedene, deren Kinder schon erwachsen sind, stellen diese oft eine ganz besonders wichtige Stütze dar.

In einer Untersuchung von Gander und Jorgensen (1990), in der an 111 älteren Geschiedenen verschiedene Prädiktoren für Wohlbefinden nach der Scheidung und für Anpassung an die neue Lebenssituation vergleichend getestet wurden, zeigte sich die Beziehung zu den erwachsenen Kindern als besonders einflußreich. Ältere Geschiedene, die eine enge Beziehung zu ihren Kindern hatten, kamen signifikant besser mit der Scheidung zurecht als solche, bei denen dies nicht der Fall war.

Wright und Maxwell (1991) untersuchten die Rolle erwachsener Kinder als Unterstützungsgeber für ihre geschiedenen Eltern. Sie befragten 230 Geschiedene, die mindestens ein Kind hatten, das älter als 18 Jahre war, und die mindestens 19 Jahre verheiratet gewesen waren. Das Ausmaß der geleisteten Unterstützung variierte nach dem Geschlecht der Eltern und der Kinder. Mütter erhielten deutlich mehr Unterstützung von ihren Kindern als Väter, und zwar in Form von Rat, tatkräftiger Hilfe und finanzieller und emotionaler Unterstützung. Söhne leisteten mehr konkrete, praktische Hilfe, Töchter gaben im Vergleich mehr emotionale Unterstützung. 46 Prozent der Mütter und 18 Prozent der Väter gaben an, daß ihre Kinder nach der Scheidung die hilfreichsten Unterstützungsgeber waren. Bei Müttern ist dies die größte Gruppe, für Väter waren Eltern und Freunde wichtiger als die eigenen Kinder.

Auch Hagestad, Smyer und Stiermann (1982) betonen die Bedeutung erwachsener Kinder für die Bewältigung einer Scheidung, die insbesondere für Frauen hoch sei. In ihrer Untersuchung wandten sich die Befragten, wenn sowohl erwachsene Kinder als auch Eltern erreichbar waren, lieber an ihre Kinder um Hilfe als an ihre Eltern. Auch in dieser Studie war die Wahrscheinlichkeit, daß Kinder als "hilfreichste Person" während des Scheidungsprozesses genannt wurden, bei Frauen fünfmal höher als bei Männern. Männer gaben häufiger als Frauen an, daß die Scheidung sich negativ auf die Beziehung zu ihren Kindern ausgewirkt hatte.

Es besteht kein Zweifel darüber, daß die Beziehung zu ihren erwachsenen Kindern für Geschiedene in der Regel sehr wichtig ist. Gleichzeitig scheint es jedoch so zu sein, daß geschiedene Eltern häufig weniger Unterstützung von ihren erwachsenen Kindern erhalten als verheiratete Eltern. Eine neue amerikanische Studie an alleinlebenden älteren Geschiedenen in den USA kommt zu dem Schluß, daß Geschiedene in fortgeschrittenem Alter weniger Unterstützung von ihren erwachsenen Kindern erwarten können als Verheiratete, wobei der Effekt bei Vätern deutlicher ist als bei Müttern. Wenn die Eltern ein weiteres mal heiraten, führt dies zu einem noch stärkeren Rückgang der Unterstützungsleistungen durch die jüngere Generation (Pezzin & Schone, 1999).

Auch Dykstra (1997) stellte in einer (oben bereits ausführlicher beschriebenen (S.99ff) niederländischen Studie fest, daß geschiedene Eltern in geringerem Maße von ihren Kindern unterstützt wurden als nicht Geschiedene. Auch hier galt, daß Väter stärker von dem Rückgang der Unterstützungsleistungen betroffen waren als Mütter. Am geringsten waren die Interaktionen zwischen Eltern und erwachsenen Kindern, wenn in beiden Generationen Scheidungen auftraten; Das heißt, die negativen Auswirkungen von Scheidungen auf Eltern-Kind-Beziehungen verstärken sich, wenn beide Generationen betroffen sind: Dykstra spricht hier von „cumulative negative effects" (Dykstra, 1997, S.88). In dieser Untersuchung lag bei den Eltern, die geschieden waren, die Scheidung zum größten Teil 20 bis 50 Jahre zurück; Es ist bemerkenswert, daß die Auswirkungen einer Scheidung der Eltern auf die Beziehungen zu ihren Kindern nicht nur kurz- oder mittelfristig sind. Dykstra schließt hieraus: „The findings reported here suggest that ruptures in the parent-child relationship brought about by divorce are rarely healed in later life" (Dykstra, 1997, S.90).

Wenn Kinder ihren Eltern Rat, Hilfe, Geld und Rückhalt geben, bedeutet dies meist eine starke Veränderung der bisherigen Beziehung, in der normalerweise eher Eltern für ihre Kinder da waren. Die bisher bestehenden Abhängigkeitsmuster müssen nach einer Scheidung der Eltern umgestaltet werden, wenn diese Hilfe benötigen (Pearlin, 1983). Dieser Prozeß ist nicht einfach. Wenn er jedoch gelingt, finden Eltern in ihren erwachsenen Kindern eine unersetzliche Stütze.

6.4.4. Geschwister

Auch für Geschwisterbeziehungen gilt, daß Unterstützung nicht unmittelbar zu Gegenleistungen verpflichtet. Dies ist ein für die Betroffenen spürbarer Vorteil im Vergleich zu Freundschaftsbeziehungen, und so werden Brüder und Schwestern in vielen Untersuchungen auch als besonders wichtig genannt, wenn die Beziehung zu ihnen gut ist.

Die Aufgaben von Brüdern und Schwestern scheinen unterschiedlich zu sein: Während Brüder eher in praktischen Dingen Hilfe leisten (Autoreparaturen, Hilfe beim Umzug etc.), sind Schwestern - insbesondere für Frauen - wichtige Gesprächspartnerinnen, die Trost und Verständnis spenden können. Oftmals fungieren Schwestern gleichzeitig als "beste Freundinnen". Außerdem helfen Schwestern, wenn sie in der Nähe wohnen, bei der Kinderbetreuung, was bei Brüdern wesentlich seltener der Fall ist (Aslanidis et al., 1989). Andererseits kann für eine geschiedene Frau mit Kindern ein Bruder sehr hilfreich sein, wenn er Aufgaben, die zur Vaterrolle gehören, übernimmt. Nach Weiss (1984, S.235ff) haben solche Konstellationen jedoch meist nur Übergangscharakter, weil die Brüder sich nach einiger Zeit zurückziehen.

Dennoch ist auch die Hilfe von Geschwistern nicht unproblematisch: Manchmal kann die Scheidung eines Bruders oder einer Schwester alte Rivalitätskonflikte zwischen Geschwistern neu beleben. Manche Betroffenen befürchten, daß sie sich gegenüber ihren (nun triumphierenden) Geschwistern als "schlechteres Kind" erwiesen haben (Weiss, 1984).

6.4.5. Freunde

Es besteht eine deutliche positive Beziehung zwischen dem Vorhandensein intakter Freundschaften und erfolgreicher Bewältigung einer Scheidung. Oft ist der Kontakt zu guten Freunden während der Trennungsphase besonders intensiv. Insbesondere für Frauen sind ihre besten Freundinnen als Vertrauenspersonen von besonderer Bedeutung. Ihre Hilfe besteht meist darin, zuzuhören, zu trösten und Verständnis zu vermitteln (Aslanidis et al., 1989).

Duran-Aydintug (1998) kam in einer amerikanischen Studie mit über 13000 Befragten zu dem Ergebnis, daß sowohl für Männer als auch für Frauen nach einer Trennung vom Lebenspartner beziehungsweise der Lebenspartnerin Freundschaften besonders wichtig sind. Freundschaftsbeziehungen waren im Hinblick auf emotionale Unterstützung sogar von größerer Bedeutung als die Beziehung zu den Eltern. Van Tilburg (1989) betont ebenfalls die Bedeutung von Freundschaften für die Nachscheidungssituation. In seiner Befragung von 127 niederländischen Frauen und Männern war die Gefahr von „severe loneliness" deutlich höher, wenn die Befragten keine Unterstützung von Freunden erhielten und sich ausschließlich auf verwandtschaftliche Bindungen stützen mussten.

Freundschaftsbeziehungen sind allerdings über Trennungen hinweg labil und gehen im Laufe der Zeit zum Teil verloren. Dies gilt ganz besonders für Freundschaften mit Verheirateten. Personen, die vor der Trennung mit beiden Partnern befreundet waren, geraten in Loyalitätskonflikte, weil sie sich gezwungen sehen, entweder zu dem einen oder dem anderen Partner zu halten (Spanier, Thompson, 1984). Geschiedene entfremden sich von ihren verheirateten Freunden oder finden es schwierig, sich als Einzelperson weiter mit befreundeten Paaren zu treffen. Diese wissen oft nicht, wie sie mit den nun Geschiedenen umgehen sollen und wie sie sie in ihre Freizeitaktivitäten integrieren können. Verheiratete werden durch die Scheidung naher Freunde verunsichert, weil dieses Ereignis sie zwingt, ihre eigene Ehe zu überdenken. Manche empfinden alleinstehende Freunde als bedrohlich für ihre Ehe. Geschiedene hinwiederum laufen Gefahr, ihre Freunde mit ihrem Bedarf an Hilfe und Unterstützung zu überfordern. Andere ziehen sich selbst zurück, weil sie befürchten, ihre Freunde zu irritieren, oder weil sie sich (zu Recht oder zu Unrecht) nun abgelehnt fühlen.

Die Unsicherheit, die sich in Freundschaften durch Scheidungen einstellt, zeigt den Mangel an Normen in westlichen Gesellschaften, wie mit Scheidung umzugehen sei. Diese Unklarheit macht es für die betroffenen Personen schwieriger, mit ihrer Situation umzugehen und anderen nun als Geschiedene gegenüberzutreten. Dies erhöht die Gefahr der sozialen Isolation Geschiedener.

Weiss (1984, S.253ff) beschreibt die Reaktionen verheirateter Freunde auf eine Trennung in drei Phasen: Zuerst herrscht einhellige Anteilnahme, normalerweise mit beiden Partnern. Die Freunde sind betroffen und bieten spontan ihre Hilfe an. Meist sind sie verständnisvoll und halten sich mit Kritik zurück (mehr als Verwandte). In der zweiten Phase beginnen die verheirateten Freunde festzustellen, daß der Lebensstil der Geschiedenen sich verändert, und sie fühlen sich mit der Freiheit und der Einsamkeit des Alleinseins konfrontiert. Manche fühlen sich durch den Unterstützungsbedarf ihrer Freunde belastet, andere mögen sogar Neid auf die neue Freiheit empfinden. Unterschiede zwischen den immer noch und den ehemals Verheirateten werden immer deutlicher und können sich zu einer Kluft zwischen den Freunden entwickeln. In der dritten Phase erfolgt oft auf beiden Seiten ein allmählicher Rückzug. Man hat sich immer weniger zu sagen, und die Unterschiede zwischen den Lebenssituationen können nur schwer überbrückt werden. Obwohl die Freundschaft nicht explizit aufgekündigt wurde, schläft sie langsam ein. Dies muß natürlich nicht geschehen, ist aber ein häufig zu beobachtendes Verlaufsmuster.

Problematisch ist dies für Geschiedene vor allem insofern, als sie ihren Platz in ihrem alten Freundesnetzwerk verlieren. Obwohl viele individuelle Beziehungen erhalten bleiben können, wird doch das Netzwerk des ehemaligen Paares durch die Trennung zerstört. Damit verlieren sie die vorherige Routine der geselligen Zusammenkünfte, Feste und Treffen, die wesentlich zum Gefühl des Integriertseins gehören. Die Übergangsphase bis zum Aufbau eines neuen Freundeskreises kann von Einsamkeit und Isolation geprägt sein.

Nach Spanier und Casto (1979) ist die Anpassung an eine Scheidung deutlich schwieriger, wenn die Unterstützung von Freunden fehlt. Sie untersuchten 50 Personen, deren Scheidung weniger als 2 Jahre zurücklag und stellten fest, daß sich frühere Freunde oft nach einer Scheidung zurückziehen, insbesondere wenn sie selbst verheiratet sind. Gelang es den Befragten, einen neuen intakten Freundeskreis aufzubauen, trug dies viel zu einer gelungenen Umstellung bei. Acht Prozent der Befragten gaben allerdings an, durch die Scheidung Freunde verloren und keine neuen Freunde gefunden zu haben. 34 Prozent hatten sowohl vor als auch nach ihrer Scheidung kaum Freunde.

Es ist sehr hilfreich, wenn schon vor der Trennung ein eigenständiges, vom Partner unabhängiges, Freundschaftsnetz existierte. Zum einen bleibt dies nach der Trennung besser erhalten, zum anderen verringert sich der Druck zu einer Neuorientierung. Freunde sind wichtig für das eigene Selbstbild. Auch deshalb kann Stabilität des Freundeskreises über eine Trennung hinweg die Verunsicherung, die mit einer Scheidung einher geht, abmildern. In einer Studie von Daniels-Mohring und Berger (1984) an 42 frisch Geschiedenen wirkte sich ein nur geringer Wandel im Netzwerk positiv auf das Wohlbefinden der Befragten aus. Die Autoren konnten die vor der Scheidung existierenden Netze nur retrospektiv erheben, betonen aber aufgrund ihrer Ergebnisse die Wichtigkeit eines intakten Freundeskreises schon vor der Scheidung (Daniels-Mohring & Berger, 1984; siehe auch Aslanidis et al.,1989, S. 204).

Caughey (1981) stellte in ihrer Untersuchung der Unterstützungsnetze geschiedener Frauen in Pennsylvania fest, daß Verwandte vor allem Hilfe im häuslichen Bereich leisteten (Haushalt, Kinderbetreuung etc.), während Freunde eher für die "äußere Umwelt" zuständig waren. Erklärt werden kann dies durch die Thesen von Granovetter (1973) zu engen und lockeren Netzwerken: Weit gespannte, lockere Freundschaftsnetze bieten Zugang zu mehr Informationen als die meist engeren Verwandtschafts- und Familiennetze.

Mit der Zeit bauen die meisten Geschiedenen einen stabilen Freundeskreis auf, der sich aus alten und neuen Freunden zusammensetzt (Spanier und Thompson, 1987; Weiss, 1984). Dieser Schritt ist jedoch nicht einfach und gelingt nicht allen. In der Stadt scheint es leichter zu sein, einen neuen Kreis aufzubauen, als auf dem Land, wo man noch eher mit Vorurteilen zu kämpfen hat, und es weniger Personen in einer ähnlichen Lebenslage gibt. Geschiedene empfinden unsere Kultur als paarorientiert und fühlen sich ausgeschlossen. Nach einer schmerzhaften Trennung reagieren sie besonders sensibel auf Ablehnung und ziehen sich oft lieber zurück, als Konflikten ins Auge zu sehen (McKenry & Price, 1991).

Besonders hilfreich scheinen Freundschaften mit Personen in einer ähnlichen Lebenslage zu sein (Spanier und Thompson, 1987). Mit anderen Geschiedenen können sie Erfahrungen austauschen und fühlen sich dabei verstanden und akzeptiert. Ihre geschiedenen Freunde können ihnen hilfreiche Ratschläge und Informationen geben und sind in einer sonst eher paarorientierten Freizeitkultur geeignete Kameraden für Urlaub und Freizeit.

6.4.6. Verwandte des ehemaligen Partners/ der ehemaligen Partnerin

Das Verhältnis zu den Angehörigen des ehemaligen Partners muß nach einer Trennung neu definiert werden. Normalerweise nimmt der Kontakt zu den Verwandten des ehemaligen Partners stark ab (Saunders, 1983; Ambert, 1988). Bei Anspach (1976) berichteten 80 Prozent der Befragten von zurückgehendem Kontakt zu diesen Personen nach der Trennung vom Partner. In der schon erwähnten Untersuchung von Rands (1980) verschwanden durch die Scheidung 92 Prozent der ehemals angeheirateten Verwandten aus den Netzen der Befragten.

Serovich, Price und Chapman (1991) untersuchten die Beziehungen Geschiedener zu den Verwandten ihres ehemaligen Partners. Sie befragten 73 geschiedene Eltern, 29 Männer und 44 Frauen. Sie zeigten, daß der Kontakt zur angeheirateten Verwandtschaft nach einer Scheidung normalerweise stark abnimmt. Manche ihrer Befragten unterhielten aber immer noch Beziehungen zu dieser Gruppe, insbesondere Frauen. Bei den Verwandten gab es ebenfalls signifikante geschlechtsspezifische Unterschiede: Auch von ihrer Seite wurden die Beziehungen meist von Frauen aufrecht erhalten. Die Autoren waren von der These ausgegangen, daß die Frage, ob die Verwandtschaft des ehemaligen Partners noch als "Verwandtschaft" angesehen und in der Befragung als solche bezeichnet wird, entscheidend sein würde für das Fortbestehen oder den Abbruch der Beziehungen. Die Annahme konnte jedoch nicht bestätigt werden: 45 Prozent der befragten Männer und Frauen sahen die weiblichen Angehörigen der ehemaligen Schwiegerfamilie noch als "Verwandte" an, aber dies hatte nur sehr geringen Einfluß auf die tatsächlichen Beziehungen, die an der Kontakthäufigkeit gemessen wurden. Am stärksten wurde die Kontakthäufigkeit zum Zeitpunkt der Befragung davon bestimmt, wie intensiv die Beziehung zur angeheirateten Verwandtschaft noch während der bestehenden Ehe war. Dies war am deutlichsten bei dem Verhältnis zu den Geschwistern des ehemaligen Partners bzw. der ehemaligen Partnerin.

Nach Spicer und Hampe (1975) erhalten diejenigen Personen, die nach einer Trennung weiter für minderjährige Kinder sorgen, am ehesten den Kontakt zu den Verwandten des ehemaligen Partners aufrecht. Dadurch erklärt sich für sie der deutlich intensivere Kontakt der Frauen zu dieser Kategorie, da es meist die Frauen sind, die das Sorgerecht erhalten. In ihrer Studie erhielten sogar 38,1 Prozent der Frauen Unterstützung von ihrer ehemaligen Schwiegerfamilie. Im Gegensatz zu Price und Chapman (1991) betonen sie die Wichtigkeit der Frage, ob die Verwandten des ehemaligen Partners noch zur Familie gezählt werden. Relevante Variablen sind hierfür das Geschlecht (bei Frauen ist dies eher der Fall) und ob Kinder vorhanden sind (die ebenfalls zu einer solchen Familiendefinition beitragen). Wenn Zwang und Verpflichtung im Verwandtennetz wegfallen, nehmen nach ihren Ergebnissen Faktoren, die Familie symbolisieren, an Bedeutung zu.

Ein Hindernis für eine Fortführung der Beziehungen kann darin liegen, daß Angehörige sich gezwungen fühlen, sich auf eine Seite zu schlagen. Für die Verwandten des Expartners/ der Expartnerin bestehen Loyalitätskonflikte, insbesondere wenn die Beziehung der ehemaligen Partner sehr angespannt ist, wenn sie den Kontakt zu beiden Personen aufrecht erhalten und ihnen ihre Hilfe anbieten wollen.

6.4.7. Beziehung zum ehemaligen Partner/ der ehemaligen Partnerin

Es wäre verfehlt, anzunehmen, eine Scheidung oder Trennung bedeute das Ende der Beziehung zum Partner. Sie muß eher verstanden werden als ein Wandel innerhalb der Beziehung.

Der Umgang der ehemaligen Partner miteinander kann freundlich und rücksichtsvoll sein, es kann aber auch Feindseligkeiten geben, die bis hin zum offenen Krieg reichen. Wenn Paare noch nach der Trennung rücksichtsvoll miteinander umgehen und einander helfen, ist dies eine große Entlastung. Gerade für Kinder ist es wichtig, daß die Eltern miteinander auskommen und ihre Betreuung in gegenseitigem Einverständnis organisieren. Dies ist jedoch sehr schwierig und gelingt eher selten. Manchen Paaren gelingt es andererseits nur sehr schwer, sich voneinander zu lösen, was Ursache vieler Konflikte sein kann. Wenn weiterhin eine starke emotionale Bindung an den Expartner/ die Expartnerin vorhanden ist, können durch starke Ambivalenzen geprägte Situationen entstehen. Auch bleibt bei vielen selbst nach einer längeren Zeit des Getrenntseins ein gewisses Gefühl der Verantwortung für den anderen zurück. Selbst Personen, die sonst eher förmlichen Umgang miteinander haben, können oft im Notfall doch noch aufeinander zählen (Weiss, 1984, S.156ff).

Schmidt-Denter et al. (1997) betonen die Bedeutung der Beziehung zum ehemaligen Lebensgefährten und konstatieren: .."daß in der Nachscheidungszeit die Bewältigung der vergangenen und gegenwärtigen Beziehung zum Expartner einen zentralen Stellenwert im Erleben der betroffenen Frauen und Männer einnimmt" (Schmidt-Denter et al., 1997, S. 303). In der schon erwähnten Studie von Spanier und Casto (1979) zeigte sich, daß die Anpassung an die Scheidung durch eine weiterhin bestehende emotionale Bindung an den Expartner erschwert wurde. 28 Prozent der 50 seit kurzem geschiedenen Befragten gaben an, keine emotionale Bindung an den Expartner zu haben, 36 Prozent nannten eine schwache Bindung und ebenfalls 36 Prozent hingen noch stark am ehemaligen Partner.

Albrecht untersuchte 500 Personen, die jemals geschieden waren, das heißt im Vergleich zur Studie von Casto lag für den Großteil der Befragten die Scheidung schon länger zurück. 70 Prozent dieser Personen gaben an, keinen oder kaum Kontakt mit dem ehemaligen Partner bzw. der Partnerin zu haben. 18 Prozent hatten noch eine distanzierte Beziehung zum Expartner, 11 Prozent gaben an, ihn oder sie regelmäßig zu sehen. Sicher macht es einen Unterschied für die Aufrechterhaltung der Beziehung, ob aus der Verbindung gemeinsame Kinder hervorgegangen waren: In der Kölner Längsschnittstudie, in der nur geschiedene Mütter und Väter befragt wurden, berichtete der größte Teil der Personen (sechs Jahre nach der Trennung) von regelmäßigen, aber meist kurzen Treffen mit dem Expartner bzw. der Expartnerin, meist in Zusammenhang mit den Besuchen der Kinder. Nur 13 Prozent der Mütter und 5,4 Prozent der Vätern gaben an, daß der Kontakt völlig abgebrochen sei (Schmitz & Schmidt-Denter, 1999, S. 32 u. 33).

6.4.8. Nachbarn

Nachbarschaftliche Beziehungen erschienen in den meisten Studien, wenn sie überhaupt erwähnt wurden, von geringer Bedeutung. Weder vor der Trennung noch in der ersten Phase danach scheinen sie für Betroffene eine Rolle zu spielen. Auf längere Sicht zeigt sich jedoch, daß die Nachbarschaftsbeziehungen von Geschiedenen, insbesondere wenn sie mit Kindern zusammenleben, intensiver sind als die von Verheirateten. Man hilft sich gegenseitig bei praktischen Problemen und spricht miteinander über Dinge des alltäglichen Lebens (Aslanidis et al., 1989, Henderson & Argyle, 1985).

6.4.9. Kollegen

Auch die Bedeutung von Kollegen als Quelle sozialer Unterstützung im Scheidungsfalle scheint gering zu sein. Bei den meisten Studien werden sie nicht berücksichtigt. In der erwähnten Untersuchung von Aslanidis et al. (1989) waren Kollegen für keine der 20 befragten Frauen Vertraute oder Ansprechpartner für persönliche Probleme (Aslanidis et al., 1989, S. 205). Kollegen können jedoch, selbst wenn sie nicht direkt als Ansprechpartner Hilfe leisten, durchaus wichtige Funktionen für Geschiedene erfüllen: Der Umgang mit ihnen bewahrt vor Isolation und gibt Geschiedenen - selbst wenn sie einsam sind - das Gefühl, dennoch am öffentlichen Leben teilzunehmen. Am Arbeitsplatz werden Freundschaften geschlossen und Informationen, die auch für das Privatleben wichtig sein können, ausgetauscht.

Für Frauen wird es nach einer Scheidung oft notwendig, neu oder nach einer längeren Familienpause wieder berufstätig zu werden. Dies bedeutet einerseits eine hohe Belastung, insbesondere wenn sie gleichzeitig Kinder versorgen müssen, eröffnet aber andererseits neue soziale Kontakte. Mütter, die kleine Kinder betreuen und deshalb nicht erwerbstätig sein können oder wollen, klagen mehr über Einsamkeit als außer Haus erwerbstätige Frauen.

Die emotionalen Probleme, mit denen eine Scheidung normalerweise verbunden ist, schlagen sich allerdings auch im Arbeitsleben nieder. 75 Prozent der Befragten in einer Studie von Hetherington et al. (1976) klagten über geringere Effektivität bei der Arbeit in der ersten Zeit nach der Scheidung. Dabei müssen viele wegen der höheren Unterhaltskosten einer getrennten Familie mehr arbeiten als zuvor.

6.5. Neue Partnerschaften

Einer der wesentlichsten Faktoren für die Wiederherstellung des Selbstwertgefühls ist die Aufnahme einer dauerhaften intimen Beziehung (Hetherington et al., 1978; McKenry und Price, 1991). Sie markiert den Schritt zu einem neuen Lebensabschnitt und der Überwindung der Trauerphase nach einer Trennung. Dennoch kann auch eine neue Beziehung nicht alle Probleme lösen, die durch die Scheidung entstanden sind. Schwierigkeiten mit den Kindern, der Verlust alter Freunde, der Riß, der im Leben entstanden ist - all das wird durch einen neuen Partner nicht aufgehoben. Weiss (1984) berichtet aus Seminaren für Geschiedene, daß ein neuer Partner noch nicht garantiert, daß die Bindung zum ehemaligen Partner aufgehoben ist. Viele seiner Gesprächspartner fühlten sich "beständig zwischen den beiden Beziehungen hin- und hergerissen" (Weiss, 1984, S. 118). Auch wenn dies nicht der Fall ist, ist das Risiko des Scheiterns in solchen Beziehungen sehr hoch. Noch einmal Weiss: "Der durch die Trennung entstandene seelische Druck, unter dem die neue Beziehung attraktiv erschien, erhöht die Wahrscheinlichkeit, daß sie sich bald als Fehlschlag erweist" (Weiss, 1984, S.119).

In amerikanischen Studien wird gefragt, wann die Person mit "dating" begonnen hat. Dies lässt sich schwer in unseren Kulturkreis übertragen. Zumindest das Interesse an einer Aufnahme einer neuen Paarbeziehung läßt sich wohl daraus schließen. In einer Untersuchung von Hunt (1966) begannen 75 Prozent der Befragten innerhalb des ersten Jahres nach ihrer Scheidung mit "dating". Auch nach Saunders (1983) wird das "dating" nach ungefähr einem Jahr wieder aufgenommen. Feste

Beziehungen entwickeln sich aber meist erst nach 2-3 Jahren. In der bereits erwähnten Studie von Spanier und Casto (1979) hatten Personen, die eine neue Partnerschaft eingegangen waren, deutlich weniger Probleme als die (noch) alleinstehende Vergleichsgruppe. Auf lange Sicht ist eine neue Partnerschaft oder eine neue Ehe jedoch nicht ausschlaggebend für das Wohlbefinden. Entgegen üblichen Annahmen haben Untersuchungen gezeigt, daß alleinstehende Frauen und Männer genauso glücklich sind wie wiederverheiratete (Saul & Scherman, 1984; Spanier & Furstenberg, 1982).

Auch wenn schließlich eine neue Ehe eingegangen wird, ist die Unterstützung und das Wohlwollen von Freunden und Verwandten noch von großer Bedeutung. Nach Bernard (1971) ist der wichtigste Faktor für das Gelingen einer neuen Ehe, "daß die Ehe von anderen entscheidenden Personen im Leben der zukünftigen Ehepartner akzeptiert wird. Die Wahrscheinlichkeit einer erfolgreichen Ehe ist dann am größten, wenn die Ehe nicht nur von den Kindern der Ehepartner gebilligt, sondern auch von Verwandten und Freunden unterstützt wird" (Bernhard, 1971, S. 357-360, zitiert nach Weiss, 1984, S.480).

6.6. Unterschiede zwischen Frauen und Männern

Ein großer Teil der Untersuchungen, die sich mit Scheidungsfolgen beschäftigen, bezieht sich ausschließlich auf Frauen, oft auch nur auf sorgeberechtigte Mütter. Wenn Männer allerdings mit einbezogen sind, werden meist auch Unterschiede zwischen Männern und Frauen in der Bewältigung der Nachscheidungsphase thematisiert.
Es herrscht in der Forschungsliteratur Einigkeit darüber, daß Scheidung für Männer und Frauen unterschiedliche Folgen hat und aufgrund ihrer unterschiedlichen gesellschaftlichen Rollen mit unterschiedlichen Belastungen einher geht (z. B. Bartfeld, 2000; Smerglia, Miller & Kort-Butler, 1999; Maccoby et al., 1993), wobei die meisten zu dem Schluß kommen, daß der Übergang für Frauen vergleichsweise schwerer zu bewältigen ist als für Männer. Die Gründe hierfür liegen nach Clarke-Stewart und Bailey (1990) in der ungleichen Verteilung von Haushalts- und Erziehungspflichten nach der Trennung. Gute berufliche und finanzielle Umstände sind sowohl

für Frauen als auch für Männer nach einer Trennung hilfreich, aber Männer haben diese Lebensumstände mit größerer Wahrscheinlichkeit als Frauen.

Männer haben es nach einer Scheidung meist finanziell leichter als Frauen und geben auch weniger Belastung durch alltäglichen Streß an. Frauen erhalten meist das Sorgerecht für minderjährige Kinder und sind in diesem Fall in der Regel finanziell schlechter gestellt als unterhaltspflichtige nicht-sorgeberechtigte Männer. Bartfeld stellte dies auch für die USA fest: „Mothers and children fare dramatically worse than fathers after marital dissolution" (Bartfeld, 2000; Bianchi, Subaiya & Kahn, 1999; für England: Jarvis & Jenkins, 1999). Eine neue Studie von McKeever und Wolfinger (1999) zeigt allerdings, daß die finanziellen Kosten einer Scheidung für Frauen in den USA in den letzten Jahren geringer geworden sind. Sie führen diese Entwicklung darauf zurück, daß Frauen heute beruflich höher qualifiziert sind als früher (McKeever & Wolfinger, 1999).

Alleinerziehende Frauen sehen sich, wenn sie gleichzeitig berufstätig sind, einer Doppelbelastung gegenüber. Viele müssen auch ganz neu oder nach einer langen Pause ins Berufsleben einsteigen, was meist eine hohe Belastung bedeutet. Für Frauen, die vor der Trennung ausschließlich zu Hause beschäftigt waren, ist mit der Trennung ein besonders starker Umbruch verbunden. Sie verlieren mit der Scheidung quasi gleichzeitig ihren alten Beruf als Hausfrau und müssen lernen, eine neue Rolle auszufüllen. Auch ihre Identität wird davon betroffen sein. Männer hingegen setzen normalerweise nach einer Trennung ihre beruflichen Aktivitäten ohne Veränderung fort. Die Erfahrung einer Scheidung ist demnach schon in dieser Hinsicht für Frauen und Männer sehr unterschiedlich.

Es gibt jedoch auch Untersuchungen, die die verbreitete These, Frauen hätten nach der Trennung größere Probleme als Männer, in Frage stellen. Sheets and Braver (1996) beispielsweise widersprechen aufgrund von Ergebnissen einer Befragung von 400 geschiedenen Männern und Frauen in den USA der in der wissenschaftlichen Literatur heute häufig vertretenen Annahme, daß Frauen mit ihrer Lebenssituation nach der Scheidung weniger zufrieden seien als Männer. In ihrer Studie geben Frauen signifikant höhere Zufriedenheit mit den Sorgerechtsregelungen, Besuchsarrangements und finanziellen Absprachen an als Männer (Sheets & Braver, 1996).

In der schon beschriebenen Studie von Rands (1980) zeigten sich nur geringe Unterschiede in den Netzwerken von Männern und Frauen. Die Netze waren einander in Größe, Art und Intensität sehr ähnlich. Frauen zeigten eine etwas stärkere Verwandtenorientierung und unterhielten weniger Beziehungen zum anderen Geschlecht als Männer.

Eine Reanalyse von Daten des US-Amerikanischen „National Survey of Families & Households" mit über 13000 Befragten kam zu dem Ergebnis, daß Frauen nach einer Scheidung mehr Unterstützung empfangen als Männer, und zwar sowohl in informellen Beziehungen als auch aus formellen Quellen (Duran-Aydintug, 1998). Frauen berichteten in der Studie von Aslanidis (1989) rückblickend, sie seien schon während der Ehe interessiert an eigenen Freundschaften gewesen und hätten versucht, diese zu pflegen. Männer scheinen sich dagegen, solange sie verheiratet sind, ausschließlicher auf Familienbeziehungen zu beschränken. Beziehungen, die darüber hinaus gehen, bestehen meist zu Kollegen. Dies hat natürlich Folgen für die Situation nach der Trennung, insbesondere da die Beziehungen zu gemeinsamen Freunden durch ein solches Ereignis meist in Mitleidenschaft gezogen werden. Andererseits gelingt es Männern eher als Frauen, nach einer Scheidung den Kontakt zu verheirateten Freunden aufrecht zu erhalten (Aslanidis et al., 1989; Hetherington et al., 1976; McKenry & Price, 1991). Dies kann nach McKenry und Price (1991, S.6) daran liegen, daß Männer ihre Freundschaften zu Verheirateten am Arbeitsplatz knüpfen.

Milardo (1987a) kommt bezüglich der Freundschafts- und Verwandtschaftsbeziehungen während der Ehe zu einem anderen Ergebnis als Aslanidis et al. (1989). Er vertritt die These, daß soziale und kulturelle Normen für Männer und Frauen unterschiedliche Vorraussetzungen für Beziehungen schaffen. Ehemänner werden zu persönlichen, eigenen Freundschaften ermutigt, gleichzeitig wird aber von ihnen Unabhängigkeit verlangt, was sie möglicherweise von eventueller sozialer Unterstützung nach einer Scheidung isoliert. Frauen werden durch kulturelle Leitbilder zur Verantwortung für Familienmitglieder gedrängt, gleichzeitig sieht nach Milardos These das Idealbild der Ehefrau eigene Freundschaftsbeziehungen nicht vor. Frauen müssten sich nach dieser Vorstellung nach einer Scheidung vor allem auf verwandtschaftliche Netzwerke stützen können und gleichzeitig die Hilfe von Freunden weitgehend entbehren. Verwandtschaftsnetzwerke sind durch intensive soziale Unterstützung gekennzeichnet, enthalten aber die Gefahr der Einmischung und zu großer Enge.

Milardos These, daß für Männer ein größerer Druck zur Unabhängigkeit besteht, wird von Ergebnissen von Chiriboga et al. (1979) bestätigt. In dieser Untersuchung über Variationen der Inanspruchnahme sozialer Unterstützung unter Personen, die einen Scheidungsprozeß durchmachten, baten Männer seltener um Unterstützung als Frauen.

Eine Schweizer Studie an über 600 geschiedenen Männern und Frauen (Duss von Werdt & Fuchs, 1980) zeigte, daß Männer kurz vor und nach der Scheidung oft panisch auf den drohenden Verlust von Frau und Kindern reagieren. Sie leiden allerdings nicht so lange wie Frauen, die oft noch geraume Zeit nach der Scheidung mit Depressionen und Identitätsproblemen zu kämpfen haben. Liegt die Scheidung einige Jahre zurück, kommen sie allerdings wieder besser als die Männer mit dem Alleinsein zurecht. Männer, die nicht wieder heiraten, haben auf lange Sicht größere Probleme als Frauen. Hetherington et al. (1978) kommen zu ähnlichen Ergebnissen: Nach ihrer Auffassung leiden Männer kurz nach der Trennung mehr als Frauen und fühlen sich hilfloser. Dann regenerieren sie sich aber schnell wieder und finden eher als Frauen neue Partnerschaften. Sie finden Kompensation im Beruf und haben weniger Verpflichtungen für Kinder, was ihnen offensichtlich den Sprung in ein neues Leben erleichtert (siehe auch Pledge, 1992; Bojanovsky, 1983).

Nach anderen Studien scheinen Frauen besser mit dem Alleinleben nach einer Trennung zurechtzukommen als Männer. Sie genießen nach eigenen Aussagen die Unabhängigkeit, leben ihre Freundschaften intensiver als vorher und gestalten ihre Freizeit abwechslungsreicher. Sie gewinnen neues Selbstvertrauen, wenn sie sehen, daß sie auch alleine zurechtkommen, und manche geben an, ihre Kinder lieber ohne Einmischung des Partners zu erziehen. Die Haushaltsarbeit reduziert sich, und sie sind offen für neue Aktivitäten (McKenry & Price, 1991). Männer finden sich nach dieser Sicht schwerer mit dem Alleinleben zurecht. Kleine Alltagsaufgaben, die nicht zur kulturell definierten Männerrolle gehören, können ihnen Schwierigkeiten bereiten. Sie sind stärker auf Partnerschaften hin orientiert und stabilisieren sich oft erst wieder in einer neuen Partnerschaft.

6.7. Einfluß des Lebensalters

Es wird aus verschiedenen Gründen vermutet, daß eine Scheidung für ältere Personen schwerer zu bewältigen ist als für jüngere (Fooken, 1999; Berardo, 1982; Hagestad, Smyer, 1982; Wright, Maxwell, 1991): Wer vorher lange Zeit verheiratet war, hatte darin eine gefestigte Identität, eine klare Rolle und festgefügte Routinen. Diese zu verändern fällt um so schwerer, je länger man darin gelebt hat. Psychologisch müssen die Geschiedenen damit zurechtkommen, nach langen Jahren des persönlichen Investierens in eine Beziehung schließlich gescheitert zu sein. Die ökonomischen Folgen einer Scheidung sind in höherem Alter gravierender (Uhlenberg, Myers, 1981). Alte Menschen sind häufiger krank und auf Hilfe angewiesen und insgesamt weniger mobil, was die Anpassung an ein Leben alleine zusätzlich erschwert. Unterstützung von gleichaltrigen Verwandten und Freunden ist nach Wright und Maxwell (1991) weniger wahrscheinlich, weil diese Kohorte dazu erzogen wurde, die Ehe als unauflöslich anzusehen, und Scheidung als Alternative von ihnen weniger akzeptiert wird als von jungen Menschen. Eine Untersuchung von Chiriboga (1982) bestätigt diese Behauptungen: Ein Vergleich unter 20-70jährigen Geschiedenen zeigte, daß über 50jährige am unglücklichsten waren und am schlechtesten mit der Scheidung zurechtkamen (ebenso: Verbrugge, 1979; Gubrium, 1974).

Ein anderes Ergebnis erbrachte eine Studie von Gander (1988), in der das Wohlbefinden und die Anpassung an die neue Lebenssituation nach der Scheidung von älteren und jüngeren Geschiedenen vergleichend untersucht wurde. Die älteren Geschiedenen, die alle mindestens 15 Jahre verheiratet gewesen waren, hatten nicht mehr Probleme als die Jüngeren, und nur ungefähr 10 Prozent von ihnen hatten Anzeichen von Depressionen. Auch sonst zeigten sich viele Ähnlichkeiten zwischen den beiden Gruppen: Beide verfügten normalerweise kontinuierlich über eine Vertrauensperson. Es gab kaum Unterschiede bezüglich des Ausmaßes an Hilfe, die die Geschiedenen für ihre Freunde leisteten. Die Netzwerke, auf die sie im Notfall zurückgreifen konnten, waren annähernd gleich groß. Beide Gruppen waren mit diesem Netzwerk zufrieden und beide waren zufrieden mit der Anzahl an Freunden in ihrem persönlichen Netzwerk. Ein deutlicher Unterschied zuungunsten der Älteren zeigte sich allerdings auch hier, denn fast doppelt so viele ältere wie jüngere Geschiedene erhielten überhaupt keine Hilfe von Freunden.

Caughey (1981) untersuchte die Unterstützungsnetze geschiedener Frauen in Pennsylvania und stellte fest, daß ältere Frauen deutlich weniger Unterstützung von Freunden und Verwandten erhielten als jüngere. Damit korrespondieren Ergebnisse der Untersuchung von Chiriboga et al. (1979). Sie stellten in der schon erwähnten Studie über Variationen der Inanspruchnahme sozialer Unterstützung fest, daß ältere geschiedene Personen seltener andere um Unterstützung baten. In einer Untersuchung von Fooken (1999), in der 45 geschiedene Männer und 60 geschiedene Frauen befragt wurden, die vorher lange verheiratet gewesen waren, zeigten sich die Befragten in der Regel nicht extrem problembelastet. Alter und Geschlecht spielten jedoch auch hier eine Rolle für die Anpassung an die Nachscheidungssituation.

Ein höheres Scheidungsalter hat für Frauen und Männer unterschiedliche Konsequenzen: Frauen haben in höherem Alter schlechtere Chancen auf dem Arbeitsmarkt. Sie sind häufiger auf die Unterstützung ihrer Männer angewiesen und erleben durch die Scheidung gravierendere ökonomische Verluste als jüngere Frauen. Jüngere Frauen kommen besser mit den Veränderungen zurecht und gehen die neue Lebensphase mit mehr Schwung an (Wallerstein, 1986). Sie haben bessere Chancen, wieder einen Partner zu finden als ältere, bei denen die Gefahr der Resignation und Vereinsamung größer ist. Männer hingegen sind in höherem Alter beruflich besser etabliert und haben eine stabilere Identität. Ältere Männer werden daher von einer Scheidung weniger aus der Bahn geworfen als jüngere, die eher zu Rückzug und Verzweiflung neigen (Textor, 1991; Wallerstein, 1986), leiden aber, wenn sie nicht wieder heiraten, sehr häufig unter schlechter sozialer Einbindung (Solomou et al., 1998).

6.8. Soziale Partizipation

Kunz und Kunz (1995) zeigten in ihrer Studie an 500 geschiedenen Männern und Frauen, wie wichtig es ist, nach einer Scheidung (weiterhin) am sozialen Leben teilzunehmen. Sie belegten einen signifikanten Zusammenhang zwischen der Teilnahme an Clubs und Organisationen und der Angabe ihrer Befragten, ihr Leben sei heute besser als vor der Scheidung. Spanier und Casto stellten in ihrer Untersuchung von 50 relativ frisch geschiedenen Personen die selbe These auf: Je mehr soziale Interaktionen die von ihnen befragten Personen erlebten, um so weniger Probleme wurden von ihnen genannt (Spanier & Casto, 1979).

Nach Albrecht (1980) führt eine Scheidung nur mit sehr geringer Wahrscheinlichkeit langfristig zu sozialer Isolation. In seiner Untersuchung führte die Trennung für 39 Prozent der Frauen und für 35 Prozent der Männer sogar zu einer gestiegenen Teilnahme in Klubs und Organisationen, bei den anderen blieb die soziale Partizipation gleich stark. Bei einem Teil der Befragten war die Teilnahme am öffentlichen Leben im ersten Jahr nach der Scheidung gering, erreichte dann aber wieder ihren vorherigen Stand. Auch Raschke (1977) stellte fest, daß die soziale Partizipation nach einer Scheidung zunächst sehr stark zurückgeht. Nach sechs Monaten begannen viele der Befragten neue Aktivitäten aufzunehmen, Männer früher und intensiver als Frauen. Dies mag zum einen an ihren geringeren verwandtschaftlichen Kontakten liegen, zum anderen haben Männer bessere finanzielle Voraussetzungen. Es fällt ihnen schwerer als Frauen, intensive Beziehungen zu entwickeln, und sie finden neue Freundschaften leichter in Kursen, Fitneß-Klubs oder Vereinen. Frauen werden eher durch Kinder und finanzielle Restriktionen an solchen Aktivitäten gehindert und konzentrieren sich stärker auf Verwandtschaftskontakte und wenige, intensive Beziehungen (McKenry & Price, 1991).

6.9. Unterschiede zwischen Ehen und nichtehelichen Lebensgemeinschaften

In der Regel scheint sich die Auflösung nichtehelicher Lebensgemeinschaften leichter zu vollziehen als die Scheidung von Ehen (Schneider, 1990; Vaskovics & Rupp, 1994). Die Erwartungen an die Dauerhaftigkeit der Beziehung waren nicht so hoch gesteckt und die Möglichkeit des Scheiterns eher mit einbezogen als bei verheirateten Paaren. Nichteheliche Lebensgemeinschaften sind in der Regel kinderlos, wodurch viele schwerwiegende Probleme bei einer Trennung nicht auftreten. Weiterhin sind unverheiratet zusammenlebende Partner in der Regel finanziell weniger voneinander abhängig, was eine Trennung ebenfalls erleichtert.

Vaskovics und Rupp stellten fest, daß die Trennungen sich in nichtehelichen Lebensgemeinschaften häufig lange anbahnen, sich aber dann relativ konfliktarm vollziehen und oft auch weiterhin freundschaftliche Beziehungen zwischen den Expartnern bestehen (Vaskovics & Rupp, 1994). Schneider (1990), der 130 geschiedene oder getrennt lebende Personen nach den Gründen für die Scheidung oder Trennung von ihrem Partner befragte, stellte im Vergleich zwischen Ehen und nichtehelichen Lebensgemeinschaften fest, daß Ehen aus mehr und gravierenderen Gründen aufgelöst werden. Es ist anzunehmen, daß die Trennung an sich den Betroffenen leichter fällt, wenn die Beziehung nur gering institutionalisiert war.

6.10. Schlußbemerkung

Obwohl allgemein ein Mangel an Forschungsliteratur zu sozialer Unterstützung nach Scheidung und Trennung beklagt wird, ließ sich doch eine Fülle von Einzelergebnissen zusammentragen. Diese ergeben ein Bild, das zum Teil widersprüchlich ist, jedoch insgesamt die große Bedeutung sozialer Unterstützung für die Bewältigung von Trennung und Scheidung deutlich macht. Deutlich wird auch, daß nach Art der Unterstützung, nach Geber und Situation des Empfängers differenziert werden muß. Geschlecht und Alter der Betroffenen, aber auch der Helfer, scheinen besonders wichtige Differenzierungsmerkmale zu sein.

Die Widersprüche zwischen Ergebnissen einzelner Studien sind zum Teil wohl auf methodische Schwächen zurückzuführen (kleine und heterogene Samples, Querschnitterhebungen, retrospektive Befragungen), zum Teil beruhen sie auf Unterschieden zwischen den Stichproben (junge/alte Befragte, seit langem/ kürzlich Geschiedene etc.), die Vergleiche zwischen den Untersuchungen erschweren. Vor allem aber zeigte sich, daß es bei dieser Fragestellung kaum möglich ist, eindeutige Entwicklungsrichtungen auszumachen. Die Unterstützung, die geleistet wird, und die Veränderung des Netzes sind abhängig von der sozialen Situation vor der Trennung sowie von einer Vielzahl äußerer und persönlichkeitsbezogener Umstände. Ebenso facettenreich sind auch die Ergebnisse der unterschiedlichen Studien. Je nach Ansatz, Stichprobe und Fragestellung zeigten sich unterschiedliche Zusammenhänge.

Insgesamt scheint nach wie vor ein großer Forschungsbedarf zu bestehen. Es gibt kaum echte Längsschnittstudien, die die Situation vor der Scheidung mit erfassen und so Wandel dokumentieren könnten. Weiterhin ist es bisher noch nicht unternommen worden, die Frage der sozialen Unterstützung nach einer Scheidung in einen theoretischen Rahmen einzufügen.

Teil II: Empirisches Modell, Daten, Analysen

1. Reduzierung des theoretischen Modells auf ein empirisch überprüfbares Modell

Das oben entwickelte theoretische Modell ist in der vorliegenden Form empirisch nicht überprüfbar. Es enthält (trotz seiner Begrenztheit im Vergleich zur Wirklichkeit) zu viele Elemente für eine empirische Analyse, und diese sind zu komplex miteinander verknüpft. Es ist daher nötig, das theoretische Modell auf weniger Faktoren zu konzentrieren und damit zu reduzieren. Dies wird in folgendem Abschnitt vorgenommen.

Leider enthält der Datensatz nicht über alle wesentlichen Einflußfaktoren Informationen, so daß an manchen Stellen im empirischen Modell auch auf die Überprüfung wichtiger Einflüsse verzichtet werden muß, deren Einbeziehung eigentlich wichtig gewesen wäre. Nicht alle im folgenden vollzogenen Reduzierungen des theoretischen Modells wurden daher im Sinne empirischer Klarheit vorgenommen; manche wurden auch durch die Datenlage erzwungen.

Im Zentrum der Fragestellung dieser Arbeit steht der Zusammenhang zwischen Trennung beziehungsweise Scheidung und sozialen Beziehungen. Es gibt zunächst eine **Ausgangssituation**, die durch drei Bereiche beschrieben wird:
- Das soziale Netz, wie es vor der Trennung bestand,
- der Lebenskontext der Befragten vor der Trennung
- und die persönlichen Merkmale der Personen.

Das zentrale **Ereignis**, dessen Auswirkungen auf die sozialen Beziehungen untersucht werden soll, ist die Trennung einer Beziehung, bei der die Partner zusammengelebt hatten, also einer Ehe oder einer nichtehelichen Lebensgemeinschaft. Von Interesse sind nun die empirisch erfaßbaren **Auswirkungen**, die die Trennung auf die sozialen Netzwerke hat, und die Frage, ob durch die Mitglieder des Netzwerkes Unterstützung in der Trennungssituation geleistet wird.

Wie verändern sich die Netze der Betroffenen hinsichtlich ihrer Größe, Zusammensetzung und Struktur, und wie stark verändern sie sich? Was geschieht mit einzelnen Beziehungsarten? Wer leistet Unterstützung? Welche Beziehungen bleiben stabil, welche zeigen Veränderungen im Zuge der Trennung der Befragten? Wie zufrieden sind die Betroffenen mit ihren sozialen Beziehungen nach der Trennung?

Die Auswirkungen wie auch die Ausgangssituationen müssen in Zusammenhang gesehen werden mit dem Lebenskontext und den Persönlichkeitsmerkmalen der jeweiligen Personen. Relevante Merkmale des Lebenskontextes sind beispielsweise die Dauer der Beziehung, ob die Trennung mit einem Wohnungswechsel einherging, die berufliche Situation der Betroffenen, die Frage einer neuen Partnerschaft und ob Kinder mit im Haushalt leben. Wichtige Persönlichkeitsmerkmale sind Werte und Einstellungen der Befragten, Geschlecht, Alter und eventuell Bildung.

Abbildung II.1.
Modell zur Untersuchung der Veränderung sozialer
Netzwerke und sozialer Unterstützung nach Trennung
und Scheidung

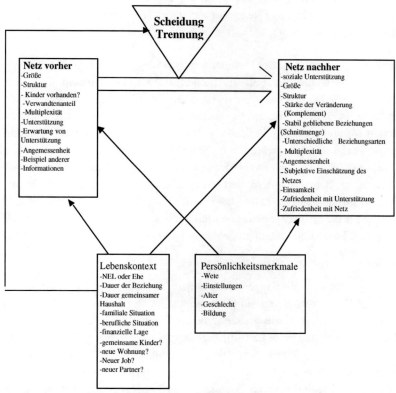

Das Schaubild zeigt grafisch die Grundstruktur des Modells für die empirische Untersuchung.

Einen besonderen Schwerpunkt soll die Analyse einzelner Beziehungsarten bilden, denn in diesem Bereich gibt es in der Literatur viele einander widersprechende Forschungsergebnisse. Diese Ergebnisse gründen sich fast ausschließlich auf Querschnitterhebungen, manchmal unter Einbeziehung retrospektiver Aussagen der Befragten. In der Diskussion um Veränderung und Stabilität einzelner Beziehungsarten im Zusammenhang von Trennung und Scheidung können die Paneldaten des Familiensurvey, die für die alten Bundesländer einen echten Längsschnitt enthalten, besonders interessante Ergebnisse liefern. Fragestellungen, wie beispielsweise die Veränderung der Beziehung zu den Eltern oder die Stabilität von Freundschaften können hiermit beantwortet werden.

Die Vorteile der Datenstruktur des Familiensurvey bedingen jedoch gleichzeitig auch einige Nachteile (siehe hierzu vor allem Abschnitt II.2.): Eine Längsschnittstudie, bei der so viele Personen befragt werden, daß ausreichend viele Fälle im Sample sind, bei denen zum ersten Erhebungszeitpunkt eine Ehe oder eine nichteheliche Lebensgemeinschaft bestand und nach fünf Jahren - zum Zeitpunkt der zweiten Befragung - diese Partnerschaft nicht mehr besteht, muß eine sehr große Stichprobe umfassen (da die Trennung nicht vorhersehbar ist). Für solche Massenbefragungen müssen die Fragebögen zwangsläufig standardisiert sein, und die Interviews dürfen nicht allzu viel Zeit in Anspruch nehmen. Daher können die Fragen nicht sehr in die Tiefe gehen. Aufgrund dieser Einschränkungen muß auch die Untersuchung der sozialen Beziehungen und der Unterstützung nach der Trennung letztlich oberflächlich bleiben.

Einige Bereiche des theoretischen Modells müssen deshalb ausgeklammert werden, obwohl sie für die Fragestellung von Interesse wären: Der Streß, den die Trennung für die Betroffenen bedeutet, wie belastend sie die Trennung erleben und wie sie ihre Möglichkeiten, die Situation zu bewältigen, einschätzen, ist durch den Fragebogen nicht erfaßt. Der Bereich "Streß" und "Wahrnehmung von Streß" kann daher nicht bearbeitet werden. Ebensowenig sind Informationen darüber vorhanden, von wem die Trennung ausging und was der Grund für das Zerbrechen der Beziehung war. Auch über den Charakter und die Belastbarkeit der befragten Personen gibt es kaum Auskünfte. Daher ist nicht bekannt, welchen "Unterstützungsbedarf" die Betroffenen nach der Trennung überhaupt hatten. Solche Fragen müssen leider unbeantwortet bleiben. Dies ist der Preis dafür, daß diejenigen Aussagen, die anhand der Daten getroffen werden, auf einem Längsschnitt basieren, und Vergleiche zwischen der

Situation vor und nach der Trennung daher viel verläßlicher sind als bei retrospektiven Daten.

Ein anderes Problem ist, daß trotz der großen Gesamtstichprobe letztlich doch wenige Fälle übrigbleiben, die der Fragestellung der Untersuchung entsprechen. Daher sind an vielen Stellen Differenzierungen nicht möglich, obwohl sie sicher sinnvoll und interessant wären (siehe unten im Kapitel Datenbeschreibung). Ehen und nichteheliche Lebensgemeinschaften müssen in der Regel in einen Topf geworfen werden und nicht immer kann zwischen Befragten mit und ohne Kinder getrennt werden. Die Frage, wie lange die Trennung zurück liegt, und welche Unterschiede sich anhand dieses Kriteriums zeigen, wird zwar in einem gesonderten Abschnitt untersucht, aber es kann nicht durchgängig danach differenziert werden, ob die Trennung noch "frisch" ist oder ob seither schon einige Jahre verstrichen sind. Es wird versucht, dies teilweise durch methodische Verfahren, die auch bei geringen Fallzahlen noch zuverlässig sind, auszugleichen.

Der empirische Teil ist folgendermaßen gegliedert:

1. Einleitung: Reduzierung des theoretischen Modells auf ein empirisch überprüfbares Modell
2. Beschreibung der verwendeten Daten
3. Aufbereitung der Daten
4. Analysen: Soziale Unterstützung und Veränderungen innerhalb spezieller Beziehungen
5. Analysen: Soziale Unterstützung und Veränderungen der Netze allgemein

Im ersten Teil der Analysen wird der Frage nachgegangen, in welcher Weise sich im Zuge einer Scheidung oder Trennung Veränderungen bei einzelnen Beziehungsarten zeigen. Spezielle Beziehungen, wie beispielsweise die zu den Eltern, zu Freunden oder Geschwistern, werden überprüft in Hinblick auf ihre Stabilität, auf die Funktionen, die in diesen Beziehungen vor und nach der Trennung erfüllt werden, und darauf, ob ihre Bedeutung für die Befragten durch eine Trennung zu- oder abnimmt.

Die zweite zentrale Fragestellung des analytischen Teils richtet sich nicht mehr auf einzelne Beziehungsarten, sondern darauf, wie sich die Netzwerke als Ganzes infolge von Trennung oder Scheidung verändern. Hierbei werden verschiedene Strukturmerkmale wie Größe, Zusammensetzung, Homogenität etc. untersucht. Außerdem ist von Interesse, ob die Netze der Betroffenen nach Trennung und Scheidung stärker Merkmale von "Individualisierung" aufweisen als vorher beziehungsweise als die Vergleichskategorie. Zusätzlich wird geprüft, wie die Befragten ihre sozialen Beziehungen bewerten, ob sie sich einsam fühlen, und in welchem Zusammenhang dies mit Trennungserfahrungen steht.

2. Beschreibung der verwendeten Daten

Der Familiensurvey des Deutschen Jugendinstituts hat zum *Ziel*, Wandel und Entwicklung familialer Lebensformen in Deutschland zu erheben und zu beschreiben. Hierfür wurden bisher mehrere große Erhebungen durchgeführt. In der vorliegenden Untersuchung werden zwei dieser Erhebungen verwendet: die „erste Welle West" und die Panelerhebung der zweiten Welle.

Erhebung der Daten:
In der „ersten Welle" wurden 1988 10043 Personen im Alter zwischen 18 und 55 aus der damaligen Bundesrepublik zu ihrer Familien- und Partnerschaftssituation, ihrer Biographie, ihren sozialen Beziehungen und ihren Einstellungen befragt. Die Stichprobe wurde auf zweierlei Art gezogen: Zum einen aus dem Einwohnermelderegister (geschichtet nach Bundesländern, Regierungsbezirken und Boustedt-Typen / 3011 Interviews), zum anderen nach Random-Route-Verfahren (Schichtung nach Bundesländern, Regierungsbezirken und Boustedt-Typen, Haushaltsauswahl nach random route, Auswahl der befragten Person im Haushalt nach Schweden-Schlüssel / 6931 Interviews). Zusätzlich wurden noch 101 Interviews zufällig aus den 596 Pretestinterviews mit einbezogen. Bei Vergleichen einzelner Variablen mit Daten der amtlichen Statistik zur Prüfung der Repräsentativität der Stichprobe zeigten sich nur geringe Abweichungen von der Grundpopulation (genaueres siehe in Bien, 1996, S. 275).

1994 wurde die zweite Welle erhoben. Sie umfaßte mehrere unterschiedliche Stichproben, von denen nur die Panelstudie hier Verwendung findet. Für diese wurden, ausgehend von den Adressen der ersten Welle West, 4997 Personen sechs Jahre nach der ersten Befragung mit einem nur geringfügig veränderten Fragebogen ein zweites mal befragt. So ist nun ein echter Längsschnitt verfügbar, mit dem auf individueller Ebene Veränderungen erkennbar werden, wie es auch der Fragestellung dieser Studie entspricht.[8]

---

[8] In den neuen Bundesländern wurden ebenfalls zwei Erhebungen durchgeführt. Sie können hier leider nicht mit einbezogen werden, weil es sich bei der zweiten Studie nur um eine neue Zufallsstichprobe aus der Grundpopulation und nicht um ein Panel handelt.

Der Fragebogen des Familiensurvey umfaßt ein weites Spektrum an Themen: familiale Herkunft, gegenwärtige Lebensform, Elternschaft, Einkommens- Arbeits- und Wohnsituation, Ausbildung, Berufs- und Partnerschaftsbiographie, Einstellungen und Werte, Streßfaktoren und soziale und familiale Netzwerke. Von besonderem Interesse in bezug auf das Thema dieser Studie, das nach Veränderung von Netzwerken nach Trennung oder Scheidung fragt, sind zum einen die Partnerschaftsbiographie und zum anderen die sozialen Netzwerke, die hier deshalb ausführlicher dargestellt werden sollen:

Zur Erhebung der *Partnerschaftsbiographien* wurden die Befragten gebeten, bis zu vier Partnerschaften zu beschreiben: die ersten drei und die letzte (beziehungsweise aktuelle) Partnerschaft. Als Partnerschaft zählten Beziehungen die länger als ein Jahr dauerten, sowie alle Ehen und alle aktuellen Partnerschaften. Es wurden die unterschiedlichen Partnerschaften in ihrer Dauer (Jahr des Kennenlernens, des Beginns der Partnerschaft, des Zusammenziehens, der Heirat und des Endes der Partnerschaft) und ihrer Art (Altersunterschied, Bildungsunterschied, Konfession, Nationalität etc.) retrospektiv erhoben. Außerdem sind über den zum Zeitpunkt der Befragung genannten Partner und über die Gestaltung der aktuellen Partnerschaft zusätzliche Informationen vorhanden.

Die Erhebung der *sozialen Netze* hatte zum Ziel, Familienbeziehungen - über die traditionelle Definition nach Haushalt hinaus - als Lebenszusammenhang zu erfassen. Dahinter steht der Gedanke, daß der Zugang über den Haushalt angesichts der Zunahme neuer familialer Lebensformen immer weniger der Realität entspricht und daß die Erfassung sozialer Beziehungen über eine Abfrage familialer Funktionen der gelebten Wirklichkeit besser gerecht werden. Es muß immer beachtet werden, daß es die Intention bei der Erstellung des Erhebungsinstrumentes war, familiale Beziehungen zu erforschen, nicht soziale Beziehungen allgemein. Durch einen Zugang über familiale Funktionen ist die Definition von Familie allerdings sehr weit gefaßt. Dennoch wird durch die Fragestellung festgelegt, was überhaupt erscheinen kann. Eine andere Art der Erhebung hätte sicherlich zu ganz anders zusammengesetzten Netzwerken geführt.

Die Netze wurden folgendermaßen erhoben: Die Befragten sollten zunächst jeweils die Personen nennen, die eine oder mehrere von sechs familialen Funktionen erfüllen: Personen, mit denen sie Persönliches besprechen, regelmäßig Mahlzeiten einnehmen, zu denen sie enge Gefühle entwickelt haben, von denen sie finanzielle Unterstützung erhalten beziehungsweise denen sie finanzielle Unterstützung geben oder mit denen sie hauptsächlich ihre Freizeit verbringen. Anschließend gaben die Befragten an, in welchen Beziehungen die genannten Personen zu ihnen standen, von (Ehe)partner/in über Kinder, Geschwister, (Partner-)Eltern und Großeltern, Enkel und sonstige Verwandte, bis hin zu Freunden, Kollegen, Vereinsmitgliedern und Nachbarn. Zu jedem Namen auf der Liste wurde außer der Art der Beziehung das Geschlecht, die räumliche Entfernung und die Kontakthäufigkeit erfragt. Außerdem wurden die Interviewten gebeten, das Alter aller nichtverwandten Netzwerkpersonen anzugeben. Abschließend nannten die Befragten alle Personen, die sie persönlich zu ihrer Familie zählten, so daß neben objektiven Handlungen und Gelegenheitsstrukturen auch die subjektive Familiendefinition erfaßt wurde.

Das Ergebnis sind egozentrierte Netzwerke, das heißt, Netzwerke aus Sicht eines einzelnen Akteurs, in diesem Fall des oder der Befragten. Die Erhebung der Netzwerkpersonen basierte nicht auf einer vorher festgelegten Definition von Familie, es wurde vielmehr ein offener Zugang gewählt, bei dem die Netze anhand familialer Funktionen generiert wurden. Die Fragen nach denjenigen Personen, die die jeweiligen Funktionen erfüllen, werden daher im Folgenden auch „Netzwerkgeneratoren" genannt. Die Beziehungen, die anhand dieser free-recall-technique erhoben wurden, wurden durch die daran anschließenden Fragen nach Beziehungsart, Wohnentfernung und Kontakthäufigkeit genauer beschrieben; diese Fragen können als „Netzwerkinterpretatoren" bezeichnet werden.

Dieser Vorgehensweise liegt die *handlungstheoretische Annahme* zugrunde, daß „Familie" als Phänomen nicht notwendigerweise und ausschließlich durch bestimmte Beziehungsarten zwischen den Mitgliedern bestimmt wird („Vater-Mutter-Kind"), sondern daß Familie sich aus familialem Handeln und der wechselseitigen Erfüllung familialer Funktionen konstituiert. So entsteht ein funktionelles Familienkonstrukt, das sich zum einen an Max Webers Definition von Familie orientiert (und so versucht Dach-, Bett- und Tisch- Gemeinschaft abzubilden), zum anderen an einem struktur-funktionalistischen Familienkonzept in der Tradition von Parsons (Parsons, 1965; Parsons et al., 1955). Ergänzt werden die egozentrierten Netze durch die Nennung der Personen, die von den Befragten selbst zu ihrer eigenen Familie gezählt werden. So steht neben dem funktionellen Familienkonstrukt ein „perzeptuelles Familienkonstrukt", das Einblick darüber verschafft, was die Befragten selbst unter Familie verstehen.

Sowohl die Partnerschaftsbiographie als auch die sozialen Netze sind in der zweiten Welle in identischer Form wie in der ersten Befragung erhoben worden. Daher sind Längsschnittuntersuchungen über den Zusammenhang zwischen Partnerschaftsbiographie und der Veränderung von Netzwerkstrukturen möglich.

Datenkritik

Fragestellung der Untersuchung
Einschränkend muß noch einmal darauf hingewiesen werden, daß es sich beim Familiensurvey um eine Untersuchung handelt, die zwar eine Vielzahl von Themen einschließt, aber nicht speziell die Erforschung sozialer Unterstützung im Zusammenhang mit Scheidung und Trennung zum Ziel hatte. Dies hat zur Folge, daß viele Fragestellungen, deren Beantwortung ursprünglich beabsichtigt war und die in Zusammenhang mit dem Thema der Arbeit wichtig gewesen wären, nicht berücksichtigt werden konnten:

Da beispielsweise die Partner/innen der Befragten nicht auch in die Untersuchung mit einbezogen wurden, fehlen wichtige Angaben über diese. In der zweiten Welle bleibt im Falle einer Trennung das weitere Schicksal der Partner/innen völlig im Dunkeln. Auch die subjektive Einschätzung der Trennung und ihrer Folgen durch die Befragten, die Frage, von wem die Trennung ausging, sowie Angaben über Trennungsgründe werden im Familiensurvey nicht erfragt. Es wäre auch sehr interessant zu erfahren, ob die Befragten nach der Trennung glücklicher oder unglücklicher sind als vorher, und ob hier ein Zusammenhang mit sozialer Unterstützung nach der Trennung besteht. Aber auch diese Frage wurde nicht gestellt. Es liegen nur Aussagen darüber vor, wie die Befragten ihre gegenwärtige soziale Einbindung bewerten.

Fallzahlen

Weiterhin sind aufgrund des Untersuchungsdesigns trotz der Größe des Familiensurvey dann doch wieder relativ wenige Befragte im Sample, die sich zwischen den beiden Befragungszeitpunkten von ihrem Lebenspartner beziehungsweise der Partnerin getrennt haben. Dies hat zur Folge, daß manche Fragen aufgrund zu geringer Fallzahlen nicht untersucht werden können. Hierzu gehört die Frage, wie lange die Trennung zurückliegt, eine Bedingung, die sicherlich auf viele der untersuchten Zusammenhänge großen Einfluß ausübt. (Es ist jedoch aufgrund des Untersuchungsdesigns klar, daß die Trennung höchstens sechs Jahre zurückliegen kann.) Das gleiche gilt für das Alter der Befragten, ihre regionale Verortung (zum Beispiel Großstadt/ Kleinstadt /Land), sowie für genauere Differenzierungen zwischen nichtehelichen Lebensgemeinschaften und Ehen, die wegen der geringen Fallzahlen nicht befriedigend analysiert werden können.

Repräsentativität

Die Repräsentativität der Panelstichprobe ist schlechter als die der ersten Ziehung. Dies liegt vor allem daran, daß durch Ausfälle in der zweiten Befragung systematische Verzerrungen entstehen; Das heißt dadurch, daß Personen nicht ein zweites mal befragt werden konnten. Die Vermutung liegt nahe, daß die Wahrscheinlichkeit einer erfolgreichen zweiten Befragung für Personen in bestimmten Lebenssituationen, vor allem solchen mit hoher Stabilität, höher ist als für andere. Ein weiteres Problem für die Repräsentativität von Panelstichproben liegt darin, daß sich die Grundgesamtheit zwischen den beiden Erhebungszeitpunkten verändert. Besonders stark könnte sich zwischen 1988 und 1994 die Population durch Migration zwischen Ost- und Westdeutschland verändert haben.

Eine Prüfung der Repräsentativität der Panelstichprobe ergab für 50 von 350 getesteten Variablen nachweisbare Abweichungen von der Gesamtstichprobe (Bien, 1996, S. 282). Unterrepräsentiert sind im Panel Großstadtbewohner, Ledige, Kinderlose und Erwerbstätige. Es ist zu erwarten, daß Personen, die zwischen erstem und zweitem Erhebungszeitpunkt eine Scheidung oder Trennung erlebten (und infolgedessen mit höherer Wahrscheinlichkeit Wohnort oder Namen gewechselt haben) ebenfalls unterrepräsentiert sind, und unter diesen insbesondere solche, für die das Ereignis mit besonders gravierenden Veränderungen der Lebenssituation verbunden war. Es ist daher davon auszugehen, daß Ergebnisse, die auf diesen Daten basieren, das Ausmaß der Veränderungen, die mit einer Trennung einhergehen, unterschätzen.

Dennoch ist das Panel bei dieser Fragestellung jeder retrospektiven Erhebung vorzuziehen. Es ist sehr selten, daß bei einer Scheidungsstudie ein echter Längsschnitt verwendet werden kann, da das Ereignis nicht vorhersehbar ist. Für gewöhnlich ist es in der Scheidungsfolgenforschung notwendig, die soziale Situation der Betroffenen, wie sie vor der Trennung bestand, so zu erfassen, wie sie den Befragten in Erinnerung ist. Solche retrospektiven Angaben sind natürlich sehr unzuverlässig und im Gegensatz zu Stichprobenverzerrungen in Ausmaß und Richtung überhaupt nicht einschätzbar. Ermöglicht wird die Verwendung eines echten Längsschnittes nur durch die ungewöhnlich großen Fallzahlen des Familiensurvey. In der Stichprobe findet sich eine (gerade noch) ausreichend große Anzahl von Personen, die innerhalb der fünf Jahre, die zwischen den beiden Erhebungszeitpunkten liegen, eine Scheidung oder Trennung erlebten. Somit sind echte Vergleiche zwischen der Vor- und der Nachscheidungssituation möglich, sowie eine Kontrolle der Effekte anhand einer großen Anzahl von Personen, deren Partnerschaftssituation über den Untersuchungszeitraum hinweg stabil geblieben war.

3. Aufbereitung der Daten

Die Datensätze der beiden Studien wurden zusammengespielt, so daß die Ergebnisse der Befragungen zu den beiden Erhebungszeitpunkten 1988 und 1994 miteinander in Beziehung gesetzt werden konnten. Die Datensätze, die die Angaben über die sozialen Netze enthielten, waren auf die im Netzwerk genannten Personen bezogen, und mußten so aggregiert werden, daß sie auf Befragtenebene analysiert werden konnten. Das heißt, die Informationen wurden so gebündelt, beziehungsweise die Variablen so vermehrt, daß sie jeweils Angaben über die befragten Personen und nicht über die Genannten enthielten. Ähnlich verhielt es sich mit den Partnerschaftsbiographien, die so abgelegt waren, daß jede Partnerschaft als ein „Fall" galt. Auch diese Daten wurden so aufbereitet, daß sich die Informationen auf die Befragten bezogen und auf Befragtenebene abgerufen werden konnten. Mit diesem File war es dann möglich, jeder befragten Person von der ersten Partnerschaft bis zur letzten oder aktuellen Beziehung eine „Partnerschaftsgeschichte" zuzuordnen.

Mit Hilfe dieser Informationen wurde eine Variable erstellt, die Trennungsereignisse seit der ersten Befragung 1988 und die gegenwärtige Partnerschaftssituation beschreibt. Diese Variable soll sich später durch die ganze Untersuchung ziehen, so daß immer auf dieselben Grundgesamtheiten zurückgegriffen werden kann und Einzelergebnisse miteinander vergleichbar sind.

Dabei wurde folgendermaßen vorgegangen: Auf Partnerschaftsebene wurden Variablen erstellt, die Informationen darüber enthalten, welche Partnerschaften zwischen 1988 und 1994 getrennt wurden, und um welche Art von Partnerschaft es sich dabei handelte. Gleichzeitig wurden als Vergleichsgruppe solche Partnerschaften berücksichtigt, bei denen die Befragten seit 1988 bis zum letzten Erhebungszeitpunkt immer mit demselben Partner zusammengelebt hatten.

Diese Variable wurde von der Partnerschaftsebene auf Befragtenebene aggregiert, so daß jedem Fall eine bestimmte "Trennungsgeschichte" zugeordnet werden konnte. Die neue Variable gibt an, welche Trennungsereignisse die Befragten zwischen 1988 und 1994 erlebt haben, beziehungsweise ob sie in diesem Zeitraum stabil in einer Ehe oder nichtehelichen Lebensgemeinschaft gelebt haben.

Abbildung II.3.1. **Trennungsereignisse nach 1988**

Trennungsereignisse nach 1988	N		
Trennung Ehe und Scheidung	72	Verwitwung	42
Scheidung	27	2x Trennung NEL	5
NEL stabil	87	NEL Übergang zu Ehe	122
Trennung Ehe ohne Scheidung	53	Trennung LAT	148
Trennung Ehe, Scheidung, Trennung Ehe	1	Trennung Ehe, Scheidung, Trennung LAT	1
Ehe stabil	2945	Scheidung, Trennung LAT	4
Trennung NEL	83	Trennung Ehe, Trennung LAT	1
Trennung Ehe, Scheidung, Trennung NEL	2	Trennung LAT, Trennung NEL	8
Scheidung, Trennung NEL	1	2x Trennung LAT	27
Trennung Ehe, Trennung NEL	1	3x Trennung LAT	2

Diese Ergebnisse wurden in eine Variable zusammengefaßt, bei der die Anzahl der Trennungen vernachlässigt wird. Hat eine Person im Befragungszeitraum Trennungen verschiedener Partnerschaftsformen erlebt, rangieren Ehen über nichtehelichen Lebensgemeinschaften und beide über Partnerschaften, bei denen die Befragten nicht zusammen wohnten ("Living apart together" (LAT) – Beziehungen). Verwitwungen und LAT - Trennungen sind für die Fragestellung dieser Arbeit nicht von zentralem Interesse und werden daher im weiteren meist nicht mit einbezogen.

Trennungsereignisse nach 1988 (zusammengefaßt):

Trennung Ehe und/ oder Scheidung + evtl. Trennung NEL/LAT	162
Trennung NEL + evtl. LAT	96
Trennung LAT	177
Verwitwung	42
Ehe oder NEL stabil (d.h. keine Trennung zwischen den beiden Befragungen)	3154

In einem weiteren Schritt wurde die Trennungsgeschichte um Angaben darüber ergänzt, ob die Personen zu den beiden Befragungszeitpunkten 1988 und 1994 einen Partner beziehungsweise eine Partnerin hatten und ob sie mit ihm/ihr in einem gemeinsamen Haushalt lebten. Dies führte zu folgenden Partnerschaftsverläufen, deren unterschiedliche Versionen als "Grundvariablen" für weitere Berechnungen verwendet werden können:

Abbildung II.3.2. **Partnerschaftsverläufe**

Verlauf 1	
88verheiratet/Trennung/94kein Partner im Haushalt	76
88verheiratet/Trennung/94mit Partner im Haushalt	32
88NEL/Trennung/94kein Partner im Haushalt	16
88NEL/Trennung/94mit Partner im Haushalt	10
Ehe stabil 1988-94	2961
NEL stabil 1988-94	144
Verlauf2	
88mit Partner lebend/Trennung/94kein Partner im Haushalt	100
88mit Partner lebend/Trennung/94mit Partner im Haushalt	48
Ehe oder NEL stabil 1988-94	3105
Verlauf4	
Tennung NEL oder Ehe nach 88/ 94 Partner ja	130
Tennung NEL oder Ehe nach 88/ 94 Partner nein	128
Ehe oder NEL stabil 1988-94	3153
Verlauf5	
Tennung NEL oder Ehe nach 88/94 mit Partner im Haushalt	79
Tennung NEL oder Ehe nach 88/94 kein Partner im Haushalt	179
Ehe oder NEL stabil 1988-94	3153
Verlauf 26	
88mit Partner lebend/Trennung/94 Partner nein	77
88mit Partner lebend/Trennung/94 Partner ja	71
Ehe oder NEL stabil 1988-94	3108

Im folgenden ein Beispiel für unterschiedliche Ergebnisse, je nachdem welche Verlaufsvariable verwendet wurde:

Abbildung II.3.3. **Unterschiedliche Verlaufsvariablen**

Verlauf 1 / Einsamkeit	nicht einsam N	nicht einsam %	einsam N	einsam %
88verheiratet/Trennung/94kein Partner im Haushalt	9	12	67	88
88verheiratet/Trennung/94mit Partner im Haushalt	5	16	27	84
88NEL/Trennung/94kein Partner im Haushalt	4	25	12	75
88NEL/Trennung/94mit Partner im Haushalt	2	20	8	80
Ehe stabil 1988-94	632	21	2323	79
NEL stabil 1988-94	23	16	121	84
Verlauf 2 / Einsamkeit	nicht einsam N	nicht einsam %	einsam N	einsam %
88mit Partner lebend/Trennung/94kein Partner im Haushalt	13	13	87	87
88mit Partner lebend/Trennung/94mit Partner im Haushalt	8	17	29	83
Ehe oder NEL stabil 1988-94	655	21	2450	79
Verlauf 4 / Einsamkeit	nicht einsam N	nicht einsam %	einsam N	einsam %
Tennung NEL oder Ehe nach 88/ 94 Partner ja	22	17	108	83
Tennung NEL oder Ehe nach 88/ 94 Partner nein	14	11	114	89
Ehe oder NEL stabil 1988-94	662	21	2485	79
Verlauf 5 / Einsamkeit	nicht einsam N	nicht einsam %	einsam N	einsam %
Tennung NEL oder Ehe nach 88/94 mit Partner im Haushalt	12	15	67	85
Tennung NEL oder Ehe nach 88/94 kein Partner im Haushalt	24	13	155	87
Ehe oder NEL stabil 1988-94	662	21	2485	79
Verlauf 26 / Einsamkeit	nicht einsam N	nicht einsam %	einsam N	einsam %
88mit Partner lebend/Trennung/94 Partner nein	12	16	65	84
88mit Partner lebend/Trennung/94 Partner ja	9	13	62	87
Ehe oder NEL stabil 1988-94	656	21	2446	79

Die unterschiedlichen Versionen wurden noch mit einer Vielzahl anderer Variablen in Beziehung gesetzt, um sie daraufhin zu testen, wie trennscharf sie sind und wie gut sie sich dafür eignen, die Grundgesamtheit in unterschiedliche Kategorien aufzuteilen, auf die dann immer wieder zurückgegriffen werden kann. Letztlich erwies sich die Variable als die aussagekräftigste, die nur Personen einschloss, die 1988 zum Zeitpunkt der Befragung mit einem Partner oder einer Partnerin zusammengelebt hatten, und die für 1994 danach differenzierte, ob die Befragten noch in dieser Partnerschaft lebten (Kontrollgruppe: Nel / Ehe stabil) oder ob sie sich von dieser Partnerin / diesem Partner getrennt hatten. Wenn letzteres der Fall war, wurde noch danach differenziert, ob sie zum Zeitpunkt der zweiten Befragung eine neue Partnerschaft angaben (Version Verlauf 26).

Entscheidend für die Aussagekraft der Variable war bei vielen Testläufen, ob eine neue Partnerschaft bestand, und nicht, ob die Befragten mit diesem neuen Partner / dieser Partnerin zusammenlebten. Diese Unterscheidung ist im Verlauf der Arbeit immer wieder sinnvoll und kann an diesen Stellen auch durchgeführt werden, aber es scheint die Ergebnisse zu „verwässern" wenn generell nur Partner im Haushalt als „echte" Partner zählen und alle anderen Personen zusammengefasst werden, unabhängig von ihrer Partnerschaftssituation. Eine Unterscheidung danach, ob es sich bei den jeweiligen Partnerschaften um Ehen oder um nichteheliche Lebensgemeinschaften handelte, brachte wenig Trennschärfe, und wird daher (und in Hinblick auf die Fallzahlen) unterlassen.

Anhand dieser Grundvariable werden in der vorliegenden Studie die Veränderungen untersucht, die sich in Hinblick auf die sozialen Beziehungen im Zuge einer Trennung vom Lebenspartner ergeben. Die Variable teilt die Befragten in Kategorien ein, auf die immer wieder Bezug genommen wird, und ermöglicht so eine gleichbleibende Basis für die Ergebnisse unterschiedlicher Fragestellungen und Themengebiete.

4. Soziale Unterstützung und Veränderungen innerhalb spezieller Beziehungen

4.1. Beziehungen zu den Eltern

Wie verändert sich durch eine Scheidung oder Trennung die Beziehung zu den Eltern der Betroffenen?

Brüche im Lebensverlauf werden in der aktuellen soziologischen Literatur in der Regel als Kennzeichen für "Individualisierung", "Postmoderne", "Vereinzelung" etc. interpretiert.
Alte Bindungen gehen verloren, neue müssen aufgebaut werden, die Menschen werden nach dieser Sichtweise auf sich selbst zurückgeworfen und müssen eigenständig ein neues soziales Netz aufbauen. Es ist jedoch auch denkbar, daß ganz im Gegensatz zu diesen Annahmen durch solche biographischen Brüche traditionelle Beziehungsformen gestärkt werden. Die Beziehungen zwischen Eltern und Kindern sind in der Regel besonders stabil, und daher kann angenommen werden, daß Eltern auch ihren erwachsenen Kindern in schwierigen Situationen beistehen, und daß direkte Familienbeziehungen solche Ereignisse meist überstehen. Hondrich (1999) postuliert, auch globale Vergesellschaftung ziehe Gemeinschaftsbildung nach sich (zum Beispiel weltweite Geschäftsfreundschaften), in wirklichen Notlagen würden jedoch nach wie vor nur die traditionellen Herkunftsnetze tragen: „Daß diese Gemeinschaften „der Sache" aber doch dünne und wenig tragfähige sind, zeigt sich in den existentiellen Situationen, bei Geburt und Tod, Liebe und Krankheit, Erziehung und materieller Not: Da sind wir alle zurückverwiesen auf die Gemeinschaften der Herkunft" (Hondrich, 1999, S.251).
Im Rahmen der Individualisierungsthese wird hingegen davon ausgegangen, daß traditionelle, überkommene Bindungen an Bedeutung verlieren und auch für die Unterstützung in Notfällen in immer geringerem Maße verfügbar sind beziehungsweise in Anspruch genommen werden.

Die These, nach einer Scheidung oder Trennung würden sich die Betroffenen zurück in ihre Herkunftsfamilie "flüchten" oder zumindest die Beziehung zu ihren Eltern stärken und deren Unterstützung suchen, steht demnach in Widerspruch zu der verbreiteten Tendenz, solche Ereignisse als Kennzeichen fortschreitender Individualisierung zu interpretieren, und soll im Folgenden überprüft werden. Natürlich schließen sich beide Annahmen nicht völlig aus, aber sie stehen für unterschiedliche Interpretationen in bezug auf gesellschaftliche Entwicklungen.

Wie bereits in Kapitel I.6. dargelegt, führten die bisherigen Ergebnisse der Scheidungsfolgenforschung zu widersprüchlichen Ergebnissen hinsichtlich der Frage, welche Auswirkungen eine Scheidung oder Trennung auf die Beziehungen zwischen den Betroffenen und ihren Eltern habe. Das Spektrum der Antwortversuche reicht vom Postulat einer Intensivierung der Beziehungen, die einseitig auf Hilfeleistungen der Eltern zurückgeht, wobei teilweise befürchtet wird, daß die Kinder wiederum ihre Eltern weniger unterstützen -"Ressourcen-Perspektive"- (Dykstra, 1997; Johnson, 1988; Ahrons und Bowman, 1982; Leslie und Grady, 1985; Napp-Peters, 1985; Mc Lanahan et al., 1981), über die Annahme, die Beziehungen blieben stabil und im wesentlichen unverändert -"Kontinuitätsperspektive"- (Spitze und Logan, 1994; Rossi und Rossi, 1990; Isaacs und Leon, 1986b), bis hin zu der Behauptung, eine Trennung der Kinder wirke sich vor allem belastend auf die Beziehung zu den Eltern aus -"Belastungsperspektive"- (Umberson, 1992; Cicirelli, 1983b; Cooney und Uhlenberg, 1990). (Eine umfassende Ausführung hierzu findet sich in Kapitel I.6.)

Es besteht jedoch im wesentlichen in der Scheidungsfolgenforschung Einigkeit darüber, daß die Eltern meist eine wichtige Rolle bei der Bewältigung einer Scheidung spielen. Durch Unverständnis, Ablehnung oder unerwünschte Einmischung können sie die Situation ebenso erschweren, wie sie durch emotionale und praktische Unterstützung ihrem Kind eine große Hilfe sein können.

Es ist in gewisser Weise leichter, Hilfe von den Eltern anzunehmen, als sich von Freunden oder Nachbarn helfen zu lassen, weil in Eltern Kind- Beziehungen kaum das Gefühl aufkommt, man müsse bald eine entsprechende Gegenleistung bringen. Denn gerade in Eltern-Kind-Beziehungen verläuft Reziprozität über sehr lange Zeiträume. Andererseits wird es zuweilen als problematisch empfunden, sich von Vater und Mutter helfen zu lassen und so wieder in die Rolle des "Kindes" zu schlüpfen, der man doch längst entwachsen war. Dieses Problem tritt insbesondere dann auf, wenn Eltern (zum Beispiel, weil sie Enkelkinder betreuen) sehr stark am Alltag ihrer Kinder beteiligt sind, oder wenn Betroffene nach einer Trennung wieder ins Elternhaus zurückkehren (siehe zum Beispiel Weiss, 1994).

Kontakthäufigkeit

Entsprechend den schon allgemein dargelegten Widersprüchen zwischen den Ergebnissen unterschiedlicher Studien, gibt es auch in bezug darauf, ob eine Trennung die Häufigkeit des Kontaktes zwischen Kindern und Eltern verstärkt oder reduziert, divergierende Aussagen.

Nach Umberson (1992) beispielsweise hat eine Scheidung oder Trennung keinen signifikanten Einfluß auf die Intensität des Kontaktes zwischen Eltern und Kindern. Andere Studien kamen zu dem Ergebnis, daß ein solches Ereignis zu einer Verstärkung des Kontaktes zwischen Eltern und Kindern führt (zum Beispiel Cherlin und Furstenberg, 1986; Ahrons und Bowman, 1982).

Tabelle II.4.1.

Kontakt mit den Eltern mindestens einmal pro Woche 1994

			GRUND26			
			getrennt mit Partner	getrennt ohne Partner	stabile NEL oder Ehe	Total
Kontakt mit Eltern mindestens 1x pro Woche	,00	Count	41	21	1245	1307
		Expected Count	39,1	31,8	1236,1	1307,0
		% within GRUND26	58,6%	36,8%	56,2%	55,8%
	1,00	Count	29	36	970	1035
		Expected Count	30,9	25,2	978,9	1035,0
		% within GRUND26	41,4%	63,2%	43,8%	44,2%
Total		Count	70	57	2215	2342
		Expected Count	70,0	57,0	2215,0	2342,0
		% within GRUND26	100,0%	100,0%	100,0%	100,0%

Grund26: Variable, in der die Untersuchungskategorien definiert sind: zus88trmp = zum Zeitpunkt der ersten Befragung 1988 mit Partner/in zusammengelebt, zwischen 1988 und 1994 Trennung, in der zweiten Befragung 1994 mit neuer Partnerschaft; zus88trop = 1988 mit Partner/in zusammengelebt, zwischen 1988 und 1994 Trennung, in der zweiten Befragung 1994 ohne neue Partnerschaft; NEL/Ehestabil = zu beiden Befragungszeitpunkten mit dem/r selben Partner/in zusammengelebt.

Nach den Daten des Familiensurveys ist die Häufigkeit des Kontaktes mit den Eltern nach einer Trennung höher, als dann, wenn die Befragten in den letzten sechs Jahren stabil in einer Beziehung gelebt hatten. Dies gilt solange, bis eine neue Partnerschaft eingegangen wird. Definiert man "häufigen" Kontakt als telefonischen, brieflichen oder persönlichen Kontakt in täglicher oder mehrmals wöchentlicher Frequenz, so geben die seit über sechs Jahren Verheirateten oder in einer nichtehelichen Lebensgemeinschaft lebenden Befragten zu 44 Prozent einen solch "häufigen" Kontakt an. Bei den Getrennten ohne Partner sind dies hingegen 63 Prozent, also erheblich mehr. Auch die Abweichung vom Erwartungswert ist in dieser Kategorie deutlich. Bei Personen, die nach der Trennung einen neuen Partner gefunden haben, sind es 41 Prozent. Eine neue Partnerschaft löscht den Trennungseffekt vollständig aus und zwar unabhängig davon, ob man mit dem neuen Partner zusammenlebt oder nicht. Denn Personen, die mit ihrem neuen Partner zusammenwohnen, geben ebenso selten einen häufigen Kontakt mit den Eltern an wie Personen, deren Partnerschaft schon länger als sechs Jahre besteht (42%).

Betrachtet man die Veränderung der Kontakthäufigkeiten im Längsschnitt, so zeigt sich, daß sich insgesamt bei 29 Prozent der Befragten Veränderungen ergaben in dem Sinne, daß sie 1988 selten Kontakt mit den Eltern hatten, aber 1994 häufig oder umgekehrt. Davon verzeichnen geringfügig mehr Personen eine Zunahme der Kontakthäufigkeit als eine Abnahme (16% zu 14%). Auch im Längsschnitt sind Unterschiede zwischen Getrennten und Stabilen sichtbar, wobei der Effekt ausschließlich auf getrennte Personen ohne Partner zurückzuführen ist. Eine Zunahme der Kontakthäufigkeit mit den Eltern zwischen beiden Erhebungszeitpunkten erlebten ein Viertel (25%) der partnerlosen Getrennten und 14 Prozent der Getrennten mit Partner. Bei den Personen, deren Beziehung die sechs Jahre überdauerte, waren es 15

---

[9] Als "Eltern" zählen alle Personenangaben, die sich auf beide Eltern oder einen Elternteil der Befragten beziehen. Es wurde in folgendem Abschnitt, der sich mit der Beziehung zu "den Eltern" beschäftigt, bei

Prozent. Entsprechend ergeben sich für den Fall, daß die Kontakthäufigkeit abgenommen hat, geringere Prozentzahlen für getrennte partnerlose Personen und höhere für stabil gebliebene (11% zu 14%, Getrennte mit Partner 13%). Auch hier ist demnach die Frage, ob nach einer Trennung eine neue Partnerschaft besteht, entscheidend dafür, ob überhaupt eine Auswirkung auf die Eltern-Kind-Beziehung beobachtbar ist. Partnerlose Personen sind nach einer Trennung stärker mit ihren Eltern verbunden als vorher und zeigen eine solche Veränderung häufiger als Getrennte mit Partner und stabil in Beziehungen lebende Personen.

Die Häufigkeit des Kontaktes steht natürlich in Zusammenhang mit Gelegenheitsstrukturen, vor allem mit der räumlichen Entfernung zwischen Eltern und Kindern. (Unterschiede in der Entfernung und ihre Folgen werden genauer im nächsten Abschnitt behandelt.)

So findet in fast allen Fällen, in denen Eltern und Kinder in einem Haushalt oder einem Haus wohnen ein häufiger - also täglicher oder mehrmals wöchentlicher - Kontakt statt. Wohnen die Befragten und ihre Eltern in einer Entfernung voneinander, die es ermöglicht, den anderen innerhalb von 15 Minuten zu erreichen, geben Personen nach einer Trennung zu über 90 Prozent (sowohl mit als auch ohne Partner) an, häufig Kontakt mit ihren Eltern zu haben. Bei den Stabilen sind es hingegen nur 76 Prozent[10]. Die Abweichungen von den Erwartungswerten sind hier gering). Wohnen die Befragten weiter als 15 Minuten von ihren Eltern entfernt, besteht eine hohe Kontakthäufigkeit bei einem knappen Viertel sowohl der Getrennten als auch der Stabilen (mit geringen Prozentabweichungen, aber kaum Abweichungen vom Erwartungswert). Das heißt, daß bei geringen Entfernungen durchaus Unterschiede zwischen den Untersuchungskategorien bestehen, und Getrennte intensiveren Kontakt mit ihren Eltern pflegen, daß sich dieser Effekt bei größeren Entfernungen aber nicht mehr auffinden läßt.

Frauen haben generell häufiger Kontakt mit ihren Eltern als Männer, sowohl in stabilen Beziehungen, als auch dann, wenn sie eine Trennung oder Scheidung hinter sich haben. Nur unter partnerlosen Getrennten dreht sich das Verhältnis zwischen

---

den einzelnen Items nicht unterschieden, ob jemand einen Elternteil oder beide Eltern angegeben hat.
[10] Wegen der geringen Fallzahlen suggerieren die Prozentzahlen einen etwas übertriebenen Effekt

den Geschlechtern um. Über zwei Drittel der getrennten partnerlosen Männer (der tatsächliche Wert ist hier doppelt so hoch wie der Erwartungswert!) pflegt einen häufigen Kontakt mit den Eltern, bei Frauen in der selben Situation sind es etwas über die Hälfte. Das bedeutet, daß diese Männer das übliche Muster durchbrechen und sich besonders stark ihren Eltern zuwenden. Innerhalb der Geschlechter unterscheiden sie sich auch stärker von Männern in Partnerschaften, als dies bei Frauen untereinander der Fall ist, das heißt die Frage einer neuen Partnerschaft hat für die Sohn-Eltern-Beziehung in bezug auf Kontakthäufigkeit besonders hohe Bedeutung. Und das heißt auch, daß nach einer Trennung, wenn die Betroffenen noch keinen neuen Partner haben, keineswegs vor allem der Kontakt zwischen Eltern und Töchtern häufiger wird, wie es Ahrons und Bowman (1982) beschrieben. Auch Spitze und Logan (1994) waren zu dem Schluß gekommen, daß die Kontakthäufigkeit zwischen geschiedenen Töchtern, die das Sorgerecht für ihre Kinder hatten, und ihren Eltern besonders hoch war, unabhängig davon, wie lange das Trennungsereignis zurücklag. Diese Ergebnisse können mit den Daten des Familiensurvey nicht bestätigt werden.

Kinder im Haushalt intensivieren generell den Kontakt mit den Eltern, wobei eine Trennung allerdings diese Tendenz nicht zu verstärken scheint. Im Gegenteil: Partnerlose ohne Kinder im Haushalt haben den höchsten Prozentsatz an intensiven Elternbeziehungen (77% /Verdoppelter Erwartungswert). Es könnte sein, daß diese Personen besonders oft unter Einsamkeit leiden und deshalb die Gesellschaft ihrer Eltern suchen. Aus dem Längsschnitt geht hervor, daß es genauso häufig vorkam, daß (getrennte) Personen mit Kindern im Haushalt eine Veränderung hin zu einem häufigen Kontakt verzeichneten, wie daß eine Veränderung von "häufig" zu "selten oder nie" stattfand (beide Male 17%). Bei kinderlosen Personen sind Veränderungen im Sinne einer Verstärkung des Kontaktes mit den Eltern deutlich häufiger als umgekehrt.

Das heißt, daß es nicht Mithilfe bei der Versorgung von Kindern ist, die eine Intensivierung der Eltern-Kind-Beziehungen nach einer Trennung bewirkt, sondern daß im Gegenteil Personen, die nicht mit Kindern leben, nach einer Trennung eher den Kontakt zu den Eltern verstärken als andere. Dies legt die Vermutung nahe, daß es eher die Einsamkeit, die sich nach einer Trennung einstellen kann, ist, die eine Hinwendung zu den Eltern bewirkt, als ein Bedarf an Hilfe bei der Alltagsorganisation, wie er bei Alleinerziehenden eher auftritt als bei Personen, die keine Kinder zu versorgen haben.

Wohnentfernung

Die Wohnentfernung kann zum einen als Indikator für die Intensität der Eltern –Kind - Beziehung gewertet werden (besonders wenn sie sich nach der Trennung vergrößert oder verringert) , zum anderen stellt sie eine wichtige Voraussetzung dafür dar, wie die Beziehung überhaupt gelebt werden kann.

Wenn man nach einer Trennung vom Lebenspartner ins elterliche Haus zurückzieht, bedeutet das eine besonders starke Hinwendung (man könnte auch sagen Rückwendung) zu den Eltern. 12 von 126 getrennten Befragten sind in unserem Sample in den letzten sechs Jahren zurück ins Elternhaus gezogen (und haben zum Zeitpunkt der zweiten Befragung noch dort gelebt), davon 7 nach der Trennung. Alle 7 hatten zum Zeitpunkt der zweiten Befragung keinen Partner. Es muß immer bedacht werden, daß in Panelstudien Personen, die den Wohnsitz wechseln, eine wesentlich höhere Ausfallwahrscheinlichkeit haben als andere. Obwohl im Familiensurvey versucht wurde, auch den verzogenen Personen nachzugehen, muß auch hier mit erheblichen Verzerrungen gerechnet werden. Diese haben nicht nur Folgen für Fragen der räumlichen Entfernung, sondern für eine Vielzahl von Faktoren, wie zum Beispiel Veränderungen im Bereich sozialer Beziehungen oder Einsamkeit.[11]

---

[11] Zur Repräsentativität der Stichprobe siehe "Methodenbericht.."

Tabelle II.4.2.

Im selben Haus(halt) mit den Eltern lebend 1994

			GRUND26			Total
			getrennt mit Partner	getrennt ohne Partner	stabile NEL oder Ehe	
Im gleichen Haushalt mit den Eltern	,00	Count	64	40	1940	2044
		Expected Count	61,1	49,7	1933,2	2044,0
		% within GRUND26	91,4%	70,2%	87,6%	87,3%
	1,00	Count	6	17	275	298
		Expected Count	8,9	7,3	281,8	298,0
		% within GRUND26	8,6%	29,8%	12,4%	12,7%
Total		Count	70	57	2215	2342
		Expected Count	70,0	57,0	2215,0	2342,0
		% within GRUND26	100,0%	100,0%	100,0%	100,0%

Grund26: Variable, in der die Untersuchungskategorien definiert sind: zus88trmp = zum Zeitpunkt der ersten Befragung 1988 mit Partner/in zusammengelebt, zwischen 1988 und 1994 Trennung, in der zweiten Befragung 1994 mit neuer Partnerschaft; zus88trop = 1988 mit Partner/in zusammengelebt, zwischen 1988 und 1994 Trennung, in der zweiten Befragung 1994 ohne neue Partnerschaft; NEL/Ehestabil = zu beiden Befragungszeitpunkten mit dem/r selben Partner/in zusammengelebt.

Insgesamt wohnten 1994 12 Prozent der Stabilen mit den Eltern oder einem Elternteil im selben Haus(halt), 9 Prozent der Getrennten mit neuem Partner und 30 Prozent der Getrennten ohne neuen Partner. Diese größere Nähe der partnerlosen Getrennten zu ihren Eltern gilt nur für das Wohnen im selben Haus. Bei weiteren Entfernungen verwischen sich die Unterschiede.

Gefühlsmäßige Bindung

Die gefühlsmäßige Bindung an die Eltern ist zunächst einmal als eigenständige Beziehungskomponente zu sehen, die nicht unbedingt durch eine gestiegene Kontakthäufigkeit oder zunehmende praktische Hilfe tangiert wird. So kamen Spitze und Logan (1994) in ihrer Befragung von 1200 Eltern, deren Kinder sich hatten scheiden lassen, zu dem Ergebnis, daß sich die Kontakthäufigkeit zu den Kindern nach einer Trennung sehr wohl veränderte, während es in bezug auf emotionale Nähe kaum Unterschiede zwischen verheirateten und geschiedenen Kindern gab. Dies ist allerdings - anders als in bezug auf Kontakthäufigkeit, die eine eher "objektive" Größe darstellt - nur unter großem Vorbehalt mit unseren Daten vergleichbar, da im Familiensurvey nur Aussagen aus Sicht der betroffenen Personen ausgewertet werden können, nicht aber aus Sicht ihrer Netzwerkpersonen. Es ist anzunehmen, daß eine enge gefühlsmäßige Bindung der Eltern an ihre Kinder häufiger und auch stabiler ist als umgekehrt die emotionale Nähe, die erwachsene Kinder gegenüber ihren Eltern empfinden.

Nach unseren Daten wird im Schnitt von Befragten, die eine Trennung hinter sich haben, häufiger angegeben, sie hätten eine "enge gefühlsmäßige Bindung" an ihre Eltern oder einen Elternteil als von Personen in einer stabilen Partnerschaftssituation.

Tabelle II.4.3.

enge gefühlsmäßige Bindung an die Eltern 1994

			GRUND26			
			getrennt mit Partner	getrennt ohne Partner	stabile NEL oder Ehe	Total
Gefühls- mäßige Bindung an Eltern	,00	Count	42	34	1580	1656
		Expected Count	49,5	40,3	1566,2	1656,0
		% within GRUND26	60,0%	59,6%	71,3%	70,7%
	1,00	Count	28	23	635	686
		Expected Count	20,5	16,7	648,8	686,0
		% within GRUND26	40,0%	40,4%	28,7%	29,3%
Total		Count	70	57	2215	2342
		Expected Count	70,0	57,0	2215,0	2342,0
		% within GRUND26	100,0%	100,0%	100,0%	100,0%

Grund26: Variable, in der die Untersuchungskategorien definiert sind: zus88trmp = zum Zeitpunkt der ersten Befragung 1988 mit Partner/in zusammengelebt, zwischen 1988 und 1994 Trennung, in der zweiten Befragung 1994 mit neuer Partnerschaft; zus88trop = 1988 mit Partner/in zusammengelebt, zwischen 1988 und 1994 Trennung, in der zweiten Befragung 1994 ohne neue Partnerschaft; NEL/Ehestabil = zu beiden Befragungszeitpunkten mit dem/r selben Partner/in zusammengelebt.

Eltern scheinen also nach einer Trennung nicht nur für äußerliche Hilfeleistungen wie finanzielle Unterstützung oder Kinderbetreuung wichtig zu werden, sondern es vollzieht sich auch innerlich infolge eines Trennungsereignisses eine stärkere Hinwendung zu den Eltern. Während 29 Prozent der stabil lebenden Personen eine "enge gefühlsmäßige Bindung" an mindestens einen Elternteil haben, sind es unter den Getrennten 40 Prozent - unabhängig davon, ob es einen neuen Partner gibt oder nicht. Zeigte sich im vorigen Abschnitt in bezug auf die Kontakthäufigkeit ein Einfluß der Trennung auf die Beziehung zu den Eltern fast immer nur bei partnerlosen Personen, so ist hier interessanterweise der Effekt unabhängig von einer neuen Partnerschaft. Auch wenn äußerlich der Kontakt zu den Eltern nach einer Trennung kaum verstärkt ist, weil man einen neuen Partner hat, so ist doch innerlich die Nähe zu den Eltern größer als bei Personen, die keine Trennung durchlebt haben. Dies könnte damit zusammenhängen, daß man die Erfahrung gemacht hat, daß Partnerschaften instabil sind, die Beziehung zu den Eltern aber dauerhaft. Vielleicht war auch bei manchen kurzfristig der Kontakt zu den Eltern verstärkt; diese haben emotionale Unterstützung geleistet, sich auf die Seite ihrer Kinder geschlagen oder Hilfe angeboten. Auch wenn sich zum Zeitpunkt der zweiten Befragung die Situation zum Teil entschärft hat, zum Beispiel durch eine neue Partnerschaft, mag dennoch Dankbarkeit zurückgeblieben sein und das Bewußtsein, im Notfall auf die Eltern zählen zu können.

Auch in bezug auf emotionale Nähe sind Frauen durchweg häufiger mit ihren Eltern eng verbunden als Männer. Unter partnerlosen Getrennten zeigt sich jedoch eine leichte Annäherung der Männer an die Prozentsätze der Frauen; hier sind die Unterschiede zwischen Männern und Frauen schwächer als in den anderen beiden Kategorien.

Tabelle II.4.4.

enge gefühlsmäßige Bindung an die Eltern 1988 und 1994

			GRUND26			
			getrennt mit Partner	getrennt ohne Partner	stabile NEL oder Ehe	Total
gefühls- mäßige Bindung an Eltern 1988 und 1994	88nein 94nein	Count	32	20	1226	1278
		Expected Count	38,3	30,7	1209,0	1278,0
		% within GRUND26	45,7%	35,7%	55,5%	54,7%
	88nein 94ja	Count	14	15	335	364
		Expected Count	10,9	8,7	344,4	364,0
		% within GRUND26	20,0%	26,8%	15,2%	15,6%
	88ja 94nein	Count	10	13	350	373
		Expected Count	11,2	8,9	352,9	373,0
		% within GRUND26	14,3%	23,2%	15,8%	16,0%
	88ja 94ja	Count	14	8	298	320
		Expected Count	9,6	7,7	302,7	320,0
		% within GRUND26	20,0%	14,3%	13,5%	13,7%
Total		Count	70	56	2209	2335
		Expected Count	70,0	56,0	2209,0	2335,0
		% within GRUND26	100,0%	100,0%	100,0%	100,0%

Grund26: Variable, in der die Untersuchungskategorien definiert sind: getrennt mit Partner = zum Zeitpunkt der ersten Befragung 1988 mit Partner/in zusammengelebt, zwischen 1988 und 1994 Trennung, in der zweiten Befragung 1994 mit neuer Partnerschaft; getrennt ohne Partner = 1988 mit Partner/in zusammengelebt, zwischen 1988 und 1994 Trennung, in der zweiten Befragung 1994 ohne neue Partnerschaft; NEL/Ehestabil = zu beiden Befragungszeitpunkten mit dem/r selben Partner/in zusammengelebt.

Vergleicht man die Angaben der Befragten zu beiden Erhebungszeitpunkten, so zeigt sich, daß es unter den Getrennten mehr Veränderungen im positiven wie auch im negativen Sinne gab als unter den Stabilen. Durch eine Trennung kann die Beziehung zwischen Eltern und erwachsenen Kindern gestärkt werden, es kann aber auch das

Gegenteil eintreten und eine emotionale Entfremdung entstehen. Zu vermuten ist dies insbesondere in Fällen, in denen die Eltern die Entscheidung des Kindes ablehnen. (Insgesamt trat bei 31 Prozent der Nicht-Getrennten eine Veränderung ein, bei denen, die zwischen den Befragungen eine oder mehrere Trennungen erlebten, waren es 34 Prozent (mit Partner) beziehungsweise 50 Prozent (ohne Partner). Insgesamt zeigten Frauen stärkere Schwankungen in bezug auf ihre gefühlsmäßige Bindung an die Eltern als Männer. Getrennte Männer ohne Partnerinnen zeigten allerdings stärkere Schwankungen als Frauen in der gleichen Situation.

Eine Stärkung der gefühlsmäßigen Bindung erlebten 15 Prozent der Stabilen, 27 Prozent der Getrennten ohne Partner und 20 Prozent der Getrennten, die zum Zeitpunkt der zweiten Befragung einen neuen Partner hatten. Die Abweichungen der Werte von den Erwartungswerten sind ebenfalls deutlich. Kontrolliert man die Ergebnisse danach, ob die Personen mit dem neuen Partner zusammenleben oder nicht, so zeigen sich kaum Unterschiede. Auch die Frage, ob Kinder mit im Haushalt leben, hatte kaum Einfluß. Der Prozentsatz der Personen, deren Beziehung zu den Eltern in den letzten sechs Jahren eine Veränderung hin zu einer engen emotionalen Bindung erfuhr, ist damit bei partnerlosen Getrennten deutlich höher als bei Personen, die in dieser Zeit kontinuierlich mit demselben Partner zusammenlebten.

Eine emotionale "Abkühlung" trat bei 16 Prozent der Stabilen, bei 14 Prozent der Getrennten mit und bei 23 Prozent der Getrennten ohne Partner/in ein. Die Tatsache, daß auch in bezug auf Veränderungen im negativen Sinne die Getrennten ohne Partner stärker vertreten sind (wenn auch nicht ganz so gravierend), verweist darauf, daß eine Trennung ein Ereignis ist, das andere Beziehungen berührt, dessen Auswirkungen auf andere Beziehungen aber offen sind. Je nachdem, wie sich andere Personen, in diesem Falle die Eltern der Betroffenen, dazu stellen, wie man über die Trennung sprechen kann etc., wird sich auch die Beziehung verändern. So stellt eine Trennung in jedem Fall eine Herausforderung für das Umfeld der Beteiligten dar.

Persönliche Gespräche

Tabelle II.4.5.

Eltern als Gesprächspartner 1994

			GRUND26			
			getrennt mit Partner	getrennt ohne Partner	stabile NEL oder Ehe	Total
Eltern als Gesprächspartner genannt	,00	Count	51	36	1822	1909
		Expected Count	57,1	46,5	1805,5	1909,0
		% within GRUND26	72,9%	63,2%	82,3%	81,5%
	1,00	Count	19	21	393	433
		Expected Count	12,9	10,5	409,5	433,0
		% within GRUND26	27,1%	36,8%	17,7%	18,5%
Total		Count	70	57	2215	2342
		Expected Count	70,0	57,0	2215,0	2342,0
		% within GRUND26	100,0%	100,0%	100,0%	100,0%

Grund26: Variable, in der die Untersuchungskategorien definiert sind: getrennt mit Partner = zum Zeitpunkt der ersten Befragung 1988 mit Partner/in zusammengelebt, zwischen 1988 und 1994 Trennung, in der zweiten Befragung 1994 mit neuer Partnerschaft; getrennt ohne Partner = 1988 mit Partner/in zusammengelebt, zwischen 1988 und 1994 Trennung, in der zweiten Befragung 1994 ohne neue Partnerschaft; NEL oder Ehe = zu beiden Befragungszeitpunkten mit dem/r selben Partner/in zusammengelebt.

Auf die Frage "Mit wem sprechen Sie über Dinge, die Ihnen persönlich wichtig sind?" nannten 18 Prozent der Personen, deren Partnerschaft seit mindestens sechs Jahren besteht, ihre Eltern oder einen Elternteil. Von den Befragten, die in diesem Zeitraum eine Trennung erlebten, gaben 27 Prozent der Personen, die inzwischen einen neuen Partner gefunden haben, an, mit ihren Eltern über persönliche Dinge zu sprechen. Bei Getrennten ohne Partner waren es sogar 37 Prozent. Der Anteil derer, die mit ihren Eltern über Persönliches sprechen, ist damit unter Getrennten wesentlich höher als unter Personen mit stabiler Ehe oder NEL. Auch die Erwartungswerte weichen deutlich von den erzielten Werten ab.

Dieses Ergebnis bestätigt die bisherigen Befunde, nach denen Eltern nach einer Trennung emotionale Unterstützung geben können, und daß in vielen Fällen nach einer Trennung eine Rückwendung zur Herkunftsfamilie hin stattfindet. Dieser Effekt zeigt sich unabhängig davon, ob Kinder mit im Haushalt leben oder nicht. Bei Männern sind die Unterschiede zwischen Getrennten und Stabilen noch deutlicher als bei Frauen. Während bei letzteren die Getrennten eineinhalb mal so oft wie die Stabilen angaben, mit den Eltern persönliche Gespräche zu führen, war bei den Männern das Verhältnis ungefähr eins zu drei. Es wird noch zu zeigen sein, ob dies darauf zurückzuführen ist, daß Frauen mehr Freunde und Freundinnen für Gespräche zur Verfügung stehen als Männern, oder ob die Gründe woanders zu suchen sind.

Tabelle II.4.6.

Eltern als Gesprächspartner 1988 und 1994

			GRUND26			
			getrennt mit Partner	getrennt ohne Partner	stabile NEL oder Ehe	Total
Eltern als Gesprächspartner genannt 1988 und 1994	88nein 94nein	Count	43	25	1531	1599
		Expected Count	47,9	38,3	1512,7	1599,0
		% within GRUND26	61,4%	44,6%	69,3%	68,5%
	88nein 94ja	Count	15	11	244	270
		Expected Count	8,1	6,5	255,4	270,0
		% within GRUND26	21,4%	19,6%	11,0%	11,6%
	88ja 94nein	Count	8	11	286	305
		Expected Count	9,1	7,3	288,5	305,0
		% within GRUND26	11,4%	19,6%	12,9%	13,1%
	88ja 94ja	Count	4	9	148	161
		Expected Count	4,8	3,9	152,3	161,0
		% within GRUND26	5,7%	16,1%	6,7%	6,9%
Total		Count	70	56	2209	2335
		Expected Count	70,0	56,0	2209,0	2335,0
		% within GRUND26	100,0%	100,0%	100,0%	100,0%

Grund26: Variable, in der die Untersuchungskategorien definiert sind: getrennt mit Partner = zum Zeitpunkt der ersten Befragung 1988 mit Partner/in zusammengelebt, zwischen 1988 und 1994 Trennung, in der zweiten Befragung 1994 mit neuer Partnerschaft; getrennt ohne Partner = 1988 mit Partner/in zusammengelebt, zwischen 1988 und 1994 Trennung, in der zweiten Befragung 1994 ohne neue Partnerschaft; NEL oder Ehe = zu beiden Befragungszeitpunkten mit dem/r selben Partner/in zusammengelebt.

Im Längsschnitt zeigt sich, daß sich innerhalb der letzten sechs Jahre für ein Viertel der Befragten in bezug auf Gespräche eine tatsächliche Veränderung ergeben hat. Auch hier sind - wie bei der Frage nach den Gefühlen - sowohl bei positiven als auch bei negativen Veränderungen die Getrennten stärker vertreten als die Stabilen.

Eine Veränderung in dem Sinne, daß 1994 erstmals Gespräche mit den Eltern angegeben wurden, erfuhren 11 Prozent der Stabilen, 20 Prozent der Getrennten ohne Partner und 21 Prozent der Getrennten mit neuem Partner. Auch hier sind die Unterschiede zwischen den beiden Hauptuntersuchungskategorien gravierend (was auch durch die Erwartungswerte bestätigt wird). Es ist interessant, daß in diesem Fall eine neue Partnerschaft keinen Unterschied macht, wie auch bei emotionaler Nähe zu den Eltern. In anderen Bereichen schien es eher, als verringerte ein neuer Partner den Effekt, den eine Trennung auf die Beziehung der Betroffenen zu den Eltern ausübte - sei es, daß der neue Partner die "Ersatzfunktion" der Eltern hinfällig machte, sei es, daß die Betroffenen einfach nicht mehr soviel konkrete Hilfe benötigten. Das Gespräch mit den Eltern reißt offenbar durch einen neuen Partner nicht ab, die Gesprächsbereitschaft und der Gesprächsbedarf scheinen vielmehr über die neue Partnerschaft hinaus bestehen zu bleiben. Leben die Befragten mit dem neuen Partner zusammen, verringert sich dieser Effekt allerdings wieder geringfügig.

Eine Kontrolle nach Geschlecht zeigt, daß Frauen, wenn sie einen neuen Partner haben, zu 24 Prozent neu das Gespräch mit den Eltern aufnehmen, gegenüber 16 Prozent der Frauen ohne neuen Partner. Bei den Männern nahmen eher die Partnerlosen das Gespräch mit den Eltern auf (17% zu 12%). Eine Verschlechterung im Sinne eines Abreißens der Gespräche ist bei getrennten Personen - vor allem Frauen - ohne Partner häufiger, als bei Personen mit Partner. Eine solche Verschlechterung betraf insgesamt 11 Prozent der Getrennten mit Partner, 20 Prozent der Getrennten ohne Partner und 13 Prozent der Stabilen. In bezug auf eine Verschlechterung der Beziehungen machte es keinen Unterschied, ob die Befragten mit dem neuen Partner zusammenlebten oder nicht.

So sind auch in bezug auf Gespräche die Unterschiede zwischen den Elternbeziehungen Getrennter und stabil in Partnerschaften lebender Personen erstaunlich hoch. Es zeigt sich auch hier, daß Eltern - Kind - Beziehungen keineswegs über den Lebensverlauf hinweg in dieser Hinsicht stabil bleiben und wenig Veränderungen unterliegen, wie dies zum Beispiel auch von Rossi und Rossi (1990) postuliert wird. Immerhin hat sich innerhalb der letzten sechs Jahre bei über einem Drittel der Getrennten eine Veränderung vollzogen, insofern als sie entweder nun mit ihren Eltern oder einem Elternteil über persönliche Dinge sprechen und dies vorher nicht taten oder umgekehrt (bei Stabilen 12%). Insgesamt scheinen Eltern nach einer Trennung häufig eine wichtige Rolle als Gesprächspartner für ihre erwachsenen Kinder zu spielen, was sich in den doch gravierenden Unterschieden zwischen Getrennten und Stabilen widerspiegelt.

Gemeinsame Mahlzeiten

Regelmäßige gemeinsame Mahlzeiten sind ein wesentlicher Teil des Familienlebens. So ist die Tischgemeinschaft neben der Bett- und Freizeitgemeinschaft auch Teil der Weber´schen Familiendefinition.

Demnach wurde auch im Familiensurvey - auf diese Definition bezugnehmend - die Frage nach "regelmäßigen gemeinsamen Mahlzeiten" gestellt. Sie bezog sich nur auf den privaten Bereich; Kantine und Arbeitsessen waren ausgeschlossen.

Tabelle II.4.7.

regelmäßige Mahlzeiten mit den Eltern 1994

			GRUND26			
			getrennt mit Partner	getrennt ohne Partner	stabile NEL oder Ehe	Total
regelmäßige Mahlzeiten mit Eltern	,00	Count	68	42	2073	2183
		Expected Count	65,2	53,1	2064,6	2183,0
		% within GRUND26	97,1%	73,7%	93,6%	93,2%
	1,00	Count	2	15	142	159
		Expected Count	4,8	3,9	150,4	159,0
		% within GRUND26	2,9%	26,3%	6,4%	6,8%
Total		Count	70	57	2215	2342
		Expected Count	70,0	57,0	2215,0	2342,0
		% within GRUND26	100,0%	100,0%	100,0%	100,0%

Grund26: Variable, in der die Untersuchungskategorien definiert sind: getrennt mit Partner = zum Zeitpunkt der ersten Befragung 1988 mit Partner/in zusammengelebt, zwischen 1988 und 1994 Trennung, in der zweiten Befragung 1994 mit neuer Partnerschaft; getrennt ohne Partner = 1988 mit Partner/in zusammengelebt, zwischen 1988 und 1994 Trennung, in der zweiten Befragung 1994 ohne neue Partnerschaft; NEL oder Ehe = zu beiden Befragungszeitpunkten mit dem/r selben Partner/in zusammengelebt.

Insgesamt ist der Prozentsatz derer, die angeben, regelmäßig gemeinsam mit ihren Eltern zu essen, recht gering. Unter denen, die stabil in einer Ehe oder NEL leben, sind es 6 Prozent. Von den Getrennten mit neuem Partner nennen ebenfalls nur sehr wenige, nämlich 3 Prozent auf die Frage, mit wem sie regelmäßig gemeinsame Mahlzeiten einnehmen, ihre Eltern. Umso erstaunlicher ist die hohe Zahl partnerloser Getrennter, die regelmäßig mit ihren Eltern essen: unter ihnen sind es 26 Prozent! Kontrolliert man danach, ob die Befragten mit ihrem neuen Partner zusammenleben oder nicht, werden die Ergebnisse bestätigt - das heißt ausschlaggebend ist, ob die Personen überhaupt einen Partner haben oder nicht.

Im Längsschnitt zeigt sich dasselbe Bild. Insgesamt gibt es kaum Veränderungen; ungefähr 90 Prozent der Befragten essen nicht regelmäßig gemeinsam mit ihren Eltern. Nur bei den partnerlosen Getrennten ist eine gravierende Zunahme zwischen den beiden Erhebungszeitpunkten zu verzeichnen: 21 Prozent von ihnen haben zwar 1988 ihre Eltern nicht angegeben, sie aber 1994 auf die Frage nach den Personen, mit denen man regelmäßig ißt, genannt. Das heißt, der Prozentsatz ist in den letzten sechs Jahren - in denen sich auch die Trennung ereignete - von ungefähr 6 auf 21 Prozent gestiegen.

Bei partnerlosen getrennten Männern ist der Prozentsatz höher als bei Frauen in der gleichen Situation, und im Längsschnitt zeigt sich, daß fast alle erst zum zweiten Befragungszeitpunkt - das heißt nach der Trennung - ihre Eltern genannt haben. Kinder im Haushalt verändern hier den Effekt einer Trennung geringfügig.

Gerade dann, wenn eine Partnerschaft zerbrochen ist, in der man in einem gemeinsamen Haushalt gelebt hat, entsteht eine Lücke, die im Alltag spürbar ist. Gemeinsame Mahlzeiten sind ein wesentlicher Teil des Zusammenlebens, und daher ist es verständlich, wenn Menschen, die mit ihrem Partner zusammenleben, vor allem mit diesem regelmäßig essen und - außer ihren Kindern, sofern sie mit diesen zusammenleben - kaum andere Personen angeben. Genauso ist nachvollziehbar, daß sie sich nach einer Trennung aber dann doch zu einem nicht unerheblichen Teil regelmäßig mit ihren Eltern an einen Tisch setzen, um nicht immer alleine ihre Mahlzeiten einnehmen zu müssen. So sind es auch vor allem Personen, die nicht mit Kindern zusammenleben, die bei dieser Frage ihre Eltern genannt haben. Wer Kinder im Haushalt hat, ist weniger auf die Gesellschaft der Eltern bei den Mahlzeiten angewiesen.

Freizeit

Personen, die mit einem Partner oder einer Partnerin zusammenleben, verbringen für gewöhnlich auch den Großteil ihrer Freizeit mit ihrem Partner. Nach einer Trennung muß dann häufig ein neues Freizeitnetzwerk aufgebaut werden.

In der Untersuchung lautete die betreffende Frage: "Mit wem verbringen Sie hauptsächlich Ihre Freizeit? Denken Sie auch hier nur an Menschen, mit denen Sie einen großen Teil der Freizeit verbringen." Hier wurden nicht alle möglichen Freizeitpartner abgefragt, sondern nur die wichtigsten, mit denen man einen großen Teil seiner Freizeit verbringt.

Tabelle II.4.8.

Eltern als Freizeitpartner 1994

			GRUND26			
			getrennt mit Partner	getrennt ohne Partner	stabile NEL oder Ehe	Total
Eltern als Freizeit-partner genannt	,00	Count	64	47	2037	2148
		Expected Count	64,2	52,3	2031,5	2148,0
		% within GRUND26	91,4%	82,5%	92,0%	91,7%
	1,00	Count	6	10	178	194
		Expected Count	5,8	4,7	183,5	194,0
		% within GRUND26	8,6%	17,5%	8,0%	8,3%
Total		Count	70	57	2215	2342
		Expected Count	70,0	57,0	2215,0	2342,0
		% within GRUND26	100,0%	100,0%	100,0%	100,0%

Grund26: Variable, in der die Untersuchungskategorien definiert sind: getrennt mit Partner = zum Zeitpunkt der ersten Befragung 1988 mit Partner/in zusammengelebt, zwischen 1988 und 1994 Trennung, in der zweiten Befragung 1994 mit neuer Partnerschaft; getrennt ohne Partner = 1988 mit Partner/in zusammengelebt, zwischen 1988 und 1994 Trennung, in der zweiten Befragung 1994 ohne neue Partnerschaft; NEL oder Ehe = zu beiden Befragungszeitpunkten mit dem/r selben Partner/in zusammengelebt.

Eltern scheinen insgesamt nur selten zu den wichtigsten Freizeitpartnern zu gehören, denn insgesamt erwähnten 92 Prozent der Befragten dieser Teilstichprobe auf diese Frage hin weder ihren Vater noch ihre Mutter. Es gibt jedoch auch hier gravierende Unterschiede zwischen "Getrennten" und "Stabilen": Letztere nennen zu 8 Prozent ihre Eltern oder einen Elternteil als Freizeitpartner, während getrennte Personen ohne Partner dies zu 17 Prozent tun und Getrennte mit Partner zu 9 Prozent. Nachdem Partner im Normalfall die Personen sind, die für die Freizeitgestaltung die größte Rolle spielen, ist es nicht verwunderlich, daß bei dieser Frage die Partnerschaft den entscheidenden Einfluß ausübt. Allerdings ist die Bedeutung der Eltern für die Freizeitgestaltung selbst bei Personen ohne Partner nicht allzu groß. Wenn man bedenkt, daß knapp zwei Drittel aller partnerlosen Getrennten einen täglichen oder mehrmals wöchentlichen Kontakt mit den Eltern pflegt, aber nur 7 Prozent dieser Personen angeben, mit den Eltern einen großen Teil ihrer Freizeit zu verbringen, so wird deutlich, daß diese Kontakte hauptsächlich anderen Inhalts sind. Die Freizeit wird dagegen hauptsächlich mit Freunden verbracht.

Tabelle II.4.9.

Eltern als Freizeitpartner 1988 und 1994

			GRUND26			
			getrennt mit Partner	getrennt ohne Partner	stabile NEL oder Ehe	Total
Eltern als Freizeitpartner genannt 1988 und 1994	88nein 94nein	Count	62	44	1899	2005
		Expected Count	60,1	48,1	1896,8	2005,0
		% within GRUND26	88,6%	78,6%	86,0%	85,9%
	88nein 94ja	Count	(5)	(9)	142	156
		Expected Count	4,7	3,7	147,6	156,0
		% within GRUND26	7,1%	16,1%	6,4%	6,7%
	88ja 94nein	Count	(2)	(2)	131	135
		Expected Count	4,0	3,2	127,7	135,0
		% within GRUND26	2,9%	3,6%	5,9%	5,8%
	88ja 94ja	Count	(1)	(1)	36	38
		Expected Count	1,1	,9	35,9	38,0
		% within GRUND26	1,4%	1,8%	1,6%	1,6%
Total		Count	70	56	2208	2334
		Expected Count	70,0	56,0	2208,0	2334,0
		% within GRUND26	100,0%	100,0%	100,0%	100,0%

Grund26: Variable, in der die Untersuchungskategorien definiert sind: getrennt mit Partner = zum Zeitpunkt der ersten Befragung 1988 mit Partner/in zusammengelebt, zwischen 1988 und 1994 Trennung, in der zweiten Befragung 1994 mit neuer Partnerschaft; getrennt ohne Partner = 1988 mit Partner/in zusammengelebt, zwischen 1988 und 1994 Trennung, in der zweiten Befragung 1994 ohne neue Partnerschaft; NEL oder Ehe = zu beiden Befragungszeitpunkten mit dem/r selben Partner/in zusammengelebt.

Der Längsschnitt bestätigt, daß der Verlust des Partners beziehungsweise der Partnerin entscheidend ist für die Unterschiede, die im Querschnitt vorliegen. 16 Prozent aller Personen ohne Partner hatten 1988 - vor der Trennung - ihre Eltern nicht als Freizeitpartner genannt und taten dies aber 1994. Setzt man dies in Beziehung dazu, daß 1994 insgesamt 7 Prozent aller partnerlosen Getrennten ihre Freizeit mit den Eltern verbrachten und es kaum Personen gibt, die dies 1988 taten, 1994 aber nicht, dann wird deutlich, daß fast alle derer, die 1994 ihre Freizeit mit den Eltern verbrachten, dies zum Zeitpunkt der ersten Befragung - als sie noch mit ihrem Partner zusammenlebten - nicht taten. Die Eltern scheinen hier tatsächlich als "Ersatz" zu fungieren, der im Falle einer (neuen) Partnerschaft nicht benötigt wird.

In allen Teilkategorien nannten jeweils nur 2 Prozent der Befragten zu beiden Zeitpunkten ihre Eltern, auch "Verluste" gab es kaum. Bei Männern sind sowohl im Längsschnitt als auch im Querschnitt die Unterschiede zwischen getrennten Personen ohne Partner und solchen mit neuem Partner stärker als bei Frauen. Sie verbringen ihre Freizeit eigentlich ausschließlich dann mit den Eltern, wenn sie keine Partnerin haben.

Finanzielle Unterstützung

Die Frage der finanziellen Unterstützung der Eltern durch die Kinder kann hier vernachlässigt werden, weil dies in diesem Sample verschwindend selten der Fall ist. Etwas anders sieht es aus bei der Frage, ob Eltern ihre erwachsenen Kinder finanziell unterstützen. Auf die Frage, von wem sie ab und zu oder regelmäßig finanzielle Unterstützung erhalten, nannten 9 Prozent der Stabilen und 14 Prozent der Getrennten ihre Eltern. (Die Frage, ob sie einen neuen Partner haben oder nicht, hatte hier keinen wesentlichen Einfluß.)

Tabelle II.4.10.

Finanzielle Unterstützung von den Eltern 1994

			GRUND26			
			getrennt mit Partner	getrennt ohne Partner	stabile NEL oder Ehe	Total
Finanzielle Unterstützung von den Eltern erhalten	,00	Count	61	48	2026	2135
		Expected Count	63,8	52,0	2019,2	2135,0
		% within GRUND26	87,1%	84,2%	91,5%	91,2%
	1,00	Count	9	9	189	207
		Expected Count	6,2	5,0	195,8	207,0
		% within GRUND26	12,9%	15,8%	8,5%	8,8%
Total		Count	70	57	2215	2342
		Expected Count	70,0	57,0	2215,0	2342,0
		% within GRUND26	100,0%	100,0%	100,0%	100,0%

Grund26: Variable, in der die Untersuchungskategorien definiert sind: getrennt mit Partner = zum Zeitpunkt der ersten Befragung 1988 mit Partner/in zusammengelebt, zwischen 1988 und 1994 Trennung, in der zweiten Befragung 1994 mit neuer Partnerschaft; getrennt ohne Partner = 1988 mit Partner/in zusammengelebt, zwischen 1988 und 1994 Trennung, in der zweiten Befragung 1994 ohne neue Partnerschaft; NEL oder Ehe = zu beiden Befragungszeitpunkten mit dem/r selben Partner/in zusammengelebt.

Frauen werden häufiger von den Eltern finanziell unterstützt als Männer. Sie sind nach einer Scheidung oder Trennung vergleichsweise stärker von finanziellen Schwierigkeiten betroffen, insbesondere wenn sie Kinder haben oder vor der Trennung nicht oder nicht voll berufstätig waren. Die Daten bestätigen, daß Personen mit Kindern im Haushalt - auch wenn sie in einer Partnerschaft leben - eher von den Eltern finanzielle Unterstützung erhalten als andere. Es sind jedoch nicht ausschließlich sorgeberechtigte Eltern minderjähriger Kinder, die von ihren eigenen Eltern unterstützt werden.

Der Längsschnitt zeigt, daß die Unterstützung für 9 Prozent der Getrennten und für 7 Prozent der Stabilen neu ist, wobei auch hier fast ausschließlich Frauen 1994 erstmals angaben, Unterstützung zu erhalten. An 6 Prozent der Getrennten und 4 Prozent der Stabilen wurde die Unterstützung in den letzten sechs Jahren eingestellt. Partnerschaften spielten hier erst dann eine deutliche Rolle, wenn die Befragten mit dem neuen Partner zusammenlebten. 18 Prozent der Getrennten, die nicht mit einem Partner zusammenlebten, erhielten Unterstützung von den Eltern gegenüber 7 Prozent der Getrennten, die mit einem neuen Partner in einem gemeinsamen Haushalt wohnten. 12 Prozent der partnerlos Wohnenden erhielten 1988 keine Unterstützung von den Eltern, 1994 aber schon, während dies nur für 4 Prozent derer galt, die 1994 mit einem neuen Partner zusammenlebten.

So kann es sein, daß Eltern die Verpflichtung, ihre erwachsenen Kinder zu unterstützen, vor allem in Abhängigkeit von deren Haushaltssituation verspüren: Leben die erwachsenen Kinder nach einer Trennung ohne neuen Partner mit eigenen Kindern im Haushalt, ist die Wahrscheinlichkeit, daß sie von den Eltern finanzielle Unterstützung erhalten, am größten. (Es ist anzunehmen, daß in dieser Kategorie auch der objektive Bedarf am größten ist. Alleinerziehende mit kleinen Kindern zählen bekanntermaßen zu den gesellschaftlichen Gruppen mit dem höchsten Armutsrisiko.) Zieht ein neuer Partner ein, scheint der Bedarf an Unterstützung - zumindest aus Sicht der Eltern - zurückzugehen.

Multiplexität der Beziehungen zwischen den Befragten und ihren Eltern

Der Begriff "Multiplexität" steht für die Intensität und Vielfalt, in der eine Beziehung gelebt wird. Beziehungen mit niedriger Multiplexität zeichnen sich dadurch aus, daß die Personen nur wenige Funktionen für den jeweils anderen erfüllen, wie dies zum Beispiel bei Kollegen der Fall ist, mit denen man nur während der Arbeit Kontakt hat und auch kaum etwas Persönliches bespricht oder bei Vereinskameraden, mit denen man ausschließlich das Interesse zum Beispiel an Handball teilt. Umgekehrt erfüllen Beziehungen mit hoher Komplexität mehrere Funktionen und werden intensiver gelebt. Beziehungen zwischen Eltern und Kindern sind von Natur aus vielschichtig und komplex, aber auch solche Beziehungen werden sehr unterschiedlich gestaltet. Konkret kann in dieser Studie Multiplexität über die unterschiedlichen Namensgeneratoren erfaßt werden. Werden die Eltern in mehreren verschiedenen

Netzwerksituationen genannt, so kann angenommen werden, daß die Befragten eine intensive und vielfältige Beziehung zu ihnen pflegen, und daß sie mehrere Funktionen für die Befragten erfüllen.

Nach der Betrachtung einzelner Aspekte der Beziehungen zwischen den Befragten und deren Eltern soll im Folgenden anhand eines allgemeineren Maßes ein Eindruck von der Intensität dieser Beziehungen gewonnen werden.

Hierfür wurde ein Index für die Multiplexität der Elternbeziehung erstellt, der darauf basiert, wie oft auf unterschiedliche Fragen nach familialen Aktivitäten die Eltern genannt wurden. Einbezogen wurden die Fragen nach persönlichen Gesprächen, regelmäßigen gemeinsamen Mahlzeiten, Freizeitpartnern, und nach emotional nahestehen Personen. Jede Nennung wurde mit 1 gewertet und die Nennungen addiert. Einen zusätzlichen "Punkt" gab es für häufigen persönlichen, telefonischen oder brieflichen Kontakt mit den Eltern. Die beiden Fragen nach finanzieller Unterstützung (geben und erhalten) wurden nicht berücksichtigt, da sie zu wenig über die Beziehung insgesamt aussagen. Oft ist die Beziehung vielleicht sehr eng, aber es wird keine finanzielle Hilfe geleistet oder empfangen, weil einfach kein Bedarf besteht. Andererseits müssen Eltern und Kinder manchmal einander finanziell unterstützen (zum Beispiel weil die Kinder noch in Ausbildung sind) - und aus den Daten geht nicht hervor, ob die Hilfe freiwillig oder gezwungenermaßen geleistet wird.[12]

---

[12] Der Index könnte auch als Maß für die Stärke der Beziehung nach Granovetter (1973) verstanden werden. Bei Granovetter bemißt sich die Stärke einer Beziehung nach Ausmaß der ausgetauschten Leistungen, emotionaler Bindung und gemeinsam verbrachter Zeit.

Tabelle II.4.11.

Index für die Intensität der Elternbeziehung

			GRUND26			
			1,00 zus88trmp	2,00 zus88trop	3,00 NEL/Ehestabil	Total
Index Intensität Elternbeziehung	,00	Count	26	(13)	903	942
		Expected Count	28,2	22,9	890,9	942,0
		% within GRUND26	37,1%	22,8%	40,8%	40,2%
	1,00	Count	(17)	(15)	695	727
		Expected Count	21,7	17,7	687,6	727,0
		% within GRUND26	24,3%	26,3%	31,4%	31,0%
	2,00	Count	27	29	617	673
		Expected Count	20,1	16,4	636,5	673,0
		% within GRUND26	38,6%	50,9%	27,9%	28,7%
Total		Count	70	57	2215	2342
		Expected Count	70,0	57,0	2215,0	2342,0
		% within GRUND26	100,0%	100,0%	100,0%	100,0%

Grund26: Variable, in der die Untersuchungskategorien definiert sind: zus88trmp = zum Zeitpunkt der ersten Befragung 1988 mit Partner/in zusammengelebt, zwischen 1988 und 1994 Trennung, in der zweiten Befragung 1994 mit neuer Partnerschaft; zus88trop = 1988 mit Partner/in zusammengelebt, zwischen 1988 und 1994 Trennung, in der zweiten Befragung 1994 ohne neue Partnerschaft; NEL/Ehestabil = zu beiden Befragungszeitpunkten mit dem/r selben Partner/in zusammengelebt.

Aufgrund der sonst zu gering besetzten Zellen wurden die Kategorien des Index mit zwei und mehr Nennungen zusammengefaßt.

Die Tabelle zeigt das schon bekannte Muster, nach dem "stabile" Personen ihren Eltern weniger nahestehen und getrennte Personen ohne neuen Partner die intensivste Beziehung zu ihren Eltern haben. Über die Hälfte dieser "Partnerlosen" hat zweimal oder öfter die Eltern genannt (beziehungsweise mindestens einmal genannt und häufigen Kontakt zu ihnen). Bei Getrennten mit Partner waren es 39 Prozent und bei der Kontrollgruppe der "fest Liierten" waren es 28 Prozent. Betrachtet man den Index ohne die vorgenommene Zusammenfassung, zeigt sich, daß 19 Prozent der Getrennten ohne Partner sogar vier- oder fünfmal ihre Eltern nannten (zum Vergleich: in den anderen Kategorien sind es 1 Prozent und 4 Prozent). Genau umgekehrt ist die Rangfolge unter denen, die auf keine der im Index verwendeten Fragen die Eltern genannt haben.: Am häufigsten kam dies bei den Stabilen vor (41 Prozent), dann folgen die Getrennten mit neuem Partner (37 Prozent), das Schlußlicht bilden die Getrennten, die zum Zeitpunkt der Befragung keinen neuen Partner haben (23 Prozent).

Wie unterscheiden sich Männer und Frauen hinsichtlich der Intensität ihrer Elternbeziehungen?

Tabelle II.4.12.

Index für die Intensität der Elternbeziehung nach Geschlecht

					GRUND26			
					1,00 zus88trmp	2,00 zus88trop	3,00 NEL/Ehestabil	Total
F1170000 F117_GESCHLECHT	1,00 maennlich	INDEXELT indexelternbez	,00	Count	(10)	(3)	421	434
				Expected Count	11,8	11,8	410,4	434,0
				% within GRUND26	40,0%	12,0%	48,4%	47,2%
			1,00	Count	(7)	(6)	285	298
				Expected Count	8,1	8,1	281,8	298,0
				% within GRUND26	28,0%	24,0%	32,8%	32,4%
			2,00	Count	(8)	(16)	163	187
				Expected Count	5,1	5,1	176,8	187,0
				% within GRUND26	32,0%	64,0%	18,8%	20,3%
		Total		Count	25	25	869	919
				Expected Count	25,0	25,0	869,0	919,0
				% within GRUND26	100,0%	100,0%	100,0%	100,0%
	2,00 weiblich	INDEXELT indexelternbez	,00	Count	(16)	(10)	482	508
				Expected Count	16,1	11,4	480,5	508,0
				% within GRUND26	35,6%	31,3%	35,8%	35,7%
			1,00	Count	(10)	(9)	410	429
				Expected Count	13,6	9,6	405,8	429,0
				% within GRUND26	22,2%	28,1%	30,5%	30,1%
			2,00	Count	(19)	(13)	454	486
				Expected Count	15,4	10,9	459,7	486,0
				% within GRUND26	42,2%	40,6%	33,7%	34,2%
		Total		Count	45	32	1346	1423
				Expected Count	45,0	32,0	1346,0	1423,0
				% within GRUND26	100,0%	100,0%	100,0%	100,0%

Grund26: Variable, in der die Untersuchungskategorien definiert sind: zus88trmp = zum Zeitpunkt der ersten Befragung 1988 mit Partner/in zusammengelebt, zwischen 1988 und 1994 Trennung, in der zweiten Befragung 1994 mit neuer Partnerschaft; zus88trop = 1988 mit Partner/in zusammengelebt, zwischen 1988 und 1994 Trennung, in der zweiten Befragung 1994 ohne neue Partnerschaft; NEL/Ehestabil = zu beiden Befragungszeitpunkten mit dem/r selben Partner/in zusammengelebt.

In den Kategorien der Getrennten werden bei dieser Auswertung die Fallzahlen zu gering, die Tabelle kann daher nur auf Tendenzen hinweisen.

Unterscheidet man zwischen Männern und Frauen, so zeigt sich, daß der beschriebene Unterschied in der Intensität der Elternbeziehung zwischen Getrennten mit und ohne Partner auf die Männer zurückgeht. Auch bei Frauen haben die Getrennten tendenziell engere Beziehungen zu Vater und Mutter. Die Unterschiede sind jedoch hier nur schwach ausgeprägt und das Bestehen einer neuen Partnerschaft hat nur geringen Einfluß. Die Daten der Männer sind hingegen frappierend deutlich: Getrennte Männer haben generell deutlich intensivere Beziehungen zu ihren Eltern als solche, die in stabilen Beziehungen leben. Stark ausgeprägt sind aber auch die Unterschiede zwischen Männern, die inzwischen wieder eine neue Partnerin haben und Männern ohne neue Partnerin. Letztere scheinen sich wieder sehr stark an die Eltern zu binden. In dieser Kategorie nannten 64 Prozent ihre Eltern zweimal oder häufiger, bei Getrennten mit Partner waren es 32 Prozent und bei den stabilen Männern 19 Prozent (Frauen: 41% / 42% / 34%).

Wie auch bei vielen einzelnen Lebensbereichen (gemeinsame Mahlzeiten, Freizeitgestaltung) zeigt sich bei diesem zusammenfassenden Index, daß es bei Männern eine besonders große Rolle spielt, ob sie in einer Partnerschaft leben oder nicht. Solange sie keine neue Partnerin gefunden haben, stützen sie sich stark auf ihre Eltern, während die Frage einer neuen Partnerschaft für Frauen, die generell mit den Eltern enger verbunden sind als Männer, weniger bedeutsam ist. Hierfür bietet sich eine Reihe möglicher Erklärungen an: Es ist häufig so, daß es in festen Beziehungen mit traditioneller Arbeitsteilung zu den Aufgaben der Frau gehört, freundschaftliche Kontakte nach außen zu pflegen. Männer konzentrieren sich eher auf die engen familialen Beziehungen und haben ansonsten Kontakt zu Kollegen. Nach einer Trennung können Frauen dann eher auf ein Netzwerk an Freundinnen zurückgreifen, während Männer sich solche Kontakte erst aufbauen müssen oder eben Halt bei ihrer Herkunftsfamilie finden (siehe zum Beispiel Mc Kenry & Price, 1991; Brown et al., 1976). Weiter unten im Text wird dieser vermutete Zusammenhang untersucht.

Die Tatsache, daß die Hinwendung zu den Eltern so stark davon abhängig ist, ob die Männer eine Partnerin haben, belegt die im Literaturüberblick erwähnte These, daß Männer stärker partnerschaftsorientiert sind als Frauen. Diese Orientierung gilt als Erklärung dafür, daß Männer nach einer Trennung zunächst panischer reagieren als

Frauen und mehr Schwierigkeiten haben, sich an die neue Situation anzupassen. Männer gehen auch schneller als Frauen nach einer Trennung wieder eine neue Partnerschaft ein. Wenn sie aber nach einer Scheidung nicht wieder heiraten, haben sie auch auf lange Sicht größere Probleme als Frauen, die nach einer Trennung alleine bleiben (Duss-von Werdt & Fuchs, 1980; Hetherington et al., 1978).

Bei Männern mag noch hinzukommen, daß sie eher als Frauen nach einer Trennung Probleme mit Alltagsaufgaben haben, die nicht zur kulturell definierten Männerrolle gehören, wie zum Beispiel kochen, waschen und einkaufen, und daß hier die Hilfe der Mutter sehr willkommen sein kann. Nach Weiss (1994) ist es für Männer oft auch leichter, Hilfe von den Eltern anzunehmen als für Frauen. Sie genießen im Hause der Eltern mehr Unabhängigkeit als Töchter und leiden nicht so sehr unter dem Gefühl eines "Rückfalls" in die Kind-Rolle wie Frauen, die auf die Hilfe ihrer Eltern angewiesen sind. Andererseits sind Mütter möglicherweise bei Söhnen schneller bereit, Hilfe bei Haushaltsaufgaben und Erledigungen zur Verfügung zu stellen, weil diese Dinge aus ihrer Sicht eher zur Rolle der Ehefrau oder Partnerin gehören.

Die vorgestellten Ergebnisse widersprechen dem generellen Trend in der Forschungsliteratur, die in der Regel betont, daß nach einer Scheidung vor allem die Beziehungen zwischen Eltern und geschiedenen Töchtern an Intensität gewinnen, während geschiedene Söhne kaum oder nur kurzfristig mehr Unterstützung erhalten als verheiratete (zum Beispiel Cherlin und Furstenberg, 1986; Ahrons und Bowman, 1982, Fthenakis, 1998). Zu solchen Schlüssen kamen auch Spitze und Logan (1994), nach denen Söhne weniger Unterstützung von ihren Eltern erhalten als Töchter, und getrennte Söhne nicht mehr Unterstützung als verheiratete.

Es ist im Gegensatz dazu nach den Daten des Familiensurvey eher so, daß vor allem Männer, die (noch) keine neue Partnerin gefunden haben, sich nach einer Trennung stärker ihren Eltern zuwenden beziehungsweise von ihnen Unterstützung erhalten. Frauen unterhalten zwar generell engere Beziehungen zu ihren Eltern als Männer, nach einer Trennung wird dieser Unterschied allerdings abgeschwächt oder verkehrt sich teilweise sogar in das Gegenteil. Auch die Tatsache, daß Frauen in der Regel das

Sorgerecht für minderjährige Kinder erhalten und dann oft auf die Hilfe ihrer Eltern bei der Betreuung der Kinder angewiesen sind, kann diese Tendenz nicht aufheben.

Eine Überprüfung des Zusammenhanges zwischen Kindern im Haushalt und der Beziehung zu den eigenen Eltern führt zu dem überraschenden Ergebnis, daß dieser nicht notwendigerweise positiv ist. Für getrennte Personen mit Partner(in) gilt allerdings, daß Kinder im Haushalt mit intensiveren Elternbeziehungen in Zusammenhang stehen, jedoch ist diese Tendenz nicht sehr stark ausgeprägt (ohne Kinder: 40% keine Nennung/ 23% 1 Nennung/ 37% 2 oder mehr Nennungen / Kind(er) im Haushalt: 34% keine Nennung/ 26% eine Nennung/ 40% 2 oder mehr Nennungen). Bei getrennten Personen ohne Partner(in) dreht sich dieses Verhältnis jedoch um: Von denen, die ohne Kinder leben, geben nur 8 Prozent ihre Eltern bei keinem der Generatoren an, während 29 Prozent die Eltern einmal und sogar 61 Prozent die Eltern zweimal oder öfter nennen! Mit Kind im Haushalt entsprechen die Partnerlosen eher den anderen Kategorien (38% keine Nennung/ 23% eine Nennung/ 38% 2 oder mehr Nennungen). In der Vergleichsgruppe derer, die seit sechs Jahren mit dem selben Partner leben, stehen Kinder im Haushalt in leicht positivem Zusammenhang mit der Elternbeziehung. Auffällig ist bei der Überprüfung des Einflusses der Kinder die besonders starke Bindung der kinder- und partnerlosen Getrennten an ihre Eltern (mit der Einschränkung geringer Fallzahlen). Dies weist darauf hin, daß es weniger Hilfe in praktischen Dingen ist, für die Eltern nach einer Trennung wichtig sind, wie zum Beispiel Kinderbetreuung. Eltern sind besonders für solche Personen von Bedeutung, von denen angenommen werden kann, daß sie am ehesten unter Einsamkeit zu leiden haben.

In der Literatur zu intergenerativen Beziehungen nach Scheidung und Trennung wird sehr oft vor allem auf Familien mit Kindern eingegangen. Sorgerecht, Kinderbetreuung, Bindung der Enkel an die Großeltern - dies sind Themen, die viel Beachtung finden. Daher stehen zum einen vor allem Mütter im Vordergrund, weil sie in den meisten Fällen die Kinder hauptsächlich versorgen, zum anderen werden kinderlose Frauen und Männer häufig ausgeklammert. Dies mag ein Grund dafür sein, daß die starke Hinwendung von kinder- und partnerlosen Männern zu ihren Eltern nach Trennung oder Scheidung bisher kaum thematisiert wurde.

Vergleicht man die Ergebnisse der aktuellen Befragung mit den Daten der 88er Studie, so bestätigt der Längsschnitt die Aussagen. Generell haben sich im Vergleich zur Kontrollgruppe bei den Getrennten mehr Veränderungen in der Elternbeziehung ergeben - im positiven wie auch im negativen Sinne. Wie zu erwarten sind die positiven Veränderungen im Sinne einer Intensivierung der Elternbeziehungen bei Personen ohne Kinder, die nach der Trennung nicht mit einer/m neuen Partner(in) leben und bei Männern ohne neue Partnerin besonders hoch - es sind also nicht Männer, die sich schon vorher nicht von ihren Eltern gelöst haben, die nach einer Trennung ohne Partnerin bleiben und den Eltern besonders nahestehen - wie man ja auch hätte vermuten können.

Die Untersuchung der Elternbeziehung anhand eines allgemeineren Index, der die Intensität und Vielfalt dieser Beziehungen abbilden soll, bestätigt die bisherigen Ergebnisse, nach denen eine Trennung tendenziell mit einer Intensivierung der Beziehung zu den Eltern einher geht.

Es wurde schon weiter oben im Text angedeutet, daß möglicherweise die Eltern dann besonders wichtig sind, wenn nicht nur die Beziehung zum Partner oder zur Partnerin zerbricht, sondern wenn außerdem gute Freunde fehlen, die den Betroffenen tröstend, beratend und ablenkend zur Seite stehen. In der Literatur finden sich Hinweise darauf, daß in festen Partnerschaften vor allem Frauen für die Pflege der Beziehungen nach außen zuständig sind. Dies läßt vermuten, daß insbesondere Männer von einem solchen Mangel an Freunden nach einer Trennung betroffen sein könnten, und vielleicht deshalb , wenn sie keine Partnerin haben, eine so starke Bindung an die Eltern aufweisen.

Um diese Zusammenhänge empirisch zu überprüfen, wurde der Index für die Intensität der Elternbeziehung mit der Anzahl der im Netzwerk genannten Freunde in Beziehung gesetzt. Hierbei ist einschränkend daran zu erinnern, daß das Netzwerk mit dem Ziel erhoben wurde, Familie abzubilden. Es wurden familiale Funktionen abgefragt, die zwar immer auch von Freunden erfüllt werden können, aber es wurde weder explizit nach der Zahl der Freunde gefragt, noch war es Ziel, Informationen über

Freundschaftsbeziehungen zu erhalten. Dennoch sind immer wieder Freunde genannt worden, insbesondere auf die Fragen nach persönlichen Gesprächen und nach Personen, mit denen man hauptsächlich die Freizeit verbringt. Es muß davon ausgegangen werden, daß Freunde, mit denen nur gelegentlich etwas gemeinsames unternommen wird, nicht im Netzwerk des Familiensurvey auftauchen.

Tabelle II.4.13.

Durchschnittliche Anzahl der Freunde nach Geschlecht

ANZFRE94

F117_GESCHLECHT	GRUND26		Statistik	Wert
1,00 maennlich	GRUND26	1,00 zus88trmp	Mean	1,5862
			N	29
			Std. Deviation	2,3982
		2,00 zus88trop	Mean	1,0857
			N	35
			Std. Deviation	1,4425
		3,00 NEL/Ehestabil	Mean	,5774
			N	1299
			Std. Deviation	1,3227
		Total	Mean	,6119
			N	1363
			Std. Deviation	1,3655
2,00 weiblich	GRUND26	1,00 zus88trmp	Mean	1,0000
			N	48
			Std. Deviation	1,3683
		2,00 zus88trop	Mean	1,6111
			N	36
			Std. Deviation	1,9314
		3,00 NEL/Ehestabil	Mean	,7215
			N	1849
			Std. Deviation	1,2926
		Total	Mean	,7450
			N	1933
			Std. Deviation	1,3143
Total	GRUND26	1,00 zus88trmp	Mean	1,2208
			N	77
			Std. Deviation	1,8326
		2,00 zus88trop	Mean	1,3521
			N	71
			Std. Deviation	1,7163
		3,00 NEL/Ehestabil	Mean	,6620
			N	3148
			Std. Deviation	1,3068
		Total	Mean	,6899
			N	3296
			Std. Deviation	1,3371

Grund26: Variable, in der die Untersuchungskategorien definiert sind: zus88trmp = zum Zeitpunkt der ersten Befragung 1988 mit Partner/in zusammengelebt, zwischen 1988 und 1994 Trennung, in der zweiten Befragung 1994 mit neuer Partnerschaft; zus88trop = 1988 mit Partner/in zusammengelebt, zwischen 1988 und 1994 Trennung, in der zweiten Befragung 1994 ohne neue Partnerschaft; NEL/Ehestabil = zu beiden Befragungszeitpunkten mit dem/r selben Partner/in zusammengelebt.

Die These, daß Männer nach einer Trennung weniger Freunde als Frauen haben, wird durch die Daten nicht bestätigt. Bei Männern ohne neue Partnerin liegt die durchschnittliche Anzahl der genannten Freunde zwar unter der der Frauen (1,1 zu 1,6), aber bei getrennten Personen mit Partner(in) sind es die Frauen, die deutlich weniger Freunde nennen (1,0 zu 1,6). In Partnerschaften, die seit mindestens sechs Jahren stabil sind, werden insgesamt weniger Freunde genannt, von Frauen allerdings etwas mehr als von Männern (Frauen: 0,7; Männer 0,6).

Die Begründung, daß Männer sich deshalb verstärkt an die Eltern wenden, weil ihnen Freunde fehlen, läßt sich somit nicht halten, weil sie nach einer Trennung nicht typischerweise weniger Freunde haben als Frauen. Differenziert man weiter danach, ob Personen mit weniger Freunden engere Elternbeziehungen aufweisen als solche mit einem großen Freundeskreis, läßt sich auch diese Annahme nicht bestätigen. Eltern stellen also keinen Ersatz für mangelnde Freundschaften dar.

Da die Zugangsweise über Netzwerkgeneratoren, mit denen familiale Netze erstellt werden sollen, (wie oben beschrieben) problematisch sein kann, wurde der Zusammenhang zwischen Freundeskreis und Bedeutung der Eltern zusätzlich mit Hilfe subjektiver Aussagen der Befragten überprüft. Im Rahmen einer ausführlicheren Skala sollten die Befragten zu Aussagen über Beziehungen Stellung nehmen. Das hier verwendete Statement lautete: "Ich glaube, der Kreis meiner Freunde und Bekanntschaften ist zu klein". Die Befragten konnten zwischen fünf Abstufungen zwischen "trifft überhaupt nicht zu" und "trifft voll und ganz zu" wählen.

Hier zeigen die Ergebnisse sogar eher einen umgekehrten Zusammenhang. Der durchschnittliche Index für die Elternbeziehung ist bei Personen, die ihren Freundeskreis als zu klein empfinden, eher niedriger als bei solchen, die "genug Freunde" haben. Allerdings ist der Index bei Personen ohne Partner(in) beide Male gleich hoch und immer höher als bei allen anderen Kategorien. Auch mit Berücksichtigung der subjektiven Einschätzung des Freundeskreises konnte die Vermutung eines Zusammenhanges zwischen einem Mangel an Freunden und enger Bindung an die Eltern nicht bestätigt werden.

Erklärt werden könnte dies durch die Vermutung einer gegenläufigen Tendenz: Es könnte sein, daß es Personen mit intensiven sozialen Kontakten gibt und solche, die generell zurückgezogener leben. Dies würde dann bedeuten, daß eine Tendenz dazu besteht, sowohl engen Kontakt zu den Eltern zu haben, als auch intensive Freundschaften - beziehungsweise gleichzeitig weder enge Eltern- noch Freundesbeziehungen gepflegt werden. Es mag sein, daß sowohl dieser Effekt Einfluß hat, als auch eine Tendenz zur Kompensation mangelnder Freundschaften besteht (insbesondere bei Fehlen einer Partnerin oder eines Partners), so daß diese beiden Effekte sich aufheben und zu uneindeutigen Ergebnissen führen.

Als nächster Schritt sollen anhand einer Regressionsanalyse mehrere Einflüsse auf die Elternbeziehung gleichzeitig geprüft und in der Stärke ihrer Wirkung miteinander verglichen werden. So kann die Bedeutung der Trennungserfahrung - als ein Faktor unter vielen - besser eingeschätzt werden.

Vergleich des Trennungsereignisses mit anderen Einflüssen auf die Elternbeziehung

Es konnte gezeigt werden, daß eine Trennung vom Partner tendenziell zu einer Intensivierung der Elternbeziehung führt. Andere Einflüsse, zum Beispiel das Geschlecht der Befragten, oder ob eine neue Partnerbeziehung besteht, wurden in der Regel mit geprüft. Dennoch ist es interessant, den Einfluß des Trennungsereignisses in seiner Stärke mit anderen Einflüssen zu vergleichen, um ihn dadurch besser einschätzen zu können. Es bleibt die Frage, ob das Trennungsereignis seinen signifikanten Einfluss auf die Elternbeziehung behält, wenn es gleichzeitig mit anderen Einflussfaktoren geprüft wird, oder ob die beobachteten Effekte nur Zusammenhänge vorspiegeln, letztlich aber auf andere Faktoren zurückgeführt werden müssen. Durch eine gleichzeitige Prüfung unterschiedlicher Einflüsse soll der "Nettoeffekt" der Trennung auf die Beziehung zu den Eltern heraus gefiltert werden.

Hierfür wurden anhand einer Varianzanalyse mehrere Faktoren, die sich auf die Beziehung zwischen Erwachsenen und ihren Eltern auswirken, gleichzeitig getestet. Es wurde versucht, möglichst viel Varianz zu erklären, um dann zu sehen, ob die Frage, ob jemand in den letzten sechs Jahren eine Trennung vom Partner erlebt hat, noch signifikanten Einfluß ausübt. Es wurden folgende Variablen verwendet:
- Das Alter der Befragten (als Kovariate)

- Geschlecht
- ob jemand gemeinsam mit Kindern in einem Haushalt lebt
- Wohnentfernung zu den Eltern
- höchster Schulabschluß und
- Trennungserfahrung.[13]

Als Zielvariable wurde der im Abschnitt über Multiplexität verwendete Index für die Intensität der Elternbeziehung gewählt, der darauf basiert, wie oft auf unterschiedliche Fragen nach familialen Aktivitäten die Eltern genannt wurden.[14]

Die erklärte Varianz des Modells beträgt 20 Prozent; in die Berechnung gingen 2330 Fälle ein.

Außer "Kinder im Haushalt" erwiesen sich alle Einflüsse, auch die Trennungsvariable, als signifikant (Kriterium für Signifikanz: Irrtumswahrscheinlichkeit unter 1 Promille).
Eine multiple Klassifikationsanalyse (MCA) zeigt, daß eine Trennung sich intensivierend auf die Elternbeziehung auswirkt; bei Getrennten liegt der Index um 0,36 höher als im Durchschnitt (adjusted deviation - gemessen vom general mean). Frauen (0,15 höher als der Schnitt) haben intensivere Elternbeziehungen als Männer (-0,23), höher Gebildete nennen ihre Eltern häufiger als Personen mit niedrigerer Bildung und junge häufiger als ältere (es wurden natürlich wieder nur Personen mit einbezogen, bei denen die Eltern noch lebten). Am stärksten wirkt sich erwartungsgemäß die Wohnentfernung zu den Eltern aus. Bei Befragten, die mit den Eltern im selben Haus wohnen oder in unmittelbarer Nähe zu ihnen, liegt der Index um 0,58 höher als im Schnitt.

Trotz anderer starker Einflüsse konnte ein signifikanter Nettoeffekt einer Trennungserfahrung nachgewiesen werden. Die bisherigen Ergebnisse werden dadurch bekräftigt, denn die Effekte ließen sich nicht auf andere Einflüsse, zum Beispiel die Zu-

---

[13] Die Frage nach dem Bestehen einer Partnerschaft zum Zeitpunkt der Befragung erklärte keine zusätzliche Varianz.
[14] Einbezogen wurden die Fragen nach persönlichen Gesprächen, regelmäßigen gemeinsamen Mahlzeiten, Freizeitpartnern, und nach emotional nahestehenden Personen. Einen zusätzlichen "Punkt" gab es für häufigen persönlichen, telefonischen oder brieflichen Kontakt mit den Eltern.

sammensetzung der verschiedenen untersuchten Kategorien, zurückführen. Es kann hiermit angenommen werden, daß es die Trennung selbst ist, die einen verstärkenden Einfluß auf die Beziehungen der betroffenen Personen zu ihren Eltern ausübt.

Fazit

Insgesamt zeigen sich an vielen Stellen deutliche Unterschiede zwischen den Elternbeziehungen von Personen, die innerhalb der letzten sechs Jahre eine Trennung erlebt haben und solchen, die in dieser Zeit stabil in einer Partnerschaft lebten. Tendenziell kann ausgesagt werden, daß die Beziehung zu den Eltern durch eine Trennungserfahrung in der Regel intensiver wird, wobei dies in vielen Bereichen jedoch nur dann zu beobachten ist, wenn keine neue Partnerschaft besteht.

Unabhängig von der Existenz einer neuen Partnerschaft nimmt durch eine Trennung offensichtlich die emotionale Nähe zu den Eltern zu. Getrennte geben häufiger eine "gefühlsmäßige Bindung" an die Eltern an und nennen sie als Partner für "persönliche Gespräche". Nur für Getrennte, die nicht in einer neuen Partnerschaft leben, gilt, daß sie häufigeren Kontakt mit den Eltern haben, öfter gemeinsam mit ihnen essen und ihre Freizeit mit ihnen verbringen, als Stabile oder Getrennte mit einer neuen Partnerschaft. Getrennte, die nicht mit einem neuen Partner zusammenleben, erhalten außerdem häufiger finanzielle Unterstützung von ihren Eltern als - stabil oder erst wieder seit kurzem - gemeinsam mit einem Partner in einem Haushalt lebende Befragte.

In bezug auf Unterschiede zwischen Männern und Frauen zeigt sich, daß Trennungen gravierendere Auswirkungen auf Eltern-Sohn als auf Eltern-Tochter Beziehungen haben. Dies überrascht insofern, als in der Literatur meist postuliert wird, daß sich für die Elternbeziehungen von Frauen stärkere Veränderungen ergeben, vor allem in Hinblick auf die Alleinerziehendenproblematik. Gerade solange sie keine neue Partnerin gefunden haben, wenden sich Männer ihren Eltern zu - stärker als Frauen in derselben Situation.

Die Unterschiede zwischen den einzelnen Kategorien (getrennt - stabil) sind durchgehend deutlich, was sich auch in den Abweichungen von den Erwartungswerten zeigt.

Die in der Literatur häufig vertretene Kontinuitätsthese, die postuliert, daß sich eine Scheidung nur gering auf die Beziehungen zwischen Eltern und Kindern auswirkt (Rossi & Rossi, 1990; Umberson 1992; Spitze & Logan, 1994), kann daher anhand der vorgestellten Ergebnisse in Frage gestellt werden. Eine Trennung hat sichtbare Auswirkungen zumindest darauf, wie die Eltern-Kind-Beziehung gelebt wird. Dies widerlegt natürlich nicht die Grundannahme, daß intergenerative Beziehungen sehr stabil sind, aber es widerspricht der Folgerung, daß eine Scheidung oder Trennung nur geringe oder keine Auswirkungen auf die Eltern - Kind - Beziehungen habe. Außerdem konnte durch Längsschnittanalyse immer wieder gezeigt werden, daß die beobachteten Unterschiede nicht schon vor dem Ereignis bestanden und aus der unterschiedlichen Zusammensetzung der Kategorien zu erklären sind, sondern daß sie auf Veränderungen zurückgehen, die sich innerhalb der letzten sechs Jahre vollzogen hatten.

Es konnte gezeigt werden, daß nach einer Scheidung oder einer Trennung vom Lebenspartner sehr häufig auf die Hilfe der Eltern zurückgegriffen wird und die emotionale Nähe zu ihnen zunimmt. Hierbei handelt es sich natürlich nur um eine Tendenz. Es gibt (seltener) auch gegenteilige Erfahrungen, wenn sich eine Trennung vom Partner negativ auf die Beziehung zu den Eltern auswirkt, beispielsweise weil diese kein Verständnis für die Situation der erwachsenen Töchter oder Söhne aufbringen oder weil diese sich der Einmischung der Eltern in ihr Leben entziehen. Generell bestätigt sich jedoch, daß Eltern in Notzeiten für ihre erwachsenen Kinder da sind, und daß dieses Angebot auch angenommen wird.

Dies heißt auch, daß Scheidung und Trennung nicht notwendigerweise für fortschreitende Modernisierungsprozesse im Bereich persönlicher Beziehungen stehen. Durch biographische Brüche werden auch traditionale Bindungen - wie die zwischen Eltern und erwachsenen Kindern - gestärkt.

4.2. Beziehungen zu Geschwistern

Für Beziehungen zwischen Geschwistern gilt, wie auch für Eltern-Kind-Beziehungen, daß Hilfe nicht zu baldiger Gegenleistung verpflichtet, sondern Reziprozität über sehr lange Zeiträume verläuft. Daher ist es oft leichter, von Geschwistern Unterstützung anzunehmen als beispielsweise von Freunden, weil nicht gleich das Gefühl aufkommt, man stehe nun in der Schuld des anderen und müsse baldmöglichst für Ausgleich sorgen. Andererseits gibt es gerade in Geschwisterbeziehungen häufig Rivalitätskonflikte, so daß es für die Betroffenen gerade besonders unangenehm sein kann, von Geschwistern Hilfe anzunehmen oder auch nur zuzugeben, daß man Hilfe nötig hätte (Weiss, 1984). Aus der Literatur zu Scheidungsfolgen geht hervor, daß Geschwister von Geschiedenen oft als wichtige Personen in ihrem Unterstützungsnetzwerk genannt wurden. Brüder leisteten in der Regel eher praktische Hilfe, während Schwestern als Gesprächspartnerinnen von Bedeutung waren und bei Bedarf bei der Kinderbetreuung halfen (zum Beispiel Aslanidis et al., 1989).

Wie sieht es in den Daten des Familiensurvey mit den Geschwisterbeziehungen nach Trennung oder Scheidung aus?

Tabelle II.4.14.

Nennung von Geschwistern als Funktionsträger 1994

			grund26r		Total
			getrennt	NEL/Ehestabil	
Nennung von Geschwistern	,00	Count	83	2249	2332
		Expected Count	100,1	2231,9	2332,0
		% within grund26r	68,0%	82,7%	82,1%
	1,00	Count	39	470	509
		Expected Count	21,9	487,1	509,0
		% within grund26r	32,0%	17,3%	17,9%
Total		Count	122	2719	2841
		Expected Count	122,0	2719,0	2841,0
		% within grund26r	100,0%	100,0%	100,0%

grund26r: Recodierung der Variable, in der die Untersuchungskategorien definiert sind: getrennt = zum Zeitpunkt der ersten Befragung 1988 mit Partner/in zusammengelebt, zwischen 1988 und 1994 Trennung; NEL/Ehestabil = zu beiden Befragungszeitpunkten mit dem/r selben Partner/in zusammengelebt. [15]

Diese Berechnung nimmt Bezug auf vier familiale Funktionen: Gespräche über persönliche Dinge, emotionale Nähe, regelmäßige gemeinsame Mahlzeiten und häufig miteinander verbrachte Freizeit. Wer auf die Fragen, wer für die Befragten diese Funktionen erfüllt, mindestens einmal mindestens einen Bruder oder eine Schwester genannt hatte, fällt hier unter die Kategorie "1". Wer auf keine dieser Fragen eines seiner Geschwister genannt hatte, fällt unter "0".

Man sieht, daß annähernd jede(r) dritte derer, die in den letzten Jahren eine Trennung erlebt hatten, mindestens einmal Bruder oder Schwester genannt hat . Bei denen, deren Beziehungen schon lange stabil sind, waren es etwa 17 Prozent. Die Frage, ob die Getrennten zum Zeitpunkt der Befragung einen Partner oder eine Partnerin hatten, spielte nur eine geringe Rolle, tendenziell schienen Befragte ohne Partner/in ihre Geschwister etwas seltener zu nennen. So kann hier ganz generell - wie schon bei der Analyse anderer Beziehungsarten - von einer Verstärkung der Geschwisterbeziehungen durch eine Trennung oder Scheidung gesprochen werden.

---

[15] In diese Rechnung wurden nur Befragte einbezogen, die mindestens einen Bruder oder eine Schwester hatten. Dies gilt auch für alle anderen Berechnungen, die Beziehungen zu Geschwistern analysieren.

Tabelle II.4.15.

Nennung von Geschwistern als Funktionsträger 1988

			grund26r		Total
			getrennt	NEL/Ehestabil	
Nennung von Geschwistern 1988	,00	Count	94	2289	2383
		Expected Count	102,4	2280,6	2383,0
		% within grund26r	77,0%	84,2%	83,9%
	1,00	Count	28	429	457
		Expected Count	19,6	437,4	457,0
		% within grund26r	23,0%	15,8%	16,1%
Total		Count	122	2718	2840
		Expected Count	122,0	2718,0	2840,0
		% within grund26r	100,0%	100,0%	100,0%

grund26r: Recodierung der Variable, in der die Untersuchungskategorien definiert sind: getrennt = zum Zeitpunkt der ersten Befragung 1988 mit Partner/in zusammengelebt, zwischen 1988 und 1994 Trennung; NEL/Ehestabil = zu beiden Befragungszeitpunkten mit dem/r selben Partner/in zusammengelebt.

Ein Rückblick in die Daten der 1988er Studie, als sämtliche hier einbezogene Befragte in Ehen oder nichtehelichen Lebensgemeinschaften lebten, zeigt, daß die Befragten vor der Trennung ihre Geschwister seltener nannten als nachher (23% statt 32%), aber schon 1988 häufiger als die Personen, von denen man inzwischen weiß, daß ihre Partnerschaften mindestens bis 1994 bestehen blieben (16%). Auch hier kann wieder die Vermutung angestellt werden, daß Trennungen ihre Schatten voraus werfen, und daß die wachsende Entfremdung zwischen den Partnern dazu führen kann, daß sie sich schon vor der endgültigen Trennung anderen Personen verstärkt zuwenden (siehe auch Sun, 2000; Mastekaasa, 1997).

Im Längsschnitt wird allerdings bestätigt, daß durch die Trennung die Geschwisterbeziehungen enger werden:

Tabelle II.4.16.

Veränderungen bei der Anzahl der genannten Geschwister

			grund26r		
			getrennt	NEL/Ehestabil	Total
1994 weniger oder mehr Geschwister genannt als 1988	-1,00	Count	(14)	298	312
		Expected Count	13,4	298,6	312,0
		% within grund26r	11,5%	11,0%	11,0%
	,00	Count	80	2066	2146
		Expected Count	92,4	2053,6	2146,0
		% within grund26r	65,6%	76,2%	75,7%
	1,00	Count	28	348	376
		Expected Count	16,2	359,8	376,0
		% within grund26r	23,0%	12,8%	13,3%
Total		Count	122	2712	2834
		Expected Count	122,0	2712,0	2834,0
		% within grund26r	100,0%	100,0%	100,0%

grund26r: Recodierung der Variable, in der die Untersuchungskategorien definiert sind: getrennt = zum Zeitpunkt der ersten Befragung 1988 mit Partner/in zusammengelebt, zwischen 1988 und 1994 Trennung; NEL/Ehestabil = zu beiden Befragungszeitpunkten mit dem/r selben Partner/in zusammengelebt.[16]

Bei den Befragten mit stabilen Beziehungen hielten sich Intensivierung und Abschwächung der Beziehungen ungefähr die Waage (13% versus 11%). Bei Befragten, die eine Trennung erlebt hatten, tritt eine Verstärkung der Geschwisterbeziehungen doppelt so oft auf wie eine Abschwächung (23% versus 11%).

---

[16] Zur Berechnung der Tabelle wurden für beide Erhebungszeitpunkte alle Nennungen von Brüdern oder Schwestern bei den besagten vier familialen Funktionen addiert und dann die Anzahl der Nennungen 1988 von der Anzahl der Nennungen 1994 abgezogen. Waren es mehr geworden, fielen die Personen unter "1", bei der gleichen Anzahl von Nennungen unter "0", und wenn 1994 weniger Nennungen von Geschwistern gezählt wurden als 1988, so wurden die Befragten unter "-1" zusammengefaßt.

Tabelle II.4.17.

Nennung von Geschwistern als Funktionsträger nach Geschlecht

					grund26r		Total
					getrennt	NEL/Ehestabil	
GESCHLECHT	maennlich	Nennung von Geschwistern	,00	Count	35	964	999
				Expected Count	43,1	955,9	999,0
				% within grund26r	70,0%	86,9%	86,2%
			1,00	Count	(15)	145	160
				Expected Count	6,9	153,1	160,0
				% within grund26r	30,0%	13,1%	13,8%
		Total		Count	50	1109	1159
				Expected Count	50,0	1109,0	1159,0
				% within grund26r	100,0%	100,0%	100,0%
	weiblich	Nennung von Geschwistern	,00	Count	48	1285	1333
				Expected Count	57,1	1275,9	1333,0
				% within grund26r	66,7%	79,8%	79,3%
			1,00	Count	24	325	349
				Expected Count	14,9	334,1	349,0
				% within grund26r	33,3%	20,2%	20,7%
		Total		Count	72	1610	1682
				Expected Count	72,0	1610,0	1682,0
				% within grund26r	100,0%	100,0%	100,0%

grund26r: Recodierung der Variable, in der die Untersuchungskategorien definiert sind: getrennt = zum Zeitpunkt der ersten Befragung 1988 mit Partner/in zusammengelebt, zwischen 1988 und 1994 Trennung; NEL/Ehestabil = zu beiden Befragungszeitpunkten mit dem/r selben Partner/in zusammengelebt.

Frauen und Männer unterschieden sich in bezug auf das Verhältnis zu ihren Brüdern und Schwestern insofern, als Männer in stabilen Beziehungen nur zu 13 Prozent mindestens einmal Bruder oder/und Schwester nennen, nach einer Trennung jedoch zu 30 Prozent, also mit mehr als doppelt so hoher Wahrscheinlichkeit. Frauen nennen in stabilen Beziehungen zu 20 Prozent ihre Geschwister - und damit deutlich häufiger als Männer - , nach einer Trennung beträgt die Wahrscheinlichkeit, daß eine Frau mindestens eines ihrer Geschwister nennt 33 Prozent. Das heißt, daß bei beiden Geschlechtern die Geschwisterbeziehungen nach einer Trennung vom Lebenspartner intensiver werden. Bei Männern ist das Ausmaß der Veränderung größer, weil sie, solange sie in festen Beziehungen leben, sich weniger um ihre Geschwister bemühen als Frauen in der gleichen Situation. Nach einer Trennung "holen sie auf", der Unterschied zu den Angaben der Frauen ist dann geringer.

Im Längsschnitt zeigt sich allerdings, daß Frauen ebenfalls in hohem Maße ihre Beziehungen intensivieren. Sie nannten zwar schon vor der Trennung häufig ihre Geschwister, aber nachher nannten sie diese auf mehr Fragen als vorher. Bei Männern vollzieht sich demnach eher eine Veränderung in dem Sinne, daß sie 1988 auf keine der vier Fragen zu familialen Funktionen eines ihrer Geschwister nannten und 1994 dann Geschwister genannt werden, während Frauen ihre Geschwister schon vorher nennen, diese bestehenden Beziehungen zum Zeitpunkt der zweiten Befragung aber intensiver leben als vorher.

Das Ergebnis, daß die sozialen Netze von Männern nach der Trennung den Netzen der Frauen ähnlicher sind als vorher, ist ein Phänomen, das hier schon öfter beobachtet wurde, wenn die Veränderung der Netze von Frauen und Männern vor und nach der Trennung verglichen wurden. Männer überlassen es in festen Beziehungen tendenziell eher den Frauen, Beziehungen nach außen, vor allem zu Verwandten, zu pflegen, beziehungsweise die Frauen übernehmen von sich aus diese Aufgaben. Zerbrechen die Partnerschaften, machen Männer in Hinblick auf ihre Verwandtenbeziehungen stärkere Veränderungen durch. Es kann angenommen werden, daß sie es deshalb in dieser Hinsicht zunächst etwas schwerer haben als Frauen, weil sie die Beziehungen nun ihrerseits erst aktivieren müssen, während Frauen an bereits intensivere Beziehungen anknüpfen können. Zum anderen müssen sie ihre sozialen Beziehungen nun allein managen und sind dies nicht gewohnt.

Hiermit stellt sich die Frage, ob Männer, wenn sie nach der Trennung eine neue Partnerschaft aufnehmen, gleich wieder in das alte Muster zurückfallen, oder ob sie weiterhin ihren Geschwistern näher stehen als vorher.

Die niedrigen Fallzahlen lassen hier keine verläßlichen Aussagen zu, aber unter Vorbehalt kann die Vermutung geäußert werden, daß Männer in Partnerschaften erneut dazu neigen, sich von ihren Verwandten zurückzuziehen. Dies zeigt sich, wenn man Männer mit und ohne Partnerin unterscheidet, und noch deutlicher wird dies, wenn man Männer, die mit ihrer neuen Partnerin zusammenleben, mit anderen vergleicht. Wenn sie wieder eine Ehe oder eine nichteheliche Lebensgemeinschaft eingehen, treten ihre Geschwister für sie wieder in den Hintergrund und dasselbe Muster wie vor der Trennung stellt sich ein. Bei Frauen zeigt sich keine Abschwächung der Intensität der Beziehungen zu ihren Schwestern und Brüdern durch eine neue Partnerschaft nach einer Trennung oder das Zusammenleben mit einem neuen Partner.

Bisher wurden die vier Familialen Funktionen - Gespräche über persönliche Dinge, emotionale Nähe, regelmäßige gemeinsame Mahlzeiten und häufig miteinander verbrachte Freizeit - nicht einzeln aufgeführt, sondern nur danach gefragt, wer bei einer oder mehr dieser Funktionen Bruder oder Schwester genannt hatte. Im folgenden soll geprüft werden in welchen Lebensbereichen Geschwister nach einer Trennung von Bedeutung sind und von wem sie in welchen Situationen genannt werden. (Die Frage nach gemeinsamen Mahlzeiten wurde hierbei nicht berücksichtigt, da hierauf Geschwister so selten genannt wurden, daß die Frage für eine gesonderte Analyse nicht geeignet ist.) Da bei solch differenzierteren Fragestellungen die Fallzahlen dementsprechend geringer werden, wurde an dieser Stelle - wo möglich - auf die Unterscheidung zwischen Getrennten mit und ohne neuem Partner / neuer Partnerin verzichtet. Der Einfluß einer neuen Partnerschaft wurde bei der Berechnung aber immer mit geprüft und wird dort, wo er signifikant ist, erwähnt werden.

Persönliche Gespräche

Tabelle II.4.18.

Nennung von Geschwistern als Gesprächspartner

			grund26r		Total
			getrennt	NEL/Ehestabil	
Gespräche mit Geschwistern	,00	Count	100	2500	2600
		Expected Count	111,7	2488,3	2600,0
		% within GRUND26	82,0%	91,9%	91,5%
	1,00	Count	22	219	241
		Expected Count	10,3	230,7	241,0
		% within GRUND26	18,0%	8,1%	8,5%
Total		Count	122	2719	2841
		Expected Count	122,0	2719,0	2841,0
		% within GRUND26	100,0%	100,0%	100,0%

grund26r: Recodierung der Variable, in der die Untersuchungskategorien definiert sind: getrennt = zum Zeitpunkt der ersten Befragung 1988 mit Partner/in zusammengelebt, zwischen 1988 und 1994 Trennung; NEL/Ehestabil = zu beiden Befragungszeitpunkten mit dem/r selben Partner/in zusammengelebt.

18 Prozent der Getrennten, die Brüder oder Schwestern haben, nennen 1994 eines oder mehr ihrer Geschwister als Partner für Gespräche über Dinge, die ihnen persönlich wichtig sind. Von denen, die in stabilen Ehen oder nichtehelichen Lebensgemeinschaften leben, sind es 8 Prozent. Neue Partnerschaften haben hierauf keinen bedeutsamen Einfluß. Die Bedeutung von Geschwistern als Partner/innen für Gespräche über persönliche Belange nimmt demnach nach einer Trennung zu.

Bei Männern ist der Unterschied zwischen Stabilen und Getrennten auch hier stärker als bei Frauen (Stabile 6% ; Getrennte 20% Frauen: Stabile 10% ; Getrennte 17% - unter dem Vorbehalt geringer Fallzahlen).

Der Vergleich mit den Ergebnissen der 88er Befragung zeigt, daß 6 Prozent der Getrennten ihre Geschwister in beiden Befragungen als Gesprächspartner genannt hatten, 12 Prozent nannten sie 1994 - nach der Trennung - zum ersten Mal.

Es zeigt sich, daß Geschwister nach einer Trennung vom Lebenspartner als Gesprächspartner oftmals an Bedeutung gewinnen. Sie stehen den Getrennten demnach nicht nur durch praktische Hilfeleistung zur Seite, sondern werden um Rat gefragt und in Überlegungen zu "wichtigen Dingen" miteinbezogen.[17]

Gemeinsam verbrachte Freizeit

Tabelle II.4.19.

Nennung von Geschwistern als Freizeitpartner

			GRUND26r		
			getrennt	NEL/Ehestabil	Total
Freizeit mit Geschwistern	,00	Count	110	2599	2709
		Expected Count	116,3	2592,7	2709,0
		% within GRUND26	90,2%	95,6%	95,4%
	1,00	Count	(12)	120	132
		Expected Count	5,7	126,3	132,0
		% within GRUND26	9,8%	4,4%	4,6%
Total		Count	122	2719	2841
		Expected Count	122,0	2719,0	2841,0
		% within GRUND26	100,0%	100,0%	100,0%

grund26r: Recodierung der Variable, in der die Untersuchungskategorien definiert sind: getrennt = zum Zeitpunkt der ersten Befragung 1988 mit Partner/in zusammengelebt, zwischen 1988 und 1994 Trennung; NEL/Ehestabil = zu beiden Befragungszeitpunkten mit dem/r selben Partner/in zusammengelebt.

Geschwister werden generell selten als wichtige Freizeitpartner genannt. Getrennte nennen sie 1994 tendenziell häufiger auf die Frage, mit wem sie einen Großteil ihrer

---

[17] Unterschiede zwischen Schwestern und Brüdern hinsichtlich der Aufgaben, die sie erfüllen, siehe weiter unten in diesem Kapitel.

Freizeit verbringen, als Personen in stabilen Ehen oder nichtehelichen Lebensgemeinschaften (10% versus 4%). Wegen der geringen Fallzahlen ist diese Aussage allerdings nicht verläßlich. Bezieht man die Ergebnisse der 88er Studie mit ein, so zeigt sich, daß von den 12 Personen, die in der zweiten Befragung - also nach der Trennung vom Partner beziehungsweise von der Partnerin - ihre Geschwister als Personen genannt hatten, mit denen sie einen Großteil ihrer Freizeit verbringen, nur eine einzige Person schon vor der Trennung ein oder mehrere Geschwister genannt hatte! Die anderen 11 Personen wurden 1994 zum ersten Mal genannt. Es kam allerdings auch vor, daß 1988 Geschwister genannt wurden und 1994 nicht. Insgesamt läßt sich unter Vorbehalt zusammenfassen, daß Geschwister generell selten wichtige Freizeitpartner sind, wobei sie von Personen, die eine Trennung hinter sich haben, allerdings etwas häufiger genannt werden (und dann oft zum ersten Mal) als von Personen, die in stabilen Partnerschaften leben.

Emotionale Nähe

Tabelle II.4.20.

Nennung von Geschwistern als emotional nahestehende Personen

			GRUND26r		Total
			getrennt	NEL/Ehestabil	
emotionale Nähe Geschwister	,00	Count	97	2416	2513
		Expected Count	107,9	2405,1	2513,0
		% within GRUND26	79,5%	88,9%	88,5%
	1,00	Count	25	303	328
		Expected Count	14,1	313,9	328,0
		% within GRUND26	20,5%	11,1%	11,5%
Total		Count	122	2719	2841
		Expected Count	122,0	2719,0	2841,0
		% within GRUND26	100,0%	100,0%	100,0%

Grund26r: Recodierung der Variable, in der die Untersuchungskategorien definiert sind: getrennt = zum Zeitpunkt der ersten Befragung 1988 mit Partner/in zusammengelebt, zwischen 1988 und 1994 Trennung; NEL/Ehestabil = zu beiden Befragungszeitpunkten mit dem/r selben Partner/in zusammengelebt.

Eine "sehr enge gefühlsmäßige Bindung" an ihre Geschwister hatten 1994 20 Prozent der Getrennten und 11 Prozent der Stabilen. Der Längsschnitt zeigt, daß 19 von den 25 Personen, die ihre Geschwister auf diese Frage genannt hatten, dies 1994 zum ersten Mal taten. Allerdings gab es auch eine starke "Gegenbewegung": 11 Personen nannten ihre Geschwister nur vor der Trennung und danach nicht mehr. Grundsätzlich ist demnach eine enge emotionale Bindung an Bruder oder Schwester nach einer Trennung etwas wahrscheinlicher, aber es kommt auch häufig vor, daß vor einer Trennung oder Scheidung Nähe zu den eigenen Geschwistern besteht, dies hinterher aber nicht mehr so empfunden wird. Dies mag damit zusammenhängen, daß Geschwisterbeziehungen häufig sehr kompliziert sind. Es kann sehr schwirig sein, seinen Geschwistern einzugestehen, daß man gescheitert ist, daß es einem nicht gut geht oder daß man Hilfe braucht. (Literatur siehe Kap. I. 6., vor allem Weiss, 1984)

Unterschiede zwischen den Beziehungen zu Schwestern und Brüdern

Die Frage danach, wie sich die Geschwisterbeziehungen von Männern und Frauen unterscheiden, wurde in diesem Kapitel bisher immer mit berücksichtigt (sofern es die Fallzahlen zuließen). Ebenso interessant sind die geschlechtsspezifischen Differenzen, die sich zwischen den Genannten zeigen - je nachdem ob es sich um Schwestern oder um Brüder handelt. Den unterschiedlichen Beziehungen zu Brüdern und Schwestern soll im folgenden Abschnitt nachgegangen werden.

Tabelle II.4.21.

Nennung von Schwestern als Funktionsträger

			grund26r		Total
			getrennt	EHE/Nelstabi	
mindestens einmalige Nennung mindestens einer Schwester	,00	Count	58	1648	1706
		Expected	65,0	1641,0	1706,0
		% within	73,4%	82,6%	82,2%
	1,00	Count	21	348	369
		Expected	14,0	355,0	369,0
		% within	26,6%	17,4%	17,8%
Total		Count	79	1996	2075
		Expected	79,0	1996,0	2075,0
		% within	100,0%	100,0%	100,0%

[18]

Grund26r: Recodierung der Variable, in der die Untersuchungskategorien definiert sind: getrennt = zum Zeitpunkt der ersten Befragung 1988 mit Partner/in zusammengelebt, zwischen 1988 und 1994 Trennung; NEL/Ehestabil = zu beiden Befragungszeitpunkten mit dem/r selben Partner/in zusammengelebt.

Unter Personen, die eine Trennung erlebt haben, ist der Anteil derer, die mindestens einmal mindestens eine Schwester nannten, etwas höher, als unter Personen mit stabilen Partnerschaften (27% versus 17%). Vor der Trennung (1988) nannten 18 Prozent der (später getrennten) Befragten mindestens einmal ihre Schwester. Bezieht man in den Längsschnittvergleich mit ein, wie oft die einzelnen ihre Schwester(n) genannt hatten, so wird allerdings deutlich, daß 21 Prozent der Befragten nach der Trennung ihre Schwester(n) erstmals oder häufiger als vorher genannt hatten. Seltener oder nicht mehr genannt wurden sie von 9 Prozent der Befragten.

Schwestern nehmen häufig eine wichtige Stellung in den sozialen Netzwerken ein, unabhängig von der Partnerschaftssituation der Befragten. Ihre Bedeutung wächst nach einer Trennung aber noch merklich - sie werden von vielen auf mehr Fragen genannt als vorher.

Männer nennen ihre Schwestern, solange sie in stabilen Beziehungen leben, nur selten (9%); Frauen in derselben Situation nennen ihre Schwestern zu 23 Prozent min-

---

[18] Es wurden nur Befragte einbezogen, die eine Schwester haben. 1= genannt auf mindestens eine der Fragen nach persönlichen Gesprächen, gemeinsamen Mahlzeiten, emotionaler Nähe oder Freizeitpartnern.

destens einmal. Nach einer Trennung nennen Männer zu 23 Prozent und Frauen zu 29 Prozent ihre Schwestern. Wie so oft nähern sich die Männer nach einer Trennung in ihren Antworten den Frauen an und verzeichnen dabei - in bezug auf erstmalige Nennungen - wesentlich stärkere Veränderungen als diese. Wenn man im Längsschnitt mit berücksichtigt, wie oft von den einzelnen Befragten ihre Schwestern genannt werden (nicht nur ob mindestens einmal oder keinmal), so zeigt sich allerdings, daß auch Frauen nach einer Trennung deutlich intensivere Beziehungen zu ihren Schwestern haben als vorher. (Bei beiden Geschlechtern haben ungefähr 20 Prozent der Getrennten 1994 intensivere Schwesternbeziehungen als 1988.)

Bei getrennten Frauen ergeben sich hier wenige systematische Unterschiede, wenn man nach der Partnerschaftssituation differenziert, eher sind ihre Schwesternbeziehungen etwas enger, wenn sie einen neuen Partner haben. Männer nennen in diesem Sample ihre Schwestern nur (!) dann, wenn sie nicht mit einer neuen Partnerin zusammenleben (nicht mit Partnerin lebend 32%/ mit Partnerin lebend 0% - allerdings bei sehr geringen Fallzahlen). Auch hier sieht man, wie stark das Zusammenleben mit einer Partnerin die Netze der Männer beeinflußt. Sie nehmen Beziehungen auf, wenn sie "allein" sind, und distanzieren sich wieder, wenn sie eine neue nichteheliche Lebensgemeinschaft oder Ehe eingehen.

Tabelle II. 4. 22.

Nennung von Brüdern als Funktionsträger 1994

			grund26r		Total
			getrennt	EHE/Nelstabil	
mindestens einmalige Nennung mindestens eines Bruders	,00	Count	79	1831	1910
		Expected Count	90,7	1819,3	1910,0
		% within grund26r	79,0%	91,3%	90,7%
	1,00	Count	21	175	196
		Expected Count	9,3	186,7	196,0
		% within grund26r	21,0%	8,7%	9,3%
Total		Count	100	2006	2106
		Expected Count	100,0	2006,0	2106,0
		% within grund26r	100,0%	100,0%	100,0%

Es wurden nur Befragte einbezogen, die mindestens einen Bruder haben. 1= genannt auf mindestens eine der Fragen nach persönlichen Gesprächen, gemeinsamen Mahlzeiten, emotionaler Nähe oder Freizeitpartnern
Grund26r: Recodierung der Variable, in der die Untersuchungskategorien definiert sind: getrennt = zum Zeitpunkt der ersten Befragung 1988 mit Partner/in zusammengelebt, zwischen 1988 und 1994 Trennung; NEL/Ehestabil = zu beiden Befragungszeitpunkten mit dem/r selben Partner/in zusammengelebt.

Von Personen, die in stabilen Beziehungen leben, werden Brüder eher selten genannt: Nur 9 Prozent der Befragten nennen auf mindestens eine der Fragen nach persönlichen Gesprächen, gemeinsamen Mahlzeiten, emotionaler Nähe oder wichtigen Freizeitpartnern mindestens einmal einen Bruder. Nach einer Trennung werden Brüder von wesentlich mehr Personen genannt (21%), sie gewinnen durch eine Trennung demnach eindeutig für viele Betroffene an Bedeutung.

Auch der Längsschnitt läßt erkennen, daß die meisten Befragten, die nach der Trennung ihre Brüder als wichtige Netzwerkpersonen einschätzen, sie 1994 noch nicht auf die jeweiligen Fragen genannt hatten.

Brüder werden seltener im Netz genannt als Schwestern, sowohl von Personen in stabilen Partnerschaften (Brüder von 9% der Befragten, Schwestern von 17%), als auch von Befragten, die eine Trennung erlebt hatten (Brüder von 21%, Schwestern von 27%). Wenn man die genannten Brüder und Schwestern in Hinblick darauf vergleicht, wann sie in den sozialen Netzen der Befragten erscheinen, so fallen Ähnlichkeiten auf mit den hier öfter beobachteten Differenzen zwischen *befragten* Männern und Frauen. Solange die Partnerschaften bestehen, besteht wenig Kontakt zu Brüdern, während Schwestern von fast doppelt so vielen Befragten genannt werden (9% versus 17%), im "Ernstfall" einer Trennung jedoch werden die Beziehungen zu Brüdern plötzlich aktiviert, und sie holen gegenüber den Schwestern kräftig auf (21% zu 27%). Im übrigen werden alle Brüder, die 1994 zum ersten Mal genannt werden, von Personen genannt, die eine Trennung hinter sich haben und zum Zeitpunkt der Befragung nicht mit einem neuen Partner zusammenlebten. (Dies kann angesichts der hierbei sehr geringen Fallzahlen jedoch nur eine Tendenz anzeigen.)
Die befragten Männer und Frauen unterscheiden sich hinsichtlich der Beziehungen zu ihren Brüdern nicht besonders deutlich. Tendenziell nennen Männer etwas häufi-

ger ihre Brüder als Frauen, und zwar sowohl vor als auch nach der Trennung und ebenso in unterschiedlichen Partnerschaftssituationen nach der Trennung[20].

Es wurde noch die Frage überprüft, ob Geschwister für Geschiedene, die im eigenen Haushalt Kinder betreuen, besonders wichtig sind, da sie möglicherweise als Babysitter Hilfe leisten. Diese Annahme konnte nicht bestätigt werden. Es zeigte sich kein positiver Zusammenhang zwischen dem Zusammenleben mit Kindern nach einer Trennung oder Scheidung und der Beziehung zu den eigenen Geschwistern. Hierbei wurden zusätzlich die Schwestern gesondert untersucht, aber auch dies führte zu keiner weiteren Klärung.

Fazit

Geschwisterbeziehungen gewinnen für Menschen, die eine Scheidung oder Trennung vom Lebenspartner erfahren, an Bedeutung. Ihre Aufgabe scheint vor allem im Gespräch über persönliche Fragen zu liegen und darin, daß sie emotionalen Rückhalt geben. Als hilfreiche Tanten und Onkel, die bei der Kinderbetreuung mit anpacken, spielen sie jedoch anscheinend in der Regel keine nennenswerte Rolle.

Frauen, die ohnehin intensivere Geschwisterbeziehungen als Männer unterhalten, verstärken diese Bindungen an ihre Brüder und Schwestern nach einer Trennung, während Männer nach einer Trennung ihre Geschwister häufig zum ersten Mal nennen. Bei Männern scheinen die Beziehungen auch wieder abzuflauen, wenn sie mit einer neuen Partnerin zusammenziehen, während Frauen auch im Falle neuer Partnerschaften engere Geschwisterbeziehungen beibehalten.

Schwestern werden generell häufiger genannt als Brüder. Sowohl Männer als auch Frauen intensivieren die Beziehungen zu ihren Schwestern nach einer Trennung, wobei Männer sie häufiger zum ersten Mal nennen. Brüder werden selten genannt, wenn die Befragten in einer Ehe oder nichtehelichen Lebensgemeinschaft leben - sei

---

[20] Wegen der geringen Fallzahlen war es leider nicht möglich, nach Geschlechtern und nach einzelnen familialen Funktionen gleichzeitig zu differenzieren.

es in stabilen Beziehungen oder nach einer Trennung. Befragte, die eine Trennung hinter sich haben und nicht mit einer/m Partner/in zusammenleben, nennen ihre Brüder häufiger, in der Regel 1994 zum ersten Mal. Beziehungen zu Brüdern werden - von Männern und Frauen - demnach vor allem in Zeiten des Alleinseins aktiviert; in allen anderen Situationen spielen sie eine geringere Rolle als Schwestern.

Geschwister gewinnen nach einer Trennung als Partner/innen für Gespräche über persönliche Dinge an Bedeutung. Auch als wichtige Freizeitpartner werden sie von Getrennten häufiger genannt als von anderen, allerdings ist ihre Bedeutung in diesem Lebensbereich in jedem Fall gering. Im emotionalen Bereich ließ sich eine hohe Fluktuation beobachten: Geschwister wurden nach einer Trennung häufiger zum ersten Mal zu den Personen gezählt, zu denen die Befragten eine enge gefühlsmäßige Bindung haben. Es kam aber auch nicht selten vor, daß sie nur vor der Trennung genannt wurden, hinterher aber nicht mehr. Dies läßt ahnen, wie kompliziert Beziehungen zwischen Geschwistern sind und daß sie durch eine Trennung oder Scheidung eines der Geschwister nicht nur positiv verändert werden.

Im Großen und Ganzen zeigen die Daten jedoch eine Intensivierung der Beziehungen zwischen Schwestern und Brüdern nach einer Trennung oder Scheidung.

4.3. Beziehungen zu Verwandten

Es konnte gezeigt werden, daß Eltern und Geschwister wesentliche Figuren im sozialen Unterstützungsnetzwerk sind. Ihre Bedeutung nimmt nach einer Trennung oder Scheidung tendenziell zu, und sie können für Betroffene viele wichtige familiale Funktionen erfüllen. Auch aus der wissenschaftlichen Literatur zu Scheidungsfolgen geht hervor, daß die Bedeutung der Verwandtschaft nach einer Scheidung häufiger wächst als schwindet (Albrecht, 1980; Chiriboga, 1979; Cherlin & Furstenberg, 1986). Die Verwandtschaft besteht natürlich nicht nur aus Eltern, Geschwistern und Kindern, sondern schließt viele weitere Personen mit ein. Auch Großeltern, Tanten und Onkel, Kusinen und Vettern, Nichten und Neffen, Enkel und Enkelinnen und viele andere mögliche Verwandtschaftsgrade gehören dazu und können wichtige Rollen im Unterstützungsnetzwerk einnehmen.

Verwandte tendieren mehr dazu, über einander zu urteilen als Freunde, für die es leichter ist, Verständnis für eine ihnen fremde Lebensweise oder für Verhalten aufzubringen, das sie selbst nicht gewählt hätten. Daher kann es sein, daß der Entschluß eines Familienmitglieds, sich vom Partner zu trennen, von der Verwandtschaft nicht akzeptiert wird und zur Scheidung oder Trennung noch der Ausstoß aus dem Verwandtenkreis hinzukommt.[21]

Andererseits sind Verwandtschaftsbeziehungen in der Regel stabiler als Freundschaften, weil sie auf einer Basis beruhen, die von vorübergehenden Konflikten und von Sympathie und Antipathie nicht so leicht in Frage gestellt werden ("Blut ist dicker als Wasser"). Daher stellen sie in vielen Fällen eine zuverlässigere Quelle für Unterstützung dar als Freundschaften. In der schon öfter erwähnten Untersuchung von Rands (1980) waren die Beziehungen zu den eigenen Verwandten im Verhältnis zu anderen Beziehungsformen über eine Scheidung hinweg am stabilsten. In einer Studie von Albrecht (1980) mit 500 geschiedenen Männern und Frauen wurde bei 37 Prozent der Frauen und bei 25 Prozent der Männer der Kontakt zur Verwandtschaft durch die Scheidung intensiver, bei 10 Prozent der Frauen und 15 Prozent der

---

[21] Nach Kitson, Moir und Mason (1982) ist die Frage, wie stark die Scheidung der betroffenen Person von seiten der Familie und der Verwandtschaft abgelehnt bzw. akzeptiert wird, ausschlaggebend für das Ausmaß der Hilfe, die dann von dieser Seite geleistet wird.

Männer wurde er schwächer, und für den Rest änderte sich diesbezüglich durch die Scheidung nichts. Insgesamt nimmt nach Albrecht die Bedeutung der Verwandtschaft durch eine Scheidung zu (Albrecht, 1980, S. 64).

Wie schon weiter oben erwähnt, verläuft Reziprozität in Verwandtschaftsbeziehungen über längere Zeiträume als in Freundschaften. Das heißt, Hilfe von Verwandten verpflichtet nicht zu baldiger Gegenleistung, wie das bei Freundschaftsbeziehungen tendenziell der Fall ist. Dies erleichtert es, die Hilfe von Verwandten anzunehmen.

Im Familiensurvey wurde bei der Erhebung der sozialen Netzwerke explizit nach Eltern, Kindern, Schwiegertöchtern und -söhnen, Geschwistern (eigene oder des Partners/der Partnerin), (Ur-)Großeltern und Enkeln gefragt, alle anderen Personen aus der eigenen Verwandtschaft oder der des Partners /der Partnerin fielen unter die Rubrik "sonstige Verwandte". Es kann also (leider) nicht immer zwischen eigenen Verwandten und Verwandten des Partners /der Partnerin unterschieden werden. Es ist nicht sinnvoll, nur die Anzahl der Nennung "sonstiger Verwandter" zu vergleichen, ohne zu berücksichtigen, wie oft schon vorher Verwandte als Netzwerkpersonen genannt wurden. Daher wurden für dieses Kapitel alle Nennungen von Verwandten zusammengefaßt und die Anzahl der genannten Verwandten zusammengezählt. Es wurden zwei Variablen gebildet: eine Variable, die sämtliche Verwandte, auch die des Partners/ der Partnerin mit einschließt, und eine weitere Variable, in der (möglichst) nur die eigenen Verwandten aufsummiert wurden. Es wurden ausschließlich Personen berücksichtigt, die eine der familialen Funktionen (persönliches Gespräch, gemeinsame Mahlzeiten, Freizeitpartner, gefühlsmäßige Bindung, finanzielle Unterstützung geben beziehungsweise erhalten) erfüllen. Allein die Zugehörigkeit zur Verwandtschaft bedeutet noch nicht, daß die Personen im Netzwerk der Befragten eine wichtige Rolle spielen.

In die erste Variable gingen folgende Beziehungen ein:
- (Ehe)partner/in
- Geschiedene/r beziehungsweise ehemalige/r Partner/in
- Eigene Kinder
- Kinder des Partners/ der Partnerin
- Pflegekinder

- Schwiegertöchter und -söhne (eigene oder des Partners/ der Partnerin)
- Eigene Eltern
- Eltern des Partners/ der Partnerin
- Geschwister (eigene oder des Partners/ der Partnerin)
- Großeltern und Urgroßeltern (eigene oder des Partners/ der Partnerin)
- Enkel (eigene oder des Partners/ der Partnerin)
- Sonstige Verwandte (eigene oder des Partners/ der Partnerin)

Die zweite Variable, die möglichst nur die eigene Verwandtschaft mit einschließt, gibt die Anzahl folgender als Funktionsträger genannter Personen an:
- Eigene Kinder
- Pflegekinder
- Schwiegertöchter und -söhne (eigene oder des Partners/ der Partnerin - eine Differenzierung war hier nicht möglich)
- Eigene Eltern
- Eigene Geschwister
- Großeltern und Urgroßeltern (eigene oder des Partners/ der Partnerin - eine Differenzierung war hier nicht möglich)
- Enkel (eigene oder des Partners/ der Partnerin - eine Differenzierung war hier nicht möglich)
- Sonstige Verwandte (eigene oder des Partners/ der Partnerin - eine Differenzierung war hier nicht möglich)

Es wird stets deutlich gemacht, welche der Variablen in die jeweiligen Berechnungen einging.

Anzahl der genannten Verwandten

Wie viele Verwandte werden im Durchschnitt von den Befragten als Netzwerkpersonen genannt?

Tabelle II.4.23.

Durchschnittliche Anzahl der Verwandten einschließlich der Verwandten der Partnerin / des Partners

		Mean	N	Std. Deviation
GRUND26	zus88trmp	3,2597	77	1,5678
	zus88trop	2,8696	69	1,8623
	NEL/Ehestabil	3,7016	3120	1,7508
	Total	3,6736	3266	1,7539

Grund26: Variable, in der die Untersuchungskategorien definiert sind: zus88trmp = zum Zeitpunkt der ersten Befragung 1988 mit Partner/in zusammengelebt, zwischen 1988 und 1994 Trennung, in der zweiten Befragung 1994 mit neuer Partnerschaft; zus88trop = 1988 mit Partner/in zusammengelebt, zwischen 1988 und 1994 Trennung, in der zweiten Befragung 1994 ohne neue Partnerschaft; NEL/Ehestabil = zu beiden Befragungszeitpunkten mit dem/r selben Partner/in zusammengelebt.

Personen, die nach einer Trennung nicht in einer neuen Partnerschaft leben, geben im Schnitt 2,9 Verwandte an, die für sie familiale Funktionen erfüllen, Personen, die eine neue Partnerschaft eingegangen sind, nennen 3,3 Personen, und in der stabilen Vergleichsgruppe sind es 3,7 Personen. Es zeigen sich keine besonders gravierenden Unterschiede zwischen Personen mit Trennungserfahrung und neuer Partnerschaft und Personen, die in stabilen Partnerschaften leben, der Unterschied beträgt etwa 0,4. Das heißt, knapp jede/r zweite getrennte Befragte mit neuer Partnerschaft nannte eine verwandte Person mehr. Befragte, die nach einer Trennung noch keine neue Partnerschaft eingegangen waren, gaben noch einmal 0,4 Personen weniger an. Dies läßt sich daraus erklären, daß sie keine/n Partner/in und keine Verwandten der Partnerin oder des Partners angeben können, und läßt daher nicht den Schluß zu, daß sie generell weniger Interesse an Verwandtschaftsbeziehungen haben als Personen, die in einer Partnerschaft leben.

Bezieht man (möglichst) nur eigene Verwandte in die Berechnung mit ein, so kommt man zu folgendem Ergebnis:

Tabelle II.4.24.

Durchschnittliche Anzahl der eigenen Verwandten

ANZVEF9

		Mean	N	Std. Deviation
GRUND26	zus88trmp	2,2727	77	1,4747
	zus88trop	2,6479	71	1,8830
	NEL/Ehestabil	2,4606	3148	1,6431
	Total	2,4603	3296	1,6449

Grund26: Variable, in der die Untersuchungskategorien definiert sind: zus88trmp = zum Zeitpunkt der ersten Befragung 1988 mit Partner/in zusammengelebt, zwischen 1988 und 1994 Trennung, in der zweiten Befragung 1994 mit neuer Partnerschaft; zus88trop = 1988 mit Partner/in zusammengelebt, zwischen 1988 und 1994 Trennung, in der zweiten Befragung 1994 ohne neue Partnerschaft; NEL/Ehestabil = zu beiden Befragungszeitpunkten mit dem/r selben Partner/in zusammengelebt.

Die Unterschiede zwischen Getrennten und Stabilen verschwinden fast gänzlich. Die Tatsache, daß es kaum Differenzen zwischen stabilen und "neuen" Paaren in der Anzahl der genannten Verwandten gibt, weist darauf hin, daß die Trennung selbst nicht zu einer "Abkehr" von verwandtschaftlichen Bindungen führt.

Zu ähnlichen Ergebnissen kommt man, wenn man die Veränderung der Anzahl der Nennungen von Verwandten (einschließlich Verwandter des Partners/ der Partnerin) zwischen 1988 und 1994 betrachtet:

Tabelle II.4.25.

Durchschnittliche Veränderung der Anzahl der Verwandten

VERVERP

		Mean	N	Std. Deviation
GRUND26	zus88trmp	-7,8947E-02	76	1,9850
	zus88trop	-,4545	66	1,7645
	NEL/Ehestabil	,1773	3107	1,9463
	Total	,1585	3249	1,9455

Grund26: Variable, in der die Untersuchungskategorien definiert sind: zus88trmp = zum Zeitpunkt der ersten Befragung 1988 mit Partner/in zusammengelebt, zwischen 1988 und 1994 Trennung, in der zweiten Befragung 1994 mit neuer Partnerschaft; zus88trop = 1988 mit Partner/in zusammengelebt, zwischen 1988 und 1994 Trennung, in der zweiten Befragung 1994 ohne neue Partnerschaft; NEL/Ehestabil = zu beiden Befragungszeitpunkten mit dem/r selben Partner/in zusammengelebt.

Der Längsschnitt bestätigt, daß es weder bei Getrennten mit neuer Partnerschaft noch bei Stabilen nennenswerte Veränderungen gab. Von den Getrennten ohne neue Partnerschaft hat im Schnitt knapp jede/r zweite eine verwandte Personen im Netz weniger als vor der Trennung.

Tabelle II.4.26.

Durchschnittliche Veränderung der Anzahl der eigenen Verwandten

VERVER

		Mean	N	Std. Deviation
GRUND26	zus88trmp	,1688	77	1,7199
	zus88trop	,5286	70	1,7171
	NEL/Ehestabil	,1730	3145	1,7969
	Total	,1804	3292	1,7937

Grund26: Variable, in der die Untersuchungskategorien definiert sind: zus88trmp = zum Zeitpunkt der ersten Befragung 1988 mit Partner/in zusammengelebt, zwischen 1988 und 1994 Trennung, in der zweiten Befragung 1994 mit neuer Partnerschaft; zus88trop = 1988 mit Partner/in zusammengelebt, zwischen 1988 und 1994 Trennung, in der zweiten Befragung 1994 ohne neue Partnerschaft; NEL/Ehestabil = zu beiden Befragungszeitpunkten mit dem/r selben Partner/in zusammengelebt.

Schließt man Verwandte des Partners/ der Partnerin (weitgehend) aus, so dreht sich die Richtung der Veränderung bei partnerlosen Getrennten um: Jede/r zweite nennt nach der Trennung eine/n eigene/n Verwandten mehr, der für sie mindestens eine familiale Funktion erfüllt, als vor der Trennung. Die Abnahme in der Anzahl der Verwandten in der ersten Tabelle geht bei ihnen demnach auf Verluste an Verwandten des Partners zurück.

Auch im Längsschnitt zeigt sich, daß die eigenen Verwandten nach einer Trennung nicht an Bedeutung verlieren, sondern - insbesondere wenn keine neue Partnerschaft aufgenommen wird - eher häufiger genannt werden als vorher.

Eine Vielzahl von Studien kommt zu der Aussage, daß der Kontakt zur Verwandtschaft von Frauen in der Regel intensiver gepflegt wird als von Männern (siehe Kapitel I. 6.). Dies gilt nach den Ergebnissen der Scheidungsfolgenforschung auch für die Situation nach einer Scheidung: Frauen greifen im Scheidungsfall stärker auf die Hilfe von Verwandten zurück als Männer.

Serovich, Price und Chapman (1991) untersuchten (unter anderem) die Beziehungen Geschiedener zu den Verwandten ihres ehemaligen Partners bzw. der ehemaligen Partnerin und befragten hierfür 73 geschiedene Eltern, 29 Männer und 44 Frauen. Sie zeigten, daß der Kontakt zur angeheirateten Verwandtschaft nach einer Scheidung normalerweise stark abnimmt, daß aber insbesondere Frauen manchmal noch Beziehungen zu dieser Gruppe unterhalten. Bei den Verwandten gab es in dieser Studie ebenfalls signifikante geschlechtsspezifische Unterschiede: Auch von ihrer Seite wurden die Beziehungen meist von Frauen aufrecht erhalten. Auch in der schon beschriebenen Studie von Rands (1980) zeigten Frauen eine etwas stärkere Verwandtenorientierung als die Männer. Milardo (1987a) vertritt die These, daß soziale und kulturelle Normen für Männer und Frauen unterschiedliche Voraussetzungen für Beziehungen schaffen: Ehemänner werden zu persönlichen, eigenen Freundschaften ermutigt. Gleichzeitig wird aber von ihnen Unabhängigkeit verlangt, was sie möglicherweise von eventueller sozialer Unterstützung nach einer Scheidung isoliert. Frauen werden durch kulturelle Leitbilder zur Verantwortung für Familienmitglieder gedrängt, gleichzeitig sieht nach Milardos These das Idealbild der Ehefrau eigene Freundschaftsbeziehungen nicht vor. Frauen müßten sich nach dieser Vorstellung nach einer Scheidung vor allem auf verwandtschaftliche Netzwerke stützen können und gleichzeitig die Hilfe von Freunden weitgehend entbehren.

Die Tabelle zeigt die durchschnittliche Anzahl von Verwandten (einschließlich Verwandter des Partners/ der Partnerin), die als Funktionsträger genannt wurden, differenziert nach männlichen und weiblichen Befragten:

Tabelle II.4.27.

Durchschnittliche Anzahl der Verwandten nach Geschlecht

ANZVEPF9

				Mean	N	Std. Deviation
GRUND26	zus88trmp	GESCHLECHT	maennlich	2,5172	29	1,5951
			weiblich	3,7083	48	1,3832
			Total	3,2597	77	1,5678
	zus88trop	GESCHLECHT	maennlich	2,6765	34	1,7533
			weiblich	3,0571	35	1,9695
			Total	2,8696	69	1,8623
	NEL/Ehestabil	GESCHLECHT	maennlich	3,4599	1285	1,7346
			weiblich	3,8708	1835	1,7428
			Total	3,7016	3120	1,7508
	Total	GESCHLECHT	maennlich	3,4199	1348	1,7405
			weiblich	3,8519	1918	1,7418
			Total	3,6736	3266	1,7539

Grund26: Variable, in der die Untersuchungskategorien definiert sind: zus88trmp = zum Zeitpunkt der ersten Befragung 1988 mit Partner/in zusammengelebt, zwischen 1988 und 1994 Trennung, in der zweiten Befragung 1994 mit neuer Partnerschaft; zus88trop = 1988 mit Partner/in zusammengelebt, zwischen 1988 und 1994 Trennung, in der zweiten Befragung 1994 ohne neue Partnerschaft; NEL/Ehestabil = zu beiden Befragungszeitpunkten mit dem/r selben Partner/in zusammengelebt.

In allen drei Kategorien nennen Frauen mehr Verwandte als Männer. Die Vermutung, daß Frauen mehr verwandtschaftliche Kontakte pflegen als Männer, bestätigt sich. Dies ist auch der Fall, wenn nur eigene Verwandte berücksichtigt werden:

Tabelle II.4.28.

Durchschnittliche Anzahl der eigenen Verwandten nach Geschlecht

ANZVEF9

				Mean	N	Std. Deviation
GRUND26	zus88trmp	GESCHLECHT	maennlich	1,6207	29	1,5449
			weiblich	2,6667	48	1,2937
			Total	2,2727	77	1,4747
	zus88trop	GESCHLECHT	maennlich	2,4571	35	1,7379
			weiblich	2,8333	36	2,0213
			Total	2,6479	71	1,8830
	NEL/Ehestabil	GESCHLECHT	maennlich	2,1794	1299	1,5841
			weiblich	2,6582	1849	1,6554
			Total	2,4606	3148	1,6431
	Total	GESCHLECHT	maennlich	2,1746	1363	1,5889
			weiblich	2,6617	1933	1,6542
			Total	2,4603	3296	1,6449

Grund26: Variable, in der die Untersuchungskategorien definiert sind: zus88trmp = zum Zeitpunkt der ersten Befragung 1988 mit Partner/in zusammengelebt, zwischen 1988 und 1994 Trennung, in der zweiten Befragung 1994 mit neuer Partnerschaft; zus88trop = 1988 mit Partner/in zusammengelebt, zwischen 1988 und 1994 Trennung, in der zweiten Befragung 1994 ohne neue Partnerschaft; NEL/Ehestabil = zu beiden Befragungszeitpunkten mit dem/r selben Partner/in zusammengelebt.

Frauen in stabilen Beziehungen nennen im Schnitt 0,5 Verwandte mehr als Männer in der gleichen Situation (2,7 zu 2,2), zwischen getrennten Frauen und Männern ohne neue Partnerschaft beträgt der Unterschied 0,4 (2,9 zu 2,5), und bei Getrennten mit neuer Partnerschaft nennen Frauen im Schnitt eine Person mehr als Männer (2,7 zu 1,6). Interessant ist, daß Männer ohne Partnerin verhältnismäßig viele Verwandte nennen, während sie, kaum daß sie eine neue Partnerin gefunden haben, wieder in das übliche männliche Muster "zurückfallen". In dieser Untersuchung wurde schon öfter festgestellt, daß Männer, die nach einer Trennung ohne Partnerin sind, aus dem üblichen männlichen Muster ausscheren, während die Effekte der Trennung, sobald sie eine neue Partnerschaft eingegangen sind, schwächer sind als bei Frauen. Bei Frauen sind die Auswirkungen einer Trennung auch in einer neuen Partnerschaft meist noch besser erkennbar. An dieser Stelle ist dieses Muster allerdings nicht sehr deutlich ausgeprägt.

Tabelle II.4.29.

Durchschnittliche Veränderungen bei der Anzahl der eigenen Verwandten

VERVER

				Mean	N	Std. Deviation
GRUND26	zus88trmp	GESCHLECHT	maennlich	3,448E-02	29	1,8989
			weiblich	,2500	48	1,6177
			Total	,1688	77	1,7199
	zus88trop	GESCHLECHT	maennlich	,7647	34	1,6154
			weiblich	,3056	36	1,8019
			Total	,5286	70	1,7171
	NEL/Ehestabil	GESCHLECHT	maennlich	,1750	1297	1,7461
			weiblich	,1715	1848	1,8322
			Total	,1730	3145	1,7969
	Total	GESCHLECHT	maennlich	,1868	1360	1,7476
			weiblich	,1760	1932	1,8260
			Total	,1804	3292	1,7937

Grund26: Variable, in der die Untersuchungskategorien definiert sind: zus88trmp = zum Zeitpunkt der ersten Befragung 1988 mit Partner/in zusammengelebt, zwischen 1988 und 1994 Trennung, in der zweiten Befragung 1994 mit neuer Partnerschaft; zus88trop = 1988 mit Partner/in zusammengelebt, zwischen 1988 und 1994 Trennung, in der zweiten Befragung 1994 ohne neue Partnerschaft; NEL/Ehestabil = zu beiden Befragungszeitpunkten mit dem/r selben Partner/in zusammengelebt.

Die Tabelle zeigt die Zu- oder Abnahme in der Anzahl der genannten (eigenen) Verwandten zwischen 1988 und 1994.

Mit Ausnahme der Männer, die nach einer Trennung eine neue Partnerin gefunden haben, sind bei Getrennten stärkere Zunahmen bei der Nennung eigener Verwandten zu beobachten als bei Stabilen. Insgesamt sind die Veränderungen recht schwach und bewegen sich um 0,2. Nur Männer ohne Partnerin verzeichnen mit 0,8 einen deutlicheren Bedeutungszuwachs verwandter Personen. Wie zu erwarten, verliert sich dieser wieder, sobald sie eine neue Partnerin haben.

Eine Unterscheidung danach, ob die Befragten nach der Trennung wieder eine nichteheliche Lebensgemeinschaft beziehungsweise eine Ehe eingegangen waren oder ob sie nicht mit einem neuen Partner zusammenlebten, brachte keine nennenswerten neuen Ergebnisse. Insgesamt ist es so, daß eine Partnerschaft an sich Einfluß hat darauf, wie viele Verwandte nach einer Trennung genannt werden. Die Frage des

Zusammenlebens mit dem neuen Partner hat in bezug auf die Anzahl genannter Verwandter nur geringe Relevanz.

Generell gewinnen Verwandte nach einer Trennung eher an Bedeutung. Partnerlose Getrennte nennen mehr eigene Verwandte als Stabile und sie nennen mehr eigene Verwandte, als sie in der ersten Befragung vor der Trennung genannt hatten. Verwandte des Partners oder der Partnerin gehen bei Getrennten ohne neue Partnerschaft allerdings - wie zu erwarten - verloren. Die Zunahmen sind insgesamt jedoch schwach ausgeprägt.

Verwandtschaftsbeziehungen im Verhältnis zu Freundschaften

Die Bedeutung von Verwandtschaftsbeziehungen nimmt nach einer Trennung leicht zu. Bedeutet dies, daß auch die Verwandtschaftsorientierung im Netz zunimmt, das heißt, daß Verwandtschaftsbeziehungen auch im Verhältnis zu anderen Beziehungsarten an Bedeutung gewinnen?

Da Nachbarn, Kollegen und Vereinsmitglieder so selten in den Netzen des Familiensurvey auftauchen, daß sie hier vernachlässigt werden können, wurden Verwandte zu Freunden in Beziehung gesetzt, um Zu- oder Abnahme der Verwandtschaftsorientierung nach einer Trennung zu prüfen. (Ausführlicher wird diese Fragestellung im Kapitel "Freundschaftsbeziehungen" erörtert.)

Hierfür wurde die Zahl der im Netz genannten Freunde und Freundinnen von der Zahl der genannten Verwandten, die auch eine familiale Funktion erfüllen, (einschließlich Verwandter des Partners) abgezogen. Der so errechnete Wert gibt Auskunft darüber, ob Verwandte oder Freunde häufiger in den Netzen genannt werden, und wie groß der Unterschied ist. Je größer der Wert, desto stärker die Orientierung an Verwandtschaftsbeziehungen im Verhältnis zu Freundschaften bei der Erfüllung familialer Funktionen. Ist der Wert negativ, so wurden mehr Freunde als Verwandte genannt (was jedoch selten vorkam). Die untenstehende Tabelle zeigt die Mittelwerte für die hier durchgängig verwendeten Vergleichskategorien, erst einschließlich Verwandter des Partners/ der Partnerin und in der zweiten Tabelle nur unter Berücksichtigung der eigenen Verwandten.

Tabelle II.4.30.

Differenz zwischen Verwandten und Freunden

PVMF

		Mean	N	Std. Deviation
GRUND26	zus88trmp	2,0390	77	2,1609
	zus88trop	1,5217	69	2,8107
	NEL/Ehestabil	3,0394	3120	2,1471
	Total	2,9838	3266	2,1786

Tabelle II.4.31.

Differenz zwischen eigenen Verwandten und Freunden

VMF

		Mean	N	Std. Deviation
GRUND26	zus88trmp	1,0519	77	2,0704
	zus88trop	1,2958	71	2,7949
	NEL/Ehestabil	1,7986	3148	2,0638
	Total	1,7703	3296	2,0858

Grund26: Variable, in der die Untersuchungskategorien definiert sind: zus88trmp = zum Zeitpunkt der ersten Befragung 1988 mit Partner/in zusammengelebt, zwischen 1988 und 1994 Trennung, in der zweiten Befragung 1994 mit neuer Partnerschaft; zus88trop = 1988 mit Partner/in zusammengelebt, zwischen 1988 und 1994 Trennung, in der zweiten Befragung 1994 ohne neue Partnerschaft; NEL/Ehestabil = zu beiden Befragungszeitpunkten mit dem/r selben Partner/in zusammengelebt.

Es wurden im Schnitt in allen Kategorien mehr Verwandte als Freunde genannt, wobei es aber durchaus Unterschiede gibt hinsichtlich dessen, wie stark Verwandtenbeziehungen im Netz überwiegen. Bei Stabilen ist die Differenz zwischen Freunden und Verwandten größer als bei Getrennten, wobei sie bei partnerlosen Getrennten am geringsten ist.

Daraus läßt sich - im Zusammenhang mit den obigen Ergebnissen - schließen, daß nach einer Trennung zwar mehr Verwandte genannt werden als in stabilen Lebensgemeinschaften, daß dies aber nicht bedeutet, daß die Orientierung an Verwandtenbeziehungen auf Kosten anderer Bindungen zunimmt. Im Gegenteil nehmen Freundschaftsbeziehungen stärker zu als verwandtschaftliche Bezüge.

Zufriedenheit mit der Häufigkeit des Verwandtenkontaktes

Neben den Beziehungsstrukturen und den familialen Funktionen wurde im Familiensurvey anhand einer Skala mit mehreren Statements auch die persönliche Zufriedenheit mit dem eigenen Netzwerk erhoben.[22] Bei der Skala handelte es sich um eine Übersetzung des Loneliness-Scale von de Jong Gierviel/van Tilburg.

Eines der Items bezieht sich direkt darauf, ob die Befragten ihre Kontakte zur Verwandtschaft als ausreichend empfinden oder ob sie sich intensiveren Kontakt wünschen würden.

Das Statement lautete: "Ich vermisse einen häufigeren Kontakt mit meinen Familienangehörigen und Verwandten." Die Antwort "1" bedeutete "Trifft überhaupt nicht zu"; demgegenüber konnte von "2" bis "5" der Grad der Zustimmung variiert werden. Gut die Hälfte aller Befragten entschied sich für "1", das heißt, sie lehnten die Aussage, sie vermissten häufigeren Kontakt, völlig ab. Die Tabelle zeigt, wie viele Personen in den jeweiligen Kategorien das Statement ablehnten ("1") und wie viele eine Zahl von 2 bis 5 wählten ("2").

---

[22] Der einleitende Text lautete: "Ich lese Ihnen eine Reihe von Aussagen vor, die die Beziehungen zu Freunden und anderen Menschen in unterschiedlicher Weise beschreiben. Sagen Sie mir bitte zu jedem Punkt anhand der Skala, wie gut die Aussage auf Ihre persönliche Situation zutrifft." Die Skala wurde nur in der 1994er-Erhebung verwendet, es sind keine Längsschnittanalysen möglich.

Tabelle II.4.32.

Zufriedenheit mit der Häufigkeit des Kontaktes zur Verwandtschaft

			GRUND26			Total
			1,00 zus88trmp	2,00 zus88trop	3,00 NEL/Ehestabil	
vermisse häufigeren Kontakt mit Verwandten	1,00 nein	Count	39	33	1686	1758
		Expected Count	41,1	37,9	1679,0	1758,0
		% within GRUND26	50,6%	46,5%	53,6%	53,4%
	2,00 ja	Count	38	38	1461	1537
		Expected Count	35,9	33,1	1468,0	1537,0
		% within GRUND26	49,4%	53,5%	46,4%	46,6%
Total		Count	77	71	3147	3295
		Expected Count	77,0	71,0	3147,0	3295,0
		% within GRUND26	100,0%	100,0%	100,0%	100,0%

Grund26: Variable, in der die Untersuchungskategorien definiert sind: zus88trmp = zum Zeitpunkt der ersten Befragung 1988 mit Partner/in zusammengelebt, zwischen 1988 und 1994 Trennung, in der zweiten Befragung 1994 mit neuer Partnerschaft; zus88trop = 1988 mit Partner/in zusammengelebt, zwischen 1988 und 1994 Trennung, in der zweiten Befragung 1994 ohne neue Partnerschaft; NEL/Ehestabil = zu beiden Befragungszeitpunkten mit dem/r selben Partner/in zusammengelebt.

Die Unterschiede sind recht schwach; von der Tendenz her zeigt sich, daß es unter den Getrennten mehr Personen gibt, die sich häufigeren Kontakt mit Familienangehörigen und Verwandten wünschen als unter Personen mit stabilen Partnerschaften. Soviel kann festgestellt werden: Obwohl nach einer Trennung im Schnitt mehr Verwandte als Träger familialer Funktionen genannt werden als in stabilen Partnerschaften, ist die Zufriedenheit mit der Häufigkeit verwandtschaftlicher Kontakte nach einer Trennung nicht höher. Es besteht demnach durch eine Trennung oder Scheidung ein höherer Bedarf an Verwandtschaftsbeziehungen, der durch die festgestellte Zunahme an verwandtschaftlichen Kontakten allerdings fast vollständig ausgeglichen wird.

Tabelle II.4.33.

Zufriedenheit mit der Häufigkeit des Kontaktes zur Verwandtschaft nach Geschlecht

					GRUND26			
					1,00 zus88trmp	2,00 zus88trop	3,00 NEL/Ehestabil	Total
GESCHLECHT	1,00 maennlich	vermisse häufigeren Kontakt mit Verwandten	1,00	Count	(14)	(14)	686	714
				Expected Count	15,2	18,3	680,5	714,0
				% within GRUND26	48,3%	40,0%	52,8%	52,3%
			2,00	Count	(15)	21	614	650
				Expected Count	13,8	16,7	619,5	650,0
				% within GRUND26	51,7%	60,0%	47,2%	47,7%
		Total		Count	29	35	1300	1364
				Expected Count	29,0	35,0	1300,0	1364,0
				% within GRUND26	100,0%	100,0%	100,0%	100,0%
	2,00 weiblich	vermisse häufigeren Kontakt mit Verwandten	1,00	Count	25	(19)	1000	1044
				Expected Count	26,0	19,5	998,6	1044,0
				% within GRUND26	52,1%	52,8%	54,1%	54,1%
			2,00	Count	23	(17)	847	887
				Expected Count	22,0	16,5	848,4	887,0
				% within GRUND26	47,9%	47,2%	45,9%	45,9%
		Total		Count	48	36	1847	1931
				Expected Count	48,0	36,0	1847,0	1931,0
				% within GRUND26	100,0%	100,0%	100,0%	100,0%

Grund26: Variable, in der die Untersuchungskategorien definiert sind: zus88trmp = zum Zeitpunkt der ersten Befragung 1988 mit Partner/in zusammengelebt, zwischen 1988 und 1994 Trennung, in der zweiten Befragung 1994 mit neuer Partnerschaft; zus88trop = 1988 mit Partner/in zusammengelebt, zwischen 1988 und 1994 Trennung, in der zweiten Befragung 1994 ohne neue Partnerschaft; NEL/Ehestabil = zu beiden Befragungszeitpunkten mit dem/r selben Partner/in zusammengelebt.

Differenziert man die obige Tabelle nach Männern und Frauen, so zeigt sich, daß Frauen generell zufriedener mit der Häufigkeit ihrer Verwandtenkontakte sind als Männer. Die Unterschiede zwischen stabilen und getrennten Frauen sind relativ gering. Auffälliger ist, daß Männer - insbesondere wenn sie keine neue Partnerin gefunden haben - nach einer Trennung häufiger mit ihren Verwandtschaftsbeziehungen unzufriedener sind, als wenn sie seit mindestens sechs Jahren in einer stabilen Partnerschaft leben.

Weiter oben in diesem Kapitel wurde bereits festgestellt, daß Männer weniger oft Verwandte nennen als Frauen. Es zeigt sich, daß sie nach einer Trennung ihre schwächere Verwandtschaftsbindung häufiger als Mangel empfinden als in stabilen Partnerschaften.

Auch dieses Ergebnis unterstützt die These, daß es in Partnerschaften tendenziell eher zum Aufgabenbereich der Frauen gehört, den Kontakt zur Verwandtschaft zu pflegen, und daß Männer es nach einer Trennung daher schwerer haben, nach einem Verlust der Partnerin auf verwandtschaftlichen Beziehungen aufzubauen.

Fazit

Die Anzahl eigener Verwandten, die als Träger familialer Funktionen genannt werden, verändert sich durch eine Trennung nur geringfügig. Personen, die nach einer Trennung keine neue Partnerschaft aufgenommen hatten, gaben - entsprechend der Gelegenheitsstruktur - weniger Verwandte insgesamt an; schloß man die Verwandtschaft des Partners aus, zeigte sich, daß sie mehr eigene Verwandte nannten als vor der Trennung. Frauen nennen in jeder Situation mehr verwandtschaftliche Bindungen als Männer, die nach einer Trennung ihre Verwandtschaftskontakte nur dann verstärken, wenn sie partnerlos sind. Obwohl Getrennte insgesamt etwas mehr Verwandte nennen als Stabile, sind sie mit der Häufigkeit ihrer verwandtschaftlichen Kontakte nicht zufriedener als diese. Besonders Männer - die ja generell weniger Verwandtenbeziehungen pflegen als Frauen - sind nach einer Trennung etwas öfter mit der Intensität dieser Beziehungen unzufrieden.

Trotz der leichten Zunahme der Bedeutung von Verwandten sind die Nach-Trennungs-Netze nicht stärker verwandtenorientiert als vorher, denn Freundschaften gewinnen nach einer Trennung noch mehr an Bedeutung als Verwandtschaftsbeziehungen.

Dennoch: Verwandte scheinen sich nach einer Trennung oder Scheidung in der Regel nicht von den Betroffenen zurückzuziehen. Es kann angenommen werden, daß der Bedarf an Unterstützung wächst, aber auch, daß er von seiten der Verwandtschaft in den meisten Fällen befriedigt wird.

4.4. Beziehungen zu Freunden und Freundinnen

Freundschaften sind im Vergleich zu Verwandtschaftsbeziehungen vor allem dadurch gekennzeichnet, daß sie nicht von außen vorgegeben sind, sondern daß sie durch Eigeninitiative der Beteiligten eingegangen und erhalten werden. Als solche gelten sie als die „modernere" Beziehungsform. Simmel sagte bereits zu Beginn dieses Jahrhunderts voraus, daß mit fortschreitender Modernisierung Freundschaften auf Kosten verwandtschaftlicher Beziehungen an Bedeutung gewinnen würden. Denn Freundschaften als Assoziation nach Interessen seien geeigneter, die immer differenzierteren Ansprüche zu erfüllen. Neben Freiwilligkeit gibt es noch weitere wichtige Charakteristika für Freundschaften, zum Beispiel emotionale Verbundenheit und wechselseitige Intimität (Kolip, 1993), Informalität, zeitliche Ausdehnung beziehungsweise eine gewisse Dauer, positiver Charakter und Ausschluß sexueller Intimität (Auhagen, 1991) oder - Gemeinsamkeiten, die Argyle und Henderson (1984) im interkulturellen Vergleich feststellten - Respektierung der Privatsphäre des oder der anderen, gegenseitiges Vertrauen, Unterstützung in Notlagen und fehlende Eifersucht auf die Beziehungen des Freundes beziehungsweise der Freundin.

Schöningh vertritt in ihrer Studie zu „Ehen und ihre(n) Freundschaften" (1996) die These, daß Freundschaften eine wichtige Rolle in Paarbeziehungen spielen und zu ihrem Bestehen sowie ihrer Auflösung beitragen können. „Persönliche soziale Beziehungen allgemein und Freunde und Freundinnen im Besonderen (nehmen) eine wesentliche Vermittlungsrolle zwischen dem Paar und der Gesellschaft ein (...). Wenn Freundschaften - wie unterstellt - die Ehe als sozialen Prozeß mit konstruieren, dann liegt der Gedanke nahe, daß sie auch bedeutsam für die Trennung sein müssen." (1996, S.68) Zunächst spielt es eine Rolle, ob ein Paar von den Personen, die für die Partner wichtig sind, akzeptiert wird. Weiterhin werden im Verlauf der Ehe beziehungsweise Partnerschaft auftretende Probleme von Freunden bemerkt und oft auch mit ihnen besprochen. Die Interpretation dieser Probleme durch die Partner wird sicherlich dann durch die Sichtweise, die Ratschläge und das Verhalten der Freunde beeinflußt. Es ist denkbar, daß manche Freunde sich im Laufe des Trennungsprozesses von den Betroffenen distanzieren, andere Freunde werden wichtiger und unterstützen in Gesprächen, durch emotionalen Rückhalt und mit praktischer Hilfe einen oder manchmal auch beide Partner.

Solche Freundschaftsbeziehungen und die Unterstützung, die in ihnen geleistet wird, können nach einer Trennung oder Scheidung von großer Bedeutung sein. In den Ergebnissen der Scheidungsfolgenforschung zeigte sich in der Regel ein deutlicher positiver Zusammenhang zwischen dem Vorhandensein intakter Freundschaften und erfolgreicher Bewältigung einer Scheidung oder Trennung. Gerade während der "akuten" Trennungsphase scheinen Freunde und Freundinnen besonders wichtig zu sein - denn sie spenden vor allem Trost, hören zu, geben Rat und zeigen Verständnis. (zum Beispiel Spanier & Casto, 1979; Weiss, 1984; Aslanidis et al., 1989; generell siehe Kap. I. 6.)

Nach Spanier und Casto (1979) beispielsweise ist die Anpassung an eine Scheidung deutlich schwieriger, wenn die Unterstützung von Freunden fehlt. Sie untersuchten 50 Personen, deren Scheidung weniger als 2 Jahre zurücklag, und stellten fest, daß sich frühere Freunde oft nach einer Scheidung zurückziehen, insbesondere wenn sie selbst verheiratet sind. Gelang es den Befragten, einen neuen intakten Freundeskreis aufzubauen, so trug dies viel zu einer gelungenen Umstellung bei.

Freundschaften scheinen labiler zu sein als Verwandtschaftsbeziehungen (Weiss, 1984; Spanier & Thompson, 1984). Häufig können sie nicht über eine Trennung "hinweg gerettet" werden, besonders wenn es sich um Freundschaften zu Personen handelt, die selbst in einer festen Partnerschaft leben. Die Freunde beziehungsweise Freundinnen wissen nicht, zu welchem der Partner sie halten sollen, finden es schwierig, die Getrennten in ihre paarorientierten Freizeitaktivitäten einzubinden, oder fühlen sich durch deren Probleme überfordert. Die Betroffenen selbst ziehen sich zurück, weil sie ebenfalls verunsichert sind oder weil sie den Umgang mit Personen in einer der ihren ähnlichen Lebenssituation vorziehen.

Selbst wenn vor der Trennung ein intaktes Freundschaftsnetzwerk vorhanden war, kann dies so nie bestehen bleiben, denn das Netzwerk eines Paares wird durch eine Trennung zerstört - auch wenn dadurch nicht alle einzelnen Beziehungen beendet sind. Ein neuer Freundeskreis muß aufgebaut werde, in den viele alte Beziehungen integriert werden können, der aber - im günstigeren Falle - auch neue Beziehungen einschließt.

Im Familiensurvey werden die sozialen Netze der Befragten zu zwei Zeitpunkten abgebildet. Leider ist es bei Freundschaftsbeziehungen nicht möglich zu erkennen, welche der genannten Freunde und Freundinnen in der ersten und der zweiten Befragung identisch sind. Die *Zahl* der Freundschaftsbeziehungen kann verglichen werden, die *Funktionen*, die sie im Leben der Befragten erfüllen, und die *Bedeutung*, die diese ihren Freunden zuschreiben, aber wie oft es 1988 und 1994 dieselben Personen sind, die genannt werden, darüber kann nur spekuliert werden.

Anzahl der genannten Freunde und Freundinnen

Die Netzwerkdaten der verwendeten Studie bilden familiale Beziehungen ab. Freundschaften finden nur dann Eingang in die Netzwerke, wenn in ihnen familiale Funktionen erfüllt werden. Die Daten bilden also keine Freundschaftsnetzwerke ab, und die Ergebnisse würden sicherlich ganz anders aussehen, wenn explizit nach dem Freundeskreis gefragt worden wäre. Bei den Freundschaftsbeziehungen, die in dieser Studie auftauchen, handelt es sich demnach ausschließlich um Freundschaften, in denen auch familiale Funktionen erfüllt werden, zum Beispiel um Beziehungen zu Menschen, die den Befragten emotional besonders nahestehen, mit denen sie persönliche Dinge besprechen oder mit denen sie hauptsächlich ihre Freizeit verbringen.

Tabelle II.4.34.

Nennung von Freunden und Freundinnen als Funktionsträger

			GRUND26			
			1,00 zus88trmp	2,00 zus88trop	3,00 NEL/Ehestabil	Total
Anzahl genannter Freunde	,00 0	Count	39	26	2146	2211
		Expected Count	51,7	47,6	2111,7	2211,0
		% within GRUND26	50,6%	36,6%	68,2%	67,1%
	1,00 1-15	Count	38	45	1002	1085
		Expected Count	25,3	23,4	1036,3	1085,0
		% within GRUND26	49,4%	63,4%	31,8%	32,9%
Total		Count	77	71	3148	3296
		Expected Count	77,0	71,0	3148,0	3296,0
		% within GRUND26	100,0%	100,0%	100,0%	100,0%

Grund26: Variable, in der die Untersuchungskategorien definiert sind: zus88trmp = zum Zeitpunkt der ersten Befragung 1988 mit Partner/in zusammengelebt, zwischen 1988 und 1994 Trennung, in der zweiten Befragung 1994 mit neuer Partnerschaft; zus88trop = 1988 mit Partner/in zusammengelebt, zwischen 1988 und 1994 Trennung, in der zweiten Befragung 1994 ohne neue Partnerschaft; NEL/Ehestabil = zu beiden Befragungszeitpunkten mit dem/r selben Partner/in zusammengelebt.

Fragt man zunächst danach, wie viele Personen keine Freundschaften nennen und wie viele eine oder mehr, so zeigt sich, daß bei 51 Prozent der Getrennten mit Partner/in keine Freundschaftsbeziehungen im Netzwerk genannt werden ("0"); bei den partnerlosen Getrennten sind es 37 Prozent und bei den Stabilen 68 Prozent, die auf die Fragen nach den familialen Funktionen keine/n Freund/in nennen. Die Fallzahlen erlauben es nicht, innerhalb der Kategorien weiter nach der Anzahl der genannten Freunde/innen zu differenzieren. Deshalb erscheint es sinnvoll, die Anzahl der genannten Freundschaften über Durchschnittswerte zu erfassen:

Tabelle II.4.35.

Durchschnittliche Anzahl von Freunden und Freundinnen

ANZFRE94

GRUND26	1,00 zus88trmp	Mean	1,2208
		N	77
		Std. Deviation	1,8326
	2,00 zus88trop	Mean	1,3521
		N	71
		Std. Deviation	1,7163
	3,00 NEL/Ehestabil	Mean	,6620
		N	3148
		Std. Deviation	1,3068
	Total	Mean	,6899
		N	3296
		Std. Deviation	1,3371

Grund26: Variable, in der die Untersuchungskategorien definiert sind: zus88trmp = zum Zeitpunkt der ersten Befragung 1988 mit Partner/in zusammengelebt, zwischen 1988 und 1994 Trennung, in der zweiten Befragung 1994 mit neuer Partnerschaft; zus88trop = 1988 mit Partner/in zusammengelebt, zwischen 1988 und 1994 Trennung, in der zweiten Befragung 1994 ohne neue Partnerschaft; NEL/Ehestabil = zu beiden Befragungszeitpunkten mit dem/r selben Partner/in zusammengelebt.

Die Tabelle zeigt die durchschnittliche Anzahl der genannten Freunde und Freundinnen im Netz. Von den stabil mit Partner/in lebenden Befragten nennen im Schnitt nur ungefähr 2 von 3 Befragten auf die Fragen nach den familialen Funktionen einen Freund oder eine Freundin (Mean = 0,66). Bei den Getrennten ist die durchschnittliche Anzahl der genannten Freunde/innen hingegen doppelt so hoch! Dies gilt auch für Befragte, die wieder eine/n neue/n Partner/in haben, auch wenn die Zahl bei Partnerlosen etwas höher liegt (1,3 ; Getrennte mit Partner/in 1,2).

Beide Tabellen zeigen, daß Freundschaftsbeziehungen durch eine Trennung an Bedeutung gewinnen und sie danach stärker auch familiale Funktionen erfüllen. Diese Aussage gilt auch dann noch, wenn nach der Trennung bereits eine neue Partnerschaft besteht. Das heißt, daß nicht nur Partnerlosigkeit an sich der Grund für die stärkere Hinwendung zu Freundschaften ist, sondern daß der Effekt mit dem Trennungsereignis in Zusammenhang steht. So nennen auch Befragte, die eine Trennung

hinter sich haben und nun nicht nur eine neue Partnerschaft eingegangen sind, sondern sogar wieder verheiratet sind oder in einer nichtehelichen Lebensgemeinschaft leben, noch 1,5mal so oft Freunde und Freundinnen wie die Befragten aus der "stabilen" Vergleichskategorie (0,9 zu 0,6/ Tabelle nicht abgebildet).
Die Differenzierung nach Geschlecht zeigt, daß das Ergebnis sowohl für Frauen als auch für Männer gilt; beide Geschlechter nennen nach einer Trennung doppelt so viele Freunde und Freundinnen wie Personen in stabilen Beziehungen. Bei Männern haben die Getrennten mit neuer Partnerin mehr Freunde und Freundinnen als Partnerlose, bei den Frauen ist dieses Verhältnis umgekehrt.

Auch der Längsschnitt spiegelt die zunehmende Bedeutung von Freundschaften nach einer Trennung. Nach einer Trennung oder Scheidung ist die Zahl der genannten Freundschaften um durchschnittlich 0,6 (ohne Partner/in) bzw. 0,4 (mit Partner/in) höher als in der ersten Befragung (bei den Stabilen betrug die durchschnittliche Veränderung 0,1).

Tabelle II.4.36.

Veränderungen bei der Anzahl der genannten Freunde und Freundinnen

VERFREU

GRUND26	1,00 zus88trmp	Mean	,4286
		N	77
		Std. Deviation	1,8738
	2,00 zus88trop	Mean	,6143
		N	70
		Std. Deviation	1,9803
	3,00 NEL/Ehestabil	Mean	,1073
		N	3141
		Std. Deviation	1,5778
	Total	Mean	,1256
		N	3288
		Std. Deviation	1,5966

Grund26: Variable, in der die Untersuchungskategorien definiert sind: zus88trmp = zum Zeitpunkt der ersten Befragung 1988 mit Partner/in zusammengelebt, zwischen 1988 und 1994 Trennung, in der zweiten Befragung 1994 mit neuer Partnerschaft; zus88trop = 1988 mit Partner/in zusammengelebt, zwischen 1988 und 1994 Trennung, in der zweiten Befragung 1994 ohne neue Partnerschaft; NEL/Ehestabil = zu beiden Befragungszeitpunkten mit dem/r selben Partner/in zusammengelebt.

Es ist anzunehmen, daß das Trennungsereignis bei einigen Befragten schon zum Zeitpunkt der ersten Studie "seine Schatten voraus warf"; das heißt die Trennung oder Scheidung sich anbahnte und die Umstrukturierung des sozialen Netzwerkes schon begonnen hatte (solche schon vor der Trennung einsetzenden Effekte werden z. Bsp. bei Sun (2000) beschrieben). Dies mag der Grund dafür sein, daß die Personen, von denen man später weiß, daß sie sich nach der Befragung von ihrem Partner/ ihrer Partnerin trennten, schon in der ersten Befragung ein wenig häufiger Freunde und Freundinnen nannten als andere. Geht man bei Paaren von einer durchschnittlichen Anzahl genannter Freundschaften um 0,66 aus, so ist eine Zunahme von 0,6 bzw. 0,4 durchaus gravierend.

Positive und negative Veränderungen können sich gegenseitig aufheben und so Fluktuation verschleiern. Nimmt man von den Durchschnittswerten Abstand (und damit teilweise sehr geringe Fallzahlen in Kauf) und vergleicht die Untersuchungskategorien danach, wie viele Prozent der Befragten 1994 mehr Freundschaften nannten als 1988, wie viele weniger, und bei wie vielen sich hier nichts veränderte, so zeigt sich bei allen drei Kategorien eine gewisse Fluktuation.

Tabelle II.4.37.

Veränderungen bei der Anzahl der Freunde und Freundinnen

			GRUND26			
			1,00 zus88trmp	2,00 zus88trop	3,00 NEL/Ehestabil	Total
Veränderung der Anzahl genannter Freunde	-1,00 94wenigerals88	Count	(13)	(15)	568	596
		Expected Count	14,0	12,7	569,4	596,0
		% within GRUND26	16,9%	21,4%	18,1%	18,1%
	,00 gleich	Count	39	26	1851	1916
		Expected Count	44,9	40,8	1830,3	1916,0
		% within GRUND26	50,6%	37,1%	58,9%	58,3%
	1,00 94mehrals88	Count	25	29	722	776
		Expected Count	18,2	16,5	741,3	776,0
		% within GRUND26	32,5%	41,4%	23,0%	23,6%
Total		Count	77	70	3141	3288
		Expected Count	77,0	70,0	3141,0	3288,0
		% within GRUND26	100,0%	100,0%	100,0%	100,0%

Grund26: Variable, in der die Untersuchungskategorien definiert sind: zus88trmp = zum Zeitpunkt der ersten Befragung 1988 mit Partner/in zusammengelebt, zwischen 1988 und 1994 Trennung, in der zweiten Befragung 1994 mit neuer Partnerschaft; zus88trop = 1988 mit Partner/in zusammengelebt, zwischen 1988 und 1994 Trennung, in der zweiten Befragung 1994 ohne neue Partnerschaft; NEL/Ehestabil = zu beiden Befragungszeitpunkten mit dem/r selben Partner/in zusammengelebt.

Bei Getrennten ist jedoch die Prozentzahl derer, die 1994 mehr Freundschaften nannten als 1988, jeweils doppelt so hoch wie die Zahl derer, die weniger Freunde nannten, während die Schwankungen bei denen, deren Partnerschaft Bestand hatte, ausgeglichener waren (18% zu 23%; bei Getrennten ohne Partner/in 21% zu 41%; mit Partner/in 17% zu 32%). Absolute Fluktuation, das heißt wie viele Freundschaften in der zweiten Studie noch dieselben sind wie 1988 und wie viele Freunde verloren, wie viele neu gewonnen wurden, wurde durch das Befragungsinstrument dieser Studie leider nicht erfaßt.

Insgesamt nimmt die Bedeutung von Freundschaften nach einer Trennung offensichtlich zu. Doppelt so oft wie vor der Trennung geben die Befragten in der zweiten Untersuchung an, daß Aufgaben, die eigentlich für Familienbeziehungen typisch sind, von Freunden oder Freundinnen erfüllt werden.

Hiermit stellt sich die Frage, für welche einzelnen Funktionen diese Freundschaften von Bedeutung waren. Dies wird im folgenden Abschnitt thematisiert. Relevant sind hierbei die Fragen nach Freizeitpartnern, nach Personen, zu denen man eine enge emotionale Bindung verspürt, und nach Partnern für Gespräche über persönliche Dinge.

Gemeinsame Freizeit

Besonders naheliegend ist es, daß Freunde bei der Frage nach Personen, mit denen man regelmäßig seine Freizeit verbringt, genannt werden. Wörtlich lautete die Frage: "Mit wem verbringen Sie hauptsächlich ihre Freizeit? Denken Sie auch hier nur an Menschen, mit denen Sie einen großen Teil der Freizeit verbringen."

Tabelle II.4.38.

Durchschnittliche Anzahl von Freunden und Freundinnen die als Freizeitpartner genannt wurden

FREUFRE9

GRUND26	1,00 zus88trmp	Mean	,5455
		N	77
		Std. Deviation	1,0948
	2,00 zus88trop	Mean	,7183
		N	71
		Std. Deviation	1,0581
	3,00 NEL/Ehestabil	Mean	,3361
		N	3148
		Std. Deviation	,9386
	Total	Mean	,3492
		N	3296
		Std. Deviation	,9470

Grund26: Variable, in der die Untersuchungskategorien definiert sind: zus88trmp = zum Zeitpunkt der ersten Befragung 1988 mit Partner/in zusammengelebt, zwischen 1988 und 1994 Trennung, in der zweiten Befragung 1994 mit neuer Partnerschaft; zus88trop = 1988 mit Partner/in zusammengelebt, zwischen 1988 und 1994 Trennung, in der zweiten Befragung 1994 ohne neue Partnerschaft; NEL/Ehestabil = zu beiden Befragungszeitpunkten mit dem/r selben Partner/in zusammengelebt.

Auch hier werden von Personen, die eine Trennung erlebt haben, ungefähr doppelt so oft Freundschaftsbeziehungen genannt wie in der Vergleichskategorie (0,5 bzw. 0,7 zu 0,3). Das heißt für die Freizeitgestaltung sind Freunde nach einer Trennung wichtiger, als in einer schon lange bestehenden Partnerschaft, vor allem wenn gegenwärtig keine neue Partnerschaft besteht. Zwischen Männern und Frauen gibt es hier nur marginale Unterschiede.

Beim Thema Freizeit zeigt sich ein Unterschied zwischen Befragten, die eine neue Partnerschaft eingegangen sind und nun mit diesem/r Partner/in auch zusammenleben, und solchen, die nicht mit ihrem/r Partner/in einen Haushalt teilen. Letztere nennen genauso viele Freunde auf die Frage nach Freizeitpartnern wie Getrennte ohne neue Partnerschaft. Gleichzeitig nennen Befragte, die mit ihrem/r neuen Partner/in zusammenleben, zwar immer noch etwas mehr Freunde als Stabile, aber der Unterschied ist nicht mehr besonders groß (Mean = 0,4 bzw. 0,3).

Hier zeigt sich, daß weniger die Trennungserfahrung entscheidend ist für die Bedeutung von Freund/innen bei der Freizeitgestaltung, als eher die Intensität, mit der die Gegenwärtige Partnerschaft gelebt wird. Lebt man gemeinsam mit einem/r Partner/in im gleichen Haushalt, so kommt es häufiger vor, daß man die Freizeit vor allem mit dieser Person verbringt und keine Freunde oder Freundinnen nennt, mit denen man auch noch einen Großteil der Freizeit verbringt. Ein/e Partner/in außerhalb des Haushalts dominiert dagegen weniger stark das Freizeitverhalten.

Es ist also nicht so, daß die Erfahrung einer Trennung ausschlaggebend ist für eine stärker durch Freundschaften geprägte Freizeitgestaltung, sondern die Daten zeigen, daß in nichtehelichen Lebensgemeinschaften und in Ehen seltener Freunde als Freizeitpartner genannt werden als in anderen Lebensformen, unabhängig davon, wie lange die Partnerschaft besteht.

Persönliche Gespräche

Tabelle II.4.39.

Durchschnittliche Anzahl von Freunden und Freundinnen, die als Gesprächspartner genannt wurden

FREUGES9

GRUND26	1,00 zus88trmp	Mean	,5584
		N	77
		Std. Deviation	,9104
	2,00 zus88trop	Mean	,8451
		N	71
		Std. Deviation	1,4798
	3,00 NEL/Ehestabil	Mean	,2157
		N	3148
		Std. Deviation	,6243
	Total	Mean	,2373
		N	3296
		Std. Deviation	,6699

Grund26: Variable, in der die Untersuchungskategorien definiert sind: zus88trmp = zum Zeitpunkt der ersten Befragung 1988 mit Partner/in zusammengelebt, zwischen 1988 und 1994 Trennung, in der zweiten Befragung 1994 mit neuer Partnerschaft; zus88trop = 1988 mit Partner/in zusammengelebt, zwischen 1988 und 1994 Trennung, in der zweiten Befragung 1994 ohne neue Partnerschaft; NEL/Ehestabil = zu beiden Befragungszeitpunkten mit dem/r selben Partner/in zusammengelebt.

Auf die Frage "Mit wem besprechen Sie Dinge, die Ihnen persönlich wichtig sind?" nannten Personen mit einer Trennungserfahrung in den letzten sechs Jahren deutlich häufiger Freunde/innen, als Personen in stabilen Ehen oder nichtehelichen Lebensgemeinschaften. Waren die Befragten nach der Trennung wieder eine neue Partnerschaft eingegangen, lag der Schnitt bei 0,6, bei Partnerlosen waren es 0,8. Die stabile Vergleichsgruppe wies einen Schnitt von 0,2 auf, das heißt, daß nur ungefähr jede/r fünfte einen Freund oder eine Freundin als Gesprächspartner/in nannte.

Die Frage, ob der Partner oder die Partnerin im gleichen Haushalt lebt, machte hierbei kaum einen Unterschied - wie das beispielsweise bei der Freizeitgestaltung der Fall war (siehe oben). Hier scheint tatsächlich die Trennungserfahrung dafür verantwortlich zu sein, daß Freundschaften an Bedeutung gewinnen. Auch wenn eine neue Partnerschaft eingegangen wird, geht dieser Bedeutungsgewinn zunächst nicht verloren, selbst wenn es sich bei der neuen Beziehung um eine nichteheliche Lebensgemeinschaft oder um eine Ehe handelt.

Es ist vorstellbar, daß in der Zeit der Krise, die in der Regel mit dem Ende einer Partnerschaft einher geht, Gespräche mit Freund/innen sehr hilfreich und wichtig sein können, und daß der Zuwachs an Freundschaften, in denen persönliche Gespräche möglich sind, in diesen Krisenzeiten geschieht. Auch wenn die Krise eines Tages überwunden ist, vielleicht sogar schon eine neue Partnerschaft besteht, behalten solche Freundschaften häufig ihren Wert als Ort für persönliche Gespräche. Man hat die Hilfe von Freunden schätzen gelernt und ist auch später noch daran interessiert, persönliche Dinge mit einem guten Freund oder einer guten Freundin zu besprechen.

Tabelle II.4.40.

Durchschnittliche Anzahl von Freunden und Freundinnen, die als Gesprächspartner genannt wurden, nach Geschlecht

FREUGES9

F1170000 F117_GESCHLECHT	1,00 maennlich	GRUND26	1,00 zus88trmp	Mean	,4138
				N	29
				Std. Deviation	,9070
			2,00 zus88trop	Mean	,6286
				N	35
				Std. Deviation	1,2853
			3,00 NEL/Ehestabil	Mean	,1324
				N	1299
				Std. Deviation	,5261
			Total	Mean	,1511
				N	1363
				Std. Deviation	,5741
	2,00 weiblich	GRUND26	1,00 zus88trmp	Mean	,6458
				N	48
				Std. Deviation	,9107
			2,00 zus88trop	Mean	1,0556
				N	36
				Std. Deviation	1,6378
			3,00 NEL/Ehestabil	Mean	,2742
				N	1849
				Std. Deviation	,6790
			Total	Mean	,2980
				N	1933
				Std. Deviation	,7239
	Total	GRUND26	1,00 zus88trmp	Mean	,5584
				N	77
				Std. Deviation	,9104
			2,00 zus88trop	Mean	,8451
				N	71
				Std. Deviation	1,4798
			3,00 NEL/Ehestabil	Mean	,2157
				N	3148
				Std. Deviation	,6243
			Total	Mean	,2373
				N	3296
				Std. Deviation	,6699

Grund26: Variable, in der die Untersuchungskategorien definiert sind: zus88trmp = zum Zeitpunkt der ersten Befragung 1988 mit Partner/in zusammengelebt, zwischen 1988 und 1994 Trennung, in der zweiten Befragung 1994 mit neuer Partnerschaft; zus88trop = 1988 mit Partner/in zusammengelebt, zwischen 1988 und 1994 Trennung, in der zweiten Befragung 1994 ohne neue Partnerschaft; NEL/Ehestabil = zu beiden Befragungszeitpunkten mit dem/r selben Partner/in zusammengelebt.

Differenziert man die Aussagen zu Partnern für persönliche Gespräche nach Männern und Frauen, zeigt sich - geschlechtsspezifischen Verhaltensmustern gemäß -, daß Frauen generell deutlich mehr Freunde und Freundinnen als Gesprächspartner nennen als Männer. Eine Trennung führt jedoch bei beiden Geschlechtern dazu, daß sie häufiger mit befreundeten Menschen persönliche Dinge besprechen. Männer, die seit langem mit ihrer Partnerin leben, nennen im Schnitt 0,1 Freund, bzw., jeder zehnte Mann nennt einen Freund oder eine Freundin als Partner/in für Gespräche über persönliche Dinge. Nach einer Trennung oder Scheidung sind es 0,4 (mit neuer Partnerin) bzw. 0,6 Freunde/innen (ohne Partnerin), das heißt - grob zusammengefaßt - danach nennt jeder zweite einen Freund oder eine Freundin. Bei Frauen nennt knapp jede dritte Frau eine/n befreundete/n Gesprächspartner/in (Mean = 0,23), nach einer Trennung sind es zwei von dreien, wenn sie einen neuen Partner haben (0,6). Wenn sie partnerlos sind, kommt im Schnitt auf jede Frau ein/e als Gesprächspartner genannte/r Freund/in (1,1).

Bei beiden Geschlechtern vervielfacht sich nach einer Trennung oder Scheidung die Häufigkeit, mit der Freunde als Gesprächspartner genannt werden. Es ist anzunehmen, daß Freunde und Freundinnen über die Zeit der Trennung hinweghelfen und als Gesprächspartner für die Bewältigung der Scheidung oder Trennung von großer Bedeutung sind. Die stärkere Hinwendung zu Freundschaften nach einer Trennung hält auch dann noch an, wenn eine neue Partnerschaft besteht.

Dieses Ergebnis stimmt überein mit anderen Studien, die die Wichtigkeit von Freunden und Freundinnen in einer Trennungssituation betonen (zum Beispiel Aslanidis et al., 1989; Spanier & Casto, 1979; Daniels-Mohring, Berger, 1984). Freunde können eine wesentliche Stütze in Krisenzeiten sein. Sie zeigten sich in diesen Studien als wichtiger Faktor für die Bewältigung der mit der Trennung einher gehenden Probleme. Sie leisten insbesondere dadurch Unterstützung, daß sie zuhören, raten und Bestätigung vermitteln. Während enge Verwandte, vor allem die Eltern, auch materielle Hilfe geben und tatkräftige Unterstützung leisten - zum Beispiel indem sie bei der Betreuung kleiner Kinder helfen - sind Freunde vor allem als Gesprächspartner von Bedeutung.

Enge gefühlsmäßige Bindung

Der Begriff "Freundschaft" umfaßt eine Vielzahl möglicher Beziehungsformen. Eine Freundschaft kann sehr locker sein, vielleicht ausschließlich zusammengehalten durch das Interesse an einer beliebigen gemeinsamen Freizeitgestaltung ("Skatkumpel"), sie kann aber auch eine äußerst enge, intensive und emotional hoch besetzte Bindung bedeuten, in der persönliche Dinge ausgetauscht werden. Nach solchen engen Beziehungen wurde auch im Familiensurvey gefragt: "Zu wem haben Sie eine enge gefühlsmäßige Bindung?" lautete einer der Namensgeneratoren für die sozialen Netze:

Tabelle II.4.41.

Durchschnittliche Anzahl von Freunden und Freundinnen die als emotional nahestehende Personen genannt wurden

FREUGEF9

GRUND26	1,00 zus88trmp	Mean	,2597
		N	77
		Std. Deviation	,5478
	2,00 zus88trop	Mean	,4225
		N	71
		Std. Deviation	,8890
	3,00 NEL/Ehestabil	Mean	,1182
		N	3148
		Std. Deviation	,4587
	Total	Mean	,1280
		N	3296
		Std. Deviation	,4764

Grund26: Variable, in der die Untersuchungskategorien definiert sind: zus88trmp = zum Zeitpunkt der ersten Befragung 1988 mit Partner/in zusammengelebt, zwischen 1988 und 1994 Trennung, in der zweiten Befragung 1994 mit neuer Partnerschaft; zus88trop = 1988 mit Partner/in zusammengelebt, zwischen 1988 und 1994 Trennung, in der zweiten Befragung 1994 ohne neue Partnerschaft; NEL/Ehestabil = zu beiden Befragungszeitpunkten mit dem/r selben Partner/in zusammengelebt.

Die Durchschnittswerte machen deutlich, daß auf diese Frage nur selten Freunde oder Freundinnen genannt wurden.

Dennoch finden sich nennenswerte Unterschiede zwischen den Kategorien: Während in stabilen Beziehungen im Schnitt nur jede/r zehnte Befragte eine/n Freund/in auf diese Frage nennt (Mean = 0,1), sind es nach einer Trennung bei Personen ohne Partner vier mal so viele (Mean = 0,4) beziehungsweise bei Personen mit neuer Partnerschaft 2,5 mal so viele Freunde und Freundinnen, die auf die Frage nach engen Bindungen genannt werden.
Es kommt somit nach einer Trennung häufiger vor, daß eine enge emotionale Bindung an einen Freund oder eine Freundin besteht. Interessant sind hierbei die Unterschiede zwischen Männern und Frauen:

Tabelle II.4.42.

Durchschnittliche Anzahl von Freunden und Freundinnen, die als emotional nahestehende Personen genannt wurden, nach Geschlecht

FREUGEF9

	GRUND26			
F1170000 F117_GESCHLECHT	1,00 maennlich	GRUND26	1,00 zus88trmp	Mean	,3793
				N	29
				Std. Deviation	,6219
			2,00 zus88trop	Mean	,4571
				N	35
				Std. Deviation	1,1205
			3,00 NEL/Ehestabil	Mean	7,62E-02
				N	1299
				Std. Deviation	,3820
			Total	Mean	9,24E-02
				N	1363
				Std. Deviation	,4287
	2,00 weiblich	GRUND26	1,00 zus88trmp	Mean	,1875
				N	48
				Std. Deviation	,4906
			2,00 zus88trop	Mean	,3889
				N	36
				Std. Deviation	,5989
			3,00 NEL/Ehestabil	Mean	,1476
				N	1849
				Std. Deviation	,5036
			Total	Mean	,1531
				N	1933
				Std. Deviation	,5060
	Total	GRUND26	1,00 zus88trmp	Mean	,2597
				N	77
				Std. Deviation	,5478
			2,00 zus88trop	Mean	,4225
				N	71
				Std. Deviation	,8890
			3,00 NEL/Ehestabil	Mean	,1182
				N	3148
				Std. Deviation	,4587
			Total	Mean	,1280
				N	3296
				Std. Deviation	,4764

Grund26: Variable, in der die Untersuchungskategorien definiert sind: zus88trmp = zum Zeitpunkt der ersten Befragung 1988 mit Partner/in zusammengelebt, zwischen 1988 und 1994 Trennung, in der zweiten Befragung 1994 mit neuer Partnerschaft; zus88trop = 1988 mit Partner/in zusammengelebt, zwischen 1988 und 1994 Trennung, in der zweiten Befragung 1994 ohne neue Partnerschaft; NEL/Ehestabil = zu beiden Befragungszeitpunkten mit dem/r selben Partner/in zusammengelebt.

Während Männer, die schon lange in einer stabilen Beziehung leben, so gut wie nie enge emotionale Freundschaften pflegen (Mean = 0,007), ist es unter den Frauen immerhin im Schnitt noch jede siebte, die eine solche Beziehung unterhält (Mean = 0,15). Doch nach einer Trennung dreht sich das Verhältnis um! Dann geben Männer häufiger als Frauen eine enge emotionale Bindung an einen Freund oder eine Freundin an. Im Schnitt nennt dann jeder zweite bis dritte eine solche Beziehung (Mean = 0,5 ohne Partnerin bzw. 0,4 mit Partnerin). Auch bei den Frauen nehmen nach einer Trennung emotional enge Freundschaften zu, aber nicht in diesem Maße, so daß sie in dieser Hinsicht von den Männern "überholt" werden (Mean = 0,4 ohne Partner bzw. 0,2 mit Partner). Dieses Ergebnis ist insofern überraschend, als Männer generell weniger intensive Freundschaften pflegen, wie sich dies in der Kategorie derer mit stabilen Beziehungen auch darstellt.

Jedoch schon im Kapitel über die Veränderung der Beziehung zu den Eltern zeigte sich an einigen Stellen (so bei der Frage nach persönlichen Gesprächen, bei emotionaler Bindung und bei gemeinsamen Mahlzeiten), daß die Beziehungen der Männer sich stärker veränderten als die der Frauen. Das soziale Leben von Männern scheint durch eine Trennung stärker erschüttert zu werden als das von Frauen. Dies mag daran liegen, daß Männer sich in einer festen Partnerschaft in emotionalen Dingen auf ihre Partnerin konzentrieren und Außenbeziehungen eher distanziert und zweckorientiert ("gemeinsame Interessen") leben. Ein Austausch über emotionale Themen findet in der Regel ausschließlich innerhalb der Partnerschaft statt. So kann eine Trennung für Männer zunächst einen weitreichenderen Verlust bedeuten als für Frauen, da sie weniger intensive Außenbeziehungen gepflegt hatten. In der Scheidungsliteratur findet sich auch des öfteren die Beobachtung, daß Männer von einer Trennung zunächst stärker aus der Bahn geworfen werden als Frauen (z.B. Weiss, 1984) So kann vielleicht auch erklärt werden, daß sich der Umbruch des sozialen Netzes nach der Trennung in mancherlei Hinsicht bei Männern drastischer auswirkt als bei Frauen.

In bezug darauf, ob in Partnerschaften Männer oder Frauen mehr und intensivere Freundschaftsbeziehungen pflegen, besteht in der Literatur allerdings keine Einigkeit. Nach Diewald (1991) sind es in Ehen, in denen der Mann erwerbstätig und die Frau Hausfrau ist, die Männer, die mehr enge Freundschaften pflegen. Dieser Unterschied gilt allerdings nicht, wenn die Frauen Kinder bis zu sechs Jahren betreuen (Diewald, 1991, S.161). Auch ältere Studien kamen häufiger zu dem Ergebnis, verheiratete Männer hätten mehr Freunde als Frauen. Eine Reihe anderer Autoren vertritt - in meist neueren Studien - die These, daß Frauen generell mehr Freundschaften unterhalten als Männer (Auhagen, 1991; Pointer & Baumann, 1990; Gräbe & Lüscher, 1984). Nach Mayr-Kleffel (1991) gilt dies vor allem für jüngere und schichthöhere Frauen. Weitere Studien kamen zu dem Ergebnis, daß die Unterschiede zwischen den Freundschaftsbeziehungen von Männern und Frauen vor allem darin liegen, daß Frauen mehr Wert auf intensive und enge Beziehungen legen, so daß sie zum Beispiel oft eine „beste Freundin" nennen können, während das Vorhandensein eines „besten Freundes" bei Männern eher selten ist (und wenn diesbezüglich eine Person genannt wird, so handelt es sich - in der Studie von Rubin - meist um eine Frau) (Rubin, 1985; ebenfalls: Allan, 1989).

Subjektive Einschätzung des Freundeskreises

Wie zufrieden sind die Befragten nach der Trennung mit ihrem Freundeskreis und wie schätzen sie selber die Unterstützung ein, die sie von ihren Freunden und Freundinnen erhalten?

In der zweiten Welle des Familiensurvey wurde versucht, anhand einer Skala mit zehn Fragen zur persönlichen sozialen Situation zu erfassen, wie die Befragten ihre Beziehungen und ihre soziale Einbindung selbst bewerten, in welchen Bereichen sie Mangel leiden und wie zufrieden sie mit ihrem Netzwerk sind. Einige dieser Fragen bezogen sich direkt auf Freundschaften, die meisten sind jedoch eher allgemein gehalten. Die subjektive Einschätzung der generellen sozialen Einbindung wird an anderer Stelle behandelt. Hier werden einige Fragen herausgegriffen, anhand derer sich Rückschlüsse auf die Freundeskreise der Befragten und ihre Zufriedenheit mit ihren Freundschaften ziehen lassen.

Die Skala setzt sich aus zehn persönlich gehaltenen Statements zusammen, denen die Befragten jeweils einen Wert zwischen 1 (für "trifft überhaupt nicht zu") und 5 (für "trifft voll und ganz zu") zuordnen sollten. Aufgrund der geringen Fallzahlen in manchen Kategorien war es notwendig, die Ergebnisse zusammenzufassen. Dies wurde bei der Auswertung der Skala auf zweierlei Weise getan: Bei der ersten, die sich auch als sehr trennscharf erwies, wurde der Wert 1, das heißt, die Aussage, daß das Statement überhaupt nicht zutrifft, allen anderen Werten gegenübergestellt. Wurde ein Wert zwischen 2 und 5 gewählt, zeigten die Befragten dadurch, daß die Aussage für sie in irgendeiner Weise zutraf, allerdings in unterschiedlichem Ausmaß. Die Informationen über das Ausmaß, in dem der Aussage zugestimmt wurde, gingen bei dieser Art der Datenmodifikation verloren, aber die entscheidende Trennung zwischen völliger Verneinung und Zustimmung unterschiedlichen Grades blieb erhalten und erwies sich an vielen Stellen als trennscharf und gut zu interpretieren.

Bei der zweiten gewählten Methode zur Zusammenfassung der Werte wurden zunächst nur zustimmende Antworten selektiert, also Werte zwischen 2 und 5. Dann wurde für jedes Statement in den einzelnen Kategorien der Median aus allen verbliebenen Angaben der Befragten errechnet. Der Median ist der Wert, der die Menge der Befragten halbiert: das heißt, 50 Prozent der in die Rechnung einbezogenen Befragten haben zur Bewertung einer Aussage der Skala diesen oder einen niedrigeren Wert angegeben, die andere Hälfte der Befragten hat diesen oder einen höheren Wert angegeben. Dies hat gegenüber der ersten Vorgehensweise den Vorteil, daß die graduellen Abstufungen, in denen die Befragten das Statement bewerteten, in die Berechnung mit einfließen. Diese Methode erwies sich jedoch als wenig trennscharf. Der Median muß immer eine ganze Zahl sein (eben eine der möglichen Antworten), und oft war diese Zahl für alle Vergleichskategorien dieselbe, obwohl es bei einzelnen Werten, zum Beispiel der Häufigkeit, mit der der Wert 1 angegeben worden war, große Unterschiede gab.[23]

Das erste hier einbezogene Statement lautet: "Mir fehlt ein wirklich guter Freund / eine wirklich gute Freundin". Dieser Satz, beziehungsweise die Reaktion der Befragten auf diesen Satz, sagt viel über eine gelungene oder gescheiterte soziale Einbindung durch Freundschaftsbeziehungen aus. In der untenstehenden Tabelle sind

---

[23] Nachdem die Fragen zur subjektiven Bewertung des persönlichen sozialen Beziehungsnetzwerkes nur in der zweiten Befragung gestellt wurden, sind leider keine Aussagen über individuelle Veränderungen möglich.

die Antworten danach zusammengefaßt, ob die Befragten diese Aussage völlig ablehnten (1) oder ob sie ihr bedingt bis "voll und ganz" zustimmten (2):

Tabelle II.4.43.

Fehlen eines guten Freundes/ einer guten Freundin

			GRUND26			Total
			1,00 zus88trmp	2,00 zus88trop	3,00 NEL/Ehestabil	
Freund fehlt	1,00 nein	Count	55	37	2027	2119
		Expected Count	49,5	45,6	2023,9	2119,0
		% within GRUND26	71,4%	52,1%	64,4%	64,3%
	2,00 ja	Count	22	34	1122	1178
		Expected Count	27,5	25,4	1125,1	1178,0
		% within GRUND26	28,6%	47,9%	35,6%	35,7%
Total		Count	77	71	3149	3297
		Expected Count	77,0	71,0	3149,0	3297,0
		% within GRUND26	100,0%	100,0%	100,0%	100,0%

Grund26: Variable, in der die Untersuchungskategorien definiert sind: zus88trmp = zum Zeitpunkt der ersten Befragung 1988 mit Partner/in zusammengelebt, zwischen 1988 und 1994 Trennung, in der zweiten Befragung 1994 mit neuer Partnerschaft; zus88trop = 1988 mit Partner/in zusammengelebt, zwischen 1988 und 1994 Trennung, in der zweiten Befragung 1994 ohne neue Partnerschaft; NEL/Ehestabil = zu beiden Befragungszeitpunkten mit dem/r selben Partner/in zusammengelebt.

Getrennte ohne neuen Partner haben am häufigsten das Problem, daß ihnen ein wirklich guter Freund oder eine wirklich gute Freundin fehlt. Nur ungefähr die Hälfte von ihnen kann diese Aussage völlig verneinen! Anders verhält es sich bei den Getrennten, die eine neue Partnerschaft eingegangen sind: Von ihnen lehnen 70 Prozent die Aussage ab, daß ihnen ein wirklich guter Freund oder eine wirklich gute Freundin fehle. Auch unter den Stabilen sind es mit 64 Prozent deutlich mehr, die diese Aussage ablehnen, als unter den partnerlosen Getrennten, allerdings sogar etwas weniger als bei Getrennten mit neuem/r Partner/in. Zwischen Männern und Frauen gab es bei dieser Fragestellung keine nennenswerten Unterschiede.

Diese Ergebnisse lassen den Rückschluß zu, daß es weniger an der Trennung liegt, ob ein Mangel an guten Freunden und Freundinnen verspürt wird, sondern daß es entscheidender ist, ob man in einer Partnerschaft lebt oder nicht. Bei Befragten, die das Statement verneinen, heißt die Tatsache, daß sie die Aussage, ihnen fehle ein wirklich guter Freund beziehungsweise eine Freundin, nicht ablehnen, auch nicht unbedingt, daß sie eine solche Freundschaft haben. Die Ablehnung des Statements läßt nur den Schluß zu, daß ihnen eine solche Freundschaft nicht fehlt. Und sie fehlt den Befragten, die in einer Partnerschaft leben, vielleicht deshalb seltener, weil sie ihre Partnerin oder ihren Partner haben und deshalb weniger auf andere Beziehungen angewiesen sind. Dennoch bleibt die Tatsache bestehen, daß Befragte, die eine Trennung hinter sich haben, und zum Zeitpunkt der Befragung ohne Partner/in sind, nur zur Hälfte diesen Satz völlig ablehnten. Und dies weist wiederum darauf hin, daß hier durchaus ein Mangel besteht. Denn gerade in der Situation nach einer Trennung vom Lebenspartner, wenn man den Menschen verloren hat, der einem (mit) am nächsten stand und man sich ein neues eigenes Leben aufbauen muß, können gute Freunde sehr wichtig sein.

Es wurde schon erwähnt, daß sich in der wissenschaftlichen Literatur zu Scheidungsfolgen immer wieder ein positiver Zusammenhang zwischen dem Vorhandensein intakter Freundschaften und einer erfolgreichen Anpassung an die neue Lebenssituation nach einer Trennung zeigt. Die Tatsache, daß die Hälfte der partnerlosen Befragten die Aussage, ihnen fehle ein/e wirklich gute/r Freund/in, nicht voll und ganz verneint, läßt darauf schließen, daß häufig gerade an solchen Beziehungen ein Mangel besteht, die anerkanntermaßen positiven Einfluß auf die Bewältigung von Trennung und Scheidung haben.

Zu der Frage nach guten Freunden paßt ein weiteres Statement, auf das deshalb hier noch kurz eingegangen wird: Es stammt aus derselben Skala und lautet: "Ich habe immer jemanden in erreichbarer Nähe, zu dem ich mit alltäglichen Problemen kommen kann."
Auch hier war erwartungsgemäß das Bestehen einer Partnerschaft für die Verteilung der Antworten entscheidend, und nicht die Frage, ob die Befragten eine Trennung hinter sich hatten oder nicht. Von Stabilen und Getrennten mit neuem/r Partner/in wurde diese Aussage fast nie abgelehnt (1 -2 Prozent), während es bei den Partnerlosen immerhin 15 Prozent waren, die angaben, diese Aussage treffe auf sie "überhaupt nicht zu". Aber auch unter diesen sind es immerhin 85 Prozent, die die Aus-

sage nicht völlig ablehnten. Die 35 Prozent unter den Getrennten ohne Partner, die keine wirklich gute Freundin beziehungsweise keinen wirklich guten Freund haben, dafür aber jemanden, zu dem sie immer mit ihren Problemen kommen können, wenden sich vermutlich an Verwandte.

Unter denjenigen Befragten, die niemanden haben, an den sie sich immer mit ihren Problemen wenden können, waren Männer etwas häufiger vertreten als Frauen, aber aufgrund der hier geringen Fallzahlen sollten solchen Differenzen nicht allzu viel Gewicht beigemessen werden.

Ebenfalls von Interesse ist hier ein Item, welches zeigt ob es sich bei den im Netzwerk genannten Freunden und Freundinnen um Personen handelt, die wirklich Unterstützung leisten, oder ob die Befragten von ihnen keine verläßliche Hilfe erhalten. Zu Beginn des Kapitels stand mehr die Anzahl der Freundschaften im Vordergrund, hier geht es hingegen um die Qualität, die diese Beziehungen aus Sicht der Befragten haben. Das Statement lautet: "Wenn ich meine Freunde brauche, kann ich jederzeit auf sie zählen". Diese Aussage wurde in allen drei Kategorien nur von den wenigsten als völlig unzutreffend bezeichnet. Entsprechend ergibt die Gegenüberstellung von Ablehnung und Zustimmung auch keine nennenswerten Ergebnisse. Der Median zeigt, daß sowohl bei Getrennten als auch bei Stabilen mindestens die Hälfte der Befragten eine 4 oder eine 5 vergaben und damit der Aussage, sie könnten jederzeit auf ihre Freunde zählen, in hohem Maße zustimmten.

Da sich zwischen den Kategorien nur geringe Unterschiede zeigten, kann nach diesem Item weder von einer Verschlechterung noch von einer Verbesserung der Qualität von Freundschaftsbeziehungen durch eine Trennung oder Scheidung gesprochen werden.

Zu etwas anderen Ergebnissen führen die Reaktionen auf die Aussage: "Oft fühle ich mich im Stich gelassen." Das Item stellt die Frage nach der Qualität sozialer Beziehungen im Vergleich zu vorher in umgekehrter Richtung. Allerdings bezieht es sich nicht nur auf Freunde, sondern schließt das gesamte soziale Netzwerk mit ein. Es läßt demnach keine Rückschlüsse auf Freundschaften im Besonderen zu.

Tabelle II.4.44.

Angaben der Befragten zu der Aussage, sie fühlten sich im Stich gelassen

			GRUND26			Total
			1,00 zus88trmp	2,00 zus88trop	3,00 NEL/Ehestabil	
fühle mich im Stich gelassen	1,00 nein	Count	49	33	2143	2225
		Expected Count	51,9	47,9	2125,2	2225,0
		% within GRUND26	63,6%	46,5%	68,0%	67,4%
	2,00 ja	Count	28	38	1008	1074
		Expected Count	25,1	23,1	1025,8	1074,0
		% within GRUND26	36,4%	53,5%	32,0%	32,6%
Total		Count	77	71	3151	3299
		Expected Count	77,0	71,0	3151,0	3299,0
		% within GRUND26	100,0%	100,0%	100,0%	100,0%

1 = "trifft überhaupt nicht zu" 2 = 2 - 5 "trifft voll und ganz zu"
Grund26: Variable, in der die Untersuchungskategorien definiert sind: zus88trmp = zum Zeitpunkt der ersten Befragung 1988 mit Partner/in zusammengelebt, zwischen 1988 und 1994 Trennung, in der zweiten Befragung 1994 mit neuer Partnerschaft; zus88trop = 1988 mit Partner/in zusammengelebt, zwischen 1988 und 1994 Trennung, in der zweiten Befragung 1994 ohne neue Partnerschaft; NEL/Ehestabil = zu beiden Befragungszeitpunkten mit dem/r selben Partner/in zusammengelebt.

Getrennte ohne Partner/in fühlen sich häufiger im Stich gelassen als andere. Die Berechnung des Medians bestätigt dieses Ergebnis.

Auch hier sind die Unterschiede im Antwortverhalten zwischen Männern und Frauen marginal.

Wie auch bei anderen Items zeigt sich hier, daß weniger eine Trennung ausschlaggebend ist, sondern die Frage der Partnerschaft. Partnerlose sind stärker als die Befragten der anderen Kategorien auf Hilfe von Freunden und Verwandten angewiesen, weil sie nicht in einer Partnerschaft leben und sie haben deshalb auch höhere Ansprüche an diese Beziehungen. Es ist dennoch bemerkenswert, daß weniger als die Hälfte dieser Personen die Aussage "oft fühle ich mich im Stich gelassen" als völlig unzutreffend ablehnen kann. Dies läßt - wie schon vorher bei der Frage, ob ein "wirklich guter" Freund fehle - darauf schließen, daß in diesem Bereich Probleme bestehen, und die Befragten, die nach einer Trennung oder Scheidung in keiner neuen Partnerschaft lebten, mit ihrer sozialen Einbindung häufig nicht zufrieden sind.

Das letzte hier ausgewählte Statement lautet: "Ich glaube, der Kreis meiner Freunde und Bekanntschaften ist zu klein". Es bezieht sich nicht auf die Qualität der Beziehungen, sondern darauf, wie zufrieden die Befragten mit der Größe ihres Freundes- und Bekanntenkreises sind.

Tabelle II.4.45.

Zufriedenheit mit der Größe des Freundes- und Bekanntenkreises

			GRUND26			
			1,00 zus88trmp	2,00 zus88trop	3,00 NEL/Ehestabil	Total
Habe zu wenige Freunde	1,00 nein	Count	40	28	1836	1904
		Expected Count	44,4	41,0	1818,6	1904,0
		% within GRUND26	51,9%	39,4%	58,3%	57,7%
	2,00 ja	Count	37	43	1315	1395
		Expected Count	32,6	30,0	1332,4	1395,0
		% within GRUND26	48,1%	60,6%	41,7%	42,3%
Total		Count	77	71	3151	3299
		Expected Count	77,0	71,0	3151,0	3299,0
		% within GRUND26	100,0%	100,0%	100,0%	100,0%

1 = "trifft überhaupt nicht zu" 2 = 2 - 5 "trifft voll und ganz zu"
Grund26: Variable, in der die Untersuchungskategorien definiert sind: zus88trmp = zum Zeitpunkt der ersten Befragung 1988 mit Partner/in zusammengelebt, zwischen 1988 und 1994 Trennung, in der zweiten Befragung 1994 mit neuer Partnerschaft; zus88trop = 1988 mit Partner/in zusammengelebt, zwischen 1988 und 1994 Trennung, in der zweiten Befragung 1994 ohne neue Partnerschaft; NEL/Ehestabil = zu beiden Befragungszeitpunkten mit dem/r selben Partner/in zusammengelebt.

Es zeigt sich auch hier, daß Getrennte ohne Partner oder Partnerin am unzufriedensten sind. Während Getrennte, die in einer Partnerschaft leben, und stabil in einer Beziehung lebende Befragte zu 52 Prozent (Getrennte) beziehungsweise 58 Prozent (Stabile) angaben, diese Aussage treffe auf sie "überhaupt nicht zu", so waren es bei den partnerlosen Getrennten nur 39 Prozent, die die Aussage, sie glaubten der Kreis ihrer Freunde und Bekannten sei zu klein, rundweg ablehnten.

Ein Vergleich damit, wie viele Freunde die Befragten zuvor in ihrem Netzwerk genannt hatten, zeigt interessanterweise, daß die subjektive Wahrnehmung nicht mit den Ergebnissen, die über Netzwerkgeneratoren erzielt wurden, übereinstimmt (Siehe Kapitel II. 4.4.). Getrennte ohne Partner/in haben im Schnitt die größten Freundeskreise, knapp gefolgt von Getrennten ohne Partner und - mit deutlichem Abstand - den in stabilen Partnerschaften lebenden Personen, die durchweg die wenigsten Freunde und Freundinnen nennen. Genau umgekehrt sind die Ergebnisse zur subjektiven Zufriedenheit mit der Größe des Freundes- und Bekanntenkreises: Partnerlose Getrennte lehnten am seltensten die Aussage ab, daß ihr Freundeskreis zu klein sei, mit Abstand gefolgt von getrennten Personen mit neuem/r Partner/in und von Personen, deren Partnerschaften in den letzten Jahren stabil waren.

Dies bestätigt, daß Menschen, die in einer festen Partnerschaft leben, weniger Bedarf und geringere Ansprüche an Freundschaften haben. Sie können mit weniger zufriedener sein, als Personen, die eine Trennung erlebt haben, und die nun ohne Partner/in sind.

Tabelle II.4.46.

Zufriedenheit mit der Größe des Freundes- und Bekanntenkreises nach Geschlecht

					GRUND26			
					1,00 zus88trmp	2,00 zus88trop	3,00 NEL/Ehestabil	Total
GESCHLECHT	1,00 maennlich	habe zuwenig Freunde	1,00 nein	Count	(13)	(1)	715	739
				Expected Count	15,7	19,0	704,3	739,0
				% within GRUND26	44,8%	31,4%	55,0%	54,2%
			2,00 ja	Count	(16)	24	584	624
				Expected Count	13,3	16,0	594,7	624,0
				% within GRUND26	55,2%	68,6%	45,0%	45,8%
		Total		Count	29	35	1299	1363
				Expected Count	29,0	35,0	1299,0	1363,0
				% within GRUND26	100,0%	100,0%	100,0%	100,0%
	2,00 weiblich	Habe zuwenig Freunde	1,00 nein	Count	27	(17)	1121	1165
				Expected Count	28,9	21,7	1114,5	1165,0
				% within GRUND26	56,3%	47,2%	60,5%	60,2%
			2,00 ja	Count	21	(19)	731	771
				Expected Count	19,1	14,3	737,5	771,0
				% within GRUND26	43,8%	52,8%	39,5%	39,8%
		Total		Count	48	36	1852	1936
				Expected Count	48,0	36,0	1852,0	1936,0
				% within GRUND26	100,0%	100,0%	100,0%	100,0%

1 = "trifft überhaupt nicht zu" 2 = 2 - 5 "trifft voll und ganz zu. Die Tabelle entspricht der vorigen, differenziert nach Männern und Frauen.

Grund26: Variable, in der die Untersuchungskategorien definiert sind: zus88trmp = zum Zeitpunkt der ersten Befragung 1988 mit Partner/in zusammengelebt, zwischen 1988 und 1994 Trennung, in der zweiten Befragung 1994 mit neuer Partnerschaft; zus88trop = 1988 mit Partner/in zusammengelebt, zwischen 1988 und 1994 Trennung, in der zweiten Befragung 1994 ohne neue Partnerschaft; NEL/Ehestabil = zu beiden Befragungszeitpunkten mit dem/r selben Partner/in zusammengelebt.

Die Differenzierung der Aussagen nach Geschlecht zeigt, daß in allen Untersuchungskategorien Männer seltener als Frauen verneinen, der Kreis ihrer Freunde und Bekannten sei zu klein. In den durch Netzwerkgeneratoren erhobenen sozialen Netzwerken hatten Männer jedoch im Schnitt genauso viele Freundschaften genannt wie Frauen. Dieser Unterschied zwischen den Geschlechtern läßt sich weder auf das Trennungsereignis noch auf die Frage des Bestehens einer Partnerschaft zurückführen, da er in allen Kategorien zu finden ist.

Eher läßt sich vermuten, daß Männer höhere Ansprüche an die Größe ihres Freundes- und Bekanntenkreis stellen als Frauen oder - wenn sie einen Mangel empfinden - schneller ihre Unzufriedenheit mit einer solchen Situation artikulieren. Es zeigte sich bereits an anderen Stellen, daß äußere Situation und subjektive Bewertung derselben nicht in Zusammenhang stehen müssen. Es könnte aber auch sein, daß Probleme im Freundeskreis von Männern eher mit mangelnder Quantität begründet werden, als damit, daß man mehr Freunde bräuchte. Für Frauen ist eher die Qualität der Beziehungen ausschlaggebend für soziale Einbindung ist.

Bei der Betrachtung der subjektiven Bewertung von Freundschaftsbeziehungen durch die Befragten zeigte sich, daß die Erfahrung einer Trennung oder Scheidung das Antwortverhalten kaum prägte. Das entscheidende Kriterium war die Frage, ob die Befragten zum Zeitpunkt der Erhebung einen Partner beziehungsweise eine Partnerin hatten oder nicht.

Zwischen Personen, die in den letzten zehn Jahren stabil in einer Ehe oder einer nichtehelichen Lebensgemeinschaft lebten, und solchen, die in dieser Zeit eine Trennung von Lebenspartner erfuhren, aber zum Zeitpunkt der Befragung eine neue Partnerschaft eingegangen waren, gab es nur geringe Unterschiede hinsichtlich der

Beurteilung ihrer Freundschaftsbeziehungen. Personen, die eine Trennung erfahren hatten und zum Zeitpunkt des Interviews keine/n Partner/in hatten, waren mit ihrer sozialen Situation fast durchweg unzufriedener als die Befragten der anderen beiden Untersuchungskategorien. Sie lehnten seltener die Aussage ab, daß ihnen ein wirklich guter Freund oder eine wirklich gute Freundin fehle, fühlten sich häufiger im Stich gelassen und waren seltener mit der Größe ihres Freundeskreises zufrieden als die anderen Befragten.

Da sie vorher bei den Fragen nach familialen Funktionen mehr Freundschaften genannt hatten als die anderen Befragten, sie also "objektiv" besser funktionierende Freundeskreise haben müßten, läßt sich vermuten, daß sie aufgrund ihrer Situation höhere Ansprüche an Freundschaften stellen und Mängel im Freundeskreis für sie stärker zum Tragen kommen. Die Tatsache, daß sowohl die Aussage, ihnen fehle ein guter Freund, als auch, sie fühlten sich häufig im Stich gelassen, jeweils nur von der Hälfte der partnerlosen Getrennten völlig abgelehnt wurde, läßt darauf schließen, daß hier immer wieder ein eklatanter Mangel an Unterstützung empfunden wird.

Freundschafts- versus Verwandtschaftsorientierung im Netz

Es wäre zu erwarten, daß in einer Gesellschaft, in der traditionale Bindungsformen wie Verwandtschaft und Ehe an Bedeutung verlieren oder instabiler werden, Freundschaftsbeziehungen wichtiger werden und zunehmend familiale Funktionen ersetzen. Ganz besonders könnte dies für Menschen gelten, die gerade mit dem Versuch, sich durch eine Ehe oder eine nichteheliche Lebensgemeinschaft sehr eng an einen Menschen zu binden, gescheitert sind. Es wäre demnach anzunehmen, daß die sozialen Netzwerke dieser Personen stärker durch - selbst gewählte - Freundschaftsbeziehungen geprägt sind und daß Verwandtschaftsbeziehungen dafür eine geringere Rolle spielen, als bei Personen, die keine derartige Erfahrung gemacht haben.

Tabelle II.4.47.

Differenz zwischen Verwandten und Freunden

PVMF

		Mean	N	Std. Deviation
GRUND26	zus88trmp	2,0390	77	2,1609
	zus88trop	1,5217	69	2,8107
	NEL/Ehestabil	3,0394	3120	2,1471
	Total	2,9838	3266	2,1786

Grund26: Variable, in der die Untersuchungskategorien definiert sind: zus88trmp = zum Zeitpunkt der ersten Befragung 1988 mit Partner/in zusammengelebt, zwischen 1988 und 1994 Trennung, in der zweiten Befragung 1994 mit neuer Partnerschaft; zus88trop = 1988 mit Partner/in zusammengelebt, zwischen 1988 und 1994 Trennung, in der zweiten Befragung 1994 ohne neue Partnerschaft; NEL/Ehestabil = zu beiden Befragungszeitpunkten mit dem/r selben Partner/in zusammengelebt.

Zieht man die Zahl der im Netz genannten Freunde und Freundinnen von der Zahl der genannten Verwandten, die auch eine familiale Funktion erfüllen, (einschließlich Verwandter des Partners) ab, so erhält man einen Wert, anhand dessen vorsichtige Aussagen über Verwandtschafts- versus Freundschaftsorientierung möglich sind[24]. Je größer der Wert, desto stärker die Orientierung an Verwandtschaftsbeziehungen im Verhältnis zu Freundschaften bei der Erfüllung familialer Funktionen. Ist der Wert negativ, so wurden mehr Freunde als Verwandte genannt (was jedoch selten vorkam). Die obige Tabelle zeigt die Mittelwerte für die hier durchgängig verwendeten Vergleichskategorien.

In die Berechnung wurden alle Freunde und sämtliche abgefragten Verwandten sowie auch Verwandte des gegenwärtigen Partners mit einbezogen, sofern sie eine der familialen Funktionen (persönliches Gespräch, gemeinsame Mahlzeiten, gefühlsmäßige Bindung, finanzielle Unterstützung geben beziehungsweise erhalten oder Freizeitpartner) erfüllen.

Zunächst fällt auf, daß durchaus ein Unterschied zwischen Getrennten und schon lange in ihrer Beziehung lebenden Personen hinsichtlich dem Verhältnis von Freun-

---

[24] Konstruktion der Variablen siehe Kap. II. 4. 3. "Beziehungen zu Verwandten" S.189

den und Verwandten im familialen Netz besteht. In allen drei Kategorien wurden im Schnitt mehr Freunde als Verwandte genannt. Bei Stabilen sind es jedoch durchschnittlich drei "überzählige" Verwandte, während es bei den Getrennten mit Partner/in zwei und bei Getrennten ohne Partner/in 1,5 sind. Bei Stabilen ist die "Überzahl" an Verwandten demnach größer. Da auch Verwandte des Partners/ der Partnerin einbezogen wurden, ist der niedrigere Wert bei Getrennten ohne Partnerschaft durch die Gelegenheitsstruktur erklärbar.

Dies läßt sich zum Teil darauf zurückführen, daß sie weniger Personen haben, die für eine solche Nennung in Frage kommen, da sie keinen Partner haben und daher auch keine Verwandten des Partners nennen können. Wenn sie Verwandte des ehemaligen Partners/ der ehemaligen Partnerin nennen, zum Beispiel die ehemalige Schwägerin, dann gilt diese aus Sicht der Befragten jetzt wohl eher als Freundin denn als Verwandte und wird vermutlich oft auch als solche angegeben. Zum anderen konnte weiter oben gezeigt werden, daß Getrennte ohne Partnerschaft mehr Freunde nennen als solche mit neuem/r Partner/in, und daß daher Verwandte im Verhältnis weniger wichtig erscheinen. Aber der Unterschied zwischen Getrennten mit und ohne Partnerschaft ist geringer als der Unterschied zwischen Getrennten mit Partnerschaft und stabilen Personen! Die Trennung selbst scheint hier die hauptsächliche Ursache dafür zu sein, daß nach einer Trennung das Verhältnis von Freunden und Verwandten im persönlichen familialen Netzwerk sich zugunsten von Freundschaften verschiebt.

Die Vermutung, daß die Trennungserfahrung eine stärkere Orientierung an Freunden und gleichzeitig eine im Verhältnis geringere Orientierung an Verwandten zur Folge hat, wird durch die Ergebnisse demnach unterstützt. Die Ergebnisse der vorigen Kapitel zeigen jedoch, daß beides an Bedeutung gewinnt - sowohl Verwandte (wie es sich bei Eltern, Geschwistern und Verwandten allgemein zeigte) - als auch Freunde, die Netze von Getrennten sind jedoch im Verhältnis stärker an Freunden und weniger stark an Verwandten orientiert als die von Personen in stabilen Beziehungen.

Es gab auch Befragte, die ebenso viele oder mehr Freunde als Verwandte als Funktionsträger nannten. Die Tabelle zeigt, wie häufig dies in den einzelnen Kategorien vorkam:

Tabelle II.4.48.

Vergleich zwischen der Anzahl von Freunden und der Anzahl von Verwandten im Netz

			GRUND26			
			zus88trmp	zus88trop	NEL/Ehestabil	Total
	mehr Freunde oder gleich	Count	(12)	23	253	288
		Expected Count	6,8	6,1	275,1	288,0
		% within GRUND26	15,6%	33,3%	8,1%	8,8%
	mehr Partner-verwandte als Freunde	Count	65	46	2867	2978
		Expected Count	70,2	62,9	2844,9	2978,0
		% within GRUND26	84,4%	66,7%	91,9%	91,2%
Total		Count	77	69	3120	3266
		Expected Count	77,0	69,0	3120,0	3266,0
		% within GRUND26	100,0%	100,0%	100,0%	100,0%

Grund26: Variable, in der die Untersuchungskategorien definiert sind: zus88trmp = zum Zeitpunkt der ersten Befragung 1988 mit Partner/in zusammengelebt, zwischen 1988 und 1994 Trennung, in der zweiten Befragung 1994 mit neuer Partnerschaft; zus88trop = 1988 mit Partner/in zusammengelebt, zwischen 1988 und 1994 Trennung, in der zweiten Befragung 1994 ohne neue Partnerschaft; NEL/Ehestabil = zu beiden Befragungszeitpunkten mit dem/r selben Partner/in zusammengelebt.

Ein Drittel der partnerlosen Getrennten nannte gleich viele oder mehr Freunde als Verwandte, die für sie familiale Funktionen erfüllen; von den Getrennten mit Partner/in waren es 16 Prozent. In der Kategorie der Stabilen ist der Anteil dieser Personen mit 8 Prozent deutlich geringer. Auch hier bestätigt sich, daß das Verhältnis von Freunden und Verwandten im Netz sich nach einer Trennung zugunsten von Freundschaften verschiebt.

Die häufig postulierte Annahme, daß brüchige Biographien und das Scheitern traditionaler Lebensformen dazu führt, daß die Betroffenen tradierte Beziehungen in den Hintergrund stellen und sich ihre Netze selbst generieren, wird durch diese Ergebnisse zumindest der Tendenz nach unterstützt. Es ist zwar in allen Kategorien die Minderheit, die gleich viele oder mehr Freunde als Verwandte nennt, aber wenn es vorkommt, dann sind solche "individualisierten" Netze wesentlich häufiger bei Personen zu finden, deren Partnerschaft in den letzten Jahren zerbrochen ist, als bei Personen, die keinen solchen biographischen Bruch aufweisen. Es trifft jedoch nicht zu, daß Verwandtschaftsbeziehungen nach einer Trennung schwächer werden. Auch sie gewinnen an Bedeutung, allerdings in geringerem Ausmaß als Freundschaftsbeziehungen.

So zeigte sich in diesem Kapitel über Freundschaftsbeziehungen nach Trennung und Scheidung, daß Freundschaften nach einer Trennung häufiger familiale Funktionen erfüllen als vorher. Die Getrennten nennen im Durchschnitt doppelt so viele Freundschaften, wie die stabile Vergleichskategorie. Vergleicht man nur Personen, die zum Zeitpunkt der Befragung in einer Ehe oder nichtehelichen Lebensgemeinschaft leben, werden von Getrennten immer noch 1,5 mal so viele Freunde und Freundinnen genannt wie von Stabilen.

Getrennte nennen auf die Frage nach wichtigen Begleitern in der Freizeit mehr Freunde und Freundinnen als Stabile, besonders dann, wenn sie keine neue Partnerschaft eingegangen sind oder wenn der/die neue Partner/in nicht im gleichen Haushalt lebt. Auch auf die Frage nach wichtigen Gesprächspartnern werden von Getrennten - unabhängig von der neuen Lebenssituation - mehr Freunde/innen genannt als von Stabilen. Enge gefühlsmäßige Bindungen an Freunde oder Freundinnen sind nach einer Trennung ebenfalls häufiger als vorher, wobei hier besonders die Unterschiede zwischen Männern mit und ohne Trennungserfahrung auffallen. Freunde haben für Personen, die eine Trennung erlebt haben, offensichtlich eine größere Bedeutung als für Menschen, deren Partnerschaften seit vielen Jahren stabil sind. Dies gilt in der Regel auch dann, wenn nach der Trennung eine neue Partnerschaft eingegangen wurde.

Die wachsende Bedeutung der Freundschaften geht aber nicht unbedingt auf Kosten der Verwandtschaftsbeziehungen. Eher gewinnen nach einer Trennung offenbar beide Beziehungsarten an Bedeutung, wenn auch das Verhältnis von Freundschaften und Verwandtschaftsbeziehungen im Netz tendenziell etwas zugunsten von Freundschaften verschoben wird. Im Schnitt werden auch nach einer Trennung mehr Verwandte als Freunde genannt, wobei aber die Differenz zwischen der Anzahl der Freunde und der Anzahl der Verwandten bei Getrennten geringer ist. Eine gravierende Umgestaltung der Netze im Sinne eines Umschwenkens von traditionellen auf selbst gewählte Beziehungen findet nur in seltenen Fällen statt, allerdings nach einer Trennung häufiger als in stabilen Beziehungen.

4.5. Weitere Nicht-Verwandte: Beziehungen zu Nachbarn, Kollegen und Vereinsmitgliedern

Neben Freundschaften wurden drei weitere Beziehungsarten bei der Erhebung der familialen Netze explizit erfragt: NachbarInnen, KollegInnen und Vereinsmitglieder. Entsprechend dem methodischen Vorgehen bei der Erhebung der Daten, tauchen diese Personen nur dann in den Netzen der Befragten auf, wenn sie eine der erfragten familialen Funktionen erfüllen. Erwartungsgemäß finden sich aufgrund der Beschränkung auf familiale Funktionen nur sehr wenige Personen aus diesen Beziehungskategorien im Datensatz. Weiterhin ist anzunehmen, daß nichtverwandte Personen, zu denen die Beziehung so eng ist, daß sie familiale Aufgaben wahrnehmen, in der Regel nicht mehr als "Vereinskameraden", Kollegen oder Nachbarn empfunden werden, selbst wenn sie dies sind, sondern als Freunde und daß sie daher in der Befragung auch unter diese Kategorie eingeordnet werden.

In einer Untersuchung von Daniels-Mohring und Berger (1984) mit Personen, die erst seit kurzem geschieden waren, schienen Befragte, die Kollegen als Netzwerkpersonen nannten, häufiger Schwierigkeiten mit ihrer Lebenssituation zu haben als andere. Dies könnte damit in Zusammenhang stehen, daß sie unter anderem auf Menschen angewiesen sind, zu denen sie "nur" in einer "kollegialen" Beziehung stehen, die nicht so eng oder herzlich ist, daß sie sie als Freundschaft bezeichnen würden. Dennoch ist es wohl zu gewagt, wenn man postulieren würde, daß Nennungen von Nachbarn, Kollegen oder Vereinsmitgliedern ein Zeichen für schlechte soziale Einbindung sei.

Abgesehen von dieser Studie werden Kollegen und Vereinsmitglieder in der Forschungsliteratur kaum erwähnt - sie scheinen in der Nachscheidungssituation in der Regel keine wichtige Rolle zu spielen. Auch nachbarschaftliche Beziehungen werden selten erwähnt, vor allem wo es um die akute Bewältigung einer Trennung oder Scheidung geht. Es gibt jedoch Forschungsergebnisse, die darauf hinweisen, daß Geschiedene, insbesondere wenn sie mit Kindern zusammenleben, langfristig intensivere Nachbarschaftsbeziehungen entwickeln als Verheiratete. Solche Beziehungen sind dann vor allem wichtig für die Organisation des Alltags, weil in ihnen Hilfe bei praktischen Problemen geleistete wird und Informationen ausgetauscht werden (Aslanidis et al., 1989; Henderson & Argyle, 1985).

Da Personen dieser drei Kategorien auch im Familiensurvey nur selten genannt wurden, stellt sich in der Auswertung das Problem, daß die Fallzahlen zu gering sind, um Aussagen über die Beziehungen zu anderen Nichtverwandten als Partnern oder Freunden zu erlauben. Es können demnach im folgenden nur Tendenzen beschrieben werden, auf Repräsentativität besteht hierbei keinerlei Anspruch:

Tabelle II.4.49.

Nennungen von Nachbarn, Kollegen oder Vereinsmitgliedern

			GRUND26R		
			getrennt	stabil	Total
NKVR	,00	Count	135	2960	3095
		Expected Count	139,0	2956,0	3095,0
		% within GRUND26R	91,2%	94,0%	93,9%
	1,00	Count	13	188	201
		Expected Count	9,0	192,0	201,0
		% within GRUND26R	8,8%	6,0%	6,1%
Total		Count	148	3148	3296
		Expected Count	148,0	3148,0	3296,0
		% within GRUND26R	100,0%	100,0%	100,0%

grund26r: Recodierung der Variable, in der die Untersuchungskategorien definiert sind: getrennt = zum Zeitpunkt der ersten Befragung 1988 mit Partner/in zusammengelebt, zwischen 1988 und 1994 Trennung; stabil = zu beiden Befragungszeitpunkten mit dem/r selben Partner/in zusammengelebt.

Die Tabelle zeigt an, wieviel Prozent der Befragten bei mindestens einem der Namensgeneratoren mindestens einmal jemanden aus den Kategorien "Nachbar", "Vereinsmitglied" oder "Kollege" genannt haben.

Nach einer Trennung werden Nachbarn, Kollegen und Vereinsmitglieder immer noch selten genannt, aber tendenziell etwas häufiger als in stabilen Lebensgemeinschaften (9% Getrennte, 6% Stabile). Wenn man die einzelnen Beziehungsarten differenziert, zeigt sich, daß Kollegen noch am ehesten genannt werden (zwischen 3%

und 6%). Nachbarn und Vereinsmitglieder werden von höchstens 2 Prozent der Befragten genannt.

Tabelle II.4.50.

Zu- und Abnahmen bei der Anzahl der genannten Nachbarn, Kollegen und Vereinsmitglieder

			GRUND26R		Total
			getrennt	stabil	
Veränderung Nicht-verwandte	-1,00	Count	(9)	142	151
		Expected Count	6,8	144,2	151,0
		% within GRUND26R	6,1%	4,5%	4,6%
	,00	Count	125	2834	2959
		Expected Count	132,3	2826,7	2959,0
		% within GRUND26R	85,0%	90,2%	90,0%
	1,00	Count	(13)	165	178
		Expected Count	8,0	170,0	178,0
		% within GRUND26R	8,8%	5,3%	5,4%
Total		Count	147	3141	3288
		Expected Count	147,0	3141,0	3288,0
		% within GRUND26R	100,0%	100,0%	100,0%

grund26r: Recodierung der Variable, in der die Untersuchungskategorien definiert sind: getrennt = zum Zeitpunkt der ersten Befragung 1988 mit Partner/in zusammengelebt, zwischen 1988 und 1994 Trennung; stabil = zu beiden Befragungszeitpunkten mit dem/r selben Partner/in zusammengelebt.

Aus dieser Tabelle geht hervor, wieviel Prozent der Befragten 1994 häufiger Nachbarn, Vereinsmitglieder und Kollegen genannt hatten als 1988, wie viele gleich oft und wie viele seltener.

Ebenso bewegen sich wegen der geringen Fallzahlen natürlich Veränderungen innerhalb der Kategorien zwischen 1988 und 1994 in sehr geringen Prozentbereichen. Von den getrennten Befragten nannten 9 Prozent 1994 mehr Nachbarn, Vereinsmitglieder und Kollegen als 1988, unter den Befragten mit stabilen Ehen oder nichtehelichen Lebensgemeinschaften waren es 5 Prozent. Eine Aufschlüsselung der einzelnen Fälle zeigt allerdings, daß bemerkenswerterweise sämtliche Befragte, die nach einer Trennung auf Fragen nach familialen Funktionen 1994 jemanden aus den Kategorien der Nachbarn, Vereinsmitglieder und Kollegen aufführten, 1988 weniger oder keine Personen aus dieser Kategorie nannten. Demnach fand im Hinblick auf diese drei Beziehungsarten bei Befragten, die eine Trennung angaben, ein starker Austausch der (allerdings wenigen) genannten Netzwerkpersonen statt.

Zählt man sämtliche Nichtverwandten zusammen, also auch Freunde und Freundinnen der Befragten, so wird der Unterschied zwischen Getrennten und Stabilen viel deutlicher:

Tabelle II.4.51.

Durchschnittliche Anzahl der genannten Nichtverwandten

ANZNV94

		Mean	N	Std. Deviation
GRUND26	zus88trmp	1,3506	77	1,9383
	zus88trop	1,4507	71	1,7467
	NEL/Ehestabil	,7614	3148	1,4455
	Total	,7900	3296	1,4713

Grund26: Variable, in der die Untersuchungskategorien definiert sind: zus88trmp = zum Zeitpunkt der ersten Befragung 1988 mit Partner/in zusammengelebt, zwischen 1988 und 1994 Trennung, in der zweiten Befragung 1994 mit neuer Partnerschaft; zus88trop = 1988 mit Partner/in zusammengelebt, zwischen 1988 und 1994 Trennung, in der zweiten Befragung 1994 ohne neue Partnerschaft; NEL/Ehestabil = zu beiden Befragungszeitpunkten mit dem/r selben Partner/in zusammengelebt.

Getrennte nennen fast doppelt so oft nichtverwandte Personen auf Fragen nach familialen Funktionen als Stabile (Getrennte 1,4 ; Stabile 0,76). Dies zeigt, daß nicht nur eine Hinwendung zur Herkunftsfamilie - also zu Eltern und Geschwistern - nach einer Trennung stattfindet, sondern daß Menschen, die sich von ihrem Lebenspartner getrennt haben, sich danach auch verstärkt an Personen außerhalb ihrer Verwandtschaft richten, um mit ihnen "Familie" im weitesten Sinne zu leben.

Tabelle II.4.52.

Veränderungen bei der Anzahl von genannten Nichtverwandten

			GRUND26			Total
			zus88trmp	zus88trop	NEL/Ehestabil	
Veränderung Anzahl Nichtverwandte	-1,00	Count	(16)	(15)	614	645
		Expected Count	15,1	13,7	616,2	645,0
		% within GRUND26	20,8%	21,4%	19,5%	19,6%
	,00	Count	33	23	1741	1797
		Expected Count	42,1	38,3	1716,7	1797,0
		% within GRUND26	42,9%	32,9%	55,4%	54,7%
	1,00	Count	28	32	786	846
		Expected Count	19,8	18,0	808,2	846,0
		% within GRUND26	36,4%	45,7%	25,0%	25,7%
Total		Count	77	70	3141	3288
		Expected Count	77,0	70,0	3141,0	3288,0
		% within GRUND26	100,0%	100,0%	100,0%	100,0%

Grund26: Variable, in der die Untersuchungskategorien definiert sind: zus88trmp = zum Zeitpunkt der ersten Befragung 1988 mit Partner/in zusammengelebt, zwischen 1988 und 1994 Trennung, in der zweiten Befragung 1994 mit neuer Partnerschaft; zus88trop = 1988 mit Partner/in zusammengelebt, zwischen 1988 und 1994 Trennung, in der zweiten Befragung 1994 ohne neue Partnerschaft; NEL/Ehestabil = zu beiden Befragungszeitpunkten mit dem/r selben Partner/in zusammengelebt.

Die Tabelle zeigt an, wieviel Prozent der Befragten der jeweiligen Untersuchungskategorien 1994 weniger Nichtverwandte genannt hatten als 1988, bei wie vielen die Anzahl der genannten Nichtverwandten gleich blieb, und welcher Prozentsatz eine Zunahme an genannten Nichtverwandten aufwies.

Entsprechend zeigt sich im längsschnittlichen Vergleich zwischen der 1988er und der 1994er Befragung, daß bei Getrennten ein deutlich höherer Prozentsatz eine Zunahme der nichtverwandten Bezugspersonen verzeichnete als bei Stabilen (25% der Stabilen, 36% der Getrennten (mit Partner/in) bzw. 46 Prozent (ohne Partner/in)). Die getrennten Befragten nannten also nicht (nur) schon vorher mehr Freunde, Nachbarn, Kollegen und Vereinsmitglieder als die Vergleichskategorie, sondern es fand tatsächlich eine Zunahme dieser Personen nach der Trennung statt.

Die Beziehungen zu nichtverwandten Personen gewinnen nach einer Trennung an Bedeutung. Hierbei sind Freundschaftsbeziehungen entscheidend; Nachbarn, Vereinsmitglieder und Kollegen stellen in jeder Situation und zu beiden Befragungszeitpunkten nur einen sehr geringen Anteil der Netzwerkpersonen.

4.6. Beziehungen zum ehemaligen Partner beziehungsweise zur ehemaligen Partnerin

Die Beziehung zum ehemaligen Partner beziehungsweise zur ehemaligen Partnerin spielt noch lange nach der Trennung eine Rolle dafür, wie gut die betroffenen Personen mit ihrer neuen Lebenssituation zurechtkommen. Im Einklang mit Befunden amerikanischer Langzeitstudien betonen Schmidt-Denter et al. (1997) die Bedeutung der Beziehung zum ehemaligen Lebensgefährten und konstatieren: ..."daß in der Nachscheidungszeit die Bewältigung der vergangenen und gegenwärtigen Beziehung zum Expartner einen zentralen Stellenwert im Erleben der betroffenen Frauen und Männer einnimmt." (Schmidt-Denter et al., 1997, S. 303)

Der Expartner beziehungsweise die Expartnerin verschwinden nach einer Trennung nicht spurlos aus dem Leben des oder der anderen. Es kann sogar sein, daß auch nach der Trennung noch eine intensive Bindung besteht. In der Kölner Längsschnittstudie, in der in der vierten Erhebung 60 geschiedene Mütter und Väter sechs Jahre nach der Trennung befragt wurden, berichtete der größte Teil der Personen von regelmäßigen, aber meist nur kurzen Treffen mit dem Expartner beziehungsweise der Expartnerin, meist in Zusammenhang mit den Besuchen der Kinder. 13 Prozent der Mütter und 5,4 Prozent der Väter gaben an, daß der Kontakt völlig abgebrochen sei. (Schmitz & Schmidt-Denter, 1999, S. 32 u. 33) In einer Studie von Albrecht (1980), in der 500 jemals Geschiedene befragt wurden, gaben 70 Prozent der Befragten an, keinen oder kaum Kontakt mit dem ehemaligen Partner beziehungsweise der ehemaligen Partnerin zu haben. 18 Prozent unterhielten noch eine distanzierte Beziehung und 11 Prozent hatten regelmäßigen Kontakt mit ihm oder ihr. In der Studie von Albrecht lag bei den meisten Befragten die Scheidung schon länger zurück. Spanier und Casto (1979) untersuchten die Situation frisch Geschiedener und kamen zu einem anderen Ergebnis: 28 Prozent der 50 Befragten empfanden keine emotionale Bindung an den ehemaligen Partner beziehungsweise die ehemalige Partnerin, 36 Prozent gaben an, eine schwache Bindung zu haben, und ebenfalls 36 Prozent fühlten sich emotional noch stark an den ehemaligen Partner beziehungsweise die Partnerin gebunden. Die Frage, wie lange die Trennung zurückliegt, spielt hierbei offensichtlich eine große Rolle, und bei vielen erfolgt die innere Ablösung vom ehemaligen Partner beziehungsweise der ehemaligen Partnerin nicht mit der

Scheidung oder Trennung, sondern zieht sich länger hin als der äußerliche Trennungsprozeß. Die beiden Ergebnisse sollten allerdings nur unter Vorbehalt verglichen werden, da es sich einmal um Kontakte, im anderen Fall aber um die emotionale Bindung handelt.

Im Familiensurvey wurde nicht explizit nach Kontakten oder emotionaler Nähe zum ehemaligen Partner beziehungsweise Partnerin gefragt. Sie können aber im Netz bei den Fragen nach Personen, die familiale Funktionen erfüllen, auftauchen.

Tabelle II.4.53.

Nennung des ehemaligen Partners/ der ehemaligen Partnerin

			GRUND26			Total
			zus88trmp	zus88trop	NEL/Ehestabil	
Nennung Ex-Partner	,00	Count	72	63	3136	3271
		Expected Count	76,3	70,4	3124,3	3271,0
		% within GRUND26	93,5%	88,7%	99,5%	99,1%
	1,00	Count	(5)	(8)	17	30
		Expected Count	,7	,6	28,7	30,0
		% within GRUND26	6,5%	11,3%	,5%	,9%
Total		Count	77	71	3153	3301
		Expected Count	77,0	71,0	3153,0	3301,0
		% within GRUND26	100,0%	100,0%	100,0%	100,0%

Grund26: Variable, in der die Untersuchungskategorien definiert sind: zus88trmp = zum Zeitpunkt der ersten Befragung 1988 mit Partner/in zusammengelebt, zwischen 1988 und 1994 Trennung, in der zweiten Befragung 1994 mit neuer Partnerschaft; zus88trop = 1988 mit Partner/in zusammengelebt, zwischen 1988 und 1994 Trennung, in der zweiten Befragung 1994 ohne neue Partnerschaft; NEL/Ehestabil = zu beiden Befragungszeitpunkten mit dem/r selben Partner/in zusammengelebt.

Die Tabelle zeigt an, wie viele Personen keinmal ("0") beziehungsweise mindestens einmal ("1") auf mindestens eine der Fragen nach Personen, die familiale Funktionen erfüllen, den ehemaligen Partner oder die ehemalige Partnerin genannt hatten. (Folgende Funktionen wurden berücksichtigt: Gemeinsame Mahlzeiten, enge gefühlsmäßige Bindung, Freizeitpartner und persönliche Gespräche. Finanzielle Unterstützung wurde bewußt nicht mit einbezogen, da es sich hierbei nicht um freiwillige Leistungen handeln muß und da sie ohne persönlichen Kontakt abgewickelt werden kann.) Es geht aus den Daten nicht hervor, ob die genannten ehemaligen Partner/innen der Getrennten auch die Personen sind, die 1988 mit den Befragten zusammenlebten, oder ob es sich um Personen aus anderen gescheiterten Beziehungen handelt.

Ehemalige Partner/innen werden nur sehr selten genannt. Von 148 Befragten, die eine Trennung hinter sich haben, nennen nur 13 Personen überhaupt auf eine der Netzwerkfragen mindestens einmal eine/n ehemalige/n Partner/in. Es muß hier allerdings beachtet werden, daß lockere Beziehungen durch die im Familiensurvey verwendete Methode der Netzwerkgenerierung nicht erfaßt werden. Eine Aufschlüsselung der Nennungen nach den einzelnen Funktionen zeigt eine relativ gleichmäßige Verteilung der Nennungen über die Funktionen - es gibt also nicht eine spezifische Funktion, die ehemalige Partner/innen - wenn überhaupt - erfüllen. Es ist allerdings anzunehmen, daß , wenn gemeinsame Kinder vorhanden sind, allein deswegen oft der Kontakt zur/m ehemaligen Partner/in aufrecht erhalten wird. Von den dreizehn geschiedenen Befragten, die den oder die "Ex" im Netz erwähnten, hatten zehn Kinder. Es wurde jedoch - wie bereits erläutert - nicht nach solchen (in vielen Fällen sogar unfreiwilligen) Kontakten gefragt, sondern nur nach familialen Funktionen. Ansonsten wären sicherlich wesentlich häufiger Kontakte zur/m ehemaligen Partner/in genannt worden. Eine Aufschlüsselung nach der Zeitspanne, die jeweils seit der Trennung vergangen ist, wäre in dieser Frage inhaltlich sicher sinnvoll, ist aber aufgrund der geringen Fallzahlen nicht möglich.

Es kann abschließend festgestellt werden: Ehemalige Partner/innen spielen, zumindest auf längere Sicht, in den Netzen von Getrennten für die Erfüllung familialer Funktionen kaum eine Rolle.

5. Soziale Unterstützung und Veränderungen der Netze allgemein

5.1. Subjektiv wahrgenommene Familie

Zunächst wurden in der Befragung die familialen Netze anhand von Namensgeneratoren erhoben, die über die Abfrage familialer *Funktionen* Netzwerke generierten. Nachdem dies abgeschlossen war, wurde anhand der letzten Frage, durch die neue Personen in das Netzwerk aufgenommen werden konnten, nach den Personen gefragt, die die Befragten persönlich zu ihrer Familie zählen. Exakt lautete die Fragestellung: "Nennen Sie mir bitte die Nummern der Personen, **die Sie persönlich zu ihrer Familie zählen,** beziehungsweise schreiben Sie diese Personen neu auf Ihre Liste, falls sie bisher noch nicht aufgeführt sind."

Mit der Wahl familialer Funktionen als Netzwerkgeneratoren war versucht worden, über tatsächliche Interaktionen soziale beziehungsweise familiale Netzwerke zu erheben. Die Einschätzung der Befragten, wer für sie welche familialen Funktionen erfüllt, ist immer subjektiv, aber doch an besondere emotionale Nähe oder eine konkrete Situation gebunden, in der die Beziehung gelebt wird, seien es gemeinsame Mahlzeiten, Gespräche oder Freizeitgestaltung. Die Frage nach den Personen, die die Befragten "persönlich zu ihrer Familie zählen", zielt nun ausschließlich auf die eigene Definition von Familie ab. Es ist durchaus möglich, daß hier Personen auftauchen, die vorher nicht genannt wurden, weil sie keine der genannten Funktionen erfüllen, die aber dennoch zur Definition der eigenen Familie dazugehören. Ebenso ist es denkbar, daß Personen, die eine Vielzahl familialer Funktionen erfüllen, dennoch nicht zur Familie gezählt werden, weil ihnen noch etwas fehlt, was wesentlicher Bestandteil der subjektiven Familiendefinition ist, beispielsweise der entsprechende Verwandtschaftsgrad.

In theoretischen Überlegungen zu sozialen Netzwerken und zu sozialer Unterstützung wird häufig betont, wie wichtig nicht nur objektive Strukturen und konkret ausgetauschte Ressourcen sind, sondern daß wesentlich für die Wirkung sozialer Unterstützung ist, wie sie subjektiv wahrgenommen und bewertet wird (siehe beispielsweise die "perception dimension" im Modell ökologischer Kongruenz von Hobfoll (1986,88) oder die Betonung des "percieved social support" bei Cohen

(1992) im Kapitel "theoretisches Modell" dieser Arbeit. In einer Studie von Shulman (1976) wurde nachgewiesen, daß objektive Unterstützung und subjektive Wahrnehmung nicht übereinstimmen müssen.). Ein wichtiger Teil des subjektiv wahrgenommenen Netzwerkes ist die eigene Familiendefinition. An dieser Stelle wurden die Menschen genannt, die im Bewußtsein einer Personen den engsten Kreis um sie bilden.

Daher erscheint es interessant zu sehen, ob und inwiefern die subjektive Familiendefinition durch eine Trennung erschüttert wird. Ändert sich die Anzahl der genannten Personen? Wie stark ist die Fluktuation? Gibt es systematische Unterschiede bezüglich den genannten Familien zwischen Befragten, die eine Trennung erlebt hatten, und solchen mit stabilen Partnerschaften?

Tabelle II.5.1.

Durchschnittliche Größe der wahrgenommenen Familie

F205_WAHRGENOMMENE_FAMILIE

		Mean	N	Std. Deviation
GRUND26	zus88trmp	5,0519	77	3,0732
	zus88trop	3,5211	71	2,0484
	NEL/Ehestabil	5,0517	3153	3,0728
	Total	5,0188	3301	3,0617

Grund26: Variable, in der die Untersuchungskategorien definiert sind: zus88trmp = zum Zeitpunkt der ersten Befragung 1988 mit Partner/in zusammengelebt, zwischen 1988 und 1994 Trennung, in der zweiten Befragung 1994 mit neuer Partnerschaft; zus88trop = 1988 mit Partner/in zusammengelebt, zwischen 1988 und 1994 Trennung, in der zweiten Befragung 1994 ohne neue Partnerschaft; NEL/Ehestabil = zu beiden Befragungszeitpunkten mit dem/r selben Partner/in zusammengelebt.

Die Tabelle bildet die durchschnittliche Größe der wahrgenommenen Familien der Befragten zum Zeitpunkt der zweiten Erhebung ab.
Es zeigt sich von der Anzahl der genannten Personen her kein Unterschied zwischen Befragten, die nach einer Trennung vom Lebenspartner wieder in einer neuen Partnerschaft leben, und Befragten in schon seit langem stabilen Lebensgemeinschaften. Befragte, die nach einer Trennung gegenwärtig ohne Partner/in sind, geben im Schnitt 1,5 Personen weniger auf die Frage nach der subjektiven Familiendefinition

an. Die Tatsache einer Trennung scheint an sich keinen Einfluß auf die Größe der wahrgenommenen Familie zu haben, sondern ausschlaggebend ist nach dieser Tabelle, ob jemand gegenwärtig in einer Partnerschaft lebt oder nicht. Eine weitere Differenzierung danach, ob sich ein Unterschied hinsichtlich der Größe der wahrgenommenen Familie zeigt, je nachdem ob die Befragten mit ihrer/m Partner/in *zusammen* leben oder nicht, führte zu keinen systematischen Ergebnissen. Dies bestätigt, daß die Frage des Bestehens einer Partnerschaft ausschlaggebend war für die unterschiedlichen Durchschnittsgrößen der subjektiven Familiendefinitionen.

Pett (1982) testete ein ganzes Set von Faktoren zusammen mit dem Einfluß, den soziale Unterstützung auf die Anpassung an die Nachscheidungssituation ausübt. In seiner Studie - die Stichprobe bestand aus 206 geschiedenen Alleinerziehenden - hatte neben anderen Faktoren die Größe des Netzwerkes und die Zufriedenheit mit der Netzwerkgröße signifikante Bedeutung für das "social adjustment" der Geschiedenen. Je größer das Netz, um so besser kamen die Betroffenen mit der neuen Situation zurecht. (Pett, 1982, S.8) Es ist fraglich, ob sich dieses Ergebnis so einfach auf die persönliche Definition der Familie übertragen läßt, die ja einen viel engeren Kreis einschließt als das soziale Netzwerk. Aber es ist anzunehmen, daß zumindest Verluste von Personen aus diesem engen Kreis schmerzlich sind, insbesondere, wenn die Lücke nicht durch neue Bezugspersonen gefüllt wird.

Tabelle II.5.2.

Durchschnittliche Veränderungen der Größe der wahrgenommenen Familie

VERFAM

		Mean	N	Std. Deviation
GRUND26	zus88trmp	,6104	77	3,8905
	zus88trop	-1,0000	70	3,0740
	NEL/Ehestabil	,5327	3150	3,5567
	Total	,5020	3297	3,5612

Grund26: Variable, in der die Untersuchungskategorien definiert sind: zus88trmp = zum Zeitpunkt der ersten Befragung 1988 mit Partner/in zusammengelebt, zwischen 1988 und 1994 Trennung, in der zweiten Befragung 1994 mit neuer Partnerschaft; zus88trop = 1988 mit Partner/in zusammengelebt, zwischen 1988 und 1994 Trennung, in der zweiten Befragung 1994 ohne neue Partnerschaft; NEL/Ehestabil = zu beiden Befragungszeitpunkten mit dem/r selben Partner/in zusammengelebt.

Die Tabelle spiegelt die durchschnittlichen Veränderungen zwischen beiden Befragungszeitpunkten in der Anzahl der Personen, die von den Befragten zu ihrer Familie gezählt werden.

Die Ergebnisse bestätigen die obige Querschnittabelle: Befragte ohne Partner/in verzeichnen in der zweiten Befragung eine geringere Familiengröße als in der ersten; sie nennen im Schnitt eine Person weniger. Zwischen Getrennten, die eine neue Partnerschaft eingegangen sind, und Personen, die zu beiden Befragungszeitpunkten mit demselben Partner zusammenlebten, zeigen sich auch im Längsschnitt kaum Unterschiede. Im Schnitt nannte in beiden Kategorien ungefähr jede/r Zweite 1994 eine Person mehr als 1988.

Tabelle II.5.3.

Zu- und Abnahmen bei der Größe der wahrgenommenen Familie

			GRUND26			Total
			zus88trmp	zus88trop	NEL/Ehestabil	
Veränderung Familiengröße	94 kleiner als 88	Count	31	44	982	1057
		Expected Count	24,7	22,4	1009,9	1057,0
		% within GRUND26	40,3%	62,9%	31,2%	32,1%
	94 = 88	Count	(7)	(10)	753	770
		Expected Count	18,0	16,3	735,7	770,0
		% within GRUND26	9,1%	14,3%	23,9%	23,4%
	94 grösser als 88	Count	39	(16)	1415	1470
		Expected Count	34,3	31,2	1404,5	1470,0
		% within GRUND26	50,6%	22,9%	44,9%	44,6%
Total		Count	77	70	3150	3297
		Expected Count	77,0	70,0	3150,0	3297,0
		% within GRUND26	100,0%	100,0%	100,0%	100,0%

Grund26: Variable, in der die Untersuchungskategorien definiert sind: zus88trmp = zum Zeitpunkt der ersten Befragung 1988 mit Partner/in zusammengelebt, zwischen 1988 und 1994 Trennung, in der zweiten Befragung 1994 mit neuer Partnerschaft; zus88trop = 1988 mit Partner/in zusammengelebt, zwischen 1988 und 1994 Trennung, in der zweiten Befragung 1994 ohne neue Partnerschaft; NEL/Ehestabil = zu beiden Befragungszeitpunkten mit dem/r selben Partner/in zusammengelebt.

Wenn man - auf Kosten der Fallzahlen - auf Durchschnittsgrößen verzichtet und einzeln betrachtet, bei wieviel Prozent der Befragten die Größe der wahrgenommenen Familie zugenommen hat, bei wie vielen sie gleich blieb und bei wieviel Prozent sie abgenommen hat, so fällt zunächst eine sehr starke Fluktuation auf. In keiner Kategorie nannte mehr als ein Viertel der Befragten zu beiden Zeitpunkten dieselbe Anzahl Personen auf die Frage nach der persönlichen Familiendefinition: Unter den Stabilen waren es 24 Prozent, unter den Getrennten mit Partner/in waren es 14 Prozent und bei den partnerlosen Getrennten blieb nur für 9 Prozent die Größe ihrer Familie stabil. So zeigt sich hier doch ein gewisser Unterschied zwischen stabilen Befragten und Getrennten in neuer Partnerschaft: Bei Getrennten ist die Fluktuation größer, auch wenn sich letztlich durch stärkere Zu- und Abnahmen dieselbe durchschnittliche Veränderung ergibt. Eine Zunahme verzeichneten 23 Prozent der partnerlosen Getrennten, 51 Prozent der Getrennten mit Partner/in und 45 Prozent der Stabilen. Eine Abnahme hingegen zeigte sich bei 63 Prozent der partnerlosen Getrennten, 40 Prozent der Getrennten mit Partner/in und 31 Prozent der Stabilen.

Daniels-Mohring und Berger (1984) untersuchten Zusammenhänge zwischen Eigenschaften sozialer Netzwerke und dem Wohlbefinden von Geschiedenen und stellten unter anderem fest, daß es sich positiv auswirkte, wenn das Netzwerk stabil war und nur geringe Fluktuation aufwies (Daniels-Mohring und Berger, 1984). In dieser Studie waren die 42 befragten Personen allerdings erst seit weniger als einem Jahr geschiedenen. Es handelt sich demnach um eine Aussage, die eventuell nur für die Zeit kurz nach der Scheidung Gültigkeit hat. Es könnte durchaus sein, daß Veränderungen im Netz auf lange Sicht positive Auswirkungen haben, auch wenn sie in der Zeit des Umbruchs für die Betroffenen problematisch sind.

Diese Vermutung wird gestützt durch eine Untersuchung von Rands (1990): Hier hatten starke Veränderungen im Netzwerk einen positiven Einfluß auf das Wohlbefinden insbesondere von Männern, vor allem, wenn sie viele neue unverheiratete Freunde gewannen. Auf das Wohlbefinden von Frauen hatte die Stärke des Netzwerkwandels in dieser Studie keinen Einfluß (Rands, 1980). Rands stellte außerdem fest, daß Veränderungen im Netzwerk während und kurz nach einer Trennung am stärksten sind und sich dann verlangsamen (Rands, 1980).

Gibt es systematische Unterschiede zwischen den persönlichen Familiendefinitionen von Männern und Frauen?

Tabelle II.5.4.

Durchschnittliche Größe der wahrgenommenen Familie nach Geschlecht

F205_WAHRGENOMMENE_FAMILIE

				Mean	N	Std. Deviation
GRUND26	zus88trmp	F117_GESCHLECHT	maennlich	4,4828	29	3,1917
			weiblich	5,3958	48	2,9804
			Total	5,0519	77	3,0732
	zus88trop	F117_GESCHLECHT	maennlich	3,0571	35	1,9545
			weiblich	3,9722	36	2,0631
			Total	3,5211	71	2,0484
	NEL/Ehestabil	F117_GESCHLECHT	maennlich	4,7769	1300	3,0057
			weiblich	5,2445	1853	3,1053
			Total	5,0517	3153	3,0728
	Total	F117_GESCHLECHT	maennlich	4,7265	1364	2,9983
			weiblich	5,2246	1937	3,0898
			Total	5,0188	3301	3,0617

Grund26: Variable, in der die Untersuchungskategorien definiert sind: zus88trmp = zum Zeitpunkt der ersten Befragung 1988 mit Partner/in zusammengelebt, zwischen 1988 und 1994 Trennung, in der zweiten Befragung 1994 mit neuer Partnerschaft; zus88trop = 1988 mit Partner/in zusammengelebt, zwischen 1988 und 1994 Trennung, in der zweiten Befragung 1994 ohne neue Partnerschaft; NEL/Ehestabil = zu beiden Befragungszeitpunkten mit dem/r selben Partner/in zusammengelebt.

An dieser Tabelle kann man die durchschnittliche Größe der wahrgenommenen Familie nach Lebenssituation und Geschlechtern getrennt ablesen.

Frauen geben in allen Lebenssituationen etwas größere persönliche Familiendefinitionen an als Männer. Ansonsten zeigt die Differenzierung keine systematischen Unterschiede, vor allem keine, die den bisherigen Ergebnissen widersprechen oder neue Zusammenhänge zeigen würden.

Tabelle II.5.5.

Durchschnittliche Veränderung der Größe der wahrgenommenen Familie

VERFAM

				Mean	N	Std. Deviation
GRUND26	zus88trmp	F117_GESCHLECHT	maennlich	,6207	29	3,9679
			weiblich	,6042	48	3,8853
			Total	,6104	77	3,8905
	zus88trop	F117_GESCHLECHT	maennlich	-,7941	34	2,5320
			weiblich	-1,1944	36	3,5361
			Total	-1,0000	70	3,0740
	NEL/Ehestabil	F117_GESCHLECHT	maennlich	,6502	1298	3,4291
			weiblich	,4503	1852	3,6422
			Total	,5327	3150	3,5567
	Total	F117_GESCHLECHT	maennlich	,6135	1361	3,4270
			weiblich	,4236	1936	3,6514
			Total	,5020	3297	3,5612

Grund26: Variable, in der die Untersuchungskategorien definiert sind: zus88trmp = zum Zeitpunkt der ersten Befragung 1988 mit Partner/in zusammengelebt, zwischen 1988 und 1994 Trennung, in der zweiten Befragung 1994 mit neuer Partnerschaft; zus88trop = 1988 mit Partner/in zusammengelebt, zwischen 1988 und 1994 Trennung, in der zweiten Befragung 1994 ohne neue Partnerschaft; NEL/Ehestabil = zu beiden Befragungszeitpunkten mit dem/r selben Partner/in zusammengelebt.

Die Tabelle zeigt die durchschnittliche Veränderung der Größe der subjektiv wahrgenommenen Familie zwischen erster und zweiter Befragung nach Trennungssituation und Geschlechtern differenziert.

Partnerlose Frauen verlieren nach einer Trennung mehr Mitglieder ihrer persönlichen Familie als Männer (-1,2 versus -0,8) vielleicht, weil sie in Partnerschaften eher als Männer dazu neigen, Verwandte des Partners mit zu ihrer Familie zu zählen. Ansonsten ergibt auch hier die Unterscheidung zwischen Männern und Frauen keine inhaltlich aufschlußreichen systematischen Unterschiede.

Zu- und Abnahmen in der Anzahl der auf die Frage nach der subjektiven Familiendefinition genannten Personen lassen sich nach einer Trennung durch den Verlust des Partners/ der Partnerin und eventuell der Kinder und Angehöriger des Partners/der Partnerin erklären, die bisher zur Familie gezählt wurden. Außerdem durch neue Partnerschaften, durch die eventuell auch andere Kinder in die Familie "eingebracht" werden, Angehörige des neuen Partners/ der neuen Partnerin, sowie durch andere Menschen, die einem im Verlauf einer Trennung sehr nahe werden können oder mit denen man sich im Gegensatz dazu im Zuge der Trennung entzweit.

Für alle Befragten - unabhängig von der Stabilität ihrer Partnerschaften - gilt, daß Zu- und Abnahmen bei der subjektiven Familiendefinition durch die Geburt von Kindern erklärt werden können, durch Todesfälle (vor allem der Eltern und Schwiegereltern), durch Streit, Entfremdung und Trennung oder dadurch, daß neue Beziehungen aufgebaut wurden. Es zeigte sich ja, daß auch in relativ stabilen äußeren Lebensbedingungen - in diesem Fall einer mindestens sechs Jahre währenden Ehe oder nichtehelichen Lebensgemeinschaft - noch eine hohe Instabilität bei der Anzahl der Personen, die zur eigenen Familie gezählt werden, besteht (76 Prozent).

Dennoch ist die Fluktuation nach einer Trennung noch höher (91 Prozent beziehungsweise 86 Prozent). Nur bei partnerlosen Getrennten zeigte sich vorwiegend eine Abnahme bei der Anzahl der genannten Personen; 63 Prozent nannten in der zweiten Studie weniger Personen als in der ersten. Getrennte, die 1994 in einer neuen Partnerschaft lebten, und Personen mit stabilen Partnerschaften gaben im Durchschnitt gleich große persönliche Familiendefinitionen an, und auch die durchschnittliche Veränderung war in beiden Kategorien ungefähr gleich. Eine genauere Aufschlüsselung zeigte allerdings, daß es bei den Getrennten zwischen 1988 und 1994 sowohl mehr Zunahmen als auch mehr Abnahmen in der Größe der wahrgenommenen Familie gab als in der stabilen Vergleichsgruppe. Das heißt, nach einer Trennung waren Veränderungen in der Größe der wahrgenommenen Familie generell häufiger.

Es ist anzunehmen, daß dies auch in bezug auf die Zusammensetzung der Fall ist[25]. Eine deutliche Verkleinerung der wahrgenommenen Familie zeigte sich nur bei Getrennten ohne Partner (im Durchschnitt eine Person weniger). Es scheint demnach weniger die Frage einer Trennung Einfluß auf die Größe der wahrgenommenen Familie zu nehmen, vielmehr ist ausschlaggebend, ob die Befragten in einer Partnerschaft leben oder nicht.

---

[25]Dies kann mit dem vorliegenden Datensatz nicht nachgeprüft werden, da eine eindeutige Identifikation der genannten Personen nicht möglich ist.

5.2. Subjektive Bewertung der eigenen sozialen Einbindung

Zusätzlich zu den familialen Netzwerken wurde im Familiensurvey auch die persönliche Einschätzung der eigenen sozialen Einbindung erfragt. Dieser Abschnitt geht über die Analyse familialer und sozialer Strukturen hinaus. Die Netze, die erhoben wurden, indem nach Personen gefragt wurde, die für die Befragten familiale Funktionen erfüllen, geben Auskunft über gelebte Beziehungen. Die Frage nach der subjektiven Familiendefinition brachte Aufschluß darüber, wen die Befragten zu ihrer Familie zählen, wie viele Personen dies sind und in welcher Beziehung sie zu ihnen stehen. Doch all diese Informationen lassen noch keine Aussagen darüber zu, wie zufrieden die Personen selbst mit ihren Beziehungen sind. Viele Freunde zu haben bedeutet noch nicht, daß man sich nicht einsam fühlt, und ein fehlender Freundeskreis oder eine kleine Familie bedeutet nicht automatisch, daß ein Mangel an sozialen Kontakten empfunden wird.

Der folgende Abschnitt beleuchtet demnach etwas Neues: Wie empfinden Menschen, die eine Trennung vom Lebenspartner erfahren haben, ihre soziale Einbindung in dieser neuen Lebenssituation? Sind sie selbst mit ihren Netzen zufrieden? Fühlen sie sich im Stich gelassen oder haben sie Unterstützung erfahren? Unterscheiden sie sich in der Einschätzung ihrer sozialen Situation signifikant von Personen, deren Partnerschaften im Untersuchungszeitraum stabil geblieben waren?

Um die subjektive Einschätzung der sozialen Situation zu erheben, wurden im Fragebogen des 1994er Familiensurvey elf Statements verwendet, zu denen die Befragten auf einer Skala von eins bis fünf zwischen „trifft überhaupt nicht zu" und „trifft voll und ganz zu" Stellung nehmen sollten[26]. Der einleitende Text lautete: „Ich lese Ihnen eine Reihe von Aussagen vor, die die Beziehungen zu Freunden und anderen Menschen in unterschiedlicher Weise beschreiben. Sagen Sie mir bitte zu jedem Punkt anhand der Skala, wie gut die Aussage auf ihre persönliche Situation zutrifft." Die Skala wurde nur in der 1994er-Erhebung verwendet; es sind keine Längsschnittanalysen möglich.

---

[26] Es handelt sich hierbei um eine Übersetzung des Loneliness-Scale von Gierfield/van Tilburg (1983); Wortlaut der Items siehe unten im Text.

Um die Vielzahl der Items und deren Ausprägungen sinnvoll zu reduzieren und damit eine Auswertung zu ermöglichen, wurde eine Faktorenanalyse durchgeführt. Durch eine Faktorenanalyse können mehrere verschiedene Variablen oder Items je nach ihren korrelativen Beziehungen untereinander auf wenige voneinander unabhängige Variablen reduziert werden. Die Antworten, die auf einer Skala von 1 bis 5 lagen, wurden für die Berechnungen so gedreht, daß ein hoher Wert immer für eine gute soziale Einbindung steht und ein niedriger Wert dementsprechend auf Einsamkeit hinweist.

Ergebnis der Faktorenanalyse:

Rotated Component Matrix[a]

	Component 1	Component 2
G04500R0	,520	,278
G04500R1	,376	,521
G04500R2	,138	,649
G04500R3	,768	,213
G04500R4	,204	,715
G04500R5	,270	,661
G04500R6	,769	7,612E-02
G04500R7	,764	,166
G04500R8	4,569E-03	,591
G04500R9	,262	,659
G0450R10	,731	,218

Extraction Method: Principal Component Analysis.
Rotation Method: Varimax with Kaiser Normalization.
a. Rotation converged in 3 iterations.

(erklärte Varianz: 50,4%)

Es ergaben sich 2 Komponenten: Die erste bezieht sich auf Geselligkeit, Häufigkeit der Kontakte und Größe des Freundes- und Bekanntenkreises. Hierzu gehören folgende Statements:
„Manchmal habe ich das Gefühl, daß mich eine große Leere erfaßt"
„Ich vermisse die Geselligkeit mit anderen Menschen"
„Ich glaube, der Kreis meiner Freunde und Bekanntschaften ist zu klein"

„Ich vermisse einen häufigeren Kontakt mit meinen Familienangehörigen und Verwandten"
„Oft fühle ich mich im Stich gelassen"
„Ich habe immer jemanden in erreichbarer Nähe, zu dem ich mit alltäglichen Problemen kommen kann"

Diese Kategorie von Statements bezieht sich auf das Vorhandensein alltäglicher Kontakte, auf „Geselligkeit". Einsamkeit bedeutet in diesem Zusammenhang „allein sein", zu wenige Personen, mit denen man sich treffen kann, das Empfinden, keine oder zu wenige Freunde oder Verwandte zu haben.

Der zweite Faktor hat seinen Schwerpunkt weniger auf der Anzahl der Kontakte, sondern eher auf der Qualität der Beziehungen. Wesentlich ist hier, ob man Menschen hat, die einen im Notfall unterstützen. Freunde oder Angehörige, denen man vertrauen kann, die einem eng verbunden sind und auf die man zählen kann, wenn man auf Hilfe angewiesen ist. Folgende Items gehören zum zweiten Faktor:
„Es gibt ausreichend viele Menschen, auf die ich zählen kann, wenn ich Schwierigkeiten habe"
„Es gibt viele Personen, denen ich voll vertrauen kann"
„Ich habe genügend viele Personen, denen ich mich sehr verbunden fühle"
„Wenn ich meine Freunde brauche, kann ich jederzeit auf sie zählen"
„Mir fehlt ein wirklich guter Freund / eine wirklich gute Freundin"

Der erste Faktor kann als „Netzwerk alltäglicher Kontakte" bezeichnet werden, der zweite als „Unterstützungsnetzwerk". Ebenso stark vereinfacht könnte man die beiden Schwerpunkte auch mit „Quantität" versus „Qualität" sozialer Kontakte charakterisieren.

Zwei der verwendeten Items erreichten in der Komponenten-Matrix Werte, die nur knapp über 500 lagen, und erwiesen sich damit als nicht besonders aussagekräftig in bezug auf die beiden Faktoren. Zum einen: „Ich habe immer jemanden in erreichbarer Nähe, zu dem ich mit alltäglichen Problemen kommen kann". Das Item steht inhaltlich zwischen beiden Faktoren, weil es sich zum einen auf „alltägliche" Kontakte bezieht, zum anderen auf Hilfe bei „Problemen". Auch beim zweiten wenig trennscharfen Item findet sich eine inhaltliche Erklärung für die niedrige Ladung: „Mir fehlt ein wirklich guter Freund / eine wirklich gute Freundin" - hier geht es zum einen um die Frage, ob man Freunde hat oder nicht, zum anderen um die Qualität der Beziehungen. „Wirklich gute Freunde" sind die, auf die man sich im Notfall verlassen kann. Beide Items wurden der Komponente zugeordnet, auf der sie die höhere Ladung aufwiesen.

Um die Faktoren auf die Lebensformen beziehen zu können, mußten auf Grundlage der Faktorladungen Variablen gebildet werden, und zwar eine Variable für jeden Faktor. Diese Variablen wurden konstruiert, indem die Faktorladungen einer N-Transformation unterworfen wurden, so daß die Antworten der Befragten sich in den Variablen so verteilten, daß sie möglichst gemäß den Vorgaben der Gaussschen Normalverteilung entsprachen[27].
(Hierbei wurde auf methodische Vorarbeiten von Hartmut Wahl zurückgegriffen.)

Statistics

		REGR factor score 1 for analysis 1	NORMAL of EINSM1 using BLOM	N-Skala für Variable EINSM1
N	Valid	4935	4935	4935
	Missing	62	62	62
Mean		1,740E-15	-3,028E-04	3,00
Std. Error of Mean		1,423E-02	1,422E-02	1,44E-02
Median		,1463936	,000000	3,00
Std. Deviation		1,0000000	,998987	1,01
Variance		1,0000000	,997976	1,02
Skewness		-,729	-,002	,000
Std. Error of Skewness		,035	,035	,035
Kurtosis		,303	-,012	-,470
Std. Error of Kurtosis		,070	,070	,070
Minimum		-4,17596	-3,6589	1
Maximum		2,29337	3,6589	5

---

[27] Mittelwert=0 bzw. 3 bei Ausprägungen von 1-5; Varianz=1; Schiefe=0; Standardabweichung=1.

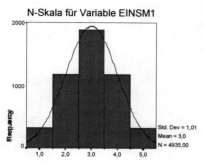

N-Skala für Variable EINSM1

Statistics

		REGR factor score 2 for analysis 1	NORMAL of EINSM2 using BLOM	N-Skala für Variable EINSM2
N	Valid	4935	4935	4935
	Missing	62	62	62
Mean		4,355E-16	-1,097E-04	3,00
Std. Error of Mean		1,423E-02	1,423E-02	1,44E-02
Median		,2299149	,000000	3,00
Std. Deviation		1,0000000	,999357	1,01
Variance		1,0000000	,998715	1,02
Skewness		-1,018	,000	,000
Std. Error of Skewness		,035	,035	,035
Kurtosis		,940	-,012	-,470
Std. Error of Kurtosis		,070	,070	,070
Minimum		-4,53927	-3,6589	1
Maximum		2,19663	3,6589	5

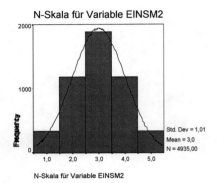

N-Skala für Variable EINSM2

Nach dieser Modifikation war es möglich, die Ergebnisse der Einsamkeitsskala mit den Lebensverläufen in Beziehung zu setzen. Die erste Tabelle bezieht sich auf den Faktor, der vorher als „Netzwerk alltäglicher Kontakte" bezeichnet wurde und der vornehmlich ausdrückt, wie zufrieden die Befragten mit der Anzahl ihrer Alltagsbeziehungen sind. Ein niedriger Wert steht hier für einen Mangel an Kontakten, ein hoher Wert steht für Zufriedenheit mit der sozialen Einbindung.

Tabelle II.5.6.

Zufriedenheit mit dem Netzwerk alltäglicher Kontakte

			GRUND26			Total
			zus88trmp	zus88trop	NEL/Ehestabil	
N-Skala für Variable EINSM1	1	Count	6	12	178	196
		Expected Count	4,6	4,3	187,1	196,0
		% within GRUND26	7,8%	16,9%	5,7%	6,0%
	2	Count	11	19	732	762
		Expected Count	18,0	16,6	727,4	762,0
		% within GRUND26	14,3%	26,8%	23,5%	23,3%
	3	Count	33	21	1189	1243
		Expected Count	29,3	27,0	1186,6	1243,0
		% within GRUND26	42,9%	29,6%	38,2%	38,1%
	4	Count	16	14	812	842
		Expected Count	19,9	18,3	803,8	842,0
		% within GRUND26	20,8%	19,7%	26,1%	25,8%
	5	Count	11	5	205	221
		Expected Count	5,2	4,8	211,0	221,0
		% within GRUND26	14,3%	7,0%	6,6%	6,8%
Total		Count	77	71	3116	3264
		Expected Count	77,0	71,0	3116,0	3264,0
		% within GRUND26	100,0%	100,0%	100,0%	100,0%

Grund26: Variable, in der die Untersuchungskategorien definiert sind: zus88trmp = zum Zeitpunkt der ersten Befragung 1988 mit Partner/in zusammengelebt, zwischen 1988 und 1994 Trennung, in der zweiten Befragung 1994 mit neuer Partnerschaft; zus88trop = 1988 mit Partner/in zusammengelebt, zwischen 1988 und 1994 Trennung, in der zweiten Befragung 1994 ohne neue Partnerschaft; NEL/Ehestabil = zu beiden Befragungszeitpunkten mit dem/r selben Partner/in zusammengelebt.

Aus der Kreuztabelle geht hervor, daß getrennte Personen, die in einer neuen Partnerschaft leben, mit der Anzahl ihrer Kontakte besonders zufrieden sind. 14,3 Prozent der Befragten aus dieser Gruppe finden sich in der Kategorie mit der höchsten Punktzahl, im Vergleich zu 7 beziehungsweise 6,6 Prozent unter den Befragten in anderen Lebenssituationen. Nimmt man die beiden „zufriedeneren" Kategorien zusammen, so gehören hierzu 35 Prozent der Getrennten mit neuem/r Partner/in, 27 Prozent der Getrennten ohne neue Partnerschaft und 33 Prozent der Befragten mit stabilen Beziehungen. In den beiden „unzufriedeneren" Kategorien finden sich 22 Prozent der Getrennten mit neuem/r Partner/in, 44 Prozent der Getrennten ohne neue Partnerschaft und 29 Prozent der Befragten mit stabilen Beziehungen. Personen, die nach einer Trennung gegenwärtig ohne Partner oder Partnerin leben, scheinen demnach am wenigsten zufrieden mit ihren sozialen (Alltags-) Kontakten zu sein.

Dies entspricht dem Bild, das aufgrund der Analysen der sozialen Netzwerke von der sozialen Situation nach Trennung oder Scheidung entstanden war: Partnerschaften haben entscheidenden Einfluß auf die soziale Situation. Es zeigt sich nun, daß dies nicht nur für die Art und Anzahl der gelebten Beziehungen gilt, sondern auch für das persönliche Empfinden der Betroffenen: Personen, die nach einer Trennung ohne Partner/in leben, geben besonders oft an, die Geselligkeit mit anderen zu vermissen oder sich im Stich gelassen zu fühlen. Häufiger als andere klagen sie über einen zu kleinen Freundes- und Bekanntenkreis oder mangelnden Kontakt zu anderen Personen. Etwas überraschend ist, daß Personen, die nach einer Trennung oder Scheidung eine/n neue/n Partner/in gefunden haben, insgesamt mit ihren sozialen Kontakten zufriedener sind als Menschen mit stabilen Beziehungen. Die neue Partnerschaft bringt auch andere neue Beziehungen in das persönliche Umfeld hinein, und eine Trennung kann als „Aufbruch" genutzt werden, um neue Bekanntschaften zu schließen und alte Freundschaften aufleben zu lassen. Dem gegenüber stehen Menschen in Partnerschaften, die schon mindestens sechs Jahre andauern. Paare haben die Tendenz, sich im Laufe der Zeit auf sich selbst zurückzuziehen und sich auf weniger Außenkontakte zu konzentrieren. Bei der hier überprüften Variable, die die Zufriedenheit mit der Menge der sozialen Kontakte zum Inhalt hat, schneiden Menschen in neuen Beziehungen „besser" ab als Personen in langjährigen Partnerschaften.

Tabelle II.5.7.

Zufriedenheit mit der Qualität der sozialen Beziehungen

			GRUND26			Total
			zus88trmp	zus88trop	NEL/Ehestabil	
N-Skala für Variable EINSM2	1	Count	5	16	167	188
		Expected Count	4,4	4,1	179,5	188,0
		% within GRUND26	6,5%	22,5%	5,4%	5,8%
	2	Count	17	16	719	752
		Expected Count	17,7	16,4	717,9	752,0
		% within GRUND26	22,1%	22,5%	23,1%	23,0%
	3	Count	38	22	1175	1235
		Expected Count	29,1	26,9	1179,0	1235,0
		% within GRUND26	49,4%	31,0%	37,7%	37,8%
	4	Count	15	14	829	858
		Expected Count	20,2	18,7	819,1	858,0
		% within GRUND26	19,5%	19,7%	26,6%	26,3%
	5	Count	2	3	226	231
		Expected Count	5,4	5,0	220,5	231,0
		% within GRUND26	2,6%	4,2%	7,3%	7,1%
Total		Count	77	71	3116	3264
		Expected Count	77,0	71,0	3116,0	3264,0
		% within GRUND26	100,0%	100,0%	100,0%	100,0%

Grund26: Variable, in der die Untersuchungskategorien definiert sind: zus88trmp = zum Zeitpunkt der ersten Befragung 1988 mit Partner/in zusammengelebt, zwischen 1988 und 1994 Trennung, in der zweiten Befragung 1994 mit neuer Partnerschaft; zus88trop = 1988 mit Partner/in zusammengelebt, zwischen 1988 und 1994 Trennung, in der zweiten Befragung 1994 ohne neue Partnerschaft; NEL/Ehestabil = zu beiden Befragungszeitpunkten mit dem/r selben Partner/in zusammengelebt.

Diese Tabelle bezieht sich auf die Zufriedenheit mit der „Qualität" der sozialen Beziehungen, insbesondere in Hinblick auf Unterstützung, abhängig von der Partnerschaftssituation. Eher unzufrieden mit der Qualität ihrer sozialen Beziehungen (Kategorie 1 und 2) sind 24 Prozent der Getrennten mit neuem/r Partner/in, 45 Prozent der Getrennten ohne neue Partnerschaft und 28 Prozent der Befragten mit stabilen Ehen oder nichtehelichen Lebensgemeinschaften. Eher positiv (Kategorie 4 und 5) beurteilen 22 Prozent der Getrennten mit neuem/r Partner/in, 24 Prozent der Getrennten ohne neue Partnerschaft und 34 Prozent der Befragten mit stabilen Beziehungen ihr Unterstützungsnetzwerk. Insgesamt zeigt sich hier ein deutlicher Unterschied zwischen Getrennten und Stabilen. Nach einer Trennung klagen die Befragten häufiger über mangelnde Unterstützung und darüber, eine/n wirklich gute/n Freund/in zu vermissen. Sie stimmen seltener der Aussage zu, Menschen zu haben, auf die sie bei Schwierigkeiten zählen könnten, die ihnen sehr nahestünden oder denen sie voll vertrauten. Insbesondere Menschen, die nach der Trennung gegenwärtig in keiner neuen Partnerschaft leben, beurteilen häufig die Verläßlichkeit und das Unterstützungspotential ihres persönlichen Netzwerks negativ. Aber auch Betroffene, die nach einer Trennung eine neue Partnerschaft aufgenommen haben, geben deutlich seltener positive Urteile über ihr Unterstützungsnetzwerk ab als Menschen in stabilen Beziehungen, auch wenn sie ihre Situation nicht so oft extrem negativ sehen.

Auffallend ist hierbei auch der Unterschied zwischen den beiden Variablen, die durch die Faktoranalyse generiert wurden. In bezug auf die „Quantität" der sozialen Kontakte, das heißt auf die Größe der Freundes- und Bekanntenkreise, auf die Häufigkeit des Kontaktes mit Angehörigen und Verwandten, auf Ansprechpartner für alltägliche Probleme, auf „Geselligkeit", schätzten Getrennte mit neuen Partnerschaften ihre Netze positiver ein als Menschen in langjährigen Beziehungen. Anders in Hinblick auf die „Qualität der Beziehungen"; das heißt darauf, wie sehr man sich auf die anderen verlassen kann, ob man „wirklich gute" Freunde oder Freundinnen hat, Menschen, denen man voll vertrauen und auf die man bei Schwierigkeiten zählen kann: Hier schätzten Menschen mit stabilen Partnerschaften ihre Situation positiver ein als Getrennte in neuen Partnerschaften. Diese haben zwar viele Kontakte und keinen Mangel an geselligem Umgang, aber im Notfall scheinen sie dann weniger Unterstützung erwarten zu können als Personen in langjährigen Partnerschaften.

Getrennte ohne Partnerschaften stehen im Vergleich immer am schlechtesten da. Sie beklagen sowohl am häufigsten einen Mangel an geselligen Kontakten, als auch sind sie mit der Qualität der Beziehungen, die sie pflegen, weniger zufrieden als andere.

Eine Trennung vom Lebenspartner muß nach diesen Ergebnissen auf längere Sicht nicht bedeuten, daß die soziale Einbindung als unbefriedigender eingeschätzt wird als vorher. Getrennte, die nicht in einer neuen Partnerschaft leben, sind allerdings in der Regel weniger zufrieden mit ihren Sozialkontakten als Menschen, die in einer Partnerschaft leben, ob schon länger oder erst seit kürzerem nach einer Trennung. Unterscheidet man zwischen der Einschätzung der Beziehungen im Hinblick auf ihre „Qualität" (zum Beispiel Vertrautheit, Verläßlichkeit) und ihre „Quantität" (Größe des Freundeskreises, Häufigkeit der Kontakte etc.), so fällt auf, daß Getrennte mit neuen Partnerschaften besonders häufig mit der Menge ihrer Kontakte zufrieden sind, mehr noch als stabile Paare, daß sie aber im Hinblick auf die Qualität dieser Beziehungen weniger positive Einschätzungen äußern als die stabile Vergleichsgruppe.

5.3. Individualisierungsmerkmale bei sozialen Netzen nach Trennung oder Scheidung

Wie schon in Kapitel I. 3.8. im Abschnitt über soziale Netzwerke und soziale Unterstützung in der Moderne erläutert, sind die Bedingungen, unter denen in modernen Gesellschaften Partnerschaften eingegangen und beendet werden, in denen Beziehungen gelebt werden und unter denen soziale Unterstützung stattfindet, von gesamtgesellschaftlichen Individualisierungsprozessen geprägt.

Die zunehmende Instabilität von biographischen Entwürfen und Partnerschaften gilt als kennzeichnend für gesellschaftliche Individualisierungsprozesse. Die Annahme, Scheidungen und Trennungen würden generell für die Betroffenen eine verstärkte „Individualisierung" ihrer sozialen Bezüge und ihrer Einstellungen dazu bedeuten, soll in diesem Kapitel überprüft werden.

Zur Definition des Begriffes sei noch einmal Beck zitiert, der Individualisierung in drei Dimensionen beschreibt: "Herauslösung aus historisch vorgegebenen Sozialformen und -bindungen im Sinne traditionaler Herrschafts- und Versorgungszusammenhänge ("Freisetzungsdimension"), Verlust von traditionalen Sicherheiten im Hinblick auf Handlungswissen, Glaube und leitende Normen ("Entzauberungsdimension") und - womit die Bedeutung des Begriffes gleichsam in ihr Gegenteil verkehrt wird - eine neue Art der sozialen Einbindung ("Kontroll- beziehungsweise Reintegrationsdimension")"(Beck, 1986, S. 206). Beck differenziert diese drei Dimensionen wiederum nach objektiver Lebenslage und subjektivem Bewußtsein. Das heißt: Im Zuge der Modernisierung werden Menschen freigesetzt von traditionalen Vorgaben und damit auch von Sicherheiten. Als Folge müssen sie ihre Biographie immer mehr selber gestalten, wobei sie neuen Chancen, aber auch zunehmenden Risiken begegnen.

Eine ganze Reihe gesellschaftlicher Prozesse wird als ursächlich für diese Entwicklung angesehen. (siehe Kapitel I. 3.8.) Sie führen unter anderem zu wachsenden Entscheidungsspielräumen, brüchigen Biographien und zunehmender Mobilität.

Soziale und räumliche Mobilität setzt Menschen frei von Bindungen (an die Herkunftsfamilie, die Heimatregion, Nachbarschaft etc.) und ermöglicht ihnen, ihre Beziehungsnetze eigenständig und immer wieder neu zu knüpfen. Sie zwingt sie allerdings auch dazu, dies zu tun.

So werden die Sozialbeziehungen des Einzelnen immer weniger durch Familie, Verwandtschaft und Nachbarschaft vorgegeben. Die auf sich selbst gestellten Individuen müssen die Initiative ergreifen und sich ihre Freundschafts- und Bekanntschaftsnetze selbst schaffen und erhalten. Es mag als angenehmer Freiraum empfunden werden, sich die Menschen, mit denen man Beziehungen unterhält, selbst aussuchen zu können, mag aber auch als Zwang und Not erlebt werden, wenn es nicht gelingt, dieser Anforderung zu entsprechen und "selbstverschuldete" Einsamkeit und Isolation die Folge sind. Die Notwendigkeit, Beziehungen eigenständig aufzubauen, und die Freiheit aller Beteiligten, diese Bindungen auch wieder zu lösen, bedeutet für den Einzelnen auch ein gewisses Risiko. Denn auch als Hilfesysteme sind solche sozialen Netzwerke nicht mehr jederzeit aktivierbar, sondern können gerade in dieser Funktion Opfer von Freisetzungsprozessen werden. So kann für sozial benachteiligte Personen, aber auch insbesondere für Alleinstehende, die individualisierte Bauweise sozialer Netzwerke zum Problem werden.

Diese Entwicklung wird dementsprechend auch unterschiedlich bewertet: Manche befürchten, daß in der Moderne stabile und tragfähige Netzwerke verlorengehen und daß der Zwang, eigene Netze zu knüpfen, zu losen, instrumentellen und instabilen - da nicht institutionell abgesicherten - Beziehungen führt. Die Risiken, denen der Einzelne in modernen Gesellschaften ausgesetzt ist, können nicht mehr durch gewachsene Gemeinschaften aufgefangen werden, der Wohlfahrtsstaat ist hierfür jedoch nur ein unzureichender Ersatz. Damit wächst das Risiko der Vereinsamung und der Ausgrenzung insbesondere für die "Schwachen", für die, die nicht in der Lage sind, sich eigenständig Strukturen aufzubauen und zu erhalten. Es gibt innerhalb dieser neuen sozialen Konfigurationen "spezielle Risikokonstellationen" (Keupp, 1988), denn auch und gerade als Hilfesysteme werden soziale Netzwerke Opfer von Freisetzungsprozessen.

Ein anderer Ansatz postuliert statt eines Verlustes sozialer Beziehungen einen Wandel der Beziehungsstrukturen, der durchaus auch Vorteile mit sich bringt. Die Beziehungsnetze der Moderne sind größer, lockerer und weniger multiplex. Sie beruhen vor allem auf gemeinsamen Interessen und bedürfen sowohl zu ihrer Herstellung als auch zu ihrer Erhaltung wegen der geringen institutionellen Absicherung ständiger Pflege. Diese Entwicklung schafft erweiterte Räume für Individualität, eine Vermehrung von Wahlmöglichkeiten, Befreiung von Zwängen und größere Autonomie des Individuums. "Die Subjekte verfügen über gewachsene Chancen, sich eigene Wege zu wählen, sich gegenüber borniertem Nachbarn und umklammernden Familienmitgliedern ignorant zu zeigen und sich mit anderen Menschen zu assoziieren, mit denen sie gemeinsame Interessen verbinden. In Beziehungsnetzen, die auf einem solchen Hintergrund entstanden sind, entwickeln sich ungleich mehr Chancen für unterschiedliche Lebensentwürfe, für die Emanzipation aus zugeschriebenen Identitäten." (Keupp, 1988, S. 67/68) Selbst hergestellte Beziehungen sind dieser Sichtweise nach "ehrlicher", da sie nicht auf Zwängen beruhen, sondern selbst gewählt sind.

Die Fortsetzung der funktionalen Differenzierung im Bereich sozialer Beziehungen bedeutet im positiven Sinne, daß Freiraum dafür besteht, informelle Beziehungen ganz für emotionale Aufgaben zu reservieren. Man kann sich so im privaten Bereich Inseln der Geborgenheit und Emotionalität schaffen, stärker als in vormodernen Gesellschaften, in denen Arbeit und Familie stark verbunden waren, und in denen für Partnerschaft, Freundschaft und Elternschaft weniger Wahlmöglichkeiten bestanden. Außerdem sind den fortschreitenden Freisetzungsprozessen im zwischenmenschlichen Bereich Grenzen gesetzt, da der Mensch auf Beziehungen zur Erfüllung seiner Bedürfnisse nach Geborgenheit, Zugehörigkeit und Zuwendung angewiesen ist.

Für die Situation nach einer Scheidung oder Trennung bedeutet dies, daß nicht von alleine ein Beziehungsnetzwerk gegeben ist, in welchem die Betroffenen aufgefangen werden, zum Beispiel in Gestalt ihrer Herkunfts(-Groß-)familie. Nachdem das gemeinsame Beziehungsnetzwerk des Paares durch die Trennung zerrissen wird, liegt es auch an der Eigeninitiative der Betroffenen, sich nach Unterstützung auszustrecken und ein neues Beziehungsnetz zu knüpfen.

Individualisierung bedeutet weiterhin, „daß die Biographie der Menschen aus vorgegebenen Fixierungen herausgelöst, offen, entscheidungsabhängig und als Aufgabe in das Handeln jedes einzelnen gelegt wird" (Beck, 1986, S.216). Das heißt, ebenso wie die Beziehungsnetze muß auch die Biographie von den Einzelnen selbst gestaltet werden, denn immer weniger Weichenstellungen sind durch Normalitätsmuster als selbstverständlich vorgegeben, und immer mehr biographische Entscheidungen müssen eigenständig getroffen werden. Wegen der (vielleicht nur scheinbar möglichen) Selbstverantwortung erscheinen Probleme und Konflikte, gescheiterte Pläne und Irrwege als persönliches Versagen.
Es ist anzunehmen, daß dies auch im Falle einer Trennung oder Scheidung so empfunden wird. Nicht das Schicksal kann für das Zerbrechen der Beziehung verantwortlich gemacht werden oder gesellschaftliche Zwänge, die mich in diese Beziehung gedrängt hatten, sondern ich selbst habe diese Beziehung gewählt, mich für diese Ehe entschieden und bin gescheitert. Dies wirft die Betroffenen bei der Bewältigung der Probleme auf sich selbst zurück.

Andererseits werden biographische Brüche, auch in Gestalt von Scheidungen und Trennungen, gesellschaftlich heute wesentlich besser akzeptiert als noch vor wenigen Jahrzehnten, was für die Betroffenen sicherlich eine große Erleichterung bedeutet. Dasselbe gilt für die sozialen Beziehungsstrukturen: Netzwerke sind zwar tendenziell weniger stabil und verläßlich, dies bedeutet aber gleichzeitig, daß es leichter geworden ist, neue Beziehungen zu knüpfen und sich nach einer Trennung ein neues, individuelles Beziehungsnetz aufzubauen.

Scheidungen und Trennungen vom Lebenspartner stehen in vielerlei Hinsicht in Zusammenhang mit den Thesen der Individualisierungstheorie. Es sind - in der Regel einschneidende - Brüche im Lebensverlauf, die die These der „Patchworkbiographie" untermauern. Sie werfen die Einzelnen auf sich selbst zurück, wirbeln ihre sozialen Netzwerke durcheinander und bestätigen die Brüchigkeit sozialer Bindungen. Somit stellt sich die Frage, ob sich dies auch konkret im Leben der Betroffenen widerspiegelt, und sie - stärker als Menschen in stabilen Lebensgemeinschaften - Merkmale der Individualisierung aufweisen: Knüpfen sie neue Beziehungen oder stützen sie sich auf ihre Herkunftsfamilie? Sind die Netze hinterher stärker von

„modernen", freiwilligen Beziehungen geprägt als vorher beziehungsweise als bei Personen, deren Partnerschaften stabil sind, oder zeigt sich vielleicht gar eine Rückkehr zu traditionelleren Mustern? Sind die Netze größer, lockerer und heterogener? Wie stark sind die Veränderungen in Zusammenhang mit der Trennung?

Eine wichtige Komponente der Individualisierungstheorie ist die Annahme, in vielen Lebensbereichen hätten die Spielräume für eigene Entscheidungen zugenommen, so auch im Bereich zwischenmenschlicher Beziehungen. Für die sozialen Netze bedeutet dies, daß ein hoher Anteil an selbst gewählten Beziehungsformen als Merkmal für Individualisierung gewertet werden kann, während ein hoher Anteil an nicht frei gewählten Beziehungen, die durch Geburt und Wohnort vorgegeben sind, - wie denen zu Eltern, Geschwistern, weiteren Verwandten oder auch Nachbarn - auf ein traditionelles Netzwerk hinweist. Durch biographische Brüche sollen nun - so die Annahme - traditionelle Beziehungen verloren gehen und durch frei gewählte ersetzt werden. „Gerade die familiären und verwandtschaftlichen Strukturen sind von dem tiefgreifenden und rapide zunehmenden gesellschaftlichen Strukturwandel und seinen Individualisierungstendenzen unter besonderen Wandlungsdruck gesetzt worden. Die erkennbare Entwicklungsdynamik läßt die Prognose zu, daß die Ressourcen der traditionalen Lebensformen weiter abnehmen werden." (Keupp, 1988, S.77)

Führen Scheidung und Trennung zu stärkerer Individualisierung im Bereich sozialer Beziehungen? Diese Frage soll zunächst in Hinblick auf die Zusammensetzung der Netze überprüft werden:

Besonders aussagekräftig ist hierfür die Beziehung zu den Eltern. Individualisierung ist durch die Herauslösung aus traditionalen überkommenen Bindungen gekennzeichnet und meint daher auch eine abnehmende Bedeutung der Herkunftsfamilie im Erwachsenenalter. Die Beziehung zu den Eltern verkörpert die Verbindung zur eigenen Herkunft, zu den persönlichen Wurzeln. Führen nun Trennungen und Scheidungen zu einer stärkeren „Entwurzelung"?

Es wurde bereits gezeigt, daß Trennungen und Scheidungen häufiger zu einer Intensivierung der Elternbeziehung führen als zu einer Abschwächung (siehe Kap. II. 4.1.). Getrennte haben häufiger Kontakt zu ihren Eltern als Personen in stabilen Beziehungen, vor allem, wenn sie nicht in einer neuen Partnerschaft leben. Unabhängig von ihrer neuen Partnerschaftssituation haben sie öfter als die Kontrollgruppe eine enge gefühlsmäßige Bindung an die Eltern und geben öfter an, mit ihren Eltern über Dinge zu sprechen, die ihnen persönlich wichtig sind. Auch essen sie häufiger gemeinsam mit ihren Eltern und nennen diese als wichtige Freizeitpartner, wobei dies vor allem für getrennte Männer ohne neue Partnerin gilt.

Die entsprechenden Tabellen, auf die diese Aussagen zurückgehen, finden sich im Kapitel (II. 4.1.) über die Beziehungen zwischen den Befragten und ihren Eltern. Hier soll nur ein Ergebnis noch einmal vorgestellt werden, in dem verschiedene Aussagen über das Verhältnis zwischen den Befragten und ihren Eltern zusammengefaßt werden:

Tabelle II.5.8.

Index für die Intensität der Elternbeziehung

			GRUND26			
			zus88trmp	zus88trop	NEL/Ehestabil	Total
Index Intensität Elternbeziehung	,00	Count	26	(13)	903	942
		Expected Count	28,2	22,9	890,9	942,0
		% within GRUND26	37,1%	22,8%	40,8%	40,2%
	1,00	Count	(17)	(15)	695	727
		Expected Count	21,7	17,7	687,6	727,0
		% within GRUND26	24,3%	26,3%	31,4%	31,0%
	2,00 oder mehr	Count	27	29	617	673
		Expected Count	20,1	16,4	636,5	673,0
		% within GRUND26	38,6%	50,9%	27,9%	28,7%
Total		Count	70	57	2215	2342
		Expected Count	70,0	57,0	2215,0	2342,0
		% within GRUND26	100,0%	100,0%	100,0%	100,0%

Grund26: Variable, in der die Untersuchungskategorien definiert sind: zus88trmp = zum Zeitpunkt der ersten Befragung 1988 mit Partner/in zusammengelebt, zwischen 1988 und 1994 Trennung, in der zweiten Befragung 1994 mit neuer Partnerschaft; zus88trop = 1988 mit Partner/in zusammengelebt, zwischen 1988 und 1994 Trennung, in der zweiten Befragung 1994 ohne neue Partnerschaft; NEL/Ehestabil = zu beiden Befragungszeitpunkten mit dem/r selben Partner/in zusammengelebt.

Der hier verwendete Index für die Multiplexität und Intensität der Elternbeziehung gibt an, wie oft auf unterschiedliche Fragen nach familialen Aktivitäten die Eltern genannt wurden. Einbezogen wurden die Fragen nach persönlichen Gesprächen, regelmäßigen gemeinsamen Mahlzeiten, Freizeitpartnern und nach Personen, die einem emotional nahestehen. Jede Nennung wurde mit 1 gewertet und die Nennungen addiert. Einen zusätzlichen "Punkt" gab es für häufigen persönlichen, telefonischen oder brieflichen Kontakt mit den Eltern. Die beiden Fragen nach finanzieller Unterstützung (Geben und Erhalten) wurden nicht berücksichtigt, da sie zu wenig über die Beziehung insgesamt aussagen. Oft ist die Beziehung vielleicht sehr eng, aber es wird keine finanzielle Hilfe geleistet oder empfangen, weil einfach kein Bedarf besteht. Andererseits müssen Eltern und Kinder manchmal einander finanziell unterstützen (zum Beispiel weil die Kinder noch in Ausbildung sind), und aus den Daten geht nicht hervor, ob die Hilfe freiwillig oder gezwungenermaßen geleistet wird.

Die Ergebnisse zeigen, daß ein intensiver Kontakt zu den Eltern („2") nach einer Trennung wahrscheinlicher ist als vorher, besonders wenn zum Zeitpunkt der zweiten Befragung keine Partnerschaft bestand. (Eine Überprüfung der 1988er Ergebnisse schloß die Möglichkeit aus, daß es die schon vorher enger an ihre Eltern gebundenen Personen waren, die sich mit höherer Wahrscheinlichkeit getrennt hatten, und sich so eine engere Elternbeziehung bei Getrennten erklären ließe. Die Unterschiede gehen auf Veränderungen zwischen beiden Erhebungszeitpunkten zurück.) Weiterhin zeigen die Ergebnisse auch eine höhere Multiplexität der Eltern-Kind-Beziehungen nach der Trennung. Das heißt, die Eltern erfüllen häufiger mehrere Funktionen für ihre erwachsenen Kinder. Kennzeichnend für Individualisierungsprozesse ist aber im Sinne der Theorie eine abnehmende Multiplexität der sozialen Beziehungen, weil soziale Funktionen und Aufgaben ausdifferenziert und auf unterschiedliche Personen verteilt werden.

Sowohl in bezug auf einzelne Funktionen wie emotionale Bindung oder Freizeitgestaltung, als auch in Hinblick auf die Intensität der Beziehungen und Häufigkeit des Kontaktes stehen Personen, die eine Trennung vom Lebenspartner erfahren haben, ihren Eltern tendenziell näher als Personen, deren Ehen oder nichtehelichen Lebensgemeinschaften in den letzten sechs Jahren stabil geblieben waren. Teilweise gilt dies allgemein, teilweise gehen die Veränderungen vor allem auf Personen ohne Partnerschaften und unter diesen vor allem auf Männer zurück.

Dennoch: Insgesamt ließen sich in Hinblick auf die Beziehungen der Befragten zu ihren Eltern keine Individualisierungstendenzen nach Trennung oder Scheidung im Sinne einer Abkehr von überkommenen Beziehungen finden.

Wie sieht es bei den Geschwistern aus? Geschwisterbeziehungen gelten ebenfalls als „traditionell", sie haben ihre Wurzeln in der Herkunft und nicht in freier Entscheidung. In Kapitel II. 4.1 wurden die Beziehungen zu den Geschwistern bereits untersucht. Von den Ergebnissen diese Kapitels sei eines hier noch einmal erwähnt:

Tabelle II.5.9.

Nennung von Geschwistern als Funktionsträger 1994

			grund26r		Total
			getrennt	NEL/Ehestabil	
Nennung Geschwister	,00	Count	83	2249	2332
		Expected Count	100,1	2231,9	2332,0
		% within grund26r	68,0%	82,7%	82,1%
	1,00	Count	39	470	509
		Expected Count	21,9	487,1	509,0
		% within grund26r	32,0%	17,3%	17,9%
Total		Count	122	2719	2841
		Expected Count	122,0	2719,0	2841,0
		% within grund26r	100,0%	100,0%	100,0%

[28]

grund26r: Recodierung der Variable, in der die Untersuchungskategorien definiert sind: getrennt = zum Zeitpunkt der ersten Befragung 1988 mit Partner/in zusammengelebt, zwischen 1988 und 1994 Trennung; NEL/Ehestabil = zu beiden Befragungszeitpunkten mit dem/r selben Partner/in zusammengelebt.

Diese Berechnung nimmt Bezug auf vier familiale Funktionen: Gespräche über persönliche Dinge, emotionale Nähe, regelmäßige gemeinsame Mahlzeiten und häufig miteinander verbrachte Freizeit. Wer auf die Fragen, wer für die Befragten diese Funktionen erfüllt, mindestens einmal mindestens einen Bruder oder eine Schwester

---

[28] In diese Rechnung wurden nur Befragte einbezogen, die mindestens einen Bruder oder eine Schwester hatten. Dies gilt auch für alle anderen Berechnungen, die Beziehungen zu Geschwistern analysieren.

genannt hatte, fällt hier unter die Kategorie "1". Wer auf keine dieser Fragen eines seiner Geschwister genannt hatte, fällt unter "0".

Man sieht, daß ungefähr jede(r) dritte derer, die in den letzten Jahren eine Trennung erlebt hatten, mindestens einmal Bruder oder Schwester genannt hat. Bei denen, deren Beziehungen schon lange stabil sind, waren es etwa 17 Prozent. Die Frage, ob die Getrennten zum Zeitpunkt der Befragung einen Partner oder eine Partnerin hatten, spielte nur eine geringe Rolle; tendenziell schienen Befragte ohne Partner/in ihre Geschwister etwas seltener zu nennen. So kann hier ganz generell - wie bei den Eltern - von einer Verstärkung der Geschwisterbeziehungen durch eine Trennung oder Scheidung gesprochen werden. Weitere differenziertere Untersuchungen der Geschwisterbeziehungen zeigten, daß bei Männern eine Trennung vor allem dazu führte, daß sie ihre Geschwister zum erstenmal nannten, während Frauen sie häufiger schon bei der ersten Befragung genannt hatten, sie nach einer Trennung aber noch öfter als Funktionsträger angaben als vorher. Ein Vergleich der Funktionen zeigt, daß Geschwister nach einer Trennung vor allem für emotionale Unterstützung von Bedeutung sind.

So gilt auch in bezug auf Geschwister, daß traditionale Bindungen durch eine Trennung vom Lebenspartner eher gestärkt als geschwächt werden.

Werden nur traditionale Beziehungen gestärkt, oder gewinnen frei gewählte Beziehungen im Zuge einer Trennung oder Scheidung ebenso oder gar in noch stärkerem Maße an Bedeutung? Um diese Frage zu klären, soll das Verhältnis von - der Annahme nach frei gewählten - Freundschafts- zu den - als traditionell gewerteten - Verwandtschaftsbeziehungen im Netz verglichen werden. Hierfür wird noch einmal auf eine bereits vorgestellte Berechnung zurückgegriffen:

Differenz zwischen Verwandten und Freunden

Tabelle II.5.10.

Verwandte (auch des Partners) minus Freunde

		Mean	N	Std. Deviation
GRUND26	zus88trmp	2,0390	77	2,1609
	zus88trop	1,5217	69	2,8107
	NEL/Ehestabil	3,0394	3120	2,1471
	Total	2,9838	3266	2,1786

Tabelle II.5.11.

Verwandte minus Freunde

		Mean	N	Std. Deviation
GRUND26	zus88trmp	1,0519	77	2,0704
	zus88trop	1,2958	71	2,7949
	NEL/Ehestabil	1,7986	3148	2,0638
	Total	1,7703	3296	2,0858

Grund26: Variable, in der die Untersuchungskategorien definiert sind: zus88trmp = zum Zeitpunkt der ersten Befragung 1988 mit Partner/in zusammengelebt, zwischen 1988 und 1994 Trennung, in der zweiten Befragung 1994 mit neuer Partnerschaft; zus88trop = 1988 mit Partner/in zusammengelebt, zwischen 1988 und 1994 Trennung, in der zweiten Befragung 1994 ohne neue Partnerschaft; NEL/Ehestabil = zu beiden Befragungszeitpunkten mit dem/r selben Partner/in zusammengelebt.

Zur Berechnung dieser Tabellen wurde die Zahl der im Netz genannten Freunde und Freundinnen von der Zahl der genannten Verwandten, die auch eine familiale Funktion erfüllen, (einschließlich Verwandter des Partners) abgezogen. Der so errechnete Wert gibt Auskunft darüber, ob Verwandte oder Freunde häufiger in den Netzen genannt werden, und wie groß der Unterschied ist. Je größer der Wert, desto stärker die Orientierung an Verwandtschaftsbeziehungen im Verhältnis zu Freundschaften bei der Erfüllung familialer Funktionen. Ist der Wert negativ, so wurden mehr Freunde als Verwandte genannt (was jedoch selten vorkam). Die Tabellen zeigen die

Mittelwerte für die hier durchgängig verwendeten Vergleichskategorien, erst einschließlich Verwandter des Partners/ der Partnerin und in der zweiten Tabelle nur unter Berücksichtigung der eigenen Verwandten.

Es wurden im Schnitt in allen Kategorien mehr Verwandte als Freunde genannt, wobei es aber durchaus Unterschiede gibt hinsichtlich dessen, wie stark Verwandtenbeziehungen im Netz überwiegen. Bei Stabilen ist die Differenz zwischen Freunden und Verwandten größer als bei Getrennten, während sie bei partnerlosen Getrennten am geringsten ist.

Daraus läßt sich - im Zusammenhang mit den obigen Ergebnissen - schließen, daß nach einer Trennung zwar mehr Verwandte genannt werden als in stabilen Lebensgemeinschaften, daß dies aber nicht bedeutet, daß die Orientierung an Verwandtenbeziehungen auf Kosten anderer Bindungen zunimmt. Im Gegenteil nehmen Freundschaftsbeziehungen stärker zu als verwandtschaftliche Bezüge.

Dieses bereits bekannte Ergebnis zeigt in bezug auf die Frage nach dem Zusammenhang zwischen Trennungen beziehungsweise Scheidungen und Annahmen der Individualisierungstheorie, daß die Bindung an die Verwandtschaft durch eine Trennung zwar enger wird, aber die Nennungen von Freunden als Träger familialer Funktionen sogar noch stärker zunehmen als die von Verwandten. Das heißt, daß sowohl traditionelle als auch selbst gewählte Beziehungen nach einer Trennung oder Scheidung wichtig sind. Es findet in bezug auf die Herkunftsfamilie tendenziell eine stärkere - vor allem emotionale - Anbindung statt. Gleichzeitig wächst jedoch auch der Kreis der Freunde, die für die Betroffenen familiale Funktionen erfüllen. Was nun wirklich tiefere Bedeutung hat, ist anhand der Daten schwer festzustellen. Wie eng letztlich die Bindungen an Eltern, Geschwister oder Freunde sind, kann anhand von Daten aus standardisierten Massenbefragungen nicht beurteilt werden. Ein eindeutiger Zusammenhang: biographischer Bruch in Form einer Trennung vom Lebenspartner einerseits und eine Schwerpunktverlagerung von traditionellen Beziehungen hin zu selbst gewählten andererseits kann so jedoch nicht festgestellt werden.

Neben der Zusammensetzung der Netze kann auch die strukturelle Beschaffenheit des Beziehungsgefüges Aufschluß über Individualisierungstendenzen geben. Gemäß den Annahmen des zugrundeliegenden Ansatzes müssten die Netze von Menschen mit biographischen Brüchen ausdifferenzierter und damit größer und lockerer sein. Es wird angenommen, daß in traditionellen Netzen eher wenige „Generalisten" vorherrschen, während moderne Beziehungsstrukturen stark ausdifferenziert sind. Daraus ergibt sich auch, daß bei starker Differenzierung mehr Personen zur Erfüllung sozialer und familialer Bedürfnisse benötigt werden, und demnach „individualisierte" Netze größer und weniger eng sind als traditionelle.

Wie verändern sich in Zusammenhang mit einer Trennung oder Scheidung die Netzwerkgrößen?

Die Netzwerkgröße ist keine objektiv messbare Zahl wie beispielsweise die Anzahl der Geschwister. Wie groß ein Netzwerk ist, hängt davon ab, wie es definiert wird. Hier soll der Frage nachgegangen werden, ob die Anzahl der Menschen, die nach einer Trennung oder Scheidung für die Betroffenen wichtig sind, zu- oder abnimmt. Daher wird im Folgenden zum Vergleich der Netzwerkgrößen die Anzahl der Personen herangezogen, die auf die Fragen nach Personen, die die unterschiedlichen familialen Funktionen erfüllen, genannt wurden,.

Tabelle II.5.12

Durchschnittliche Anzahl der im Netz genannten Funktionsträger

F204_FUNKTIONS_TRAEGER

		Mean	N	Std. Deviation
GRUND26	zus88trmp	4,6364	77	2,2119
	zus88trop	4,4648	71	2,4368
	NEL/Ehestabil	4,3026	3153	2,1822
	Total	4,3138	3301	2,1886

Grund26: Variable, in der die Untersuchungskategorien definiert sind: zus88trmp = zum Zeitpunkt der ersten Befragung 1988 mit Partner/in zusammengelebt, zwischen 1988 und 1994 Trennung, in der zweiten Befragung 1994 mit neuer Partnerschaft; zus88trop = 1988 mit Partner/in zusammengelebt, zwischen 1988 und 1994 Trennung, in der zweiten Befragung 1994 ohne neue Partnerschaft; NEL/Ehestabil = zu beiden Befragungszeitpunkten mit dem/r selben Partner/in zusammengelebt.

Es gibt kaum Unterschiede hinsichtlich der Anzahl der genannten Funktionsträger zwischen Personen in stabilen Lebensgemeinschaften und Personen mit Trennungserfahrung.

Tabelle II.5.13

Durschnittliche Veränderung der Anzahl der im Netz genannten Funktionsträger

VERFUN

		Mean	N	Std. Deviation
GRUND26	zus88trmp	,4416	77	2,5828
	zus88trop	,4571	70	2,6577
	NEL/Ehestabil	,2276	3150	2,5522
	Total	,2375	3297	2,5548

Grund26: Variable, in der die Untersuchungskategorien definiert sind: zus88trmp = zum Zeitpunkt der ersten Befragung 1988 mit Partner/in zusammengelebt, zwischen 1988 und 1994 Trennung, in der zweiten Befragung 1994 mit neuer Partnerschaft; zus88trop = 1988 mit Partner/in zusammengelebt, zwischen 1988 und 1994 Trennung, in der zweiten Befragung 1994 ohne neue Partnerschaft; NEL/Ehestabil = zu beiden Befragungszeitpunkten mit dem/r selben Partner/in zusammengelebt.

Alle Untersuchungskategorien verzeichnen leichte Zunahmen, die Stabilen jedoch geringere als die Getrennten, wobei von Letzteren in der zweiten Befragung im Schnitt jede(r) zweite eine Person mehr als vor sechs Jahren nannte. Die Frage einer neuen Partnerschaft hatte hierauf keinen Einfluß. (Obwohl ja bei denen, die nach der Trennung nicht in einer neuen Partnerschaft leben, der Partner beziehungsweise die Partnerin weggefallen ist. Sie konnten anscheinend - zumindest in bezug auf die Anzahl der Funktionsträger - durch andere Personen ersetzt werden.)

Die These, nach einer Trennung oder Scheidung würden größere Netze geknüpft als vorher, weil Funktionen ausdifferenziert und auf mehr Personen verteilt würden, läßt sich mit diesem Ergebnis nicht bestätigen.

Wie sieht es aus in bezug auf die Anzahl der Personen, die von den Befragten zu ihrer Familie gezählt werden? Wird die subjektive Familiendefinition nach einer Trennung erweitert? Bei den Personen, die nach der Trennung nicht wieder in einer neuen

Partnerschaft leben, muß hier ebenfalls berücksichtigt werden, daß die Person des Partners beziehungsweise der Partnerin weggefallen ist:

Tabelle II.5.14.

Durchschnittliche Größe der wahrgenommenen Familie

F205_WAHRGENOMMENE_FAMILIE

		Mean	N	Std. Deviation
GRUND26	zus88trmp	5,0519	77	3,0732
	zus88trop	3,5211	71	2,0484
	NEL/Ehestabil	5,0517	3153	3,0728
	Total	5,0188	3301	3,0617

Tabelle II.5.15

Durchschnittliche Veränderungen der Größe der wahrgenommenen Familie

VERFAM

		Mean	N	Std. Deviation
GRUND26	zus88trmp	,6104	77	3,8905
	zus88trop	-1,0000	70	3,0740
	NEL/Ehestabil	,5327	3150	3,5567
	Total	,5020	3297	3,5612

Grund26: Variable, in der die Untersuchungskategorien definiert sind: zus88trmp = zum Zeitpunkt der ersten Befragung 1988 mit Partner/in zusammengelebt, zwischen 1988 und 1994 Trennung, in der zweiten Befragung 1994 mit neuer Partnerschaft; zus88trop = 1988 mit Partner/in zusammengelebt, zwischen 1988 und 1994 Trennung, in der zweiten Befragung 1994 ohne neue Partnerschaft; NEL/Ehestabil = zu beiden Befragungszeitpunkten mit dem/r selben Partner/in zusammengelebt.

Zwischen Getrennten mit neuer Partnerschaft und Stabilen bestehen so gut wie keine Unterschiede hinsichtlich der Größe der wahrgenommenen Familie und ihrer Veränderung in den letzten sechs Jahren. Nur Getrennte, die zum Zeitpunkt der zweiten Befragung keine neue Partnerschaft hatten, gaben im Schnitt eine Person weniger an als die anderen Kategorien. Das heißt, was die Anzahl der Personen betrifft, die familiale Funktion erfüllen, konnten fehlende Partner/innen „ersetzt" werden; als Personen, die zur eigenen Familie gerechnet werden, werden sie zunächst nicht ersetzt, es sei denn durch eine neue Partnerschaft. Die persönliche Familiendefinition scheint jedenfalls nach einer Trennung nicht ausdifferenziert und erweitert zu werden, wie es im Sinne von Annahmen der Individualisierungsthese hätte erwartet werden können.

Gegenwärtig wird häufig ein Zerfall sozialer Strukturen diagnostiziert, meist klagend und besorgt, manchmal auch begleitet von Freude über neu gewonnene Freiheiten durch die Schwächung sozialer Kontrollmechanismen. Die Diagnose ist in beiden Fällen die gleiche: Die Beziehungen werden lockerer, unverbindlicher und instabiler. Freie Wahl und Offenheit wird oft bezahlt mit Einsamkeit und sozialer Kälte. Daß in der hier untersuchten Kategorie der Geschiedenen und Getrennten die Anzahl der Personen, die wichtige soziale Funktionen erfüllen, etwa die gleiche ist, wie bei Personen in stabilen Lebensgemeinschaften, wurde bereits gezeigt. Es bleibt die Möglichkeit, daß die Beziehungen, die Getrennte und Geschiedene unterhalten, zwar vorhanden, aber wesentlich lockerer und weniger intensiv sind als die der „konservativeren" Vergleichsgruppe.

Wie sich diese Verbindungen tatsächlich gestalten, geht aus den Daten nicht hervor, aber als Annäherung an diese Frage soll die Intensität der Beziehungen anhand der Häufigkeit der Kontakte verglichen werden.

Tabelle II.5.16.

Durchschnittliche Häufigkeit des Kontaktes mit im Netz genannten Personen

MEAKON9N

		Mean	N	Std. Deviation
GRUND26	zus88trmp	2,7906	77	,8123
	zus88trop	2,6208	70	,9168
	NEL/Ehestabil	2,3379	3136	,8041
	Total	2,3545	3283	,8105

Grund26: Variable, in der die Untersuchungskategorien definiert sind: zus88trmp = zum Zeitpunkt der ersten Befragung 1988 mit Partner/in zusammengelebt, zwischen 1988 und 1994 Trennung, in der zweiten Befragung 1994 mit neuer Partnerschaft; zus88trop = 1988 mit Partner/in zusammengelebt, zwischen 1988 und 1994 Trennung, in der zweiten Befragung 1994 ohne neue Partnerschaft; NEL/Ehestabil = zu beiden Befragungszeitpunkten mit dem/r selben Partner/in zusammengelebt.

Die Fragestellung lautete: „Sagen Sie mir bitte auch noch, wie häufig Sie Kontakt miteinander haben, ich meine direkten, brieflichen oder telefonischen Kontakt"
Die Antwortmöglichkeiten waren:
1 „täglich"
2 „Mehrmals in der Woche"
3 „Einmal in der Woche"
4 „Einmal im Monat"
5 „Mehrmals im Jahr"
6 „Seltener"
7 „nie"
Das heißt, eine hohe Ziffer bedeutet seltenen Kontakt und umgekehrt.

Bei Getrennten ist die Häufigkeit des Kontakts mit den Netzwerkpersonen im Schnitt geringer als bei Stabilen, allerdings keineswegs gravierend. Die Durchschnittswerte schwanken zwischen „einmal" und „mehrmals" pro Woche, der Einfluß einer neuen Partnerschaft bei Getrennten ist schwach. Das heißt, auch in Hinblick auf die Intensität der Netze kann keineswegs von Verlust und Zerfall sozialer Beziehungsnetze in Zusammenhang mit Trennung und Scheidung - die hier als individualisierende Bedingungen gelten sollen - gesprochen werden. Die geringen Unterschiede zwischen den Netzen in Hinblick auf die durchschnittliche Kontakthäufigkeit mit den Netzwerkpersonen lassen einen solchen Schluß nicht zu.

Weder ein Vergleich der Netzwerkgrößen noch der jeweiligen Intensität der Beziehungen können die Annahme rechtfertigen, durch Scheidung und Trennung würden auch die sozialen Netze der Betroffenen im Sinne stärkerer Individualisierung umstrukturiert.

Es sei an dieser Stelle noch einmal an die Ergebnisse des Kapitels über die „subjektive Bewertung der eigenen sozialen Einbindung" erinnert, denn diese bestätigen eher die Annahmen der Individualisierungstheorie als die Untersuchung der tatsächlichen strukturellen Veränderungen: Die Aussagen der Befragten darüber, wie sie selbst ihre soziale Einbindung einschätzen und wie zufrieden sie damit sind, zeigten unterschiedliche Einschätzungen, je nachdem, ob nach der Qualität der Beziehungen oder nach der Quantität gefragt wurde. In Hinblick auf die Qualität der Beziehungen

- das heißt darauf, ob man Menschen kennt, denen man voll vertraut und auf die man in Schwierigkeiten zählen kann, ob man „wirklich gute" Freunde oder Freundinnen hat und ob man sich in seinem sozialen Beziehungsnetz aufgefangen weiß - in Hinblick auf diese Eigenschaften sind Menschen in stabilen Beziehungen zufriedener mit ihren Netzen als Personen, die eine Trennung hinter sich haben. In bezug auf die Quantität der Beziehungen, das heißt auf die Größe der Freundes- und Bekanntenkreise, auf das Maß an erlebter Geselligkeit und darauf, ob es genügend Ansprechpartner für Fragen des Alltags gibt, waren jedoch diejenigen Personen, die eine Trennung hinter sich haben und in einer neuen Partnerschaft leben, zufriedener als die stabile Vergleichskategorie.

Diese Ergebnisse unterstützen die These, daß Netze unter individualisierenden Bedingungen eher größer, differenzierter und lockerer sind und demnach ausreichend „Geselligkeit" bieten, daß aber gleichzeitig die Verbindlichkeit der Beziehungen abnimmt und im Notfall weniger Unterstützung verfügbar ist.

In diesem Kapitel wurden Scheidung und Trennung - hypothetisch - als Ereignisse betrachtet, die sich individualisierend auf die sozialen Beziehungen der Betroffenen auswirken. Davon ausgehend wurde anhand von Vergleichen zwischen den Netzen Getrennter und stabil mit ihren Partnern beziehungsweise Partnerinnen zusammenlebender Personen die These überprüft, daß die Netze der Getrennten tatsächlich mehr Merkmale von „Individualisierung" aufweisen als die der Stabilen.

Die Annahme konnte so nicht bestätigt werden: Durch eine Trennung wird die Beziehung zu den Eltern tendenziell eher intensiviert als geschwächt; dasselbe gilt für Geschwisterbeziehungen. Das heißt, die Bindung an die Herkunftsfamilie wird in der Mehrheit durch Trennung oder Scheidung nicht negativ beeinträchtigt. Neben Freundschaften gewinnen nach einer Trennung auch verwandtschaftliche Bindungen an Bedeutung - vermutet wurde jedoch eine Zunahme selbst gewählter Bindungen auf Kosten traditioneller Beziehungsformen.

Die Netze der Getrennten und der Stabilen sind etwa gleich groß, und die wahrgenommene Familie ist nach einer Trennung nur dann kleiner, wenn keine neue Partnerschaft besteht. Die durchschnittliche Kontakthäufigkeit in den Netzen ist nach einer Trennung etwas niedriger, allerdings nicht so gravierend, daß man von deutlichen strukturellen Veränderungen in Richtung auf stärkere Individualisierung sprechen könnte.

Allerdings bestätigte die subjektive Einschätzung des Netzes durch die Befragten die These, daß Getrennte lockerere und größere, dafür weniger intensive Netze unterhalten als Personen in stabilen Beziehungen. Erstere waren zufriedener mit dem Umfang ihrer Netze als Stabile, dafür waren diese mit der Qualität und Verbindlichkeit ihrer Beziehungen zufriedener als die Getrennten.

Insgesamt zeigen die Ergebnisse nur in einigen wenigen Bereichen eine stärkere „Individualisierung" der Netze in Zusammenhang mit Trennung und Scheidung.

5.4. Bildung von Typen für mehr oder weniger erfolgreiche Bewältigung der Trennung

In den vorigen Kapiteln wurden immer wieder einzelne Faktoren untersucht, die die Bewältigung eines Trennungsereignisses positiv oder negativ beeinflussen können, wie Alter, Elternschaft, Geschlecht oder Partnerschaft. Aber bisher wurde nicht geprüft, wie diese Faktoren wiederum zueinander in Beziehung stehen. Sie wirken immer im Zusammenhang mit anderen Eigenschaften, die die einzelnen Personen charakterisieren, und im Kontext der Lebenssituation. Es ist zu erwarten, daß bestimmte Konstellationen in typischer Weise zusammenwirken, und es somit Lebenssituationen gibt, in denen die soziale Einbindung besonders schwierig ist, während es in anderen Zusammenhängen viel wahrscheinlicher ist, daß man befriedigende soziale Beziehungen unterhält. Um nur ein denkbares Beispiel zu konstruieren: Es könnte sein, daß ältere Männer ohne Kinder oder jüngere alleinerziehende Frauen mit Kleinkindern besonders leicht in Isolation geraten. So daß "Alter" in diesem Beispiel eine zweideutige Variable ist, die in Zusammenhang mit anderen Eigenschaften einer Person unterschiedliche Auswirkungen haben kann, ebenso wie die Variablen "Geschlecht" und "Elternschaft".

Aufbauend auf dieser Überlegung wurde im folgenden Abschnitt der Versuch unternommen, in Hinblick darauf, wie einsam die Befragten nach einer Trennung oder Scheidung sind, Typen für die Bewältigung der neuen Lebenssituation zu bilden. Die Fragestellung für die folgenden Analysen lautet: Wer ist einsam nach einer Scheidung oder Trennung, wer nicht? Sind hier bestimmte Muster erkennbar? Gibt es "Typen", die unterschiedlich gut mit einer Trennung vom Partner beziehungsweise von der Partnerin zurechtkommen? Welche Faktoren nehmen auf eine erfolgreiche Bewältigung einer Trennung Einfluß? Gibt es typische Bedingungen, die mit bestimmten Problemen zusammenhängen?

Als Verfahren zur Beantwortung dieser Fragen wurden nichtlineare kanonische Korrelationsanalysen (Overals) gewählt. Diese statistische Prozedur stellt eine Erweiterung der nichtlinearen Hauptkomponentenanalyse dar, mit der Sätze von Variablen analysiert werden können. Gegenüber Regressionen hat dieses Verfahren den Vorteil, daß es nicht nur die Einflüsse einzelner Variablen analysiert, sondern mehrere Variablen zueinander in Beziehung setzt, Ähnlichkeiten im Antwortverhalten abbildet und dadurch inhaltliche Typenbildungen ermöglicht.

Ich stütze mich bei der Interpretation der Overals auf die grafische Darstellung der gesamten Zentroide, weil in diesen Grafiken die Verteilung der gemittelten Werte über alle Personen für jede Ausprägung abgebildet wird. Die Zentroide sind jeweils die Schwerpunkte der jeweiligen Ausprägungen für eine Variable. Sie verteilen sich über zwei Dimensionen, wobei der Schnittpunkt der Dimensionen der Gesamtdurchschnitt aller Ausprägungen aller Variablen über alle Personen ist. Die Grafik stellt für alle Ausprägungen die Abweichung vom Gesamtdurchschnitt dar. Die Ähnlichkeiten im Antwortverhalten werden über einen Chi-Quadrat-Test ermittelt. Gewichtet wird nach der Anzahl der Personen, die eine bestimmte Antwort gegeben haben[29].

Wenn Punkte in der Grafik nahe beieinander liegen, so bedeutet dies, daß im Falle einer bestimmten Antwort die Wahrscheinlichkeit groß ist, daß die andere - in der Grafik nahe daran plazierte - Antwort von denselben Personen auch gegeben wurde. So können Typen für unterschiedliches Antwortverhalten unter gleichzeitiger Berücksichtigung mehrerer Variablen gebildet werden.

Entsprechend der Fragestellung wurden nur Personen in die Analysen einbezogen, die innerhalb der letzten sechs Jahre vor der Befragung eine Trennung oder Scheidung erlebt hatten. Unterschiedliche Konstellationen innerhalb dieser Gruppe sollen herausgearbeitet werden.

Um zu erkennen, ob eine Person "einsam" ist oder nicht, wurde auf die schon beschriebene Einsamkeitsskala zurückgegriffen (siehe Kapitel II. 5.2.). Für die Interpretation dieser Skala wurde schon im Kapitel über die "subjektive Bewertung der

---

[29] Genauso hätten auch die multiplen Kategorienkoordinaten interpretiert werden können. Der Unterschied zwischen diesen und den Zentroiden ist, daß zusätzlich eine Projektion auf eine gedachte Verbindungslinie zwischen den Ausprägungen einer Variablen vorgenommen wird. Dies hat zwar den Vorteil, daß die gesamte Richtung eines Zusammenhangs leicht erkennbar wird. Der Nachteil gegenüber den Zentroiden besteht aber darin, daß unterschiedliche Abweichungen von der generellen Tendenz nicht mehr erkennbar sind, weil durch die Angleichung Informationen verloren gehen. Inhaltlich hätte dieses Verfahren aber im allgemeinen zu den gleichen Schlüssen geführt.

eigenen sozialen Einbindung" eine Faktorenanalyse durchgeführt, die als Ergebnis zwei in der Skala enthaltene Faktoren erbrachte, die unterschiedliche "Arten" von Einsamkeit beschreiben: Die erste Komponente bezieht sich auf das Netzwerk alltäglicher Beziehungen, auf Geselligkeit, auf die Größe des Freundes- und Bekanntenkreises und die Häufigkeit der Kontakte. Der zweite Faktor hatte seinen Schwerpunkt eher auf der Qualität denn der Quantität der Beziehungen. Hierzu gehören Unterstützung im Notfall, Vertrauenspersonen und besonders enge und verläßliche Beziehungen.

Auf jeden Faktor lud jeweils ein Item besonders hoch. Diese beiden Items wurden für die Overals-Berechnung ausgewählt und sollen als besonders aussagekräftige Variablen die jeweiligen "Richtungen", die die Einsamkeitsskala enthält, vertreten.

Das erste der verwendeten Items lautete: "Ich vermisse die Geselligkeit mit anderen Menschen" und steht für die Fragen nach einer ausreichenden Anzahl von Kontakten. "Es gibt viele Personen, denen ich voll vertrauen kann" lautet das zweite verwendete Item. Dieses steht für die Frage nach genügend verläßlichen und intensiven Beziehungen. Weiterhin wurden in die Berechnungen die Frage einer neuen Partnerschaft nach der Trennung, Schulabschluß, ob Kinder mit im Haushalt leben, sowie Alter und Geschlecht der Befragten einbezogen.

Die erste Grafik bildet Eigenschaften der Befragten in Zusammenhang mit Aussagen über eine ausreichende Anzahl an persönlichen Kontakten ab:

Abbildung II.5.1.

Einschätzung der Anzahl der persönlichen Kontakte in Abhängigkeit von der Lebenssituation

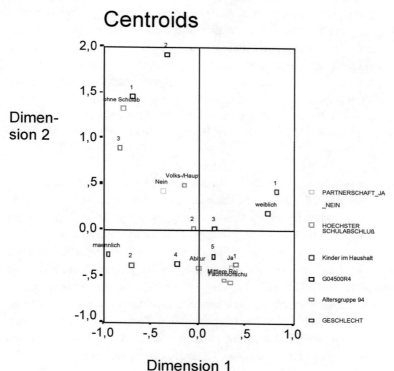

Ausprägungen:
- Neue Partnerschaft zum Zeitpunkt der zweiten Befragung: ja/nein
- Höchster Schulabschluß: Abitur, Fachhochschulabschluß, mittlere Reife,
    Volks/Hauptschule, kein Schulabschluß
- Kinder im Haushalt (1 = ja, 2 = nein)
- Altersgruppe (18 Jahre bis unter 35 = 1, 35 Jahre bis unter 50 = 2, 50 Jahre bis 61 = 3)
- Geschlecht
- Und die Variable G04500R4, die Antworten von 1 bis 5 auf die Frage danach enthält, ob man die Geselligkeit mit anderen Menschen vermißt. 1= Mangel an Geselligkeit
5= kein Mangel an Geselligkeit, dazwischen 2,3,4

Welche Personen geben an, die Geselligkeit mit anderen Menschen zu vermissen? Die Ausprägungen 1 und 2 dieses Items der Einsamkeitsskala, bei denen die Befragten einen subjektiven Mangel an geselligen Beziehungen angaben, liegen im linken oberen Quadranten. Ebenfalls in diesem Quadranten finden sich überproportional viele Personen mit keinem und solche mit niedrigem Schulabschluß, ältere Befragte und solche, die gegenwärtig keinen Partner oder keine Partnerin haben. Im rechten unteren Quadranten, in dem sich vermehrt die Personen befinden, die angaben, für sie träfe die Aussage, sie vermißten Geselligkeit, nicht zu, befinden sich auch Personen mit höherer Bildung, jüngere Menschen und solche, die nach der Trennung einen neuen Partner gefunden haben. Unabhängig von diesem Statement sind das Geschlecht und die Frage, ob die Befragten zusammen mit Kindern im Haushalt leben.

Männer und Frauen scheinen demnach - unter Kontrolle der anderen berücksichtigten Faktoren - gleichermaßen stark oder schwach unter Mangel an sozialen Kontakten zu leiden. Auch ob Kinder mit im Haushalt leben, ist unter diesen Bedingungen offensichtlich nicht von Bedeutung für die Anzahl an Außenkontakten und die Zufriedenheit damit. Durchaus einen Einfluß auf die Einschätzung der Kontakte hat das Alter, in dem eine Trennung oder Scheidung erlebt wird. Jüngere Menschen sind flexibler, sozial aktiver und knüpfen leichter neue Kontakte als ältere Menschen[30]. Mit zunehmendem Alter nach einer Scheidung oder Trennung wird häufiger über zu kleine Bekanntenkreise geklagt. Weiterhin besteht ein Zusammenhang mit neuen Partnerschaften. Dies ist nicht überraschend, zeigte sich doch auch bisher bei den meisten Themen, daß neue Partnerschaften Trennungseffekte aufheben können oder zumindest die subjektiv empfundenen Belastungen stark mindern. Der Einfluß der Bildung ist schwer zu interpretieren. Höher gebildete Befragte waren mit der Anzahl ihrer Kontakte - bei Kontrolle der anderen Einflußgrößen - zufriedener als Personen mit niedriger Schulbildung. Dies könnte mit unterschiedlichen Werten in den verschiedenen Milieus zu tun haben, nach denen Geschiedene oder Getrennte mehr oder weniger stark stigmatisiert werden, und mit unterschiedlich guten Möglichkeiten, neue Kontakte zu knüpfen.

---

[30] Das Höchstalter in der zweiten Welle war 61 Jahre

Idealtypisch könnte man sagen, daß junge gebildete Menschen in neuen Partnerschaften nach einer Trennung am wenigsten über mangelnden geselligen Umgang klagen, während ältere, niedrig gebildete Männer und Frauen dies besonders häufig tun.

Die zweite Berechnung setzt die Zufriedenheit mit der Qualität sozialer Beziehungen nach einer Trennung oder Scheidung in Zusammenhang mit der Lebenssituation der Befragten:

Abbildung II.5.2.
Einschätzung der Qualität sozialer Beziehungen in Abhängigkeit von der Lebenssituation

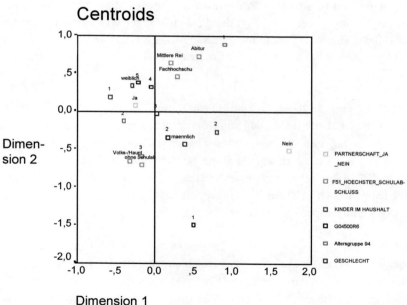

In die Grafik gingen folgende Variablen ein:
- Neue Partnerschaft zum Zeitpunkt der zweiten Befragung ja/nein
- Höchster Schulabschluß: Abitur, Fachhochschulabschluß, mittlere Reife, Volks/Hauptschule, kein Schulabschluß
- Kinder im Haushalt (1 = ja, 2 = nein)
- Altersgruppe (18 Jahre bis unter 35 = 1, 35 Jahre bis unter 50 = 2, 50 Jahre bis 61 = 3)
- Geschlecht
- Und die Variable G04500R6, die Antworten von 1 bis 5 auf die Frage nach ausreichend Personen, denen man vertrauen kann, enthält. 1 = Mangel an solchen Beziehungen 5 = kein Mangel an Vertrauenspersonen, dazwischen 2,3,4

Wer gibt an, unter einem Mangel an Vertrauenspersonen zu leiden? Im rechten unteren Quadranten befinden sich die Ausprägungen des Items, die auf Einsamkeit in diesem Sinne verweisen. Dort befinden sich überproportional viele Männer, Personen ohne Kinder im Haushalt und Partnerlose. Im gegenüberliegenden Quadranten, wo die Ausprägungen mit geringem oder keinem Mangel an Vertrauenspersonen liegen, befinden sich vor allem Frauen, Personen, die mit Kindern leben und Menschen in Partnerschaften. Neutral zu diesem Item verhalten sich Schulabschluß und Alter[31].

Betrachtet man nun eine andere Dimension von Einsamkeit als in der ersten Berechnung, nämlich nicht mehr die Anzahl von Kontakten überhaupt, sondern stattdessen ihre Qualität, so fällt zunächst auf, daß nun andere Faktoren von Bedeutung sind. Das Geschlecht der Befragten und die Frage, ob Kinder mit im Haushalt leben, haben für die Größe des Bekanntenkreises und die Zufriedenheit damit keine Bedeutung. Sie haben jedoch durchaus Einfluß darauf, ob die Getrennten und Geschiedenen "genug Vertrauenspersonen" nennen.

Frauen haben hier weniger Probleme als Männer und Eltern mit Kindern im Haushalt weniger als Personen in anderen Lebenssituationen. Bei letzteren ist die Interpretation einfach, da Kinder ab einem gewissen Alter durchaus wichtige Vertrauenspersonen für ihre Eltern sein können. Der Unterschied zwischen Männern und Frauen in dieser Frage könnte dadurch erklärt werden, daß Frauen mehr zu tiefen und vertrauensvollen Freundschaften neigen als Männer. Wenn die Partnerschaft zerbricht, haben sie immer noch ihre Freundinnen, vielleicht auch intensive Kontakte zur Schwester oder zur Mutter. Männer zeigten sich schon in den vorigen Kapiteln immer wieder als stärker partnerschaftsorientiert. Ihnen genügt die Partnerin als Vertrauensperson, während Freundschaften eher zweckorientiert gelebt werden. Nach Verlust der Partnerin entsteht in dieser Hinsicht in ihrem Leben eine größere Lücke als bei Frauen.

Der Einfluß neuer Partnerschaften ist hier selbsterklärend; Partner beziehungsweise Partnerin sind in der Regel auch "Personen, denen man vertrauen kann". Schulabschluß und Alter stehen nicht in Zusammenhang mit der Frage nach ausreichend Vertrauenspersonen. Diese Faktoren waren wohl tatsächlich deshalb von Bedeutung für die Größe des Bekanntenkreises, weil sie Einfluß darauf haben, wie gut die Möglichkeiten der Personen sind, neue Beziehungen aufzubauen und lockere Kontakte zu unterhalten. Für tiefe Bindungen sind solche Bedingungen weniger relevant. Alte wie junge Menschen, mehr oder weniger Gebildete haben ein gleichermaßen starkes Bedürfnis nach Menschen, denen sie sich anvertrauen können, und auch gleich gute Bedingungen dafür, dieses Bedürfnis zu erfüllen.

Idealtypisch könnte in bezug auf die Zufriedenheit mit der Anzahl der Vertrauenspersonen gesagt werden, daß partnerlose Männer ohne Kinder im Haushalt besonders oft über einen Mangel an Vertrauenspersonen klagen, während Frauen mit neuem Partner, die gemeinsam mit Kindern in einem Haushalt leben, besonders häufig genug Menschen haben, denen sie vertrauen können.

Es zeigte sich, daß die durch die Faktorenanalyse herausgearbeiteten unterschiedlichen Formen subjektiv empfundener Einsamkeit durch jeweils unterschiedliche Bedingungen beeinflußt werden. Alter und Bildungsgrad nehmen darauf Einfluß, wie lockere soziale Netzwerke von Personen nach einer Trennung bewertet werden, wobei höheres Alter und schlechtere Schulbildung in negativem Zusammenhang mit der geselligen sozialen Einbindung stehen. Intensive Beziehungen sind dagegen eher durch das Geschlecht und die Frage nach dem Zusammenleben mit Kindern bestimmt, wobei Frauen und Personen mit Kindern im Haushalt am seltensten über

---

[31] Es wurde auch der Einfluß von Elternschaft getestet, aber es zeigte sich, daß die Frage nach Kindern im Haushalt besser differenziert als die nach Elternschaft allgemein.

mangelnde Vertrauenspersonen klagen. Die Frage, ob die Personen gegenwärtig in einer neuen Partnerschaft leben, war in allen Fällen von Bedeutung, wobei sich neue Partnerschaften stets positiv auf die persönliche Beurteilung des eigenen Netzwerkes auswirkten.

5.5. Netze nach der Trennung in Abhängigkeit vom Netz vor der Trennung

Bereits im theoretischen Abschnitt dieser Arbeit wurde darauf hingewiesen, daß die Ausgangssituation bedeutsam ist dafür, welche Auswirkungen ein Ereignis für die dadurch Betroffenen hat. Bronfenbrenner betont, daß die „Umweltbedingungen", unter denen ein Ereignis stattfindet, wesentlich sind für den weiteren Verlauf. Daher muß ein vollständiges Person-Prozeß-Kontext-Modell, wie er es fordert, immer auch die Ausgangssituation mit berücksichtigen (siehe Kapitel I. 5.2.). Auch der oben beschriebene Ansatz von Cohen (1992) weist auf die Bedeutung des Netzwerkes vor Eintritt eines „stressful event" hin, indem er betont, daß es sowohl die Bewertung des Ereignisses beeinflußt als auch die Betroffenen Unterstützung oder zusätzliche Konflikte erwarten läßt.

Es ist demnach wichtig nachzuprüfen, in welcher Weise Größe und Zusammensetzung der Netze vor der Trennung Einfluß auf Art, Ausmaß und Richtung der Veränderungen nehmen. Das Thema des folgenden Abschnittes ist daher die Veränderung von Netzen in Zusammenhang mit einer Trennung oder Scheidung in Abhängigkeit von der sozialen Ausgangssituation. Welchen Einfluß hat das Netzwerk vor der Trennung darauf, welcher Art die Veränderungen sind, die über die Zeit eintreten?

Ganze Konstellationen zu vergleichen ist nicht möglich, da einzelne Personen nicht identifiziert werden können, und man nicht weiß, ob es sich zum Beispiel bei einem 1988 genannten Freund und einem 1994 genannten Freund um dieselbe Person handelt. Dasselbe gilt für Verwandte, Kollegen, Geschwister etc.; nur Eltern und Partner sind eindeutig "wiedererkennbar". Das sind jedoch zu wenige Informationen, um allgemeine Aussagen über Veränderungen ganzer Netzwerkzusammensetzungen auf der Ebene konkreter Personen zu machen. Es ist aber möglich zu prüfen, ob die Anzahl der Genannten vor der Trennung Einfluß darauf hat, wie sich das Netz verändert, und es ist ebenfalls möglich, Aussagen über Anteile bestimmter Beziehungsarten am gesamten Netzwerk zu vergleichen. Beides soll im Folgenden mit einbezogen werden unter besonderer Berücksichtigung der Netzwerkgrößen und des Verhältnisses von Freunden versus Verwandten in der Zusammensetzung der Netzwerke.

Zunächst in bezug auf die Größe lautet die These: Netze werden im Zuge einer Trennung nicht generell größer oder kleiner, sondern wachsen oder nehmen ab in Abhängigkeit davon, wie viele Personen sie vorher umfaßten.

Tabelle II.5.17.
Durchschnittliche Veränderung der Anzahl der genannten Personen zwischen 1988 und 1994

GROSSV

		Mittelwert	N	Standardabweichung
GRUND26	zus88trmp	,4416	77	2,5828
	zus88trop	,4571	70	2,6577
	NEL/Ehestabil	,2276	3150	2,5522
	Insgesamt	,2375	3297	2,5548

Grund26: Variable, in der die Untersuchungskategorien definiert sind: zus88trmp = zum Zeitpunkt der ersten Befragung 1988 mit Partner/in zusammengelebt, zwischen 1988 und 1994 Trennung, in der zweiten Befragung 1994 mit neuer Partnerschaft; zus88trop = 1988 mit Partner/in zusammengelebt, zwischen 1988 und 1994 Trennung, in der zweiten Befragung 1994 ohne neue Partnerschaft; NEL/Ehestabil = zu beiden Befragungszeitpunkten mit dem/r selben Partner/in zusammengelebt.

Im Schnitt sind die Netze nach sechs Jahren, in denen irgendwann eine Trennung oder Scheidung stattgefunden hat, um 0,45 Personen größer, daß heißt knapp jeder zweite hat eine Person mehr genannt als vorher. Bei Personen in stabilen Partnerschaften ist es im Schnitt jeder fünfte, der eine Person mehr nennt.

Welchen Einfluß hat hierauf die Größe des Netzes zum Zeitpunkt der ersten Befragung?

Tabelle II.5.18.
Durchschnittliche Veränderung der Anzahl der genannten Personen zwischen 1988 und 1994 in Abhängigkeit von der Anzahl der genannten Personen 1988

GROSSV

				Mittelwert	N	Standardabweichung
Wieviele Personen erfüllen 1988 familiale Funktionen	88 0,1,2	GRUND26	zus88trmp	2,1333	15	1,6417
			zus88trop	1,5000	12	1,6787
			NEL/Ehestabil	1,6981	699	1,9890
			Insgesamt	1,7039	726	1,9769
	88 3,4,5	GRUND26	zus88trmp	1,0000	41	2,2023
			zus88trop	,7778	45	2,2652
			NEL/Ehestabil	,4660	1796	2,0545
			Insgesamt	,4851	1882	2,0639
	88 6 und mehr	GRUND26	zus88trmp	-1,8571	21	2,3299
			zus88trop	-1,6154	13	3,6180
			NEL/Ehestabil	-1,9954	655	2,8529
			Insgesamt	-1,9840	689	2,8506
	Insgesamt	GRUND26	zus88trmp	,4416	77	2,5828
			zus88trop	,4571	70	2,6577
			NEL/Ehestabil	,2276	3150	2,5522
			Insgesamt	,2375	3297	2,5548

Grund26: Variable, in der die Untersuchungskategorien definiert sind: zus88trmp = zum Zeitpunkt der ersten Befragung 1988 mit Partner/in zusammengelebt, zwischen 1988 und 1994 Trennung, in der zweiten Befragung 1994 mit neuer Partnerschaft; zus88trop = 1988 mit Partner/in zusammengelebt, zwischen 1988 und 1994 Trennung, in der zweiten Befragung 1994 ohne neue Partnerschaft; NEL/Ehestabil = zu beiden Befragungszeitpunkten mit dem/r selben Partner/in zusammengelebt.

Die Befragten wurden in drei Kategorien eingeteilt, je nachdem ob sie 1988 0-2, 3-5 oder sechs und mehr Personen auf die Fragen nach den Menschen, die für sie familiale Funktionen erfüllen, genannt hatten. Es zeigt sich, daß kleine Netze tendenziell größer und große tendenziell kleiner werden. Demnach bestätigt sich grundlegend schon einmal die Annahme, daß die Größe des Ausgangsnetzes Einfluß hat auf Art und Ausmaß der Veränderungen. Es läßt sich vermuten, daß im Falle von Trennung und Scheidung Netze auf ein "Mittelmaß" zustreben. Große Familienverbände, bei denen die eigene Herkunftsfamilie sowie die des Partners oder der Partnerin einbezogen sind, zerbrechen und reduzieren sich dadurch; dasselbe gilt für gemeinsame Freundeskreise. Andererseits sind Personen, die vor der Trennung ein sehr kleines Netz hatten, weil sie sich auf ihre kleine Familie oder gar nur den Partner/ die Partnerin konzentriert hatten, gezwungen, mehr nach außen zu gehen und neue Kontakte zu knüpfen, weil ihnen sonst niemand übrig bleibt.

Diese plausibel erscheinende Schlußfolgerung wird jedoch dadurch eingeschränkt, daß sich in der Vergleichsgruppe der Personen in stabilen Partnerschaften dasselbe Muster zeigt. Auch hier werden kleine Netze tendenziell größer und große kleiner. Aber es ist möglich, daß dahinter eine ganz andere Dynamik steht: Bei Paaren könnte es sein, daß der Zuwachs auf die Geburt von Kindern zurückzuführen ist, was bei Getrennten weniger oft vorkommen wird. Und die Beobachtung, daß große Netze kleiner werden, ist bei den stabilen Paaren dann weniger auf den Verlust von Verwandtschaft zurückzuführen, sondern darauf, daß im Laufe des Lebens Freundeskreise eher kleiner werden und man sich auf seine Familie konzentriert. Dies würde implizieren, daß es unterschiedliche Beziehungsarten sind, die - je nach Partnerschaftssituation - verloren gehen beziehungsweise gewonnen werden.

Die hieraus folgende These, die nun überprüft werden soll, lautet: Personen mit *großen* Netzen verlieren im Zuge einer *Trennung* vor allem *Verwandte*; wenn ihre Partnerschaften *stabil* bleiben, verlieren sie *Freunde*. Personen mit *kleinen* Netzen gewinnen im Zuge einer *Trennung* vor allem *Freunde*; wenn ihre Partnerschaften *stabil* bleiben, gewinnen sie *Verwandte*.

Um dies zu überprüfen, muß der Anteil an Verwandten und der Anteil der Freunde in den Netzen sowie die Veränderung dieser Anteile je nach Ausgangssituation und Ereignis verglichen werden. Die Ausgangssituation sieht folgendermaßen aus:

Tabelle II.5.19.
Anteil von Verwandten an der Gesamtheit von Verwandten und Freunden 1988

		Mittelwert	N	Standardabweichung
GRUND26	zus88trmp	,8516	76	,2003
	zus88trop	,8685	68	,1977
	NEL/Ehestabil	,9028	3134	,1797
	Insgesamt	,9009	3278	,1808

Grund26: Variable, in der die Untersuchungskategorien definiert sind: zus88trmp = zum Zeitpunkt der ersten Befragung 1988 mit Partner/in zusammengelebt, zwischen 1988 und 1994 Trennung, in der zweiten Befragung 1994 mit neuer Partnerschaft; zus88trop = 1988 mit Partner/in zusammengelebt, zwischen 1988 und 1994 Trennung, in der zweiten Befragung 1994 ohne neue Partnerschaft; NEL/Ehestabil = zu beiden Befragungszeitpunkten mit dem/r selben Partner/in zusammengelebt.

Einbezogen wurden nur eigene Verwandte, Verwandte des Partners und Freunde. Die Zahlen geben das Verhältnis zwischen Verwandten und Verwandten plus Freunden an. 0,9 heißt beispielsweise, daß auf neun Verwandte ein Freund kommt (0,9 + 0,1 = 1). Bei den ersten beiden Kategorien ist schon vor der Trennung der Verwandtenanteil etwas niedriger. Dies kann unter anderem daran liegen, daß die Wahrscheinlichkeit einer Trennung geringer ist, wenn Kinder da sind. Außerdem wurde in dieser Arbeit schon öfter beobachtet, daß eine Trennung „ihre Schatten voraus wirft" (siehe auch Sun, 2000; Masteekaasa, 1997).

Tabelle II.5.20.
Anteil von Verwandten an der Gesamtheit von Verwandten und Freunden 1994

		Mittelwert	N	Standardabweichung
GRUND26	zus88trmp	,8020	77	,2422
	zus88trop	,7201	69	,2713
	NEL/Ehestabil	,8883	3120	,1889
	Insgesamt	,8827	3266	,1942

Grund26: Variable, in der die Untersuchungskategorien definiert sind: zus88trmp = zum Zeitpunkt der ersten Befragung 1988 mit Partner/in zusammengelebt, zwischen 1988 und 1994 Trennung, in der zweiten Befragung 1994 mit neuer Partnerschaft; zus88trop = 1988 mit Partner/in zusammengelebt, zwischen 1988 und 1994 Trennung, in der zweiten Befragung 1994 ohne neue Partnerschaft; NEL/Ehestabil = zu beiden Befragungszeitpunkten mit dem/r selben Partner/in zusammengelebt.
Einbezogen wurden nur eigene Verwandte, Verwandte des Partners und Freunde. Die Zahlen geben das Verhältnis zwischen Verwandten und Verwandten plus Freunden an. 0,9 heißt beispielsweise, daß auf neun Verwandte ein Freund kommt (0,9 + 0,1 = 1).

Nach der Trennung ist der Verwandtenanteil etwas niedriger, vor allem bei Personen, die keine neue Partnerschaft eingegangen sind.

Dieser Indikator für die Zusammensetzung der Netze soll nun in Beziehung gesetzt werden zu der Größe des Netzes vor der Trennung:

Tabelle II.5.21.
Anteil von Verwandten an der Gesamtheit von Verwandten und Freunden 1994 in Abhängigkeit von der Größe des Netzes 1988

				Mittelwert	N	Standardabweichung
Wieviele Personen erfüllen 1988 familiale Funktionen	2,00	GRUND26	zus88trmp	,7411	15	,3336
			zus88trop	,8532	12	,2208
			NEL/Ehestabil	,8988	686	,1943
			Insgesamt	,8947	713	,1995
	5,00	GRUND26	zus88trmp	,8094	41	,2364
			zus88trop	,7282	44	,2643
			NEL/Ehestabil	,8952	1780	,1838
			Insgesamt	,8894	1865	,1893
	6,00	GRUND26	zus88trmp	,8311	21	,1714
			zus88trop	,5894	12	,2850
			NEL/Ehestabil	,8577	651	,1943
			Insgesamt	,8522	684	,1983
	Insgesamt	GRUND26	zus88trmp	,8020	77	,2422
			zus88trop	,7258	68	,2691
			NEL/Ehestabil	,8882	3117	,1890
			Insgesamt	,8827	3262	,1941

Grund26: Variable, in der die Untersuchungskategorien definiert sind: zus88trmp = zum Zeitpunkt der ersten Befragung 1988 mit Partner/in zusammengelebt, zwischen 1988 und 1994 Trennung, in der zweiten Befragung 1994 mit neuer Partnerschaft; zus88trop = 1988 mit Partner/in zusammengelebt, zwischen 1988 und 1994 Trennung, in der zweiten Befragung 1994 ohne neue Partnerschaft; NEL/Ehestabil = zu beiden Befragungszeitpunkten mit dem/r selben Partner/in zusammengelebt.
Die Befragten wurden in drei Kategorien eingeteilt, je nachdem ob sie auf die Fragen nach den Menschen, die für sie familiale Funktionen erfüllen, 1988 keine bis zu zwei („2"), drei bis fünf („5") oder sechs und mehr („6") Personen, genannt hatten.

Es zeigt sich, daß die Verwandtenanteile nach einer Trennung immer geringer sind als bei Stabilen, unabhängig von der Größe des Netzes vor der Trennung. Von Interesse ist hier jedoch besonders die *Veränderung*, die sich im Verhältnis von Verwandten zu Freunden in den letzten sechs Jahren vollzogen hat:

Tabelle II.5.22.
Veränderung des Verwandtenanteils (im Verhältnis zu Freunden) zwischen 1988 und 1994

		Mittelwert	N	Standardabweichung
GRUND26	zus88trmp	,9999	76	,4337
	zus88trop	,8671	66	,3493
	NEL/Ehestabil	1,0467	3103	,4975
	Insgesamt	1,0419	3245	,4941

Grund26: Variable, in der die Untersuchungskategorien definiert sind: zus88trmp = zum Zeitpunkt der ersten Befragung 1988 mit Partner/in zusammengelebt, zwischen 1988 und 1994 Trennung, in der zweiten Befragung 1994 mit neuer Partnerschaft; zus88trop = 1988 mit Partner/in zusammengelebt, zwischen 1988 und 1994 Trennung, in der zweiten Befragung 1994 ohne neue Partnerschaft; NEL/Ehestabil = zu beiden Befragungszeitpunkten mit dem/r selben Partner/in zusammengelebt.
Die Angaben wurden folgendermaßen errechnet: Verhältnis Verwandte zu (Freunde plus Verwandte) 1994 geteilt durch Verhältnis Verwandte zu (Freunde plus Verwandte) 1988. Das heißt z. B. 0,8 : 0,9 = 0,89 oder 0,8 : 0,7= 1.14. Zahlen unter 0 geben an, daß sich das Verhältnis von Freunden zu Verwandten im Netz zwischen 1988 und 1994 zugunsten der Freunde verschoben hat, Zahlen über 0 geben an, daß sich das Verhältnis von Freunden zu Verwandten im Netz zwischen 1988 und 1994 zugunsten der Verwandten verschoben hat, und 1 bedeutet, daß das Verhältnis gleich geblieben ist.

Wenn man weiß, ob die Netze größer oder kleiner geworden sind, kann man darüber Aussagen machen, ob - zum Beispiel bei einer Zunahme des Anteils der Freunde - eher Freunde gewonnen oder eher Verwandte verloren wurden, was ja durch die Angabe der Verhältniszahl allein nicht erschlossen werden kann. Die obige Tabelle zeigt demnach, daß nach einer Trennung (ohne neue Partnerschaft) im Verhältnis mehr Freunde (oder weniger Verwandte) genannt werden, in stabilen Beziehungen werden nach sechs Jahren im Verhältnis mehr Verwandte (oder weniger Freunde) genannt. Welche Unterschiede ergeben sich in der Interpretation der Veränderung der Netzwerkgrößen?

Tabelle II.5.23.
Veränderung des Verhältnisses von Freunden und Verwandten im Netzwerk zwischen 1988 und 1994 in Abhängigkeit von der Größe des Netzes 1988

				Mittelwert	N	Standardabweichung
Größe des Netzes 1988	2,00	GRUND26	zus88trmp	,7940	14	,2957
			zus88trop	,9071	10	,1965
			NEL/Ehestabil	,9813	681	,3577
			Insgesamt	,9765	705	,3556
	5,00	GRUND26	zus88trmp	,9518	41	,2583
			zus88trop	,8767	44	,3899
			NEL/Ehestabil	1,0112	1774	,3573
			Insgesamt	1,0067	1859	,3567
	6,00	GRUND26	zus88trmp	1,2311	21	,6515
			zus88trop	,7984	12	,2972
			NEL/Ehestabil	1,2125	648	,8165
			Insgesamt	1,2058	681	,8070
	Insgesamt	GRUND26	zus88trmp	,9999	76	,4337
			zus88trop	,8671	66	,3493
			NEL/Ehestabil	1,0467	3103	,4975
			Insgesamt	1,0419	3245	,4941

Grund26: Variable, in der die Untersuchungskategorien definiert sind: zus88trmp = zum Zeitpunkt der ersten Befragung 1988 mit Partner/in zusammengelebt, zwischen 1988 und 1994 Trennung, in der zweiten Befragung 1994 mit neuer Partnerschaft; zus88trop = 1988 mit Partner/in zusammengelebt, zwischen 1988

und 1994 Trennung, in der zweiten Befragung 1994 ohne neue Partnerschaft; NEL/Ehestabil = zu beiden Befragungszeitpunkten mit dem/r selben Partner/in zusammengelebt.
Größe des Netzes: Die Befragten wurden in drei Kategorien eingeteilt, je nachdem ob sie 1988 0-2 („2"), 3-5 („5") oder sechs und mehr („6") Personen auf die Fragen nach den Menschen, die für sie familiale Funktionen erfüllen, genannt hatten.

Die Angaben wurden folgendermaßen errechnet: Verhältnis Verwandte zu (Freunde plus Verwandte) 1994 geteilt durch Verhältnis Verwandte zu (Freunde plus Verwandte) 1988. Das heißt z. B. 0,8 : 0,9 = 0,89 oder 0,8 : 0,7= 1.14. Zahlen unter 0 geben an, daß sich das Verhältnis von Freunden zu Verwandten im Netz zwischen 1988 und 1994 zugunsten der Freunde verschoben hat, Zahlen über 0 geben an, daß sich das Verhältnis von Freunden zu Verwandten im Netz zwischen 1988 und 1994 zugunsten der Verwandten verschoben hat, und 1 bedeutet, daß das Verhältnis gleich geblieben ist.

Wir wissen aufgrund der vorherigen Berechnungen, daß der generellen Tendenz nach kleine Netze zwischen den beiden Befragungen zugenommen haben. Es zeigt sich, daß Personen, die 1988 nur wenige Personen nannten und dann eine Trennung erlebten, 1994 - vor allem wenn sie in einer neuen Partnerschaft leben - nach der Trennung einen geringeren Verwandtenanteil und gleichzeitig größere Netze haben als zuvor. Sie gewinnen demnach Freunde hinzu. Bei Personen mit stabilen Partnerschaften und kleinen Netzen sind nur ganz geringe Veränderungen in der Netzwerkzusammensetzung zu beobachten, das heißt, sie gewinnen sowohl Freunde als auch Verwandte.

Wir wissen ebenfalls, daß große Netze kleiner werden; im Schnitt nehmen sie in allen Kategorien um knapp zwei Personen ab. Bei getrennten Befragten ohne neuen Partner sinkt der Verwandtenanteil. Da die Netze kleiner werden, bedeutet dies, daß sie vor allem Verwandte verlieren. Bei den Personen, deren Ehen oder nichteheliche Lebensgemeinschaften im Befragungszeitraum stabil geblieben waren, steigt der Verwandtenanteil, das heißt, sie verlieren vor allem Freunde. Bei Getrennten mit neuem Partnerschaftsverhältnis steigt ebenfalls der Anteil der Verwandten, das heißt sie verlieren vor allem Freunde.

In der mittleren Kategorie wurden die Netze zwischen den Befragungen etwas größer. Bei Getrennten ist der Verwandtenanteil 1994 etwas niedriger als 1988, das heißt sie gewinnen tendenziell Freunde, bei Stabilen bleibt das Verhältnis in etwa gleich.

Insgesamt läßt sich in bezug auf den Umfang sozialer Netze in jedem Fall die These bestätigen, daß die Situation vor der Trennung Einfluß darauf nimmt, welche Veränderungen sich in den folgenden sechs Jahren beobachten lassen: Große Netze werden kleiner, kleine Netze werden größer. Dieses Ergebnis gilt auch für Personen, die keine Trennung erlebt haben, bei ihnen steht dahinter jedoch eine andere Dynamik: Tendenziell verlieren sie Freunde und gewinnen Verwandte hinzu. Personen, die eine Trennung erleben, verlieren - wenn sie vorher ein großes Netz hatten - vor allem Verwandte, wenn sie ein kleines Netz hatten, suchen sie sich neue Freunde.

Differenzierungen nach Ausgangssituation und nach Zusammensetzung sind aus methodischen Gründen häufig nicht möglich; wo sie machbar sind, scheinen sie jedoch sinnvoll zu sein. So zeigte sich, daß hinter dem unspektakulären leichten Zuwachs an Bezugspersonen in den letzten sechs Jahren eine komplexere Dynamik steht, die sich erst erkennen läßt, wenn die Ausgangssituation mit berücksichtigt wird.

Teil III: Zusammenfassung und Ausblick

Zur Intention:
Ziel dieser Arbeit war es zu beschreiben, welche Veränderungen *Scheidungen oder Trennungen* vom Lebenspartner/ der Lebenspartnerin in den *sozialen Netzwerken* der Betroffenen auslösen, und in welcher Weise nach einem solchen Ereignis *soziale Unterstützung* geleistet wird.

Zur Bedeutung:
Die Frage nach den Auswirkungen von Trennungen auf soziale Netzwerke ist insofern eine aktuelle und bedeutsame Frage, als soziale Bindungen allgemein in modernen Gesellschaften insgesamt an Selbstverständlichkeit verlieren, während Scheidungen und Trennungen häufiger werden. Daher ist es wichtig, genauer zu betrachten, wie soziale Netzwerke durch den gravierenden Bruch, den eine Trennung vom Lebenspartner beziehungsweise der Partnerin in der Regel bedeutet, umgestaltet werden. Geht man davon aus, daß in Zusammenhang mit einem solchen Ereignis Unterstützung notwendig wird - sei es emotionale Rückendeckung, Ermutigung oder praktische Hilfe - , so kann das Beispiel von Trennung und Scheidung Antworten geben auf die *Frage, ob soziale Bindungen heute in Krisenzeiten tragfähig sind*, für welche Arten von Beziehungen das gilt oder nicht gilt, und welche Rolle äußere Bedingungen und Umstände dabei spielen. Diese wichtige Frage ist empirisch nur unzureichend erforscht; Ein Mangel, dem mit dieser Arbeit begegnet wird.

Zur aktuellen Diskussion:
Heute wird diese Frage vor allem im Rahmen der Diskussion um *Pluralisierung und Individualisierung* thematisiert. Zentral ist in Zusammenhang mit der Fragestellung dieser Studie die These, daß durch gewachsene Wahlfreiheiten und infolge neuer Zwänge Lebensverläufe diskontinuierlicher werden, während gleichzeitig traditionelle Beziehungsformen an Bedeutung verlieren und Beziehungen zunehmend durch Eigeninitiative aufgebaut werden. Dies hätte ambivalente Folgen für die soziale Integration, die heute einerseits durch größere Freiheiten und geringere Kontrolle gekennzeichnet ist, zum anderen durch geringere Sicherheit und Verlässlichkeit. Die häufig vertretene These, daß im Falle eines „biographischen Bruches" das soziale Netzwerk nicht oder nur schlecht trägt und daß es dadurch starken Verände-

rungen unterworfen ist, wurde in dieser Arbeit kritisch hinterfragt und empirisch überprüft.

Zu den theoretischen Grundlagen:
Verschiedene Arbeiten aus dem Bereich der *Streßforschung* wurden herangezogen, um zu ermitteln, welches die hier zu berücksichtigenden Faktoren sind, die bei der Bewältigung kritischer Lebensereignisse eine Rolle spielen. Die relevanten Faktoren, die Einfluß darauf nehmen, wie ein Ereignis wahrgenommen wird, ob es bei den Betroffenen „Streß" und damit *Unterstützungsbedarf* auslöst und welche Art von Unterstützung hilfreich ist, sowie die Verknüpfung dieser Faktoren untereinander, wurden dann einbezogen in die *Konzeptualisierung eines Modells für soziale Unterstützung und soziale Netzwerke im spezifischen Fall einer Trennung oder Scheidung*. Dieses Modell hatte zum Ziel, das Zusammenwirken verschiedener Einflußgrößen in einen theoretischen Zusammenhang zu bringen.

Zur empirischen Umsetzung:
Da das so erstellte Modell für eine empirische Überprüfung zu komplex war, wurde aufbauend auf das theoretische Modell ein eigenes *vereinfachtes Modell* als Grundlage für die im empirischen Teil folgenden Analysen entwickelt. Es stützte sich vornehmlich auf die Komponenten Lebenskontext, individuelle Persönlichkeitsmerkmale und Eigenschaften des Netzwerkes vor der Trennung, um die soziale Situation nach der Trennung (Zielvariable) zu erklären.

Zur Methode:
Eine *Besonderheit* dieser Arbeit ist die *dynamische Sichtweise* sozialer Beziehungen. Entwicklungspsychologische Forschungen zeigen, daß es je nach Lebensphase typische Veränderungen in sozialen Netzwerken gibt und daß je nach Lebensalter und -situation bestimmte Konstellationen charakteristisch sind. Entwicklungsprozesse der einzelnen Personen lösen Veränderungen in ihrem sozialen Umfeld aus. Lebensübergänge - wie beispielsweise auch Scheidungen oder Trennungen - beschleunigen Entwicklungen und stoßen neue Entwicklungsprozesse an. Daraus ergibt sich für die Forschung der Anspruch, ein soziales Ereignis unter Berücksichtigung seiner Vorgeschichte zu betrachten. Dies bedeutet für empirische Untersuchungen, *Verände-*

rungen im Längsschnitt und unter Berücksichtigung der Umweltbedingungen zu betrachten. Daher wurde ausgehend von unterschiedlichen theoretischen Ansätzen in der vorliegenden Arbeit Wert auf eine Längsschnittbetrachtung gelegt. Die Situation nach der Trennung wurde nicht nur mit einer Vergleichsgruppe stabiler Partnerschaften in Beziehung gesetzt, sondern auch mit der sozialen Situation vor der Trennung verglichen, um echte Veränderungen erkennen zu können.

Zu den Daten:
Die empirische Untersuchung der Veränderung sozialer Netzwerke in Zusammenhang mit Scheidung beziehungsweise Trennung wurde anhand des *Familiensurvey des Deutschen Jugendinstituts* vorgenommen. Hierbei handelt es sich um ein echtes *Panel* mit 4997 Personen, die im Abstand von sechs Jahren befragt worden waren. Die Mehrzahl der Forschungsvorhaben im Bereich sozialer Unterstützung und Veränderung sozialer Netzwerke in Zusammenhang mit Trennung und Scheidung muss sich auf retrospektive Daten oder Querschnittvergleiche beschränken, da es extrem großer Stichproben bedarf, um ausreichend Personen zu erfassen, die sich bis zur zweiten Erhebung von ihrem Partner oder ihrer Partnerin, (mit der/m sie zu Zeitpunkt der ersten Erhebung zusammengelebt hatten) getrennt haben. Letzteres ist im Familiensurvey aufgrund der hohen Fallzahlen der Gesamtstudie der Fall (N in der ersten Welle = 10043). Es waren genügend Personen in der zweiten Erhebung, die sich zwischen beiden Befragungszeitpunkten getrennt hatten, um Längsschnittaussagen über die Situation vor und nach der Trennung zu ermöglichen. (Zur Repräsentativität der Daten und Datenkritik siehe Kapitel II. 2.)

Zum Vorgehen bei der Auswertung:
In der vorliegenden Studie wurden nur Aussagen von Personen herangezogen, die 1988, *zum Zeitpunkt der ersten Welle des Familiensurvey, mit einem Partner oder einer Partnerin zusammenlebten*, sei es in einer Ehe oder einer nichtehelichen Lebensgemeinschaft. Anhand der Daten der zweiten Erhebung 1994 wurden die *Netze der Personen, die sechs Jahre später noch in derselben Partnerschaft lebten, verglichen mit den sozialen Beziehungen derer, die in der Zwischenzeit eine Trennung vom Lebenspartner oder eine Scheidung erlebt hatten.* Außerdem wurde die *Veränderung* der Netze *zwischen den beiden Erhebungszeitpunkten* betrachtet.

Es wurden zum einen einzelne Beziehungsarten und ihre Veränderungen nach Trennung und Scheidung untersucht, zum anderen wurde die soziale Integration als Ganzes betrachtet sowie Aussagen darüber, wie zufrieden die Befragten mit ihren sozialen Beziehungsstrukturen waren. Es sollen nun im Folgenden die wichtigsten Ergebnisse noch einmal kurz zusammengefasst und in Hinblick auf ihre Bedeutung für den gegenwärtigen Stand der Forschung diskutiert werden.

Zu den Ergebnissen:

Ergebnisse zu einzelnen Beziehungsarten

Herkunftsfamilie
Es zeigte sich, daß entgegen den Annahmen der Individualisierungstheorie, die in Zusammenhang mit biographischen Brüchen einen Bedeutungsverlust traditionaler Bindungen postuliert, Bezüge zur Herkunftsfamilie durch eine Trennung oder Scheidung eher gestärkt werden. Sowohl Eltern als auch Geschwister erfüllen nach einer Trennung häufiger familiale Funktionen als vorher.

Eltern
Die emotionale Nähe zu den Eltern wächst, und Getrennte haben häufigeren Kontakt mit den Eltern, essen öfter gemeinsam mit ihnen und verbringen ihre Freizeit häufiger mit ihnen als Personen in stabilen Partnerschaften. In bezug auf Unterschiede zwischen Männern und Frauen zeigte sich, daß Trennungen gravierendere Auswirkungen auf Eltern-Sohn- als auf Eltern-Tochter-Beziehungen haben. Dies überrascht insofern, als in der Literatur meist postuliert wird, daß sich für die Elternbeziehungen von Frauen stärkere Veränderungen ergeben, vor allem in Hinblick auf die Alleinerziehendenproblematik. Hier wird anderen Ergebnissen widersprochen: Nach einer Trennung oder Scheidung wenden sich vor allem Männer (ohne Partnerin) ihren Eltern zu - stärker als Frauen in derselben Situation.

Die in der Literatur häufig vertretene *Kontinuitätsthese*, die postuliert, daß sich eine Scheidung nur gering auf die Beziehungen zwischen Eltern und Kindern auswirkt (Genauere Angaben siehe in der Zusammenfassung des Forschungsstandes,

Kap.I.6.), muß ebenfalls aufgrund der hier erbrachten Ergebnisse *in Frage gestellt* werden. Anhand von Längsschnittanalysen konnte immer wieder gezeigt werden, daß die beobachteten Unterschiede nicht schon vor dem Ereignis bestanden und aus der unterschiedlichen Zusammensetzung der Kategorien zu erklären sind, sondern daß sie auf Veränderungen zurückgehen, die sich innerhalb der letzten sechs Jahre ergeben hatten. Die Beobachtung, daß die Beziehung zu den Eltern intensiver wird, insbesondere auch die emotionale Bindung, *widerspricht auch der "Belastungsperspektive"*, die manche Familienforscher einnehmen, das heißt der Annahme, eine Trennung der Kinder wirke sich vor allem belastend und entfremdend auf die Beziehung zu den Eltern aus.

Geschwister
gewinnen durch eine Trennung vor allem als *Gesprächspartner* an Bedeutung, und die *gefühlsmäßige Bindung* wird tendenziell *intensiver*. Die Aufgabe von Schwestern und Brüdern liegt vor allem im Gespräch über persönliche Fragen und darin, daß sie emotionalen Rückhalt geben. Ihre Unterstützung als Babysitter ist jedoch nach den Daten des Familiensurvey nicht von Bedeutung. Im emotionalen Bereich ließ sich eine hohe *Fluktuation* beobachten: Geschwister wurden nach einer Trennung häufiger zum ersten Mal unter die Personen gezählt, zu denen die Befragten eine enge gefühlsmäßige Bindung haben. Es kam aber auch nicht selten vor, daß sie nur vor der Trennung genannt wurden, danach aber nicht mehr. Dies läßt ahnen, wie kompliziert Beziehungen zwischen Geschwistern sind.
Im Großen und Ganzen zeigen die Daten jedoch eine *Intensivierung der Beziehungen* zwischen Schwestern und Brüdern nach einer Trennung oder Scheidung. Frauen, die ohnehin intensivere Geschwisterbeziehungen als Männer unterhalten, verstärken ihre Bindungen an ihre Brüder und Schwestern nach einer Trennung, während Männer nach einer Trennung ihre Geschwister häufig zum ersten Mal nennen. Bei Männern scheinen die Beziehungen auch wieder abzuflauen, wenn sie mit einer neuen Partnerin zusammenziehen, während Frauen auch im Falle neuer Partnerschaften engere Geschwisterbeziehungen beibehalten.
Auch die Scheidungsfolgenliteratur zeigt insgesamt, daß Geschwister oft wichtige Personen in im Unterstützungsnetzwerk Geschiedener sind. Die Feststellungen, daß die Hilfe von Geschwistern nicht unbedingt unproblematisch ist, findet sich ebenfalls bereits in der Literatur. Beide Thesen werden durch die vorliegenden Ergebnisse un-

terstützt. Generell werden Geschwisterbeziehungen in diesem Bereich nicht besonders intensiv erforscht. Die Ergebnisse dieses Abschnitts bestätigen und erweitern den gegenwärtigen Forschungsstand.

Verwandtschaftsbeziehungen, die ebenfalls als traditionell gewertet werden, *verlieren* durch eine Trennung oder Scheidung ebenfalls *nicht generell an Bedeutung*. Die Anzahl eigener Verwandten (im Gegensatz zu Verwandten des Partners oder der Partnerin), die als Träger familialer Funktionen genannt werden, verändert sich durch eine Trennung nur geringfügig. Personen, die nach einer Trennung keine neue Partnerschaft aufgenommen hatten, gaben - entsprechend der Gelegenheitsstruktur - weniger Verwandte insgesamt an. Schloß man die Verwandtschaft des Partners/ der Partnerin aus, zeigte sich, daß sie mehr eigene Verwandte nannten als vor der Trennung.

Frauen nennen in jeder Situation mehr verwandtschaftliche Bindungen als Männer, die nach einer Trennung ihre Verwandtschaftskontakte nur dann verstärken, wenn sie partnerlos sind. Obwohl Getrennte insgesamt etwas mehr Verwandte nennen als Stabile, sind sie mit der Häufigkeit ihrer verwandtschaftlichen Kontakte nicht zufriedener als diese. Vor allem Männer - die ja generell weniger Verwandtenbeziehungen pflegen als Frauen - sind nach einer Trennung etwas öfter mit der Intensität dieser Beziehungen unzufrieden.

Hinsichtlich der Bedeutung verwandtschaftlicher Bindungen im Falle biographischer Brüche bestehen Widersprüche zwischen den Ergebnissen empirischer Forschung und einem Großteil der theoretischen Literatur. In Letzterer wird häufig unterstellt, daß verwandtschaftliche Bindungen in der Moderne zurücktreten und durch selbst gewählte Beziehungsformen ersetzt werden. Dieser Trend werde durch Brüche im Lebensverlauf noch verstärkt. Gleichzeitig zeigt sich bei empirischen Forschungen, daß Verwandte in Notfällen nach wie vor wichtige Netzwerkpersonen sind. Im Zuge von Scheidungen nimmt tendenziell der Kontakt zur Verwandtschaft eher zu als ab. Dies wird auch durch die vorliegende Studie bestätigt: Sie zeigt, daß *moderne Lebensverläufe nicht notwendigerweise mit einem Verlust traditioneller Beziehungsformen einhergehen müssen.*

Freundschaften
erfüllen nach einer Trennung häufiger familiale Funktionen als vorher. Die *Getrennten nennen im Durchschnitt doppelt so viele Freundschaften* wie die stabile Vergleichskategorie. Getrennte nennen auf die Frage nach wichtigen Begleitern in der Freizeit mehr Freunde und Freundinnen als Stabile, vor allem, wenn sie keine neue Partnerschaft eingegangen sind oder wenn der/die neue Partner/in nicht im gleichen Haushalt lebt. Auch auf die Frage nach wichtigen Gesprächspartnern werden von Getrennten - unabhängig von der neuen Lebenssituation - mehr Freunde/innen genannt als von Stabilen. Enge gefühlsmäßige Bindungen an Freunde oder Freundinnen sind nach einer Trennung ebenfalls häufiger als vorher, wobei hier die Unterschiede zwischen Männern mit und ohne Trennungserfahrung besonders groß sind.

Freunde haben für Personen, die eine Trennung erlebt haben, offensichtlich eine größere Bedeutung als für Menschen, deren Partnerschaften seit vielen Jahren stabil sind. Das gilt in der Regel auch dann, wenn nach der Trennung eine neue Partnerschaft eingegangen wurde. *Dies bestätigt die theoretische Annahme, daß nach biographischen Brüchen neue selbst gewählte Beziehungen aufgebaut werden.* Es ist jedoch *nicht unbedingt so, daß die wachsende Bedeutung der Freundschaften auf Kosten der Verwandtschaftsbeziehungen geht.* Eher gewinnen nach einer Trennung offenbar beide Beziehungsarten an Bedeutung, wenn auch das Verhältnis von Freundschaften und Verwandtschaftsbeziehungen im Netz tendenziell zugunsten von Freundschaften verschoben wird. Hier wird also die These eines Übergangs von traditionellen zu modernen Beziehungsarten - im Gegensatz zum vorigen Abschnitt - eher bestärkt.

In diesem Zusammenhang ist interessant, daß diese Verschiebung unterschiedlich aussieht, je nach dem Umfang der Netzwerke vor der Trennung. Denn generell ist es so, daß große Netze nach einer Trennung kleiner sind, kleinere Netze jedoch größer. Bei genauerer Betrachtung der Zusammensetzungen zeigt sich, daß Personen, die vorher ein großes Netz hatten, im Zuge einer Trennung vor allem Verwandte verlieren, und solche, die ein kleines Netz hatten, vor allem neue Freunde gewinnen.

In der Literatur herrscht Konsens darüber, daß Freunde für die Bewältigung einer Trennung eine wichtige Rolle spielen und daß ihre Bedeutung für Getrennte größer ist als für Personen in stabilen Partnerschaften. Diese These wird auch durch die Daten des Familiensurvey bestätigt. Eher ungewöhnlich ist die hier gegebene Möglichkeit, Gewinne und Verluste an Verwandten und Freunden zu vergleichen und Veränderungen im Umfang der Netze zu bewerten (siehe oben). Hier konnten neue Ausdifferenzierungen vorgenommen werden. Die dadurch gewonnenen Einsichten können die Diskussion um traditionelle versus moderne Beziehungsformen bereichern.

Ehemalige Partner/innen
werden nur äußerst selten genannt. Es muß hier allerdings beachtet werden, daß lockere Beziehungen durch die im Familiensurvey verwendete Methode der Netzwerkgenerierung nicht erfaßt werden, und daß leider nicht explizit nach der ehemaligen Partnerin beziehungsweise dem ehemaligen Partner gefragt worden war. Eine Aufschlüsselung der Nennungen nach den einzelnen Funktionen zeigte eine relativ gleichmäßige Verteilung: Es gibt also anscheinend nicht eine spezifische familiale Funktion, die ehemalige Partner/innen - wenn überhaupt - erfüllen (nach Kinderbetreuung durch den anderen Elternteil wurde ebenfalls nicht direkt gefragt). Es konnte gefolgert werden, daß ehemalige Partner/innen, zumindest auf längere Sicht, in den Netzen von Getrennten *für die Erfüllung familialer Funktionen nur sehr selten eine Rolle* spielen. Da aber weder direkt nach ehemaligen Partnern noch nach Kinderbetreuung als familialer Funktion gefragt worden war, hat dieses Ergebnis nur begrenzte Aussagekraft.

Ergebnisse zur allgemeinen sozialen Einbindung der Betroffenen in persönliche Netzwerke

Subjektive Familiendefinition
In theoretischen Überlegungen zu sozialen Netzwerken und zu sozialer Unterstützung wird häufig betont, daß nicht nur objektive Strukturen und konkret ausgetauschte Ressourcen wichtig sind, sondern daß wesentlich für die Wirkung sozialer Unterstützung ist, wie sie subjektiv wahrgenommen und bewertet wird. Ein wichtiger Teil des subjektiv wahrgenommenen Netzwerkes ist die *eigene Familiendefinition, die diejenigen Personen umfaßt, die die Befragten persönlich zu ihrer Familie zählen.* An dieser Stelle wurden die Menschen genannt, die im Bewußtsein einer

Personen den engsten Kreis um sie bilden. Daher schien es interessant zu sehen, ob und inwiefern die Größe dieses Kreises durch eine Trennung verändert wird.

Nur bei partnerlosen Getrennten zeigte sich vorwiegend eine Abnahme bei der Anzahl der genannten Personen. Getrennte, die 1994 in einer neuen Partnerschaft lebten, und Personen mit stabilen Partnerschaften gaben im Durchschnitt gleich große persönliche Familiendefinitionen an, und auch die durchschnittliche Veränderung war in beiden Kategorien ungefähr gleich. Eine genauere Aufschlüsselung zeigte allerdings, daß es bei den Getrennten zwischen 1988 und 1994 sowohl mehr Zunahmen als auch mehr Abnahmen in der Größe der wahrgenommenen Familie gab als in der stabilen Vergleichsgruppe. Das heißt, nach einer Trennung waren *Veränderungen* in der Größe der wahrgenommenen Familie generell häufiger. Es ist anzunehmen, daß dies auch in bezug auf die Zusammensetzung der Fall ist, was mit dem vorliegenden Datensatz nicht nachgeprüft werden konnte, da eine eindeutige Identifikation der genannten Personen nicht möglich ist. Eine *Verkleinerung* der wahrgenommenen Familie zeigte sich nur bei Getrennten ohne Partner (im Durchschnitt eine Person weniger).

Es scheint demnach weniger die Frage einer Trennung Einfluß auf die Größe der wahrgenommenen Familie zu nehmen, vielmehr ist ausschlaggebend, ob die Befragten in einer Partnerschaft leben oder nicht. *Dieses Ergebnis zeigt, daß eine Trennung in der Regel nicht bedeutet, daß die Familie „an sich" verloren geht.* Die Betroffenen sehen sich weiterhin in familiale Bezüge eingebunden

Zufriedenheit der Befragten mit ihrer sozialen Situation
Ein wesentliches Kriterium für die Frage, inwiefern die soziale Einbindung nach einer Trennung oder Scheidung gelingt, ist die Zufriedenheit der Befragten mit ihrer sozialen Situation nach der Trennung. Es erwies sich als sinnvoll, bei der Einschätzung der Netzwerksituation durch die Befragten zwischen zwei Arten der sozialen Einbindung zu unterscheiden: Dem „Netzwerk alltäglicher Kontakte", und dem „Unterstützungsnetzwerk". Ersteres bezieht sich auf die Quantität der sozialen Kontakte, das heißt auf die Größe der Freundes- und Bekanntenkreise, auf die Häufigkeit

des Kontaktes mit Angehörigen und Verwandten, auf Ansprechpartner für alltägliche Probleme und auf Geselligkeit, während das „Unterstützungsnetzwerk" sich darauf bezieht, wie sehr man sich auf die Anderen verlassen kann, ob man gute Freunde oder Freundinnen hat, Menschen, denen man voll vertrauen und auf die man bei Schwierigkeiten zählen kann.

In Hinblick auf ihr *Netzwerk alltäglicher Kontakte* schätzten Getrennte mit neuen Partnerschaften ihre Netze *positiver* ein als Menschen in langjährigen Beziehungen. Anders in Hinblick auf das *Unterstützungsnetzwerk*: Hier schätzten Getrennte in neuen Partnerschaften ihre Situation *negativer* ein als Menschen mit stabilen Partnerschaften. Diese haben zwar viele Kontakte und keinen Mangel an geselligem Umgang, aber im Notfall scheinen sie dann weniger Unterstützung erwarten zu können als Personen in langjährigen Partnerschaften. Eine Trennung vom Lebenspartner muß nach diesen Ergebnissen auf längere Sicht nicht bedeuten, daß die soziale Einbindung generell als unbefriedigender eingeschätzt wird als vorher, wenn auch häufiger ein Mangel an verläßlichen Beziehungen beklagt wird. Getrennte, die *nicht in einer neuen Partnerschaft* leben, sind allerdings in der Regel *durchweg weniger zufrieden mit ihren Sozialkontakten* als Menschen, die in einer Partnerschaft leben, ob schon länger oder erst seit kürzerem nach einer Trennung.

Dieses Ergebnis ist auch in Hinblick auf die Diskussion um die Individualisierungstheorie wichtig: Moderne Netze sollen danach lockerer und größer sein und dafür weniger feste und verläßliche Beziehungen einschließen als traditionelle Netzwerkstrukturen. Die Beobachtung, daß Personen nach einer Trennung eher mit der *Anzahl* ihrer Beziehungen als mit ihrer *Qualität* und *Stabilität* zufrieden sind, scheint darauf hinzuweisen, daß im Zusammenhang mit der Trennung *eine Entwicklung in Richtung "modernere Netzwerkstrukturen"* stattgefunden hat.

Äußere Lebensumstände und Einsamkeit
Weiterhin wurde - ebenfalls in bezug auf die zwei unterschiedlichen Arten sozialer Einbindung - unter einer umfassenden Perspektive betrachtet, in welchen Konstellationen von Lebensumständen Personen nach einer Trennung oder Scheidung einsam sind, und welche Faktoren eine gute soziale Einbindung begünstigen. Hierbei zeigt

sich, daß die *beiden Formen subjektiv empfundener Einsamkeit durch jeweils unterschiedliche Bedingungen beeinflußt* werden:

Die Zufriedenheit mit *lockeren Kontakten* ist unabhängig vom Geschlecht. Auch ob Kinder mit im Haushalt leben, ist unter diesen Bedingungen offensichtlich nicht von Bedeutung für die Anzahl an Außenkontakten beziehungsweise die Zufriedenheit damit. Durchaus einen Einfluß auf die Einschätzung der lockeren Beziehungen hat das *Alter*, in dem eine Trennung oder Scheidung erlebt wird. Mit zunehmendem Alter wird nach einer Scheidung oder Trennung häufiger über zu kleine Bekanntenkreise geklagt. Neue *Partnerschaften* beeinflussen ebenfalls die Zufriedenheit. Dies ist nicht überraschend, zeigte sich doch auch bisher bei den meisten Themen, daß neue Partnerschaften Trennungseffekte aufheben können oder zumindest die subjektiv empfundenen Belastungen stark mindern. Auch der *Bildungsgrad* nimmt darauf Einfluß, wie lockere soziale Netzwerke von Personen nach einer Trennung bewertet werden, wobei schlechtere Schulbildung in negativem Zusammenhang mit der geselligen sozialen Einbindung steht.

Intensive Beziehungen sind dagegen eher durch das Geschlecht und die Frage nach dem Zusammenleben mit Kindern bestimmt, wobei Frauen und Personen mit Kindern im Haushalt am seltensten über mangelnde Vertrauenspersonen klagen.
Der Unterschied zwischen *Männern* und *Frauen* in dieser Frage könnte dadurch erklärt werden, daß Frauen mehr zu tiefen und vertrauensvollen Freundschaften neigen als Männer. Wenn die Partnerschaft zerbricht haben sie immer noch ihre Freundinnen, vielleicht auch intensive Kontakte zur Schwester oder zur Mutter. Männer zeigten sich schon in den vorigen Kapiteln immer wieder als stärker partnerschaftsorientiert. Ihnen genügt die Partnerin als Vertrauensperson, während Freundschaften eher zweckorientiert gelebt werden. Nach Verlust der Partnerin entsteht in dieser Hinsicht in ihrem Leben eine größere Lücke als bei Frauen.

Schulabschluß und *Alter* stehen nicht in Zusammenhang mit der Frage nach ausreichend Vertrauenspersonen. Diese Faktoren waren wohl tatsächlich deshalb von Bedeutung für die Größe des Bekanntenkreises, weil sie Einfluß darauf haben, wie gut die Möglichkeiten der Personen sind, neue Beziehungen aufzubauen und lockere Kontakte zu unterhalten. Für tiefe Bindungen sind solche Bedingungen weniger relevant. Alte wie junge Menschen, mehr oder weniger Gebildete haben ein gleichermaßen starkes Bedürfnis nach Menschen, denen sie sich anvertrauen können, und auch gleich gute Bedingungen dafür, dieses Bedürfnis zu erfüllen. Die Frage, ob die Personen gegenwärtig in einer neuen Partnerschaft leben, war in allen Fällen von Bedeutung, wobei sich neue Partnerschaften stets positiv auf die persönliche Beurteilung des eigenen Netzwerkes auswirkten.

Kritische Überprüfung der Individualisierungsthese:
Bezieht man die Ergebnisse noch einmal auf die eingangs gestellte Frage, inwiefern Scheidung oder Trennung unter den Bedingungen moderner Gesellschaften zu verstärkter Individualisierung führen, so kommt man zu ambivalenten Ergebnissen. Unter anderem gilt die zunehmende Instabilität von biographischen Entwürfen und Partnerschaften als kennzeichnend für Individualisierungsprozesse. Es wird unterstellt, daß Scheidungen und Trennungen generell für die Betroffenen eine verstärkte „Individualisierung" ihrer sozialen Bezüge und ihrer Einstellungen dazu bedeuten würden.

Diese Aussagen der Individualisierungsthese konnten *nur in Teilen bestätigt* werden: Die - als traditionell gewertete - *Bindung an die Herkunftsfamilie* wird in der Mehrheit durch Trennung oder Scheidung *nicht negativ* beeinträchtigt. Im Gegenteil: In Folge einer Trennung wird sowohl die Beziehung zu den Eltern als auch die zu Geschwistern tendenziell eher intensiviert als geschwächt. Neben Freundschaften gewinnen nach einer Trennung auch verwandtschaftliche Bindungen an Bedeutung - vermutet wurde jedoch eine Zunahme selbst gewählter Bindungen auf Kosten traditioneller Beziehungsformen. Die Netze der Getrennten und der Stabilen sind etwa gleich *groß*, und die wahrgenommene Familie ist nach einer Trennung nur dann kleiner, wenn keine neue Partnerschaft besteht. Die durchschnittliche *Kontakthäufigkeit* in den Netzen ist nach einer Trennung etwas niedriger, allerdings nicht so gravierend, daß man von deutlichen strukturellen Veränderungen in Richtung auf stärkere Individualisierung sprechen könnte.

Allerdings bestätigte die *subjektive Einschätzung* des Netzes durch die Befragten die These, daß Getrennte *lockerere und größere, dafür weniger intensive* Netze unterhalten als Personen in stabilen Beziehungen. Erstere waren zufriedener mit dem

Umfang ihrer Netze als Stabile, dafür waren diese mit der Qualität und Verbindlichkeit ihrer Beziehungen zufriedener als die Getrennten. *Insgesamt zeigen die Ergebnisse demnach nur in einigen wenigen Bereichen eine stärkere „Individualisierung" der Netze in Zusammenhang mit Trennung und Scheidung.*

Diese Ergebnisse sind in Hinblick auf den gegenwärtigen Forschungsstand durchaus *relevant*. Gerade die Diskussion um Modernisierung und Individualisierung gesellschaftlicher Strukturen bedarf nach wie vor der empirische Verankerung. Daher liefern solche differenzierten Ergebnisse fundierte Argumente für den Streit um die Entwicklung sozialer Beziehungsstrukturen in unserer Gesellschaft.

Zur Bewertung des empirischen Modells:
Blickt man zurück auf das in dieser Arbeit entwickelte Modell für die Untersuchung der Veränderung sozialer Netzwerke und sozialer Unterstützung nach Trennung und Scheidung (siehe Kapitel II.1.), so zeigt sich, daß viele der im Modell postulierten *Zusammenhänge nachgewiesen* werden konnten:

Das *Netz vor der Trennung* bildet die Grundlage für das Netz nach der Trennung und beeinflußt Art und Richtung der Veränderungen, die infolge einer Trennung oder Scheidung auftreten (siehe Kapitel II.5.5). Dies wurde zum Beispiel beim Vergleich der Netzwerkgrößen deutlich: Kleine Netze wurden größer, verhältnismäßig große wurden kleiner. Auch der im Modell angenommene Einfluß des *Lebenskontextes* auf die Netzwerke konnte für manche Lebensbereiche nachgewiesen werden. Besonders deutlich war an vielen Stellen zum Beispiel der Einfluß einer neuen Partnerschaft nach der Trennung. Ähnliches gilt für den Bereich der *Persönlichkeitsmerkmale*: Vieles konnte aufgrund der Datenlage nicht überprüft werden, aber dort, wo Persönlichkeitsmerkmale kontrolliert werden konnten, wurde in der Regel ihr Einfluß sichtbar. So zeigte sich beispielsweise, daß Männer und Frauen unterschiedlich auf eine Trennung reagieren, und auch der Einfluß von Alter und Bildung wurde an einigen Stellen deutlich, zum Beispiel bei der Zufriedenheit der Betroffenen mit ihrer sozialen Einbindung nach der Trennung.

Der Einfluß des Lebenskontextes auf die Wahrscheinlichkeit, daß eine Scheidung oder Trennung erlebt wird, wurde nicht überprüft, weil Scheidungs<u>ursachen</u>forschung hier bewußt ausgeklammert wurde. Außerdem mussten ausgefeiltere Differenzierungen nach speziellen Lebenssituationen unterbleiben, weil die Fallzahlen zu gering waren oder entsprechende Themen im Fragebogen nicht berücksichtigt worden waren (siehe Kapitel Datenbeschreibung).

Schlußfolgerungen für die weitere Forschung:
Welche Schlüsse können aus diesen Befunden für das methodische Vorgehen bei Forschungsvorhaben dieser Art gezogen werden? Die Tatsache, daß Lebenskontexte und Persönlichkeitsmerkmale der Einzelnen Einfluß auf Beziehungsstrukturen nehmen und darauf, wie Lebensereignisse bewältigt werden, ist bekannt und wird in der sozialwissenschaftlichen Forschung in der Regel ausreichend berücksichtigt. Das Prinzip, daß jeder sozialen Netzwerkstruktur eine andere voraus ging, daß soziale Beziehungen nicht einfach plötzlich entstehen, sondern immer auf Vorhandenes aufbauen, findet in der Forschung hingegen zu selten Berücksichtigung (siehe hierzu vor allem Antonucci & Akiyama, 1994 und 1991; sowie Antonucci und Knipscheer, 1990). In dieser Arbeit konnte aber gezeigt werden, daß hinter dem Querschnitt eines Netzwerkes eine *soziale Dynamik* steht, die erst im *Längsschnitt* erkannt werden kann.

Um langfristige Entwicklungen zu erfassen, würde ein Panel, das sich nur auf zwei Erhebungszeitpunkte stützt, zu kurz greifen, aber je differenzierter man hier versucht zu forschen, um so mehr muss man vom Anspruch der Repräsentativität abrücken. Es wäre demnach ideal, im Anschluß an diese repräsentative Studie in einer qualitativen Untersuchung den noch offenen Forschungsfragen vertieft nachzugehen, und in wenigen ausgewählten Fällen die Entwicklung der Netzwerke Einzelner zu studieren. Die vorliegende Arbeit zeigt noch offene Forschungsfragen auf und lässt Zusammenhänge im großen Rahmen erkennen. Außerdem könnten die Ergebnisse der qualitativen Studie vor dem Hintergrund der qualitativen Untersuchung in ihrer Größenordnung und Bedeutung eingeschätzt werden.

Resümee:

In dieser Arbeit wurde untersucht, welche sozialen Auswirkungen eine Trennung oder Scheidung vom Lebenspartner beziehungsweise der Lebenspartnerin haben. Sowohl Veränderungen auf der Ebene einzelner Beziehungen als auch komplexere Gesamteinschätzungen des sozialen Umfeldes wurden hierbei mit einbezogen. Die Ergebnisse der vorliegenden Arbeit bestätigten manche der bisherigen Forschungsergebnisse - die aufgrund von retrospektiven Aussagen zum Teil methodisch auf wackligen Beinen standen - , andere werden durch sie in Frage gestellt. So besteht beispielsweise ein auffälliger Widerspruch zwischen Ergebnissen der Literatur zu Unterschieden zwischen Männern und Frauen in bezug auf die jeweiligen Bewältigungsstrategien einer Trennung und den Ergebnissen dieser Arbeit (siehe oben). Eine Stärke dieser Studie liegt darin, daß sie das Thema *umfassend* bearbeitet. Während es bisher vor allem viele kleine Forschungsvorhaben gibt, die einzelne Aspekte beleuchten, wurden hier viele unterschiedliche Beziehungsarten, unterschiedliche Lebenskontexte, verschiedene Netzwerkkonstellationen sowie auch die subjektive Bewertung ihrer Situation durch die Befragten in eine einzige Untersuchung einbezogen. *Widersprüche* zwischen den Ergebnissen verschiedener Studien in der Forschungsliteratur konnten durch diese umfassendere Sichtweise *teilweise geklärt* werden, wie zum Beispiel durch die Differenzierung zwischen unterschiedlichen Dimensionen von Einsamkeit. So können im Licht der Resultate dieser Studie *bisherige Erkenntnisse* aus kleineren Untersuchungen der Forschungsliteratur *besser eingeordnet und neu interpretiert* werden.

Betrachtet man die bisherige Forschungsliteratur zu sozialer Unterstützung nach Trennung oder Scheidung, so findet man eine *Vielzahl von einzelnen Ergebnissen*, die jedoch nicht zu einem eindeutigen Trend zusammenzufassen sind (siehe Kapitel I.6.). Dies liegt in der Natur der Sache, die erforscht werden soll: Die soziale Situation in der Nachpartnerschaftsphase ist von zu vielen Faktoren abhängig, als daß generelle Aussagen hilfreich wären. Dasselbe wurde auch in Kapitel I. 5.2. bei der Entwicklung des theoretischen und später des empirischen Modells (Kapitel II. 1.) deutlich: Die Vielzahl der Einflußfaktoren ist so groß, daß eindeutige Ursache-Wirkungs-Zusammenhänge kaum auszumachen sind.

Dieselbe Situation, wie man sie bei Sichtung der Forschungsliteratur vorfindet, zeigt sich auch in dieser Studie: Es gibt eine Fülle von Ergebnissen und aufschlußreichen Zusammenhängen, aber es läßt sich *kein genereller Trend* ausmachen. Die sozialen Netze der Nachscheidungs- oder Nachtrennungsphase sind beispielsweise nicht traditioneller und nicht moderner als während der Ehe oder nichtehelichen Lebensgemeinschaft, aber es gibt unter bestimmten Bedingungen (zum Beispiel männlich, kinderlos, keine neue Partnerin oder weiblich, älter, erwachsene Kinder etc.) durchaus systematische und inhaltlich interpretierbare Zusammenhänge (siehe oben).

Andererseits: Die ständige *Diversifizierung* sozialer Beziehungen an sich *ist genereller Trend*. Sie ist gleichzeitig Teil eines allgemeinen Trends zur Ausdifferenzierung, des Verschwimmens klarer Grenzen und Strukturen innerhalb der Gesellschaft. Ähnliches wird in Zusammenhang mit dem Familienzyklus beobachtet, mit sozialen Milieus, in der Biographieforschung und anderen Forschungszweigen, die sich mit sozialen Beziehungen und Strukturen befassen. In einen größeren Zusammenhang eingebettet, ist die Beobachtung, daß feine Ausdifferenzierungen nötig sind, um zu linearen Zusammenhängen zu kommen, daher nicht überraschend, sondern entspricht einer allgemeinen gesellschaftlichen Entwicklung, die auch in anderen Forschungsbereichen beobachtet wird.

Schlußbemerkung
Die Antwort auf die eingangs gestellte Frage nach den sozialen Folgen von Trennungen und Scheidungen lautet: Ja, Trennungen und Scheidungen haben deutliche Auswirkungen auf die sozialen Beziehungsnetze der Betroffenen. Diese gehen jedoch nicht in eine eindeutige Richtung, so daß dann generalisierend beispielsweise von moderneren beziehungsweise traditionelleren, kleineren oder größeren Netzen gesprochen werden könnte. Und: Die sozialen Netze „tragen" in der Regel auch heute noch, allerdings in anderer Weise, als es aufgrund so mancher theoretischer Postulate zu erwarten gewesen wäre.

Insgesamt ist diese Studie eine notwendige Ergänzung in der gegenwärtigen Forschung in den Bereichen Trennung, soziale Netzwerke und Unterstützung. Außerdem liefert sie empirisch fundierte Argumente in der Diskussion um Individualisierung und die Folgen biographischer Brüche. Es erwies sich als sehr fruchtbar, den *dynamischen* Aspekt sozialer Netzwerke ins Zentrum einer Untersuchung zu stellen, und es wäre wünschenswert, daß diese Sichtweise in der Netzwerkforschung mehr Beachtung gewinnt.

Denn: „Das Leben gehört dem Lebendigen an, und wer lebt, muß auf Wechsel gefasst sein." (Goethe)

Anhang

Literaturverzeichnis

Acock A. C. & Hurlbert J. S. (1993) Social Networks, Marital Status and Well-being. Social Networks, 15, pp. 309-334

Ader R., Cohen N., Felten D. (1990) Psychoneuroimmunology, 2, San Diego

Ahrons C. R. & Bowman M. E. (1982) Changes in Family Relationships Following Divorce of Adult Child: Grandmothers Perceptions. Journal of Divorce, 5, pp. 49-68

Albrecht S. (1980) Reactions and Adjustments to Divorce: Differences in the Experiences of Males and Females. Family Relations, 29, pp. 59-68

Albrecht S. et al. (1983) Divorce and Remarriage. Problems, Adaption and Adjustment. Westport, CT

Aldous J. & Strauss M. A. (1966) Social Networks and Conjugal Roles. A Test of Bott´s Hypothesis. Social Forces, 44, pp. 576-580

Allan G. (1989) Friendship. Developing a Sociological Perspective. New York

Alloway R. & Bebbington P. (1986) The Buffer-theory of Social Support - A Review of the Literature. Psychological Medicine, 17, pp. 91-108

Alt Ch. (1991) Stichprobe und Repräsentativität. In: Bertram H. (Hrsg.): Die Familie in Westdeutschland. Stabilität und Wandel familialer Lebensformen. Opladen

Amato P. R. & Keith B. (1991a) Parental Divorce and the Well-being of Children: a Meta-Analysis. Psychological Bulletin, 110, pp. 26-46

Amato P. R. & Keith B. (1991b) Parental Divorce and the Well-being of Children: a Meta-Analysis. Journal of Marriage and the Family, 53, pp. 43-58

Ambert A. (1988) Relationships with former in-laws after divorce: A research note. Journal of Marriage and the Family, 50 (3), pp. 679-686

Anspach D. (1976) Kinship and Divorce. Journal of Marriage and the Family, 38, pp. 323-330

Antonucci T. C. (1989) Understanding adult social relationships. In: Kreppner K. & Lerner R. M. (Eds.) Family systems and life span development. Hillsdale, NJ, pp. 307-317

Antonucci T. C. & Akiyama H. (1994) Convoys of Attachment and Social Relations in Children, Adolescents and Adults. In: Nestmann F. & Hurrelmann K. (Hrsg.) Social Networks and Social Support in Childhood and Adolescence. Berlin, New York, pp. 37 - 52

Antonucci T. C. & Akiyama H. (1991) Convoys of social support: Generational Issues. In: Pfeifer S. P. & Sussman M. B. (Eds.) Families - Intergenerational and Generational Connections. New York

Antonucci T. C. & Knipscheer C. (1990) Social Network Research: Review and Perspectives. In: Knipscheer C. & Antonucci T. C. (Eds.) Social Network Research. Substantive Issues and Methodological Questions. Amsterdam, pp. 161-174

Antonucci T. C. & Akiyama H. (1987) Social networks in adult life and a preliminary examination of the convoy model. Journal of Gerontology, 42, Nr.5, pp. 519-527

Antonucci T. C. (1986) Family systems and life-span development: Adult social relationships. Paper held on "Family systems and life-span development", Max-Planck Institut für Bildungsforschung, Berlin, 4.-6. Dez.

Antonucci T. C. (1985) Social Support: Theoretical Advances, Recent Findings and Pressing Issues. In: Sarason B. R. & Sarason I. G. (Eds.) Social Support: Theory, Research and Applications. Dordrecht/Holland

Arbeitsgemeinschaft für Jugendhilfe (Hrsg.) (1983) Die nichteheliche Lebensgemeinschaft. Bonn

Argyle M. & Henderson M. (1986) Die Anatomie menschlicher Beziehungen. Spielregeln des Zusammenlebens, Paderborn

Argyle M. & Henderson M. (1984) The Rules of Friendship. Journal of Social and Personal Relationships, 1, pp. 211-237

Aslanidis M., Faubel S., Schoeningh I. (1989) Soziale Beziehungen alleinerziehender Mütter. In: von Kardorff E., Stark W., Rohner R., Wiedemann P. (Hrsg.) Zwischen Netzwerk und Lebenswelt, München

Auhagen A-E. (1991) Freundschaft im Alltag. Eine Untersuchung mit dem Doppeltagebuch. Bern

Bain A. (1978) The Capacity of Families to Cope with Transitions: A Theoretical Essay. Human Relations, 31, 8, Aug., pp. 675-688

Balloff R. & Walter E. (1991) Reaktionen der Kinder auf die Scheidung der Eltern bei alleiniger oder gemeinsamer elterlicher Sorge. Psychologie in Erziehung und Unterricht, 38, 2

Baltes P., Reese H. W., Lipsitt L. P. (1980) Life span developmental psychology. Annual Review of Psychology, 31, pp. 5-110

Barnes J. A. (1972) Social Networks. Module in Anthropology, 26, pp. 1-29

Barnes J. A. (1954) Class and Committees in a Norwegian Island Parish. Human Relations, 7, pp. 39-58

Barrera M. (1986) Distinction between social support concepts, measures and models. American Journal of Community Psychology, 14, pp. 413-445

Bartfeld J. (2000) Child Support and the Postdivorce Economic Well-Being of Mothers, Fathers and Children. Demograpphy, 39, 2, May, pp. 203-213

Bauschmid E. (1993) Familie ist kein Auslaufmodell. SZ Nr. 2, 1993

Beck N. & Hartmann J. (1999) Die Wechselwirkung zwischen Erwerbstätigkeit der Ehefrau und Ehestabilität unter der Berücksichtigung des sozialen Wandels. Kölner Zeitschrift für Soziologie und Sozialpsychologie, Nr 51, 4, pp. 655-680

Beck U. (1994) Phänomen mit Überlebenschancen. Zum statistischen Ringkampf um die Familie. Süddeutsche Zeitung vom 13. 1. 1994

Beck U. (1991) Der Konflikt der zwei Modernen. In: Zapf W. (Hrsg.) Die Modernisierung moderner Gesellschaften. Verhandlungen des 25. Deutschen Soziologentages 1990. Frankfurt, New York, S. 40-53

Beck U. (1986) Risikogesellschaft. Auf dem Weg in eine andere Moderne. Frankfurt a.M.

Beck U. & Beck-Gernsheim E. (1993) Nicht Autonomie, sondern Bastelbiographie. Anmerkung zur Individualisierungsdiskussion am Beispiel des Aufsatzes von Günter Burkart. Zeitschrift für Soziologie, Bd. 22, S. 178 -187

Beck U. & Beck-Gernsheim E. (1991) Das ganz normale Chaos der Liebe. Frankfurt a.M.

Beck-Gernsheim E. (1997) Wenn Scheidung normal wird. Pädagogik, 7-8, Juli-August, S. 21-25

Beck-Gernsheim E. (1992) Arbeitsteilung, Selbstbild und Lebensentwurf. Neue Konfliktlagen in der Familie. KZfSS, Bd. 44, S. 273-291

Beck-Gernsheim E. (1986) Von der Liebe zur Beziehung? Veränderungen im Verhältnis von Mann und Frau in der individualisierten Gesellschaft. In: Berger J. (Hrsg.) Die Moderne - Kontinuitäten und Zäsuren. Göttingen

Beck-Gernsheim E. (1983) Vom Dasein für andere zum Anspruch auf ein Stück eigenes Leben - Individualisierungsprozesse im weiblichen Lebenszusammenhang. Soziale Welt, Heft 3, S.307-341

Becker G. S. (1981) A Treatise on the Family. Cambridge

Becker G. S. (1976) The economic approach to human behaviour. Chicago, London

Berardo D. H. (1982) Divorce and remarriage at middle age and beyond. In: Berardo F. M. (Ed.) Middle and late life transitions. Beverly Hills, pp. 132-139

Berger P. L. & Luckmann T. (1982) Die gesellschaftliche Konstruktion der Wirklichkeit. Eine Theorie der Wissenssoziologie. Frankfurt a.M.

Berger P. L. & Kellner H. (1965) Die Ehe und die Konstruktion der Wirklichkeit. Soziale Welt, 15, pp. 220-235

Bernhard, J. (1971) Remarriage. A Study of Marriage. New York

Bertram H. (1991) (Hrsg.): Die Familie in Westdeutschland. Stabilität und Wandel familialer Lebensformen. Opladen

Bertram H. & Dannenbeck C. (1991a) Familien in städtischen und ländlichen Regionen. In: Bertram H. (Hrsg.): Die Familie in Westdeutschland. Stabilität und Wandel familialer Lebensformen. Opladen

Bertram H. (1991b) Soziale Ungleichheit, soziale Räume und sozialer Wandel. Der Einfluß sozialer Schichten, sozialer Räume und sozialen Wandels auf die Lebensführung von Menschen. In: Zapf, W. (Hrsg.): Die Modernisierung moderner Gesellschaften. Verhandlungen des 25. deutschen Soziologentages in Frankfurt am Main 1990. Frankfurt/New York, S.636-666

Bianchi S. M., Subaiya L., Kahn J. R. (1999) The Gender-Gap in the Economic Well-Being of Nonresident Fathers and Custodial Mothers. Demography, 36, 2, May, pp. 195-203

Bien W. (1996) Familie an der Schwelle zum neuen Jahrtausend. Opladen

Blasius D. (1987) Ehescheidung in Deutschland 1794-1945. Scheidungsrecht in historischer Perspektive. Göttingen

Blau P. M. (1964) Exchange and Power in Social Life. New York

Bloom B. L., Asher S. J., White S. W. (1978) Marital disruption as a stressor: a review and analysis. Psychological Bulletin, 85, pp. 867-894

Bodenmann G. (1999) Scheidung: Was wissen wir heute zu ihren Ursachen? Zeitschrift für Familienforschung, 11, 2, S.5-27

Bojanovsky J. J. (1983) Psychische Probleme bei Geschiedenen. Stuttgart

Booth A. & Johnson D. (1988) Premarital cohabitation and marital success. Journal of Family Issues 9, pp. 255-273

Booth A. & Amato P. R. (1994) Parental Marital Quality, Parental Divorce, and Relations with Parents. Journal of Marriage and the Family, 56, pp. 21-34

Bott E. (1971) Family and Social Network. New York

Bott E. (1957) Family and Social Network. London

Bott E. (1955) Urban families: Conjugal roles and social networks. Human Relations, 8, pp. 345-384

Braun W. (1989) Ehescheidungen 1988. Wirtschaft und Statistik, pp. 508-512

Bronfenbrenner U. (1976) Ein Bezugsrahmen für ökologische Sozialisationsforschung. Neue Sammlung, # S. 238-249

Bronfenbrenner U. (19##) Interacting Systems in Human Development Research Paradigmas.

Bronfenbrenner U. (1986) Ecology of the Family as a Context for Human Development: Research Perspectives. Developmental Psychology, 22, pp. 723-742

Bronfenbrenner U.: (1979) Ecology of Human Development. Cambridge

Brown C. A., Feldberg R., Fox, E. M., Kohen J. (1976) Divorce: Change of a new lifetime. Journal of Social Issues, 32, pp. 119-133

Brubaker T. H. (1993) Family Relations; Challenges for the Future. Newbury Park

Bundesminister für Jugend, Familie und Gesundheit (Hrsg.) (1985) Nichteheliche Lebensgemeinschaften in der Bundesrepublik Deutschland. Stuttgart

Burkart G. (1993) Individualisierung und Elternschaft - Das Beispiel USA. Zeitschrift für Soziologie, Bd. 22, S.159-177

Burkart G. & Kohli M. (1992) Liebe, Ehe, Elternschaft. Die Zukunft der Familie. München

Burkhauser R. V., Duncan G. J., Hauser R., Berntsen R. (1991) Wife or Frau, women do worse: a comparison of men and women in the united states and germany after marital dissolution. Demography, 28, pp. 353-360

Burns A. (1984) Percieved causes of marriage breakdown and conditions of life. Journal of Marriage and the Family, pp.551-562

Caesar-Wolf B. et al. (1983) Die gerichtliche Ehelösung nach dem neuen Scheidungsrecht: Normenstruktur und Verfahrenspraxis. Zeitschrift für Rechtssoziologie, S. 202-246

Campbell K. E. & Lee B. E. (1991) Name generators in surveys of personal networks. Social Networks, 13, pp. 203-221

Caplan G. (1974) Support systems and community mental health: Lectures on concept development. New York

Carter H. & Glieck P. C. (1976) Marriage and divorce: A social and economic study. London

Cartwright D. & Harary F. (1979) Balance and clusterability. In: Holland P. W. & Leinhardt S. (Hrsg.) Perspectives on social network research. New York, pp. 25-50

Cartwright D. & Harary F. (1956) Structural balance: A generalisation from Heider´s theory. Psychological review, 63, pp. 277-293

Cassel J. (1974) An epidemological perspective of psychosocial factors in desease etiology. American Journal of public health, 64, pp. 1040-1043

Caughey K. (1981) Divorced but not alone: A study of divorced women´s social networks. Presented to the annual meeting of the society for the study of social problems, Toronto

Cherlin A. J. & Furstenberg F. F. Jr. (1986) The new american grandparent: A place in the family, a life apart. New York

Chiriboga D. A. (1982) Adaption to marital separation in later and earlier life. Journal of Gerontology, 37, pp. 109-114

Chiriboga D. A. et al. (1979) Divorce, stress and social support. Journal of Divorce, 79, 3. pp. 121-135

Cicirelli V. G. (1983a) Adult children and their elderly parents. In: Brubaker T. H. (Ed.) Family relationships in later life. Beverly Hills, CA, pp. 31-46

Cicirelli V. G. (1983b) Adult children´s attachment and helping behaviour to elderly parents: A path model. Journal of Marriage and the Family, 45, pp. 815-825

Clarke-Stewart K. A. & Bailey B. L. (1990) Adjusting to divorce: Why do men have it easier? Journal of divorce, 13 (2) pp. 75-94

Cobb S. (1976) Social support as a moderator of life stress. Psychosomatic Medicine, 38, pp. 300-314

Cochran M., Campbell M., Henderson C. (1982) Social ties and single parent outcomes: The network of single and married mothers. In: Cochran M., & Henderson C. R. Jr. (Eds.) The ecology of urban family life. Ithaca, NY

Cohen S. (1992) Stress, social support, and disorder. In: Veiel H. O. & Bauman U. (Eds.) The meaning and measurement of social support. New York

Coleman M. & Ganong L. (1993) Families and Marital Disruption. In: Brubaker T. H. (1993) Family Relations; Challenges for the Future. Newbury Park

Collani G. (1987) Zur Stabilität und Veränderung in sozialen Netzwerken. Methoden, Modelle, Anwendungen. Bern, Stuttgart, Toronto

Colletta N. O. (1979) Suport Systems after Divorce. Journal of Marriage and the Family, 41, pp. 837-846

Cooney T. M. & Uhlenberg P. (1990) The role of divorce in men´s relations with their adult children after mid-life. Journal of Marriage and the Family , 52, pp. 677-688

Coyne J. C. & Downey G. (1991) Social factors and psychopathology: Stress, social support and coping processes. Annual review of Psychology, 42, pp. 401-425

Cutrona C. E. (1990) Stress and social support: In search of optimal matching. Journal of Social and Clinical psychology, 9, pp. 3-14

D'Abate D. (1993) The role of social network supports of italian parents and children in their adjustment to separation and divorce. Journal of Divorce and Remarriage, 20, 1/2

Daniels-Mohring D. & Berger M. (1984) Social Network Changes and the Adjustment to Divorce. Journal of Divorce, 8, 1, fall, pp. 17-32

Dannenbeck C. (1995) Im Alter einsam? Zur Strukturveränderung sozialer Beziehungen im Alter. In: Bertram H. (Hrsg.) Das Individuum und seine Familie. Lebensformen, Familienbeziehungen und Lebensereignisse im Erwachsenenalter. Opladen

Davis S. N. & Greenstein T. N. (2000) Interaktive Effects of Gender Ideology and Age at first Marriage on Likelihood of Divorce. Paper held at the American Sociological Association.

DeGarmo D. S. & Forgatch M. S. (1997) Determinants of Observed Confidant Support for Divorced Mothers. Journal of Personality and Social Psychology, 72, 2, Feb, pp.336-345

DeGarmo D. S. & Forgatch M. S. (1997) Confidant support and maternal distress: Predictors of parenting practices for divorced mothers. Personal Relationships 4, pp. 305-317

Deutsches Jugendinstitut (Hrsg.) (1989) Familienalltag. Hamburg

Diefenbach H. (1997) Intergenerationale Scheidungstransmission in Deutschland: Relevanz und Erklärungsansätze. Zeitschrift für Rechtssoziologie, 18, 1, Juni, S. 88-105

Diekmann A. (1995) Die soziale Vererbung des Scheidungsrisikos: eine empirische Untersuchung der Transmissionshypothese mit dem deutschen Familiensurvey. Zeitschrift für Soziologie, 24, Heft 3, S. 215-228

Diekmann A. & Engelhardt H. (1987) Determinanten des Heiratsalters und Scheidungsrisikos. München (unveröffentlicht)

Diewald M. (1993) Netzwerkorientierungen und Exklusivität der Paarbeziehung. Zeitschrift für Soziologie, 22 (4) S. 279-297

Diewald M. (1991) Soziale Beziehungen: Verlust oder Liberalisierung. Soziale Unterstützung in informellen Netzwerken. Berlin

Diezinger A. (1992) Individualisierung und Geschlechterverhältnis: Differenzierung und Polarisierung geschlechtlicher Ungleichheit. Unveröffentlichtes Manuskript

Diezinger A. (1991) Frauen: Arbeit und Individualisierung. Opladen

Dolan M. & Hoffman C. (1998) Determinants of Divorce among Women: A Reexamination of Critical Influences. Journal of Divorce and Remarriage, 28, 3-4, pp. 97-106

Döring N. & Bortz J. (1993) Einsamkeit in Ost- und Westdeutschland. KZfSS Nr. 45, Heft 3

Duck S. (Hrsg.) (1988) Handbook of Personal Relationships. Chichester/ New York

Duffy M. E. (1993) Social Support: The Provider´s Perspective. Journal of Divorce and Remarriage, 19 (1/2)

Duran-Aydintug C. (1998) Emotional Support during Separation: Its Sources and Determinants. Journal of Divorce and Remarriage, 29, 3-4, pp. 121-141

Durkheim E. (1977) Über die Teilung der sozialen Arbeit. Frankfurt.

Duss von Werdt J. & Fuchs A. (Hrsg.) (1980) Scheidung in der Schweiz. Eine wissenschaftliche Dokumentation. Bern und Stuttgart

Dyer E. D. (1986) Scheidung und Scheidungsfolgen in den USA. KZfSS Nr. 38

Dykstra P. A. (1997) The Effects of Divorce on Intergenerational Exchanges in Families. Netherlands' Journal of Social Sciences, 33, 2, Dec. pp. 77-93

Eckardt J. (1993) Gebrauchte Junggesellen: Scheidungserleben und biographische Verläufe. Opladen

Elbing E. (1991) Einsamkeit. Göttingen

Elias N. (1987) Die Gesellschaft der Individuen. Frankfurt

Fehr B. & Perlman D. (1985) The family as a social network and support system. In: L'Abate (Hrsg.) The Handbook of Family Psychology and Therapy - 1.

Fischer C. S. (1982) To dwell among friends. Personal networks in town and city. Chicago, London

Fooken I. (1999) Scheidung im „leeren Nest" - Seelische Gesundheit und Eltern - Kind - Beziehung bei „spät" geschiedenen Vätern und Müttern. In Sander E. (Hrsg.) Trennung und Scheidung. Die Perspektive betroffener Eltern. Weinheim S. 170-193

Fthenakis W. E. (1998) Intergenerative familiale Beziehungen nach Scheidung und Wiederheirat aus der Sicht der Großeltern. Zeitschrift für Soziologie der Erziehung und Sozialisation, Heft 2, Jg. 18, S. 152-167

Fthenakis W. E. (1994) Ehescheidung als Übergangsphase (Transition) im Familienentwicklungsprozeß. Evangelische Akademie Bad Boll (Hrsg.) Europäisches Familienrecht: Konsequenz der Europäischen Gemeinschaft? Bad Boll S. 28-70

Fuchs W. (1983) Jugendliche Statuspassage oder individualisierte Jugendbiographie? Soziale Welt, Heft 3, S. 341-371

Furstenberg F. F. & Spanier G. B. (1984) Recycling the Family. Beverly Hills

Gander A. M. (1988) Older Divorced Persons: Intragroup comparisons and comparisons with younger divorced persons. University of Utah, Salt Lake City

Gander A. M. & Jorgensen L. A. (1990) Postdivorce Adjustment: Social Supports among Older Divorced Persons. Journal of Divorce and Remarriage, 13 (4)

Gerris J. R. M., De Brock A., Kentges-Kirschbaum C. (1991) Ein systemökologisches Prozeßmodell als Rahmenkonzept der Familienforschung. Psychologie in Erziehung und Unterricht, 38, S. 242-262

Gierfield J. d. J. (1983) The relationship between way of life and loneliness analyzed more closely. Mens en Maatschappij 58, 4 S.399-406

Glenn N. D. & Shelton B. A. (1985) Regional differences in divorce in the United States. Journal of Marriage and the Family, 47, pp. 641-652

Goode W. J. (1956) Women in divorce. Westport

Goody J. (1986) Die Entwicklung von Ehe und Familie in Europa. Berlin

Gottlieb B. (Hrsg.) (1981) Social networks and social support. Beverly Hills

Gräge S. & Lüscher K. (1984) Soziale Beziehungen junger Eltern. Zeitschrift für Sozialisationsforschung und Erziehungssoziologie, Bd.1, S. 21-34

Granovetter M. (1973) The Strength of Weak Ties. American Journal of Sociology, 78, pp. 1360-1380

Gubrium J. F. (1974) Marital desolation and the evaluation of everyday life in old age. Journal of Marriage and the Family, 36, pp. 107-113

Hagestad G. O., Smyer M. A., Stiermann, K. L. (1982) Parent-child-relations in adulthood: The impact of divorce in middle age. In: Cohen R., Weissman s., Cohler B. (Eds.) Parenthood: Psychodynamic perspectives. New York

Hahn J., Lomberg B., Offe H. (Hrsg.) Scheidung und Kindeswohl. Heidelberg.

Hall A. & Wellman B. (1985) Social networks and social support. In: Cohen S. & Syme S. L. (Eds.) Social support and health. Orlando, pp. 23-41

Hammer M. (1984) Explorations into the meaning of social network interview data. Social Networks 6, pp. 341-371

Hansen F. J., Fallon A. E., Novotny S. L. (1991) The Relationship between Social Network Structure and Marital Satisfaction in Distressed and Nondistressed Couples. Family Therapy, 18, Nr. 2

Hanson T., McLanahan S., Thompson E. (1998) Windows on Divorce: Before and after. Social Sience Research, 27, 3, Sept, pp. 329-349

Hartmann P. H. (1989) Warum dauern Ehen nicht ewig? Eine Untersuchung zum Scheidungsrisiko und seinen Ursachen. Opladen

Herzer M. (1998) Ehescheidung als sozialer Prozeß. Opladen

Heekerens H. P. (1987) Das erhöhte Risiko der Ehescheidung. Zur intergenerationalen Scheidungs-Tradierung. Zeitschrift für Soziologie, Jg. 16, Heft 3, S.247 ff.

Heider F. (1958) The psychology of interpersonal relations. New York

Henderson M. & Argyle M. (1985) Source & nature of social support given to women at divorce and separation. British Journal of social workers, 15, pp. 57-65

Herlth A. & Strohmeier, K. P. (1989) Lebenslauf und Familienentwicklung. Opladen

Herzer M. (1998) Ehescheidung als sozialer Prozeß. Opladen

Hetherington E. M., Cox M., Cox R. (1978) The Aftermath of Divorce. In: Stevens J. H. & Mathews M. (Eds.) Mother-child, Vather-child relationships. National Association of the Education of Young Children, pp. 149-179

Hetherington E. M., Cox M., Cox R.(1976) Divorced Fathers. Family Coordinator, 25, pp. 417-426

Hetherington E. M., Cox M., Cox R.(1975) Beyond father absence: Conceptualization of the effects of divorce. Society for Research in Child Development, Denver

Hettlage R. (1992) Familienreport. Eine Lebensform im Umbruch. München

Hill C. A. (1987a) Affiliation motivation: People who need people...but in different ways. Journal of personality and social psychology, 52, pp. 1008-1018

Hill C. A. (1987b) Social support and health: The role of affiliative need as moderator. Journal of research in personality, 21, pp. 127-147

Hill P. B. & Kopp J. (1990) Theorien der ehelichen Instabilität. Zeitschrift für Familienforschung, # pp. 211-256

Hobfoll S. E. & Stokes J. P. (1992) Conservation of social resources and the self. In: Veiel H. O. & Bauman U. (Eds.) The meaning and measurement of social support. New York

Hobfoll S. E. (1988) The ecology of stress and social support among women. In: Hobfoll S. E. (ed.) Stress, social support and women. New York

Hobfoll S. E. (1988) The ecology of stress. New York

Hobfoll S. E. & Stokes J. P. (1988) The Process and Mechanics of Social Support. In: Duck S. (Ed.) Handbook of Personal Relationships. Chichester/ New York

Hoerning E. (1987) Lebensereignisse: Übergänge im Lebenslauf. In: Voges W. (Hrsg.) Methoden der Biographie- und Lebenslaufforschung. Opladen

Hofer M., Klein-Allermann E., Noack P. (1992) Familienbeziehungen. Eltern und Kinder in der Entwicklung. Hofgrefe

Höhn C. (1980) Rechtliche und demographische Einflüsse auf die Entwicklung der Ehescheidungen seit 1946. Zeitschrift für Bevölkerungswissenschaft, 3/4, S.335 ff

Holland P. W. & Leinhardt S. (1975) Perspectives on Social Network Research. New York

Homans G. C. (1961) Social behavior: It´s elementary forms. New York

House J. S. (1981) Work stress and social support. Reading, MA

Hughes R., Good E. S., Candell K. (1993) A longitudinal Study of the Effects of Social Support on the Psychological Adjustment of Divorced Mothers. Journal of Divorce and Remarriage, 19, (1/2)

Hullen G. (1998) Scheidungskinder - oder: Die Transmission des Scheidungsrisikos. Zeitschrift für Bevölkerungswissenschaft, 23, 1, S. 19-38

Hunt M. M. (1966) The world of the formerly married. New York

Isaacs M. B. & Leon G. H. (1986a) Social networks and marital dissolution: Parental provision for divorcing daughters. Paper for the Annual Meeting of the American Sociological Association, New York

Isaacs M. B. & Leon G. H. (1986b) Social Networks, Divorce and Adjustment: A Tale of Three Generations. Journal of Divorce, 9, Heft 4, pp. 1-16

Jacobson D. E. (1986) Types and Timing of Social Support. Journal of Health and Social Behaviour, 27, 250-264

Jarvis S. & Jenkins S. P. (1999) Marital Splits and Income Changes: Evidence from the British Household Panel Survey. Population Studies, 53, 2, July, pp. 237-254

Johnson M. (1982) Social and Cognitive Features of Dissolution of Committement to Relationships. In: Duck S. (Hrsg.) Dissolving personal Relationships. London, pp. 51-74

Julien D. et al. (1994) Network´s Support and Interference with Regard to Marriage: Disclosures of Marital Problems to Confidants. Journal of Family Psychology, 8, No. 1

Kahlenberg E. (1993) Die Zeit allein heilt keine Wunden: der Einfluß sozialer Unterstützung auf den Prozeß der Trennungsbewältigung bei Frauen. Pfaffenweiler

Kahn R. L. & Antonucci T. C. (1981) Convoys of social support: A life course approach. In: March J. G. et al. (Eds.) Aging: social change. New York

Kahn R. L. (1980) Convoys over the life course: Attachment roles and social support. In: Baltes P. B. &. Brim O. B. (Eds.) Life-span Development and Behaviour. New York

Kahn R. L. (1979) Aging and social support. In: Riley M. W. (Ed.) Occupational Stress. What City, CO

Kaplan B. H., Cassel J. C., Gore S. (1977) Social support and health. Medical care, 15, pp. 47-58

Karmarck T. W., Manuck S. B., Jennings J. R. (1990) Social support reduces cardiovascular reactivity to psychological challenge: a laboratory model. Psychosomatic medicine, 52, pp. 42-58

Keul A. G. (1993) Soziales Netzwerk - System ohne Theorie. In: A. Laireiter (Hrsg.) Soziales Netzwerk und soziale Unterstützung. Konzepte, Methoden und Befunde. S. 45-54, Bern

Keupp H. (1988) Riskante Chancen. Das Subjekt zwischen Psychokultur und Selbstorganisation. Sozialpsychologische Studien. Heidelberg

Keupp H. & Röhrle B. (Hrsg.) (1987) Soziale Netzwerke. Frankfurt

Kiekolt K. J. & Edwards J. N. (2000) Wives´ Income and Marital Dissolution: A Longitudinal Analysis. Paper held at the American Sociological Association.

Killworth P. D., Bernard H. R., McCarty C. (1984) Measuring patterns of acquaintanceship. Current Anthropology, 25, pp. 391-397

Kitson G. C. & Morgan L. A. (1990) The Multiple Consequences of Divorce: A Decade Review. Journal of Marriage and the Family, 52, pp. 913-924

Kitson G. C. & Sussman M. (1982) Marital complaints. Demographic characteristics and symptoms of mental stress in divorce. Journal of Marriage and the Family, 1, pp. 87-101

Kitson G. C., Barbi K. B., Roach M. J. (1985) Who divorces and why? Journal of Family Issues, 3, pp. 255-293

Kitson G., Moir R., Mason P. (1982) Family support in crisis: The special case of divorce. American Journal of Orthopsychiatry, 52, pp. 161-165

Klein-Allermann E.: Schaller S. (1992) Scheidung - Ende oder Veränderung familialer Beziehungen? in: Hofer M., Klein-Allermann E., Noack P. (Hrsg.) Familienbeziehungen: Eltern und Kinder in der Entwicklung. Göttingen

Knipscheer C. & Antonucci T. C. (1990) Social Network Research. Amsterdam

Knoke D. & Kuklinsky J. H. (1982) Network analysis. Sage University Paper Series on Quantitative Application in the Social Sciences, 28. Beverly Hills and London

Kohen J. A., Brown C. A., Feldberg R. (1979) Divorced mothers: The costs and benefits of female family control. In: Levinger G. & Moles O. C. (Hrsg.) Divorce and Separation. New York

Kohen J. (1981) From wife to family head: Transitions in self-identity. Psychiatry, 44, pp. 230-244

Kolip P. (1993) Freundschaften im Jugendalter. Weinheim

König R. (1978) Die Familie der Gegenwart. Ein interkultureller Vergleich. München

Kopp J. (1994) Scheidung in der Bundesrepublik. Zur Erklärung des langfristigen Anstiegs der Scheidungsraten. Wiesbaden

Krantzler M. (1973) Creative divorce. New York

Kunz J. & Kunz P. R. (1995) Social Support during the Process of Divorce: It Does Make a Difference. Journal of Divorce and Remarriage, 24, 3-4, pp. 111-119

Kurdek L. A. (1993) Predicting marital Dissolution: A 5-Year prospective longitudinal study of newlywed couples. Journal of Personality and Social Psychology, 64 pp. 221-242

Kurdek L. A. (1989) Childrens adjustment. In: Textor M. R. (Hrsg.) The divorce and divorce therapy handbook. pp. 77-102, Northvale, London

Laireiter A. (Hrsg.) (1993) Soziale Netzwerke und soziale Unterstützung. Konzepte, Methoden und Befunde. Bern

Laireiter A. & Baumann U. (1992) Network structures and support functions: Theoretical and empirical analyses. In: Veiel H. O. & Bauman U. (Eds.) The meaning and measurement of social support. New York, pp. 33-55

Lazarus R. S. & Folkman S. (1984) Stress, appraisal and coping. New York

Lefcourt H. M., Martin R. A., Saleh W. E. (1984) Locus of control and social support: interactive moderators of stress. Journal of personality and social psychology, 47, pp. 378-389

Leslie L. & Grady K. (1985) Changes in Mother´s Social Networks and Social Support Following Divorce. Journal of Marriage and the Family, 44, pp. 663-674

Lewis R. A. & Spanier G. B. (1979) Theorizing about the quality and stability of marriage. In: Burr W. et al. (Ed.) Contemporary theories about the family, 1, New York, London, S.268-294

Lüdtke H. (1990) Lebensstile als Dimension handlungsproduzierter Ungleichheit. In: Berger, P. A. & Hradil, S. (Hrsg.): Lebenslagen, Lebensläufe, Lebensstile. Sonderband7 der Sozialen Welt, Göttingen

Luhmann N. (1987) Die gesellschaftliche Differenzierung und das Individuum. In: Olk, Th. & Otto, H.-U. (Hrsg.) Soziale Dienste im Wandel. Bd. 1: Helfen im Sozialstaat. Neuwied/Darmstadt, S. 121-137

Luhmann N. (1989) Gesellschaftsstruktur und Semantik. Band 3, Frankfurt

Lüschen G. (1988) Familial-Verwandtschaftliche Netzwerke. In: Nave-Herz R. (Hrsg.) Wandel und Kontinuität der Familie in der BRD. Stuttgart

Lüscher K. & Pajung-Bilger B. (1998) Forcierte Ambivalenzen. Ehescheidung als Herausforderung an die Generationenbeziehungen unter Erwachsenen. Konstanz.

Maccoby E. E.; Buchanan C. M., Mnookin R. H.; Dornbusch S. M. (1993) Postdivorce roles of mothers and fathers in the lives of their children. Journal of Family Psychology, 7 (1) pp. 24-38

Mächler R. (1995) Singles - Vorboten einer „anderen Moderne"? Zeitschrift für Familienforschung, Band 2, 7. Jahrgang, S.149-178

Mächler R. (1996) Die sozialen Netze der Einsiedler. Familienbildung, Heft 5, S. 42-44

Martiny U. & Voegeli W. (1988) Die Ehe endet, die Beziehungen bleiben. In: Deutsches Jugendinstitut (Hrsg.) Wie geht´s der Familie? München

Mastekaasa A. (1997) Marital Dissolution as a Stressor. Journal of Divorce and Remarriage, 26, 3-4, pp. 155-183

Mayer K. U. (1991) Soziale Ungleichheit und die Differenzierung von Lebensverläufen. In: Zapf W. (Hrsg.): Die Modernisierung moderner Gesellschaften. Verhandlungen des 25. deutschen Soziologentages 1990 in Frankfurt am Main. Frankfurt/New York, S. 667-687

Mayer K. U. (1990) Lebensverläufe und sozialer Wandel - Anmerkungen zu einem Forschungsprogramm. In: Mayer K. U. (Hrsg.) Lebensverläufe und sozialer Wandel. Sonderheft der Kölner Zeitschrift für Soziologie und Sozialpsychologie, Nr. 31

Mayer K. U. & Müller, W. (1989) Lebensverläufe im Wohlfahrtsstaat. In: Weymann A. (Hrsg.) Handlungsspielräume. Untersuchungen zur Individualisierung und Institutionalisierung von Lebensverläufen in der Moderne. Stuttgart, S. 41-60

Mayr-Kleffel V. (1991) Frauen und ihre sozialen Netzwerke. Auf der Suche nach einer verlorenen Ressource. Opladen

McKeever M. & Wolfinger N. H. (1999) Trends in the Economic Well-being of Divorced Women. Paper for the American Sociological Association.

McKenry P.C. & Price S. J. (1991) Alternatives for Support: Life after Divorce - A Literature Review. Journal of Divorce and Remarriage, 15, (3/4)

McLanahan S., Wedemeyer N., Adelberg T. (1981) Network Structure, Social Support and Psychological Well-Being in the Single-Parent Family. Journal of Marriage and the Family, 43, Nr. 3

Melichar J. M. & Chiriboga D. A. (1988) Significance of time in adjustment to marital separation. American Journal for Orthopsychiatry, Bd. 58 (2) pp. 221-227

Mendes H. A. (1976) Single Fatherhood. Social Work, 2/ 4, pp. 308-312

Meyer D. (1991) Ehescheidungen in der ehemaligen DDR. Zeitschrift für Bevölkerungswissenschaft, 17 (1) S. 33-47

Meyer T. (1992) Modernisierung der Privatheit. Opladen

Milardo R. M. (1992) Comparative Methods for Delineating Social Networks. Journal of social and personal relationships, 9, pp. 447-461

Milardo R. M. (1989) Theoretical and methodical issues in the identification of the social networks of spouses. Journal of Marriage and the Family 51, pp. 165-174

Milardo R. M. (1987) Changes in Social Networks of Women and Men Following Divorce. Journal of Family Issues, 8, No 1, pp. 78-96

Milardo R. M.(Hrsg.) (1987) Families and social Networks. Newberry Park

Miller N. B., Smerglia V. L., Gaudet D. S., Kitson G. C. (1998) Stressful life events, social support, and the distress of widowed and divorced women. Journal of Family Issues, 19, 2, pp. 181-203

Mitchell J. C. (1969) The concept and use of social networks. In: Mitchell J. C. (Hrsg.) Social networks in urban situations. Analysis of personal relationships in central african towns. Manchester, pp. 1-50

Mitchell J. C. (1974) Social Networks. In: Annual Review of Anthropology. 3, pp. 279-293

Moch, M. (1996) Geschiedene Väter und ihre Eltern: Zur sozialen Bedeutung der Herkunftsfamilie im Scheidungsfall. Familiendynamik, 21, 3, S. 268-283

Moreno J. C. (1934) Who shall survive? New approach to the problem of human interrelations. Washington D. C.

Morgan D. L. (1988) Age differences in social network participation. Journal of Gerontology, 43, pp. 129-137

Murray Parkes C., Stevenson-Hinde J., Marris P. (Eds.) (1991) Attachment across the life cycle. London & New York

Napp-Peters A. (1995) Familien nach der Scheidung. München

Napp-Peters A. (1992) Die Familie im Prozeß von Trennung, Scheidung und neuer Partnerschaft. In: Hahn J., Lomberg B., Offe H. (Hrsg.) Scheidung und Kindeswohl. Heidelberg.

Napp-Peters A. (1991) Scheidungsfamilien aus längsschnittlicher Perspektive. Zeitschrift für Familienforschung, 1991

Nave-Herz R. & Markefka M. (Hrsg.) (1989) Handbuch der Familien- und Jugendforschung. Neuwied und Frankfurt

Nave-Herz R. (1990) Die Abnahme traditioneller Vorgaben und die Erhöhung des Ehescheidungsrisikos. In: Nave-Herz R., Daum-Jaballah M., Hauser S., Matthias H., Scheller G. (Hrsg.) Scheidungsursachen im Wandel. Eine zeitgeschichtliche Analyse des Anstiegs der Ehescheidungen in der BRD. Bielefeld

Nave-Herz R.(1990a) Veränderung in der subjektiven Sinnzuschreibung der Ehe und Ehescheidungsrisiko In: Nave-Herz R., Daum-Jaballah M., Hauser S., Matthias H.,

Scheller G. (Hrsg.) Scheidungsursachen im Wandel. Eine zeitgeschichtliche Analyse des Anstiegs der Ehescheidungen in der BRD. Bielefeld
Nave-Herz R., Daum-Jaballah M., Hauser S., Matthias H., Scheller G. (1990) (Hrsg.) Scheidungsursachen im Wandel. Eine zeitgeschichtliche Analyse des Anstiegs der Ehescheidungen in der BRD. Bielefeld
Nave-Herz R. (Hrsg.) (1988) Wandel und Kontinuität der Familie in der BRD. Stuttgart
Newcomb T. M. (1961) The acquaintance process. New York
Neyer F. J. (1994) Junge Erwachsene im Kontext ihrer sozialen Netzwerke. Hamburg
Nye F. I. (1982) Family Relationships. Beverly Hills
Nye F. I. (1957) Child adjustment in broken and in unhappy unbroken homes. Marriage and family living, 19, pp. 356-361
Oppawsky J. (1987) Scheidungskinder. Schwerpunkt: Aus der Sicht der Kinder. Frankfurt
Parsons T. (1965) The normal american family. In: Fraber S. M. (Hrsg.) Man and civilisation: The family´s search for survival. New York
Parsons T. & Bales R. F. (1955) Family, Socialization and interaction process. Glencoe
Pearlin L. I. (1985) Social structure and processes of social support. In: Cohen S. & Syme S. L. (Eds.) Social support and health. Orlando, Fl
Pearlin L. I. (1983) Role strains and personal stress. In: Kaplan H. B. (Hrsg.) Psychosocial stress: Trends in theory and research. New York, pp. 3-32
Pett M. P. (1982) Predictors of Satisfactory Social Adjustment of Divorced Single Parents. Journal of Divorce, 5, 3, spring, pp. 1-17
Peuckert R. (1991) Familienformen im sozialen Wandel. Opladen
Pezzin L. E. & Schone B. (1999) Parental marital disruption and intergenerational transfers: An analysis of lone elderly parents and their children. Demography, 36, 3, Aug. pp. 287-297
Pfeifer S. P. & Sussman M. B. (Hrsg.) (1991) Families - Intergenerational and Generational Connections. New York
Pierce G. R., Sarason B. R., Sarason I. G. (1992) General and specific support expectations and stress as predictors of percieved supportiveness: An experimental study. Journal of Personality and Social Psychology, 63, pp. 297-307
Plath D. V. (1980) Long Engagements. Stanford, CA
Pledge D. S. (1992) Marital Separation / Divorce: A review of Individual Responses to a Major Life Stressor. Journal of Divorce and Remarriage, 19, 1-2, 37-56
Plummer L. & Koch-Hattem A. (1986) Family Stress and Adjustment to Divorce. Family Relations, Bd. 35, 4, Oct., pp. 523-529
Pointer P. & Baumann U. (1990) Soziales Netzwerk und soziale Unterstützung bei Ehepaaren. Eine Pilotstudie. Zeitschrift für Familienforschung, Heft 2, 1, 5-25

Price-Bonham S. & Balswick J. (1980) The noninstitutions: Divorce, desertion, and remarriage. Journal of Marriage and the Family, 42, pp. 959-972

Rabkin J. G. & Struening E. L. (1976) Life events, stress and illness. Science 194, pp. 1013-1020

Radcliffe-Brown A. R. (1940) On social sructure. Journal of the Royal Anthropological Society of Great Britain and Ireland. 70, pp. 1-12

Rands M. (1987) Changes in Social Networks Following Marital Separation and Divorce. In: Milardo R. M. (Ed.) Families and Social Networks. Newberry Park

Rands M. (1980) Social networks before and after marital separation: A study of recently divorced persons. Dissertation Abstracts International, 44, 2828b, University Microfilm No. 4988

Raschke H. J. (1987) Divorce. In: Sussmann M. B. & Steinmetz S. K. (Eds.) Handbook of Marriage and the Family. New York, London

Raschke H. J. (1977) The role of social participation in postseparation and postdivorce adjustment. Journal of Divorce, 1, 1, pp. 29-140

Reisenzein E., Baumann U., Reisenzein R. (1993) Unterschiedliche Zugänge zum sozialen Netzwerk. In: Laireiter A. (Hrsg.) Soziale Netzwerke und soziale Unterstützung - Konzepte, Methoden und Befunde. Bern

Rerrich M. (1988) Balanceakt Familie. Zwischen alten Leitbildern und neuen Lebensformen. Freiburg

Riehl-Emde A. (1992) Ehescheidung und ihre Folgen. Bericht über Forschungsliteratur. Familiendynamik, 17, 4, S. 415-432

Robertson E. B. et al. (1991) The Costs and Benefits of Social Support in Families. Journal of Marriage and the Family 53, pp. 403-416

Roethlisberger F. J. & Dickson W. J. (1939) Managment and the worker. Cambridge/ Mass

Röhrle B. (1994) Soziale Netzwerke und soziale Unterstützung. Weinheim

Rosenkranz D. & Rost H. (1998) Welche Partnerschaften scheitern? Prädiktoren der Instabilität von Ehen. Zeitschrift für Familienforschung, 10, 1, S. 47-69

Rosenmayr L. (1985) Wege zum Ich vor bedrohter Zukunft. Soziale Welt, Heft 3, S. 247ff.

Rossi A. S. & Rossi P. H. (1990) Of Human Bonding. Parent-Child Relations across the Life Course. New York

Rottleuthner-Lutter M. (1992) Gründe von Ehescheidungen in der Bundesrepublik Deutschland. Köln

Rubin L. (1985) Just Friends. New York

Sander E. (Hrsg.) Trennung und Scheidung. Die Perspektive betroffener Eltern. Weinheim

Sarason B. R., Pierce G. R., Shearin E. N., Sarason I. G, Waltz J. A., Poppe L. (1991) Percieved social support and working models of self and actual others. Journal of Personality and Social Psychology 60, pp. 273-287

Sarason B. R., Sarason I. G., Pierce G. R (1990) Social Support: The Search for Theory. Journal of Social and Clinical Psychology 9, pp. 133-147

Sarason B. R. & Sarason I. G. (Hrsg.) (1985) Social Support: Theory, Research and Applications. Dordrecht/Holland

Saul S. C. & Scherman A. (1984) Divorce grief and personal adjustment in divorced persons who remarry or remain single. Journal of Divorce, 6, pp. 75-85

Saunders B. E. (1983) The social consequences of divorce: Implications for family policy. Journal of Divorce, 6 (3)

Scheller G. (1991) Zum gegenwärtigen Stand der Scheidungsursachenforschung. Soziale Welt, 42, S. 323-348

Schenk M. (1984) Soziale Netzwerke und Kommunikation. Tübingen

Schlesinger M. & Yodfat Y. (1991) The impact of stressful life events on natural killer cells. Stress medicine, 7, 53-60

Schmidt-Denter U. (2000) Entwicklung von Trennungs- und Scheidungsfamilien: Die Kölner Längsschnittstudie. In: Schneewind K. A. (Hrsg.) Familienpsychologie im Aufwind. Brückenschläge zwischen Forschung und Praxis. Göttingen, S. 203-221

Schmidt-Denter U., Beelmann W., Hauschild S. (1997) Formen der Ehepartnerbeziehung und familiäre Anpassungsleistungen nach der Trennung. Psychologie in Erziehung und Unterricht, 44, S.289-306

Schmitz H. (2000) Familiäre Strukturen sechs Jahre nach einer elterlichen Trennung. Regensburg

Schmitz H. & Schmidt-Denter U. (1999) Die Nachscheidungsfamilie sechs Jahre nach der elterlichen Trennung. Zeitschrift für Familienforschung, 11, 3, S.28-56

Schneewind K. A.,Vaskovics L. A. et al. (1997) Optionen der Lebensgestaltung junger Ehen und Kinderwunsch. (Endbericht) Schriftenreihe des Bundesministeriums für Familie, Senioren, Frauen und Jugend. Band 128.1 Stuttgart

Schneewind K. A.,Vaskovics L. A. et al. (1992) Optionen der Lebensgestaltung junger Ehen und Kinderwunsch. Band 9 der Schriftenreihe des Bundesministeriums für Familie und Senioren, Stuttgart

Schneewind K. A. u.a. (1992) Entwicklungsverläufe junger Ehepaare mit und ohne Kind. Unveröffentlichter Vortrag auf dem Kongress der deutschen Gesellschaft für Psychologie in Trier

Schneider N. (1990) Woran scheitern Partnerschaften? Subjektive Trennungungsgründe und Belastungsfaktoren bei Ehepaaren und nichtehelichen Lebensgemeinschaften. Zeitschrift für Soziologie, 19, pp. 458-470

Schöningh I. (1996) Ehen und ihre Freundschaften. Niemand heiratet für sich allein. Opladen

Schubert H. J. (1990) Mitglieder der erweiterten Familie in persönlichen Hilfenetzen - Ergebnisse einer egozentrierten Netzwerkanalyse. Zeitschrift für Familienforschung, 2, S. 176-210

Schulz R. & Rau M. T. (1985) Social support through the life course. In: Cohen S. & Syme S. L. (Eds.) Social support and health. New York

Schulze, G.: Die Transformation sozialer Milieus in der Bundesrepublik Deutschland. In: Berger, P. A. & Hradil, S. (Hrsg.): Lebenslagen, Lebensläufe, Lebensstile. Sonderband 7 der Sozialen Welt, Göttingen, 1990

Schwarz K. (1989) In welchen Familien wachsen unsere Kinder auf? Zeitschrift für Familienforschung, 1, S. 27-48

Scott J. (1991) Social Network Analysis. London

Serovich J. M. et al. (1991) Former In-Laws as a Source of Support. Journal of Divorce and Remarriage, 17, (1/2), 1991

Sheets V. L. & Braver S. L. Gender differences in satisfaction with divorce settlements. Family Relations, 45, 3, S.336 -342

Shinn M., Lehmann S., Wong N. W. (1984) Social interaction and social support. Journal of Social Issues, 40, pp. 55-76

Shulman N. (1976) Network analysis: A New addition to an old bag of tricks. Acta Sociologica, 19, pp. 307-323

Shumaker S. A. & Brownell A. (1984) Toward a theory of social support: Closing conceptual gaps. In: Shumaker S. A., Brownell A. (Eds.) Social support: New perspectives in theory, research and intervention, part 1: Theory and research. Journal of Social Issues, 40, pp. 11-36

Simmel G. (1908) Soziologie. Untersuchungen über die Formen der Vergesellschaftung. Leipzig

Smerglia V. L., Miller N. B., Kort-Butler L. (1999) The impact of social support on woman´s adjustment to divorce: A literature review and analysis. Journal of Divorce, 32 (1/2) pp. 63-89

Solomou W., Richards M., Huppert F. A., Brayne C., Morgan K. (1998) Divorce, current marital status and well-being in an elderly population. International Journal of Law, Policy and the Family, 12, 3, Dec, pp. 323-344

South S. J., Trent K., Shen Y. (2000) Changing Partners: Toward a Macrostructural Opportunity-Theory of Marital Dissolution. Paper held at the American Sociological Association.

Spanier G. B. & Thompson L. (1987) Parting. The aftermath of separation and divorce. Newbury Park

Spanier G. B. & Furstenberg F. F. (1982) Remarriage after Divorce: A Longitudinal Analysis of Well-being. Journal of Marriage and the Family, 44, pp. 709-720

Spanier G. B. & Hanson S. (1982) The role of extended kin in the adjustment to marital separation. Journal of divorce, 5 (1/2), pp. 33-48

Spanier G. B. & Casto R. F. (1979) Adjustment to Separation and Divorce: An Analysis of 50 Case Studies. Journal of Divorce, 2, (3)

Speck R. & Atneave C. L. (1973) Family Networks. New York

Spicer J. W. & Hampe G. D. (1975) Kinship interaction after divorce. Journal of Marriage and the Family, 37, pp. 113-119

Spitze G. & Logan G. D. (1994) Adult Children´s Divorce and Intergenerational Relationships. Journal of Marriage and the Family, 56, pp. 279-293

Stacey J. (1991) Zurück zur postmodernen Familie. Soziale Welt, 3, 1991

Statistisches Bundesamt (Hrsg.) (1995) Im Blickpunkt: Familien heute. Stuttgart: Metzler-Poeschel

Steinmetz S. K. (Hrsg.) (1988) Family and Support Systems Across the Life Span. New York

Stich J. (1988) "Spätere Heirat nicht ausgeschlossen..." - Vom Leben ohne Trauschein. In: Deutsches Jugendinstitut (Hrsg.) Wie geht's der Familie? München, S. 155-162

Sun Y. (2000) Family Processes and Childrens Well-Being before and after Parent´s Marital Disruption. Paper for the American Sociological Association

Surra C. A. & Milardo R. M. (1991) The social psychological context of developing relationships. In: Jones W. H. & Perlman D. (Eds.) Advances in personal relationships, 3, London, pp. 1-36

Sussmann M. B. & Steinmetz S. K. (Hrsg.) (1987) Handbook of Marriage and the Family. New York, London

Teachman J. D., Polonko K. (1990) Negociating Divorce Outcomes: Can We Identify Patterns in Divorce Settlements? Journal of Marriage and the Family, 52, pp. 129-139

Textor M. R. (1991) Scheidungszyklus und Scheidungsberatung. Göttingen

Thabes V. A Survey Analysis of Women´s Long-Term Postdivorce Adjustment. Journal of Divorce and Remarriage, 27, 3-4, pp. 163-175

Thibaut J. W. & Kelly H. H. (1959) The social psychology of groups. New York

Tönnies F. (1887) Gemeinschaft und Gesellschaft. Leipzig

Uhlenberg P. & Myers M. A. P. (1981) Divorce and the elderly. Gerontologist, 21, pp. 276-282

Umberson D. (1992) Parenting and well-being. Journal of Family Issues, 10, pp. 427-439

Van Tilburg Th. (1989) Early Determinants of Successful Coping with Divorce. Mens en Maatschappij, 64, 3, Aug., pp. 291-303

Vaskovics L. A., Rupp M., Hofmann B. (1997) Lebensverläufe in der Moderne: Nichteheliche Lebensgemeinschaften. Eine soziologische Längsschnittstudie. Opladen

Vaskovics L. A. (1996) Familiale Lebenswelten und Bildungsarbeit: Interdisziplinäre Bestandsaufnahme 1. (Ehe und Familie im sozialen Wandel (Band 1), Opladen

Vaskovics L. A. & Rupp M. (1994) Entwicklungspfade nichtehelicher Lebensgemeinschaften. Unveröffentlichter Forschungsbericht. Bamberg

Vaux A. (1992) Assessment of social support. In: Veiel H. O. & Bauman U. (Eds.) The meaning and measurement of social support, New York, pp. 193-214

Vaux A., Phillips J. et al. (1986) The social support appraisals (SSA) scale: Studies of validity and reliability. American Journal of Community Psychology, 15, pp. 209-237

Veiel H. O. (1992) Some cautionary notes on buffer effects. In: Veiel H. O. & Bauman U. (Eds.) The meaning and measurement of social support. New York

Veiel H. O. & Bauman U. (1992) The many meanings of social support. In: Veiel H. O. & Bauman U. (Eds.) The meaning and measurement of social support. New York, pp. 33-55

Verbrugge L. M. (1979) Marital status and health. Journal of Marriage and the Family, 41, pp. 267-285

Voges W. (Hrsg.) (1987) Methoden der Biographie- und Lebenslaufforschung. Opladen

von Kardorff E., Stark W., Rohner R., Wiedemann P. (Hrsg.) (1989) Zwischen Netzwerk und Lebenswelt, München

Wahl K. (1989) Die Modernisierungsfalle - Gesellschaft, Selbstbewußtsein und Gewalt. Frankfurt

Walker M. E., Wasserman S., Wellman B. (1993) Statistical Models for Social Support Networks. Sociological Methods and Research, 22, Nr.1, pp. 71-98

Waller W. (1930) The old love and the new. New York

Wallerstein J. (1986) Women after divorce. Preliminary report from a ten-year follow-up. American Journal of Orthopsychiatry, 56, pp. 65-77

Wallerstein J. & Blakeslee S. (1989) Gewinner und Verlierer. Frauen, Männer, Kinder nach der Scheidung. München

Walter H. (1980) Ökologische Ansätze in der Sozialisationsforschung - eine Problemskizze. In: Hurrelmann K. & Ulich, D. (Hrsg.) Handbuch der Sozialisationsforschung". Weinheim, Basel S. 285-298

Warner W. L. & Lunt P. S. (1943) The social life of a modern community. New Haven/ Conn.

Weber M. (1920) Die protestantische Ethik und der Geist des Kapitalismus. In: Gesammelte Aufsätze zur Religionssoziologie, Tübingen

Weiss R. S. (1984) The impact of marital dissolution on income and consumption in single parent households. Journal of Marriage and the Family, 46, pp. 115-128

Weiss R. S. (1984) Trennung vom Ehepartner. Frankfurt
Wellman B. (1979) The Community Question: The Intimate Networks of East Yorkers. American Journal of Sociology, 84, pp.1201-1221
Wellman B. & Berkowitz S. D. (1988) Social Structures. Cambridge
Wellman B. u.a.(1993) An egocentric network tale: comment on Bien et al. (1991). Social Networks, 15, pp. 423-436
Wellman B. (1993) Ties and Bonds. Connections, 16, 1, pp. 4-13
Wellman B. u.a. (1991) Integrating individual, relational and structural analysis. Social Networks, 13, pp. 223-249
Wellman B. (1983) Network analysis: Some basic principles. In: Collins R. (Ed.) Sociological theory 1983. San Francisco, pp. 155-200
Wellman B. (1981) Applying network analysis to the study of support. In: Wellman B. (Ed.) Social networks and social support. Beverley Hills, London
Wellman B. & Wellman B. (1992) Domestic affairs and network relations. Journal of Social and Personal Relationships, 8, 9, 3, pp. 223 ff
Wethington E. & Kessler R. C. (1986) Percieved support, recieved support, and adjustment to stressful life events. Journal of Health and Social Behaviour, 27, pp. 78-89
Wheaton B. (1985) Models for the stress-buffering functions of coping ressources. Journal of Health and Social Behaviour, 26, pp. 352-364
White L. K. (1990) Determinants of Divorce: A Review of Research in the Eighties. Journal of Marriage and the Family, 52, pp. 904-912
Wilcox B. (1986) Stress, coping, and the social milieu of divorced women. In: Hobfoll S. E. (Ed.) Stress, social support and women. New York, pp. 115-133
Wilcox B. (1981) Social support in adjusting to marital disruption. In: Gottlieb B. (Ed.) Social networks and social support. Beverly Hills, pp. 97-115
Wolfinger N. H. (1999) Trends in the Intergenerational Transmissions of Divorce. Demography, 36, 3, Aug, pp. 415-420
Wright C.L. & Maxwell J. W. (1991) Social Support During Adjustment to Later-Life Divorce: How Adult Children Help Parents. Journal of Divorce and Remarriage, 15 (3/4)
Young M. & Willmott P. (1962) Family and Kinship in East London. Harmondsworth
Zapf W. (Hrsg.) (1991) Die Modernisierung moderner Gesellschaften. Verhandlungen des 25. deutschen Soziologentages in Frankfurt am Main, 1990. Frankfurt/New York

Verzeichnis der Abbildungen

Abbildung I.1.1. Ehescheidungen in den alten und neuen Bundesländern S.18
Abbildung I.5.1. Major concepts and mechanisms involved in relations between stress and social support in the prediction of disorder S.88
Abbildung.I.5.2. Theoretisches Modell zur Untersuchung der Veränderung sozialer Netzwerke und sozialer Unterstützung nach Trennung und Scheidung S.95
Abbildung II.1. Modell zur Untersuchung der Veränderung sozialer Netzwerke und sozialer Unterstützung nach Trennung und Scheidung S.149
Abbildung II.3.1. Trennungsereignisse nach 1988 S.160
Abbildung II.3.2. Partnerschaftsverläufe S.162
Abbildung II.3.3. Unterschiedliche Verlaufsvariablen S.163
Abbildung II.5.1. Einschätzung der Anzahl der persönlichen Kontakte in Abhängigkeit von der Lebenssituation S.317
Abbildung II.5.2. Einschätzung der Qualität sozialer Beziehungen in Abhängigkeit von der Lebenssituation S.319

Verzeichnis der Tabellen

Tabelle II.4.1. Kontakt mit den Eltern mindestens einmal pro Woche 1994 S.167
Tabelle II.4.2. Im selben Haus(halt) mit den Eltern lebend 1994 S.172
Tabelle II.4.3. Enge gefühlsmäßige Bindung an die Eltern 1994 S.174
Tabelle II.4.4. Enge gefühlsmäßige Bindung an die Eltern 1988 und 1994 S.176
Tabelle II.4.5. Eltern als Gesprächspartner 1994 S.178
Tabelle II.4.6. Eltern als Gesprächspartner 1988 und 1994 S.180
Tabelle II.4.7. Regelmäßige Mahlzeiten mit den Eltern 1994 S.182
Tabelle II.4.8. Eltern als Freizeitpartner 1994 S.155185
Tabelle II.4.9. Eltern als Freizeitpartner 1988 und 1994 S.186
Tabelle II.4.10. Finanzielle Unterstützung von den Eltern 1994 S.188
Tabelle II.4.11. Index für die Intensität der Elternbeziehung S.191
Tabelle II.4.12. Index für die Intensität der Elternbeziehung nach Geschlecht S.192
Tabelle II.4.13. Durchschnittliche Anzahl der Freunde nach Geschlecht S.198
Tabelle II.4.14. Nennung von Geschwistern als Funktionsträger 1994 S.204
Tabelle II.4.15. Nennung von Geschwistern als Funktionsträger 1988 S.206
Tabelle II.4.16. Veränderungen bei der Anzahl der genannten Geschwister S.207
Tabelle II.4.17. Nennung von Geschwistern als Funktionsträger nach Geschlecht S.208
Tabelle II.4.18. Nennung von Geschwistern als Gesprächspartner S.211
Tabelle II.4.19. Nennung von Geschwistern als Freizeitpartner S.212
Tabelle II.4.20. Nennung von Geschwistern als emotional nahestehende Personen S.213
Tabelle II.4.21. Nennung von Schwestern als Funktionsträger 1994 S.215
Tabelle II.4.22. Nennung von Brüdern als Funktionsträger 1994 S.216
Tabelle II.4.23. Durchschnittliche Anzahl der Verwandten S.223
Tabelle II.4.24. Durchschnittliche Anzahl der eigenen Verwandten S.224
Tabelle II.4.25. Durchschnittliche Veränderung der Anzahl der Verwandten S.225

Tabelle II.4.26.	Durchschnittliche Veränderung der Anzahl der eigenen Verwandten S.225
Tabelle II.4.27.	Durchschnittliche Anzahl der Verwandten nach Geschlecht S.227
Tabelle II.4.28.	Durchschnittliche Anzahl der eigenen Verwandten nach Geschlecht S.228
Tabelle II.4.29.	Durchschnittliche Veränderungen bei der Anzahl der eigenen Verwandten nach Geschlecht S.229
Tabelle II.4.30.	Differenz zwischen Verwandten und Freunden S.231
Tabelle II.4.31.	Differenz zwischen eigenen Verwandten und Freunden S.231
Tabelle II.4.32.	Zufriedenheit mit der Häufigkeit des Kontaktes zur Verwandtschaft S.233
Tabelle II.4.33.	Zufriedenheit mit der Häufigkeit des Kontaktes zur Verwandtschaft nach Geschlecht S.234
Tabelle II.4.34.	Nennung von Freunden und Freundinnen als Funktionsträger S.239
Tabelle II.4.35.	Durchschnittliche Anzahl von Freunden und Freundinnen S.240
Tabelle II.4.36.	Durchschnittliche Veränderungen bei der Anzahl der genannten Freunde und Freundinnen S.241
Tabelle II.4.37.	Veränderungen bei der Anzahl der genannten Freunde und Freundinnen S.243
Tabelle II.4.38.	Durchschnittliche Anzahl von Freunden und Freundinnen, die als Freizeitpartner genannt wurden S.244
Tabelle II.4.39.	Durchschnittliche Anzahl von Freunden und Freundinnen, die als Gesprächspartner genannt wurden S.246
Tabelle II.4.40.	Durchschnittliche Anzahl von Freunden und Freundinnen, die als Gesprächspartner genannt wurden nach Geschlecht S.248
Tabelle II.4.41.	Durchschnittliche Anzahl von Freunden und Freundinnen, die als emotional nahestehende Personen genannt wurden S.250
Tabelle II.4.42.	Durchschnittliche Anzahl von Freunden und Freundinnen, die als emotional nahestehende Personen genannt wurden nach Geschlecht S.252
Tabelle II.4.43.	Fehlen eines guten Freundes/ einer guten Freundin S.256
Tabelle II.4.44.	Angaben der Befragten zu der Aussage, sie fühlten sich im Stich gelassen S.259
Tabelle II.4.45.	Zufriedenheit mit der Größe des Freundes- und Bekanntenkreises S.260
Tabelle II.4.46.	Zufriedenheit mit der Größe des Freundes- und Bekanntenkreises nach Geschlecht S.261
Tabelle II.4.47.	Differenz zwischen Verwandten und Freunden S.264
Tabelle II.4.48.	Vergleich zwischen der Anzahl von Freunden und der Anzahl von Verwandten im Netz S.266
Tabelle II.4.49.	Nennungen von Nachbarn, Kollegen und Vereinsmitgliedern S.269
Tabelle II.4.50.	Zu- und Abnahmen bei der Anzahl der genannten Nachbarn, Kollegen und Vereinsmitglieder S.270
Tabelle II.4.51.	Durchschnittliche Anzahl der genannten Nichtverwandten S.271
Tabelle II.4.52.	Veränderungen bei der Anzahl von genannten Nichtverwandten S.272
Tabelle II.4.53.	Nennungen des ehemaligen Partners / der ehemaligen Partnerin S.275
Tabelle II.5.1.	Durchschnittliche Größe der wahrgenommenen Familie S.278
Tabelle II.5.2.	Durchschnittliche Veränderungen der Größe der wahrgenommenen Familie S.279
Tabelle II.5.3.	Zu- und Abnahmen bei der Größe der wahrgenommenen Familie S.280

Tabelle II.5.4. Durchschnittliche Größe der wahrgenommenen Familie nach Geschlecht S.282
Tabelle II.5.5. Durchschnittliche Veränderungen der Größe der wahrgenommenen Familie nach Geschlecht S.283
Tabelle II.5.6. Zufriedenheit mit dem Netzwerk alltäglicher Kontakte S.291
Tabelle II.5.7. Zufriedenheit mit der Qualität der sozialen Beziehungen S.293
Tabelle II.5.8. Index für die Intensität der Elternbeziehung S.301
Tabelle II.5.9. Nennung von Geschwistern als Funktionsträger 1994 S.303
Tabelle II.5.10. Verwandte (auch des Partners) minus Freunde S.305
Tabelle II.5.11. Verwandte minus Freunde S.305
Tabelle II.5.12. Durchschnittliche Anzahl der im Netz genannten Funktionsträger S.307
Tabelle II.5.13 Durchschnittliche Veränderung der Anzahl der im Netz genannten Funktionsträger S.308
Tabelle II.5.14. Durchschnittliche Größe der wahrgenommenen Familie S.309
Tabelle II.5.15. Durchschnittliche Veränderungen der Größe der wahrgenommenen Familie S.309
Tabelle II.5.16. Durchschnittliche Häufigkeit des Kontaktes mit im Netz genannten Personen S.310
Tabelle II.5.17. Durchschnittliche Veränderung der Anzahl der genannten Personen zwischen 1988 und 1994 S.324
Tabelle II.5.18. Durchschnittliche Veränderung der Anzahl der genannten Personen zwischen 1988 und 1994 in Abhängigkeit von der Anzahl der genannten Personen 1988 S.325
Tabelle II.5.19. Anteil von Verwandten an der Gesamtheit von Verwandten und Freunden 1988 S.327
Tabelle II.5.20. Anteil von Verwandten an der Gesamtheit von Verwandten und Freunden 1994 S.327
Tabelle II.5.21. Anteil von Verwandten an der Gesamtheit von Verwandten und Freunden 1994 in Abhängigkeit von der Größe des Netzes 1988 S.328
Tabelle II.5.22. Veränderung des Verwandtenanteils (im Verhältnis zu Freunden) zwischen 1988 und 1994 S.329
Tabelle II.5.23. Veränderung des Verhältnisses von Freunden und Verwandten im Netzwerk zwischen 1988 und 1994 in Abhängigkeit von der Größe des Netzes 1988 S.330

Aus unserem Verlagsprogramm:

Socialia – Studienreihe soziologische Forschungsergebnisse

Susanne Lippert
Politisches Engagement - noch immer eine Frage des Geschlechts?
Geschlechtsspezifische Aspekte politischer Partizipation unter besonderer Berücksichtigung politischer Proteste
Hamburg 2002 / 402 Seiten / ISBN 3-8300-0692-6

Jörg Otto Hellwig
Berufswelt und Familienbildung
*Von normativen Zwängen zur Macht von Gelegenheitsstrukturen
Eine Lebenslaufanalyse ehemaliger Gymnasiasten
zwischen 16 und 43 Jahren*
Hamburg 2001 / 284 Seiten / ISBN 3-8300-0353-6

Bettina Kruth
Gewalt gegen alte Menschen
*Soziogenese, wissenschaftsorganisatorische Konstitution
und publizistische Aufmerksamkeitsentwicklung
eines "neuen" gerontologischen Forschungsfeldes*
Hamburg 2001 / 268 Seiten / ISBN 3-8300-0306-4

Marina Rupp
Die nichteheliche Lebensgemeinschaft als Bindungspause
Paarkonstellationen und Bindungsprozesse
Hamburg 1999 / 385 Seiten / ISBN 3-86064-950-7